应急管理理论与实务丛书编委会

本书获广东省“211工程”三期重点学科建设项目“应急管理理论与实务”基金资助

应急管理理论与实务丛书

自然灾害与历代中国政府应对研究

王元林　孟昭锋　著

暨南大學出版社
JINAN UNIVERSITY PRESS

中国·广州

图书在版编目（CIP）数据

自然灾害与历代中国政府应对研究／王元林，孟昭锋著．—广州：暨南大学出版社，2012.5

（应急管理理论与实务丛书）

ISBN 978－7－5668－0090－9

Ⅰ.①自… Ⅱ.①王… ②孟… Ⅲ.①自然灾害—灾害防治—公共管理—研究—中国—先秦—民国 Ⅳ.①X43 ②D69

中国版本图书馆 CIP 数据核字（2011）第 273792 号

出版发行：暨南大学出版社

地　址：中国广州暨南大学
电　话：总编室（8620）85221601
营销部（8620）85225284　85228291　85228292（邮购）
传　真：（8620）85221583（办公室）　85223774（营销部）
邮　编：510630
网　址：http：//www.jnupress.com　http：//press.jnu.edu.cn

排　版：广州市天河星辰文化发展部照排中心
印　刷：佛山市浩文彩色印刷有限公司

开　本：787mm×960mm　1/16
印　张：24.625
字　数：477 千
版　次：2012 年 5 月第 1 版
印　次：2012 年 5 月第 1 次

定　价：48.00 元

总　序

我国正处在社会转型与体制转轨、机遇与风险并存的社会高风险期，加上各种自然灾害与人为事故纠结在一起，在社会急速变化的过程中，各类公共危机问题被迅速地集中和放大，蕴涵着不可忽视的各类风险。金融、环境、信息、流行疾病、民族分裂主义、自然灾害等非传统安全因素已成为威胁国家安全的组成部分，这些非传统安全危机深刻地考验着中国政府的执政能力。面对非传统安全危机，加强执政能力建设，趋利避害，化解风险，已成为中国政府长期面临的重要课题。从2006年1月国务院颁布《国家突发公共事件总体应急预案》起，就意味着战略性地应对公共危机已被擢升至国家高度。

"突发公共事件"是指突然发生，造成或者可能造成重大人员伤亡、财产损失、生态环境破坏和严重社会危害，危及公共安全的紧急事件。随着各国社会经济的快速发展，各类突发公共事件的危害日益突显。突发公共事件主要分为自然灾害、事故灾难、公共卫生事件、社会安全事件四类；按照其性质、严重程度、可控性和影响范围等因素分成四级，特别重大的是Ⅰ级，重大的是Ⅱ级，较大的是Ⅲ级，一般的是Ⅳ级。一国政府应对突发公共事件的能力已经成为评价其执政、施政能力的重要绩效标准。

北京大学丁元竹教授曾把中国社会的风险归结为十个方面：就业、"三农"、金融、贫富差距、生态与资源、台湾、全球化、国内治理危机、信心和诚信、艾滋病和公共卫生。

这是当代后发展国家现代化、城市化荆棘之路的共性，也是正在进行追赶型、跨越式发展的中国社会不得不面对与思考的问题。能源安全、环境安全、生态安全、金融安全、网络安全、信息安全、卫生安全、文化安全等涉及社会生活的多个领域，具有隐蔽性、危险性、突发性和非确定性的特点。进入21世纪以来，各种自然灾害、事故灾难、公共卫生事件、社会安全事件等频频发生，往往使国家遭受严重损失。研究社会转型期各类重大的突发公共事件和社会经济风险与自然条件状态下的各种自然灾害及次生灾害所带来的应急管理问题，提高突发公共事件应急管理能力成为政府不可回避且具有刻不容缓意义的现实课题。

中央综治办主任陈冀平曾指出，从目前的社会形势看，新的社会矛盾将不断产生，原有的一些社会矛盾可能随之凸显，并呈现出经济领域的新矛盾与其他领域的矛盾相互影响、相互作用的局面，主要表现为涉及农村土地征用、城镇房屋拆迁、国有企业改革、部分军队退役人员等方面的信访问题仍然十分突出，非法集资、股市房市受损、高校毕业生就业、医疗、养老、环境污染、城市公共服务与管理等诱发群体性事件的因素也正在增多。由经济纠纷引发的暴力讨债、绑架、哄抢等“民转刑”案件可能更加突出，流动人口犯罪、多发性侵权犯罪和非法集资等涉众型经济犯罪可能更加突出，城市社会治安问题向农村蔓延扩散的趋势可能更加突出，尤其是个人极端事件有可能进一步增多，治安问题的敏感性将会进一步增强，一起普通的刑事案件或治安案件有可能转变为社会热点问题，甚至诱发其他矛盾和问题。

近50年来，世界经济发展步伐加快，在石化能源体系支撑下的高碳工业，形成了火电、石化、钢铁、建材、有色金属等工业，并由此衍生出汽车、船舶、航空、机械、电子、化工、建筑等行业。气候变化主要是由人为活动排放的二氧化碳、甲烷、氧化亚氮等温室气体造成的。全球变暖的后果是冰川融化、海平面上升、生态系统退化和自然灾害频发。从企业应急管理和长远视角来看，企业外部市场变幻莫测，内部管理与控制日趋复杂。外部风险包括市场风险、竞争风险；内部风险则包括品牌风险、战略风险、文化风险、团队风险、领导人风险、财税风险、舆论风险、法律风险和技术风险等。

马凯在《求是》杂志中撰文指出：我国正处于工业化、城镇化快速发展时期，各种传统的和非传统的、自然的和社会的风险、矛盾交织并存，公共安全和应急管理工作面临的形势更加严峻。归纳起来，应急管理面临的态势包括四个方面：一是自然灾害处于频发期。我国是世界上自然灾害最为严重的国家之一，灾害往往具有种类多、分布地域广、发生频率高、造成损失重等特点。特别是近年来，极端气候事件频发，中、强地震呈活跃态势，自然灾害及其衍生、次生灾害的突发性和危害性进一步加重、加大。二是安全生产形势严峻。我国经济发展较快，能源、资源、运输供给长期偏紧，再加上安全生产基础薄弱，一些地方和企业责任不落实、监管不到位，生产安全事故发生率居高不下，重、特大事故时有发生。三是公共卫生事件防控难度增大。公共卫生事件的诱因和影响都呈较强的国际性特点，全球新发的三十多种传染病已有半数在我国出现，重、特大疫情和群体性不明原因疾病时有发生。随着人口流动量的加大和流动速度的加快，疾病的防控难度加大，造成的损失更加严重。而在食品、药品生产经营中市场秩序混乱、源头污染严重、监管力量薄弱等问题尚未得到根本解决。四是社会安全面临新的挑战。

我国改革发展进入关键阶段，各种利益关系错综复杂，国家安全面临的形势更加复杂严峻，维护社会稳定的任务更加艰巨。对当前国际金融危机造成的重大影响和可能引发的各类突发公共事件，我们要有充分的准备。2008 年 3 月 14 日，少数不法分子在西藏拉萨制造了打砸抢烧暴力事件，烧死或杀死藏汉群众 18 人，给当地人民群众生命和财产安全造成重大损失。之后，2009 年乌鲁木齐"7 · 5"打砸抢烧严重暴力犯罪事件又造成 197 人死亡，其中绝大多数是无辜群众。这场打砸抢烧暴力事件的发生，是由以热比娅为首的境外敌对势力和境内极少数人极力炒作广东韶关旭日玩具厂群殴事件，把一个一般的治安案件说成民族事件，从而极力煽动民族仇恨所致的。虎年春节期间，山西省的晋中、太原、吕梁、长治、晋城、阳泉等地区，到处都是地震将发的议论，一场大规模的群众恐慌在山西蔓延。2010 年 2 月 20 日晚至 21 日凌晨，许多山西人离家，躲避在广场、公园等地，夜不归宿，甚至开车逃往外乡。造谣人利用网络传播大地震谣言，而政府机构最初也处于一片迷乱中，直到 21 日早晨，山西省政府及各地区地震部门通过媒体及移动通信转达了政府公告，称群众这次避震行动是为谣言所惑，要广大群众安心。诸如此类的民生事件，实则是 2007 年哈尔滨水污染事件中短信传播哈尔滨要大地震的翻版，对于非常事件与突发事件，应该由民调机构和覆盖面广的大众媒体联合发布官方信息，以正视听。

应急管理是指政府及其他公共机构在突发公共事件的事前预防、事发应对、事中处置和善后管理过程中，通过建立必要的应急机制，采取一系列必要措施，以保障公众生命和财产安全，促进社会和谐、健康发展的有关活动。佐治亚州州立大学著名应急管理学家威廉 · L. 沃认为："应急管理就是对风险进行管理，以使社会能够与环境或技术危险要素共存，并应对环境、技术危险要素所导致的灾害。"应急管理是对突发公共事件的全过程管理，根据突发公共事件的预警、发生、缓解和善后四个发展阶段，应急管理可分为预测预警、识别控制、紧急处置和善后管理四个环节。应急管理又是一个动态管理，包括预防、准备、响应和恢复四个阶段，均体现在管理突发公共事件的各个阶段。

应急管理是一个完整的系统工程，可以概括为"一案三制"，即突发公共事件应急预案，应急机制、体制和法制。以政府应急管理为主线，围绕政府应急管理决策层次、技术管理层次、社会动员与响应机制等层次展开研究，达到在紧急状态下各行为主体凝聚人心、从容应对、缓解危机、减少缺失的效果。政府危机管理即政府在公共危机事件发生之前、发展过程之中和后危机时期，为减少和消除危机造成的危害和损失，根据危机管理计划和程序而对危机直接采取的对策及管理措施。政府应急管理是在政府常态型危机管理基础上的紧急状态的管理，各种信息资源、物质资源、人力资源如何高效配置与有效运筹，如何防止灾害的蔓延与次生灾害的扩大等，均是政府应急管理在紧急状态下需要解决的关键问题。我国正处于经济体制和经济增长方式双重转轨的特殊时期，存在着诱发公共危机的潜在的制度及非制度因素。高度重视公共危机管理、建立公共危机的预警机制和政府干预公共危机体系尤为必要。应急管理的基础是常规性政府危机管理，只有基础性工作常抓不懈，才能在紧急状态下临危不乱。

发达国家十分重视突发公共事件应急管理的研究，其研究范围覆盖了灾害或危机产生、发展、消亡的整个过程。日本是较早开展城市应急管理研究的国家，研究的领域和能力不断拓展，研究的水平处于世界前列。美国也在“9·11”事件发生后，组建了部级的美国国土安全部（DHS），标志着美国国家级突发公共事件应急管理体系从“综合应急管理”提升到“国家安全应急管理”的高度。相关国际组织也非常重视突发公共事件应急管理。联合国第二届世界减灾大会发表的《兵库宣言》要求各国将防灾减灾、保障国民生命和财产安全“作为国家的第一责任”，并将“确保减灾成为各国政府部门的工作重心之一”列为《兵库行动框架》（2005—2015 年）提出的五个行动重点之一。世界各国的政府部门、学术团体和专门机构已经开始从事各种针对突发事件的预防、监测、预报、识别、测定、控制、应急预案制定、事发时的快速反应及救灾、灾后的快速评估与重建的研究。

美国的乔治·华盛顿大学、马里兰大学、北达科他州立大学和加拿大的尼加拉瓜学院等国外大学，在一些领域均有较为系统的研究，包括危机与应急管理，流行病及预防医学，危机和应急管理中的信息技术、自然、技术危害以及恐怖袭击之风险管理，大规模恐怖行动的预防和反应，危机管理、灾后重建以及组织持续，减灾管理，健康与医疗应急管理。上述研究系统地对政府层面与技术层面的公共危机与应急管理技术提供了强有力的理论指导。

公共危机与突发事件已成为构建和谐社会和可持续发展的重要隐患，越来越引起社会各界对如何有效应对突发事件、妥善预防和处理危机的高度重视。2006 年 1 月国务院颁布《国家突发公共事件总体应急预案》象征着从战略上应对公共危机已被提升至国家高度。中央进一步明确提出，要建立健全社会预警体系，提高保障公共安全和处置突发事件的能力。2007 年 8 月，全国人大常委会通过了《中华人民共和国突发事件应对法》。汪永清、莫于川、韩大元等学者对该法进行了解释。一些学者则比较研究了国外紧急状态下的法律制度，如徐高、莫纪宏等。目前，我国的研究基本上处于介绍国外经验，对我国应急管理存在的问题及对策等事实进行描述和提出对策措施的以研究为主的阶段，而上升到法理以及制度比较的研究尚欠深入，难以为应急管理的依法行政提供充分的理论支持。另外，对危机处理研究较多，对事后重建和救济研究较少，不利于依法规范政府行政行为，实现缓解公众利益和私人利益的矛盾、维护社会稳定的目的。

关于灾害及突发公共事件应急工程的研究国内外已经积累了大量的研究成果。从第一个应急管理国际组织——国际应急管理工程协会诞生之日起，各类研究成果层出不穷。这些成果几乎囊括了火灾、地震灾害、矿井塌陷、核泄漏事故灾难等具体灾害/危机的各领域。我国从 20 世纪 80 年代末开始创建许多研究学报和学术期刊，如《自然灾害学报》、《环境污染与防治》、《环境卫生工程》、《中国环境管理》、《中国减灾》等，针对我国自然灾害以及事故灾难的防灾减灾研究已经较为深入，目前国内较为集中的研究主要体现在城市灾害应急与管理，区域应急管理实务预案、演练及绩效，突发事件应急管理，现代城市公共安全应急管理，领导干部预防和处置突发公共事件实用指南与案例分析，公共危机与管理，国家与政府的危机管理，灾难性事故与事件应急处置，城市安全学，政府应急管理实务，中央和大城市政府应急机制建设，灾害应急处置与综合减灾，地震应急等研究领域。

政府应急管理和企业应急管理均需要建立应急管理综合平台和预案建设，运筹帷幄，才能在非常态情景下保持临危不乱，但是无论国内还是国外，对于突发公共事件的研究普遍侧重于技术和具体方法应用的应急工程研究，并形成了一类特殊管理理论与方法——应急管理，而蕴涵其中的基础科学问题研究还没有得到广泛关注。这样，构成了面向突发公共事件的应急管理和应急工程两个紧密结合、相辅相成的研究层面。其中，应急管理中的科学问题研究是应急工程问题研究的基础，而后者又是在前者指导下的实践。

从 2008 年暨南大学获教育部批准在全国率先招收应急管理本科生并成立全国首家应急管理学院，到 2009 年广东省“211 工程”三期重点学科建设项目“应急管理理论与实务”正式立项，再到暨南大学应急管理研究中心成立并成为广东省高校重点人文社科研究基地，得到了广东省政府、省政府应急办的大力支持和社会各界的广泛关注，我们深感责任的重大与使命的神圣。应急管理属于新型交叉管理学科，“211 工程”三期重点学科建设项目共设置了二十余个选题，从政治、经济、管理、公共卫生、新闻处置、社区与区域合作、应急管理史、应急管理平台等领域进行研究，试图对完善中国应急管理理论作出富有成效的尝试，也期盼对中国应急管理工作有所指导与借鉴。丛书的出版难免存在这样或那样的疏漏，期待读者给予批评指正。

暨南大学应急管理研究中心　暨南大学应急管理学院

广东省“211 工程”三期重点学科建设项目

应急管理理论与实务丛书编辑委员会

2011 年 1 月

目 录

第一章 绪 论

第一节 自然灾害研究的目的与学术史回顾

一、自然灾害研究的目的与意义

自然灾害是在自然界发生的气象、水文、地质、地理等异常现象，其会危害人类生产和生命财产安全，并造成一定损失。我国幅员辽阔，南北纵跨 50 个纬度，相距 5 500 公里；东西横跨 61 个经度，相距 5 200 公里。在如此广袤的土地上，气候有热带、亚热带、暖温带、中温带、寒温带等气候带，既有世界上独特的、具有鲜明季节变化的季风气候，也有大陆性气候和高原高山气候；干湿地区有湿润区、半湿润区、半干旱区、干旱区；地势地貌上，有世界屋脊青藏高原，有崎岖的山地，有低矮的丘陵，有广袤的平原，呈现出显明的三级阶梯分布；地质上，处于亚欧板块、印度洋板块、太平洋板块的交接处，地壳活动频繁。如此广袤的土地上，气候、地势、地形、地质构造、自然环境等众多因素极其复杂多样，为历史上自然灾害的频发提供了条件，水、旱、蝗、地震、滑坡、泥石流、山崩、地陷、风、雷、霜、雪、雹、冻、疫病、火灾等自然灾害多有发生。正如汤恩比所言：“人类在这里所要应付的自然挑战要比两河流域和尼罗河的挑战严重得多。人们把它变成古代中国文明摇篮地方的这一片原野，除了有沼泽、丛林和洪水的灾难之外，还有更大得多的气候上的灾难，它不断在夏季的酷热和冬季的严寒之间变换。”① 因此，西方学者称我国为“饥荒的国度”。

我国历史时期自然灾害次数之多、规模之大、种类之齐全，即使是在世界历史上也不多见。我国古代发生的自然灾害主要有水灾（包括洪灾和渍涝）、旱灾、病虫灾、地震灾、火山灾、低温灾（包括冰雹、雪灾、霜冻、寒潮）、风灾（包括大风、干热风、龙卷风、热带气旋、沙尘暴）、海啸灾、风暴潮灾、崩塌灾、泥石流灾、水土流失、盐碱化、瘟疫、滑坡、火灾、沙漠化等。这些灾害有

① ［英］汤恩比著，曹未风等译：《历史研究》，上海：上海人民出版社，1959 年，第 92 页。

一定的时间、空间分布特征。不同历史时期各种自然灾害都造成了一定甚至巨大的破坏，影响深远。总结不同朝代灾害的时空分布规律，以及这些灾害造成的危害，对正确认识和评价不同朝代灾害治理的得失，评价政府的应对机制有一定的意义。

同时，自然灾害及其防御、应对，是人类面临的一个永恒难题。每当灾害来袭，人类即为之付出沉重的代价。在与自然灾害斗争的过程中，人类防灾、抗灾技术不断进步，历朝历代的救灾机制也在实践中不断完善并趋于成熟。自然灾害成为对国家政权的稳定程度、行政效率、财力物力、吏治好坏等诸因素的一个综合考验。在自然灾害造成的危机面前，封建国家（从中央到地方各级政府）能否恰当地应对，负起救灾救荒的职责，及时、有效地救济和安置灾民，使他们能够维持基本生活，继续从事生产？在巨大的自然灾害面前，封建国家的各级政府和相关部门是如何应对的？这些应对的具体措施如何？效果怎样？历史上农民起义与政府应对灾害的不力有何关系？减灾、免灾的对策如何？诸多问题的研究，对现今灾害的应急管理具有重要的借鉴意义。

减灾、防灾与自然灾害的发生密不可分，总结自然灾害的规律及记录发生时的惨状，能使我们提高防御自然灾害的能力，并做好心理准备，增强防护意识，对减少自然灾害和战胜自然灾害有一定意义。鉴古知今，在研究自然灾害对我们先人造成的危害的同时，汲取历史教训，预防灾害重演，树立忧患意识，居安思危，完善政府的应急机制，对现今的减灾、救灾工作，都有重要的意义。

二、学术史回顾

历史时期，自然灾害对人类社会造成的危害极其严重，骇人听闻，令人触目惊心。在此背景下，探讨历史时期灾害的发生情况，总结前人防灾、减灾的经验教训，强化防灾意识，探讨人与自然和平共处、平稳发展的内在机制等问题，成为相关学者研究的重点。本文将以朝代和地区为主线，对相关研究作以回顾：

1. 各朝代自然灾害及应对研究

对先秦时期自然灾害的研究方面的著作较少，袁祖亮主编、刘继刚著的《中国灾害通史·先秦卷》（郑州大学出版社 2008 年）对先秦时期自然灾害的主要特征、灾害的基本概况、灾害发生的原因、灾害的防治及救灾思想进行了研究，是先秦灾害史研究的一部重要著作。杨生民的《中国远古暨三代经济史》（人民出版社 1999 年）一书亦对先秦时期的灾害情况有所涉及。

对先秦时期自然灾害的研究，多以论文为主。郭旭东的《殷商时期的自然灾害及其相关问题》（《中国史研究》2002 年第 4 期）通过对甲骨卜辞和文献的综合研究，对殷商时期的干旱、洪涝、沙尘暴等灾害进行了研究。王晖、黄春长等的《商末黄河中游气候环境的变化与社会变迁》（《史学月刊》2002 年第 1 期）、《西周兴衰与自然环境变迁》（《光明日报》2001 年 2 月 17 日）两文对商末、西周时期的气候、自然环境的变化与社会变迁的关系作了探讨。李民的《殷墟的生态环境与盘庚迁殷》（《历史研究》1991 年第 1 期）认为商代盘庚迁殷活动与殷墟良好的生态环境关系密切，同时也说明此前都城生态的破坏，就人类对自然的破坏问题进行了探讨。

先秦时期水、旱、蝗、风、雹、霜、雪、冻、地震、瘟疫等灾害都有所发生，关于这方面的论文主要有：毛曦的《中国传说时代洪水问题新探》（《山东大学学报（哲学社会科学版）》2002 年第 2 期）；殷春敏等的《全新世华北平原古洪水》（《北京师范大学学报（自然科学版）》2001 年第 2 期）；龚胜生的《中国先秦两汉时期的医学地理学思想》（《中国历史地理论丛》1995 年第 3 期）、《中国先秦时期疟疾地理研究》（《华中师范大学学报（自然科学版）》1996 年第 4 期）；郭履灿等的《世界早期历史地震史料的比较研究》（《山西地震》1992 年第 2 期）；王元林、孟昭锋的《先秦两汉时期地质灾害的时空分布及政府应对》（《陕西师范大学学报（哲学社会科学版）》2011 年第 3 期）；赵容俊的《甲骨卜辞所见之巫者的救灾活动》（《殷都学刊》2003 年第 4 期）；卜风贤的《周秦两汉时期农业防灾抗灾技术措施》（《古今农业》2001 年第 2 期）、《周秦两汉时期农业灾害时空分布研究》（《地理科学》2002 年第 4 期）；李光亚的《西周时期的自然灾害及特点》（《长春师范学院学报》2003 年第 3 期）、《从甲骨文看商代的自然灾害及救治》（《锦州师范学院学报》2003 年第 5 期）；阎应福的《先秦救灾思想概略》（《中国减灾》1995 年第 3 期）；陈采勤、朱晓红的《论先秦诸子的抗灾赈济措施》（《史学月刊》2000 年第 3 期）；陈采勤的《试论〈周礼〉的荒政制度》（《学术月刊》1998 年第 2 期）；王文涛的《〈周礼〉荒政思想试论》（《齐鲁学刊》2005 年第 3 期）等。以上学者对先秦相关灾害情况及其防治都有所探讨，数量众多，成果颇丰，难以尽述。

对秦汉时期的灾害研究较多，著作方面主要有：陈业新的《灾害与两汉社会》（上海人民出版社 2004 年）一书，通过对有关文献的爬梳，弄清了两汉灾害的次数及时空分布情况，探析了两汉灾害发生的原因，归纳了灾害阴阳五行说、灾害天谴说、灾害的天体运行式解释、灾害的天道自然式解释等四种灾害思想，讨论了积贮备荒说、重农说、仓储说、赈济议等几种荒政思想，并对灾害与两汉社会政治、经济、文化之间的关系进行了研究；卜风贤的《周秦汉晋时期农业灾害和农业减灾方略研究》（中国社会科学出版社 2006 年）一书，主要论述了秦汉时期农业防灾、抗灾技术和荒政制度，对当时的农业减灾思想亦有所探讨；王文涛的《秦汉社会保障研究》（中华书局 2007 年）一书，阐述了秦汉时期的社会救济思想、积贮备荒救灾思想、灾害分类和灾害防治思想、天命禳灾思想，分析了社会救助、民间互动、特殊福利、灾情监测、社会保障等灾害救助措施；段伟的《禳灾与减灾：秦汉社会自然灾害应对制度的形成》（复旦大学出版社2008年）一书，介绍了秦汉时期的自然灾害情况，并与其他时期的自然灾害进行了对比，阐述了禳灾制度的由来与形成过程，提出文化禳灾和政治禳灾两种禳灾形式，并从灾害预防、灾害控制、资源配置三方面对减灾制度作了细致分析，探讨了禳灾制度与减灾制度在秦汉社会自然灾害应对中相互交替、互为补充的关系和各自的影响。

对秦汉时期灾害的研究，在论文方面有：杨振红的《汉代自然灾害初探》（《中国史研究》1999年第4期）、张文华的《汉代自然灾害的发展趋势及其特点》（《淮阴师范学院学报》2002年第5期）、李辉的《试论两汉时期自然灾害的主要特点》（《社会科学战线》2004年第4期）等文，对汉代自然灾害概况及特点作了分析；张文华的《汉代蝗灾论略》（《唐都学刊》2003年第1期）、官德祥的《两汉时期蝗灾述论》（《中国农史》2001年第3期）两文对汉代蝗灾情况进行了探讨；王子今的《汉代“海溢”灾害》（《史学月刊》2005年第7期）一文对汉代海溢发生的次数、时间、地点及影响等问题进行了研究；张剑光的《略论两汉疫情的特点及救灾措施》（《北京师范大学学报》1999年第4期）、王文涛的《汉代的疫病及其流行特点》（《史学月刊》2006年第11期）两文对汉代的疫病情况进行了研究；谢仲礼的《东汉时期的灾异与朝政》（《中国社会科学院研究生院学报》2002年第2期）、陈业新的《两汉荒政特点探析》（《史学月刊》2002年第8期）和《两汉时期的灾害及对经济影响的分析》（《江海学刊》2002年第5期）、王保顶的《汉代灾异观略论》（《学术月刊》1997年第5期）、晋文的《以经治国与汉代“荒政”》（《中国史研究》1994年第2期）、黄今言和温乐平的《汉代自然灾害与政府的赈灾行迹年表》（《农业考古》2000年第3期）等文，对汉代的灾异思想、救灾制度、灾害的影响等问题进行了研究。

对魏晋南北朝时期自然灾害的研究主要以论文为主。自然灾害本身及其所造成的影响方面的论文有：薛瑞泽的《六朝时期的水灾及救助》（《金陵职业大学学报》2003年第9期）、张敏的《论水灾在南北朝对峙战争中的作用》（《鄂州大学学报》2004年第3期）两文对魏晋南北朝水灾预防及其影响进行了探讨；王芙蓉和续敏的《晋代蝗灾初探》（《乐山师范学院学报》2007年第1期）、章义和的《魏晋南北朝时期蝗灾述论》（《许昌学院学报》2005年第1期）两文对魏晋南北朝时期的蝗灾进行了研究；薛瑞泽的《六朝时期疫病流行及社会救助》（《江苏社会科学》2004年第2期）、陈金凤和王芙蓉的《两晋疫病及相关问题研究》（《许昌学院学报》2005年第3期）、龚胜生和叶护平的《魏晋南北朝时期疫灾时空分布规律研究》(《中国历史地理论丛》2007 年第 3 期) 等文对魏晋南北朝时期的疫病情况进行了研究；曹文程的《两晋之际流民问题的综合考察》(《历史研究》1991 年第 2 期)、方高峰的《两晋南朝时期北方流民南下与南北汉人融合述论》(《西北师范大学学报》2007 年第 4 期)、黄云的《魏晋流民及流民策》(《福州师专学报》2001 年第 6 期) 等文对魏晋南北朝时期自然灾害所引发的流民问题进行了研究。

魏晋南北朝灾害发生的原因及防治、应对方面：张敏的《生态史视野下的十六国北魏兴衰》(湖北人民出版社 2004 年) 和《自然环境变迁与十六国政权割据局面的出现》(《史学月刊》2005 年第 5 期)、王铮的《历史气候对中国社会发展的影响》(《地理学报》1996 年第 7 期)、蓝勇等的《气候变迁与中国历史》(《中国历史地理论丛》2003 年第 2 期)、于希贤的《近四千年来中国地理环境几次突发变异及其后果》(《中国历史地理论丛》1995 年第 2 期) 等文，都对魏晋南北朝时期的气候变化及其与灾害、社会变迁的关系问题作了研究；卜凤贤的《魏晋时期社会环境变化对农业灾害发生发展的影响》(《西北农林科技大学学报》2001 年第 4 期)、刘春香的《魏晋南北朝时期灾害发生的社会原因》(《河南商业高等专科学校》2004 年第 3 期) 两文则对该时期灾害发生的社会原因进行了探讨；卜凤贤和王向辉的《魏晋南北朝时期减灾政策与救荒制度》(《中国减灾》2007 年第 8 期)、张秀军的《两晋时期民间应对灾害策略》(《北方论丛》2006 年第 5 期)、杨钰侠的《试论南北朝时期的赈灾之政》(《中国农史》2000 年第 2 期)、黄平芳的《刘宋朝救荒措施评述》(《湖南农业大学学报》2002 年第 12 期) 等文，则对该时期的救灾措施、救灾制度、荒政思想等问题进行了探讨；此外，王亚利的《魏晋南北朝时期的灾害思想初探》(《四川大学学报》2003 年第 3 期)、《论儒家思想对魏晋南北朝救灾理念的主导作用》(《社会科学研究》2003 年第 4 期) 两文对该时期的灾害思想进行了探讨。

对隋唐五代时期灾害的研究方面，阎守诚主编的《危机与应对：自然灾害与唐代社会》(人民出版社 2008 年) 一书，对唐代自然灾害的时空分布及等级情况、灾害发生的社会因素及引起的社会危机、皇室与官员的弥灾活动及中央与地方的救灾措施、救灾制度等问题进行了深入研究，是研究唐代自然灾害及其应对的一部力作。对该时期自然灾害的研究主要以论文为主，自然灾害本身及其所造成的影响方面：陈国生的《唐代自然灾害初步研究》(《湖北大学学报》1995 年第 1 期) 对唐代各类灾害发生的时间、地点、次数进行了详细的统计和分析；李达三的《唐代以来河北境内水旱灾情考略》(《河北学刊》1982 年第 2 期)、刘洪升的《唐宋以来海河流域水灾频繁原因分析》(《河北大学学报（哲学社会科学版）》2002 年第 1 期)、刘俊文的《唐代水害史论》(《北京大学学报》1998

年第2期)、袁野的《唐代洪涝灾害》(《首都师范大学学报（社会科学版)》2006年第1期）等文对唐代的水灾情况及其发生原因进行了研究；张剑光、邹国慰的《唐代的蝗害及其防治》(《南都学坛（哲学社会科学版)》1997年第1期)、阎守诚的《唐代的蝗灾》(《首都师范大学学报（社会科学版)》2003年第2期)、勾利军和彭展的《唐代黄河中下游地区蝗灾分布研究》(《中州学刊》2006年第3期）等文对唐代蝗灾的分布、影响及防治进行了研究；张寿祺的《唐代的地震与劳动人民向大自然的斗争》(《华南师范学院学报》1979年第3期)、童圣江的《唐代地震灾害时空分布初探》(《中国历史地理论丛》2002年第4期）对唐代的地震及其时空分布情况作了探讨；薛平拴的《唐代关中地区的自然灾害及其影响》(《陕西师范大学学报（哲学社会科学版)》1998年第4期)、张有堂和徐银梅的《唐朝水旱灾害对社会经济的影响》(《宁夏大学学报（社会科学版)》1997年第3期)、张超的《自然灾害与唐初东突厥之衰亡》(《青海民族研究》2002年第4期）三文探讨了唐代自然灾害的影响。

隋唐五代自然灾害发生的原因及防治、应对方面：程遂营的《唐宋开封的气候和自然灾害》(《中国历史地理论丛》2002年第1期)、李文澜的《唐代长江中游水患与生态环境诸问题的历史启示》(《江汉论坛》1999年第1期）对唐代开封、长江中游自然灾害发生的原因及影响进行了探讨；张弓的《唐代仓廪制度初探》(中华书局1986年)、朱睿根的《隋唐时期的义仓及其演变》(《中国社会经济史研究》1984年第2期)、潘孝伟的《唐代义仓研究》(《中国农史》1984年第4期）和《唐代救荒措施总体特征》(《安庆师范学院学报》1993年第3期)、陈明光的《唐朝的两税三分制与常平义仓制度》(《中国农史》1988年第4期）和《略论唐朝的赋税“损免”》(《中国农史》1995年第1期)、张学峰的《唐代水旱赈恤、蠲免的实效与实质》(《中国农史》1993年第3期)、毛阳光的《遣使与唐代地方救灾》(《首都师范大学学报（社会科学版)》2003年第4期）等文章对唐代的仓廪救灾制度、救荒措施、赋税制度等问题进行了研究。

对宋辽金时期灾害的研究方面，石涛的《北宋时期自然灾害与政府管理体系研究》(社会科学文献出版社2010年）一书，对北宋时期自然灾害发生的原因、时空分布及烈度、灾害的影响及灾害管理思想、中央与地方州县的灾害管理系统、弥灾与减灾措施进行了研究，是研究北宋时期自然灾害的一部重要学术著作。对该时期自然灾害的研究主要以论文为主：孟古托力的《辽道宗中后期自然灾害述论》(《北方文物》2001年第4期)、徐红的《宋代洞庭湖区水灾与人口、垦荒的关系》(《船山学刊》2000年第3期)、李亚的《历史时期濒水城市水灾问题初探——以北宋开封为例》(《华中科技大学学报（哲学社会科学版)》2003年第5期)、韩世明的《金代黄河水患略论》(《求是学刊》1994年第2

期)、叶鸿洒的《北宋的虫灾与处理政策演变之探索》(《淡江史学》1991年第13期)、周峰的《金代的蝗灾》(《农业考古》2003年第3期)等文对该时期水灾、蝗灾等自然灾害的相关情况进行了论述。

宋辽金灾害救助与管理方面:王德毅的《宋代灾荒的救济政策》(商务印书馆1970年)、宋湛秋的《宋元明清时期备荒救灾的主要措施》(《中国农史》1990年第2期)、魏娅娅的《宋代和籴利弊初探》(《中国社会经济史研究》1985年第3期)、杭宏秋的《宋代和籴备荒之利弊及思考》(《中国农史》1995年第4期)、康弘的《宋代灾害与荒政论述》(《中州学刊》1994年第5期)、周峰的《金代的赈灾与救济》(《北方文物》2001年第1期)、郭文佳的《论宋代灾害救助程序》(《求索》2004年第9期)和《常平仓与宋代灾荒救助》(《商丘师范学院学报》2006年第12期),还有张文的《荒政与劝分:民间利益博弈中的政府角色——以宋朝为中心的考察》(《中国社会经济史研究》2003年第4期)、《两宋赈灾救荒措施的市场化与社会化进程》(《西南师范大学学报(人文社会科学版)》2003年第1期)、《宋朝的自然灾害与荒政等级管理思想刍议》(《中华文化论坛》2006年第1期)、《宋朝社会救济研究》(西南师范大学出版社2001年)、《两宋乡村民间慈善活动的多元结构》(《华中师范大学学报》2006年第4期)和《宋朝民间慈善活动研究》(西南师范大学出版社2005年)等著作、文章,对宋辽金时期灾荒的防治、灾荒救助的程序、措施、救灾思想等问题进行了深入研究。

对元代自然灾害的研究方面:王培华的《元代北方灾荒与救济》(北京师范大学出版社2010年)一书及其《试论元代北方蝗灾群发性韵律性及国家减灾措施》、《元代北方水旱灾害时空分布特点与申检体履救灾制度》、《元代北方寒害及减灾防灾措施》、《元代北方雹灾的时空特点及国家救灾减灾措施》、《元代北方桑树灾害及国家对策》等系列论文,对元代北方水灾、旱灾、寒灾、雹灾、蝗灾、桑蚕病虫害、饥荒等灾害的时空分布情况、灾害的等级分类、灾害的影响及防灾、减灾、救荒措施作了深入研究,贡献较大。此外,李迪的《元代防治蝗灾的措施》(《内蒙古师范大学学报》1998年第3期)、王颋的《元代粮仓考略》(《安徽师范大学学报》1981年第2期)、黄鸿山的《元代常平仓研究》(《苏州大学学报》2005年第4期)、朱春阳的《元代义仓初探》(《东南文化》2007年第5期)、王晓清的《元代前期灾荒经济简论》(《中国农业》1987年第4期)、赵经纬的《元代赈灾机构初探》(《张家口师专学报》1996年第1期)和《元代赈灾物资来源的浅述》(《河北师范大学学报》1998年第2期)等文对元朝的赈灾机构、赈灾措施、赈灾物资的来源、仓储制度等问题进行了探讨。

对明代自然灾害的研究方面:高帆的《明代农业自然灾害之透视》(《中国

农史》1991 年第 4 期）、王双怀的《明代华南的自然灾害及其时空特征》（《地理研究》1999 年第 2 期）、何孝荣的《明代北京地区自然灾害研究》（《西南师范大学学报（人文社会科学版）》2006 年第 6 期）、王日根的《明清时期苏北水灾原因初探》（《中国社会经济史研究》1994 年第 2 期）、马雪芹的《明清黄河水患与下游地区的生态环境变迁》（《江海学刊》2001 年第 5 期）、吴滔的《明清雹灾概述》（《古今农业》1997 年第 4 期）和《明清时期虫灾考述》（《农业考古》2000 年第 3 期）、马万明的《明清时期防治蝗灾的对策》（《南京农业大学学报（社会科学版）》2002 年第 2 期）、梅莉和晏昌贵的《关于明代传染病的初步考察》（《湖北大学学报》1996 年第 5 期）、曹树基的《鼠疫流行与华北社会变迁（1580—1644）》（《历史研究》1997 年第 1 期）、梅莉和晏昌贵及龚胜生的《明清时期中国瘴病分布与变迁》（《中国历史地理论丛》1997 年第 2 期）、高寿仙的《明代北京的沙尘天气及其成因》（《北京教育学院学报》2003 年第 3 期）等文章对明代水灾、旱灾、虫灾、疫病、雹灾、霜灾、沙尘暴等灾害进行了研究。

明代灾害的防治与救助方面：陈关龙的《论明代的备荒仓储制度》（《求索》1991 年第 5 期）、钟永宁的《明代预备仓述论》（《学术研究》1993 年第 1 期）和《明代江南济农仓初探》（《学术研究》1995 年第 2 期）、洪璞的《试论明代苏州地方仓廪的社会调控功能》（《中国农史》1997 年第 4 期）、段自成的《明中后期社仓探析》（《中国史研究》1998 年第 2 期）、顾颖的《明代的赈粮初识》（《中国社会经济史研究》1993 年第 4 期）、叶依能的《明代荒政述论》（《中国农史》1996 年第 4 期）、张兆域的《明代万历时期灾荒中的蠲免》（《中国经济史研究》1999 年第 3 期）、周致元的《洪武时期的农业自然灾害和救灾措施》（《中国农史》2000 年第 2 期）和《明代的赈灾制度：以凤阳府为例》（《安徽大学学报》2000 年第 4 期）以及《明代徽州官府与宗族的救荒功能》（《安徽师范大学学报（人文社会科学版）》2006 年第 1 期）、姚兆余的《明清时期甘肃抗灾、减灾措施及其启示》（《开发研究》2000 年第 4 期）、赵昭的《论明代的民间赈济活动》（《中州学刊》2007 年第 2 期）等论文，对明代的仓储救灾、救灾措施、救灾制度与救灾程序，国家、宗族、民间力量的救灾活动及其作用、特点进行了研究。

对清代自然灾害及荒政的研究较多，著作方面：李向军的《清代荒政研究》（中国农业出版社 1995 年）一书对清代救灾的程序、措施和荒政与国家财政、吏治的关系及其实际效果等作了阐述，是对清朝前期（鸦片战争以前）的荒政进行比较全面系统研究的第一部著作；康沛竹的《灾荒与晚清政治》（北京大学出版社 2002 年）具体论述了晚清政府的防灾、救灾机制和晚清时期的灾荒思想，探讨了晚清灾荒频发的政治原因及灾荒对晚清政局产生的重大影响；余新忠的《清代江南的瘟疫与社会》（中国人民大学出版社 2003 年）是国内第一部疾病医疗社会史研究专著，对清代江南地区疫病产生的原因、时空分布、救治措施等进行了研究；周琼的《清代云南瘴气与生态变迁研究》（中国社会科学出版社 2007 年）研究了清代云南瘴气的分布、变迁及其原因、影响等问题，并首次对清代云南瘴气的分布区域进行了划分，是瘴气研究的一部力作；朱浒的《地方性流动及其超越——晚清义赈与近代中国的新陈代谢》（中国人民大学出版社 2006 年）全面、系统地探讨了晚清义赈的兴起、发展，分析了晚清义赈与中国近代工业之间的互动关系，揭示了中国救荒事业近代化的复杂过程；法国魏丕信著、徐建青译的《十八世纪中国的官僚制度与荒政》（江苏人民出版社 2003 年）一书对清代自然灾害进行了初步考察，对清代荒政、国家财政、政府职能、地方民生等多个层面进行了考察。

清代自然灾害及其应对研究的论文较多，不能尽述，主要有：倪玉平的《水旱灾害与清代政府行为》（《南京社会科学》2002 年第 6 期）、《清代水旱灾害原因初探》（《学海》2002 年第 5 期）；王建革的《清代华北的蝗灾与社会控制》（《清史研究》2000 年第 2 期）；李玉尚的《近代中国的鼠疫应对机制——以云南、广东和福建为例》（《历史研究》2002 年第 1 期）；余新忠的《清代江南疫病救疗事业探析——论清代国家与社会对瘟疫的反应》（《历史研究》2001 年第 6 期）；倪根金、谢萍的《历史时期（1797—1958）西藏地区的雹灾及其应对考述——以西藏地方历史档案资料研究为中心》（《农业考古》2007 年第 1 期）；刘正刚的《明清闽粤赣地区虎灾考述》（《清史研究》2001 年第 2 期）；王卫平的《清代江南地区的育婴事业圈》（《清史研究》2000 年第 1 期）；陈桦的《清代防灾减灾的政策与措施》（《清史研究》2004 年第 3 期）；卜凤贤等的《明清时期减灾政策与救灾制度》（《中国减灾》2007 年第 11 期）；吴滔的《清代江南社区赈济与地方社会》（《中国社会科学》2001 年第 4 期）等文章分别对清代的水灾、旱灾、蝗灾、疫病、雹灾、虎患与防灾、减灾、灾害赈济等问题作了深入研究。

2. 各区域自然灾害史料的编辑整理

地方性灾害的研究，主要以区域史料的整理为主，这一工作最早开始于 20 世纪 70 年代。湖南历史考古研究所编的《湖南自然灾害年表》（湖南人民出版社 1961 年）、广东文史研究馆编的《广东省自然灾害史料》（广东科技出版社 1961 年）、福建省文史研究馆的《福建省历史上自然灾害纪录》（福建省文史研究馆 1964 年）、中央气象局与中央气象研究所的《华北、东北近五百年旱涝史料》（1975 年内部）、四川省气象局资料室编的《四川省近五百年旱涝史料》

（四川省气象局资料室 1978 年）、广西第二图书馆编的《广西自然灾害史料》（广西第二图书馆 1978 年）、广西壮族自治区气象台资料室编的《广西壮族自治区近五百年气候历史资料》（1979 年）、赵传集主编的《山东历代自然灾害志》（山东省农业科学院 1980 年）等，这些著作对以上各个地区历史时期的灾害情况作了统计。

80 年代以来，地区性灾害史料的整理仍在继续，水利水电科学院的《清代海河滦河洪涝灾害档案史料》（中华书局 1981 年）、湖南省气象局资料室编的《湖南省气候灾害史料（公元前 611—公元 1949 年）》（1982 年）、贵州省图书馆编的《贵州历代自然灾害年表》（贵州人民出版社 1982 年）、内蒙古历代自然灾害史料编辑组编的《内蒙古历代自然灾害史料（公元前 244—公元 1949 年）》（1982 年）、河南省水文总站编的《河南省历代旱涝等水文气候史料》（1982 年内部发行）、河北省旱涝预报课题组编的《海河流域历史自然灾害史料》（气象出版社 1985 年）、河北省沧州地区植物保护站编的《河北历代蝗灾志》（1985 年）、山西省地方志编纂委员会办公室编的《山西自然灾害史年表》（1988 年）、陈桥驿编的《浙江灾异简志》（浙江人民出版社 1991 年）、水利水电科学院等编的《清代珠江韩江洪涝档案史料》（中华书局 1988 年）、水利水电科学院等编的《清代黄河流域洪涝档案史料》（中华书局 1993 年）、水利水电科学院等编的《清代淮河流域洪涝档案史料》（中华书局 1995 年）、水利水电科学院等编的《清代长江流域西南国际河流洪涝档案史料》（中华书局 1995 年）、水利水电科学院等编的《清代辽河松花江黑龙江流域洪涝档案史料》（中华书局 1998 年）、水利水电科学院等编的《清代浙闽台地区诸流域洪涝档案史料》（中华书局 1998 年）、水利部长江水利委员会等编的《四川两千年洪灾史料汇编》（文物出版社 1993 年）、陕西历史自然灾害简要纪实编委会编的《陕西历史自然灾害简要纪实》（气象出版社 2002 年）、火恩杰和刘昌森主编的《上海地区自然灾害史料汇编（公元 751—1949 年）》（地震出版社 2002 年）、刘昌森等编著的《上海自然灾害史》（同济大学出版社 2010 年）、王林主编的《山东近代灾荒史》（齐鲁书社 2004 年）、天津市档案馆编的《天津地区重大自然灾害实录》（天津人民出版社 2005 年）、徐泓编著的《清代台湾自然灾害史料新编》（福建人民出版社 2007 年）、于德源编著的《北京历史灾荒灾害纪年（公元前 80—公元 1948 年）》（学苑出版社 2004 年）、于德源的《北京自然灾害史》（同心出版社 2008 年）等，这些大多以省区为单位的灾害资料统计，对从总体上研究我国历史时期的自然灾害有较大的贡献。

3. 自然灾害史料的分类整理与综合研究

近代以来，从科学意义上对中国灾害的综合研究，滥觞于 20 世纪 20 年代，其标志是1925年6月竺可桢先生的《中国历史上之旱灾》（《史地学报》第4期），后踵继者有李泰初的《汉朝以来中国灾荒年表》（《新建设》第14期，1931年4月）、吴毓昌的《中国灾荒之史的分析》（《中国实业杂志》第1卷第10期，1935年10月）等。邓拓的《中国救荒史》（商务印书馆1937年）一书，是现代第一部全面、系统地阐述中国历史灾情、救荒思想和救荒政策的专著，其虽具有一定的局限性，但资料翔实，规模宏大，许多结论至今仍被引用，长期以来被学界奉为圭臬。陈高佣的《中国历代天灾人祸表》（上海国立暨南大学1939年）条列了中国自先秦至民国的各种灾害，具有一定的学术价值。

新中国成立以来，有关自然灾害的研究开始增多。王嘉荫的《中国地质史料》（科学出版社1963年）对我国古代一些地质灾害资料进行了搜集；中央气象局气象科研院主编的《中国近五百年旱涝分布图集》（地图出版社1981年）对自明代起500年来旱涝灾害的分布情况用地图的形式进行了直观描述；中国科学院地球物理研究所的《中国强地震简目（公元前780—公元1976年）》（地图出版社1976年）、顾功叙主编的《中国地震目录》（科学出版社1971年）和《中国地震目录：公元前1831—公元1969年》（科学出版社1983年）、谢毓寿主编的《中国历史地震资料汇编（1~5卷）》（科学出版社1983年）等书，不仅将地震资料汇集，而且计算出许多地震的震中、震级、烈度，是研究我国历史时期地震的必备参考书；陆人骥的《中国历代灾害性海潮史料》（海洋出版社1984年）收录了我国汉代至民国时期的海潮灾害史料，是研究海潮、海溢灾害的重要资料汇编；中国社会科学院历史研究所资料编纂组的《中国历代自然灾害及历代盛世农业政策资料》（农业出版社1988年）对历代农业灾害史料及农业政策进行了统计；张波等编的《中国农业自然灾害史料集》（陕西科技出版社1994年）将先秦至清末的农业自然灾害进行了分门别类的统计，是一部专门的农业灾害资料集；张兰生主编的《中国自然灾害地图集》（科学出版社1992年）对各种主要自然灾害的时空分布作了图示。

李文海等著的《近代中国灾荒纪年》（湖南教育出版社1990年）、《灾荒与饥馑（1840—1919）》（高等教育出版社1991年）、《近代中国灾荒纪年续编（1919—1949）》（湖南教育出版社1993年）、《中国近代十大灾荒》（上海人民出版社1994年）等书全面收集了近代荒灾史料，是研究近代灾荒史的重要参考资料。宋正海等的《中国古代重大自然灾害和异常年表总集》（广东教育出版社1992年）、《中国古代自然灾异动态分析》（安徽教育出版社2002年）、《中国古代自然灾异群发期》（安徽教育出版社2002年）、《中国古代自然灾异相关性年表总汇》（安徽教育出版社2002年）等书，是宋正海等人在从数千种古籍及甲骨文、奏折、化石中广泛收集自然灾害和异常的原始记录的基础上，对天文、地震、地质、气象、水文、海洋、植物、人体等几大方面的灾害和异类资料，及灾害的群发性、连发性、相关性等问题作的深入研究，是研究我国自然灾害不可或缺的工具书，史料价值和现实意义极高。袁林的《西北灾荒史》（甘肃人民出版社1994年）以区域研究的形式记载了从上古至1949年间西北五省区所发生灾荒的翔实资料，其所引资料相当丰富，论述具体深刻，可谓是一部地域性灾害研究的巨著，具有一定的学术价值和现实意义。赵明奇等编著的《徐州自然灾害史》（气象出版社1994年）记述了徐州各个时期发生的各种自然灾害，是一部地方灾害史研究的力作。王振忠的《近600年来自然灾害与福州社会》（福建人民出版社1996年）是一部自然灾害与城市社会生活史的概述性著作。

近年来，邱国珍的《三千年天灾》（江西高校出版社1998年）、高建国的《中国减灾史话》（大象出版社1999年）两书以较为通俗的笔法记述了中国古代从远古到清朝的自然灾害和防灾、救灾的事实。虽然叙述较为简单，但给读者一个较为清晰的线索，具有较强的可读性。孟昭华的《中国灾荒史记》（中国社会出版社1999年）按时间先后载录了各种自然灾害。金双秋主编的《中国民政史》（湖南大学出版社1989年）论述了我国不同时期民政活动的范围与内容、探讨了各个时期民政活动与民政思想的历史特点，揭示了民政发展的阶段性与规律。高文学主编的《中国自然灾害史·总论》（地震出版社1997年）从理论和历史相结合的角度系统论述了灾害史的研究。1998年，湖南人民出版社出版了马宗晋、郑功成主编的“中国灾害研究丛书”，分《灾害学导论》、《灾害管理学》、《灾害经济学》、《灾害社会学》、《灾害统计学》、《灾害保障学》、《灾害历史学》、《灾害医学》、《中国矿山灾害》、《中国交通灾害》、《中国地质地震灾害》、《中国气象洪涝海洋灾害》等12种，为灾害学研究提供了理论上的指导。孙绍骋的《中国救灾制度研究》（商务印书馆2004年）总结了我国救灾措施、制度在不同历史时期的基本情况，阐述了我国救灾之道的演变过程，对历史时期的救灾制度进行了系统考察。袁祖亮主编的《中国灾害通史》（8卷本）（郑州大学出版社，2008、2009年）分别对先秦、秦汉、魏晋南北朝、隋唐五代、宋、辽金、元、明、清各个时期自然灾害的主要特征、灾害的基本概况、灾害发生的原因、灾害思想、救灾措施、救灾体制进行了研究，是研究历史时期自然灾害及其应对的一系列重要著作。

夏明方的《民国时期自然灾害与乡村社会》（中华书局2000年）、汪汉忠的《灾害、社会与现代化——以苏北民国时期为中心的考察》、杨琪的《民国时期的减灾研究（1912—1937）》（齐鲁书社2009年）、赵艳萍的《民国时期蝗灾与社会应对》（广东世界图书出版公司2010年）等书对民国时期的自然灾害作了研究。邹逸麟主编的“500年来环境变迁与社会应对丛书”分别为：陈业新的

《明至民国时期皖北地区灾害环境与社会应对研究》、冯贤亮的《太湖平原的环境刻画与城乡变迁（1368—1912）》、尹玲玲的《明清两湖平原的环境变迁与社会应对》、杨伟兵的《云贵高原的土地利用与生态变迁（1659—1912）》、谢丽的《清代至民国时期农业开发对塔里木盆地南缘生态环境的影响》，丛书分别对淮河流域、太湖流域、长江中游的两湖地区、云贵高原和新疆塔里木盆地的环境变迁、人类活动及其互动关系进行了深入研究。

第二节 本书研究的内容、方法与史料

一、本书研究的基本思路与内容

中国古代的自然灾害虽然发生频繁、危害严重，但灾害在时间发生频次和空间分布上并不均匀。从灾种来看，则以水、旱灾害比例为最高。若加上与水、旱灾害直接相关的蝗、霜、雪、冰雹等灾种，比例会更高。而从自然灾害对社会生产、生活的破坏方面看，水灾、旱灾、蝗灾等灾种不仅发生频繁，而且成灾规模大，涉及范围广，持续时间长，造成的生命财产损失也最大。这些自然灾害给农业生产乃至整个人类社会造成的生命和财产损失难以统计，带给人类的精神影响更无法估量。传统农业的发展进步，完全是在与自然灾害的不断抗争中进行的。本研究拟从断代史的角度来概括、归纳不同历史阶段各种灾害发生的周期、强度（烈度）、危害程度等，从不同地域的重要灾害来勾画灾害发生的地域特征，全面归纳历代自然灾害发生的时空规律。这是本书第二章至第六章的主要内容。

历代的防灾措施也是本课题研究的重点议题。历代政府在防灾方面，采取的对策一般包括以下方面：一是兴修水利，治理河患；二是建立气象、灾情、汛情的监测、奏报制度；三是储粮备荒，建立仓储制度。这些都在防灾救灾中发挥了重要作用。此外，历代封建政府还提倡植树造林，禁止乱伐森林，并推广种植玉米、番薯等抗旱涝的粮食作物，刊印涉及抗旱、保墒、防御低温、病虫害、盐碱化等灾害及治蝗内容的农书。历代政府具体的防灾措施落实和效果怎样？应该如何评价？同时，历代政府如何来应对灾害危机，采取哪些应急措施，效果如何？这是本研究的另外一个议题。政府的决策失误或吏治腐败，具体表现在报灾、勘灾、赈灾、安抚、仓储、水利诸环节与政府的救灾失误或不作为中。而灾荒发生时商人的囤积居奇和富户的见利忘义，以及反政府势力趁灾荒发生时的火中取栗并引发战争，这些“人祸”加重了灾害的危害，引发了一系列的社会动荡。中央政府与地方各级政府对灾害的应对得力与否，官员落实措施是否到位等问题，

是本书第二、第三、第四、第五、第九章研究的内容。

自然灾害的发生，既与我国地域广阔和气候、地质、地貌、地形复杂多样的自然环境有关，也有一定的历史社会因素，与人类活动引起或加剧的自然界变化有关。森林植被的破坏、水土流失、大规模围湖造田导致河湖面积萎缩、干旱区土地沙漠化等都造成或加重了自然灾害的发生，这些人为因素与灾害的关系是本研究的内容之一。而自然灾害的发生又会对环境变迁、区域社会、民俗文化等产生重大影响，这是本书第七、第八章的主要研究内容。

总之，本书以时间为经，地理空间为辅，前几章概括勾画历史时期不同地区各种灾害发生的规律，结合政府的常态防灾措施和临时的应急措施，把历代自然灾害与各级政府应对灾害的历史脉络梳理清楚。后几章作规律性的阐述，分析自然灾害发生的自然和社会因素，揭示历代政府的常态防灾与临时应急体系的特征，考量历代政府应对措施的得失，阐述荒政与自然灾害的关系、自然灾害对历代政府统治的影响等。

二、本书研究的方法与主要史料

由于自然灾害本身的复杂性，不同时期、不同人物对成灾标准的定性不同，再加上历史上行政区划的分合变动和研究者对文献记载的取舍原则各异等因素，对历史上的自然灾害作出精确的统计几乎是不可能的。而且覆盖空间越大、时间越长的统计，影响统计结果准确程度的因素也越多，影响的程度也就越大。所以，对历史上自然灾害的统计难以十分准确。故本书的研究以历史唯物主义和历史辩证法为指导，在深入梳爬大量历史文献（包括正史、别史、笔记、文集、方志、档案、碑刻等）的基础上，结合已有的研究成果，对以往的中国自然灾害尽可能作以归纳总结。坚持论从史出，纵横结合，前后对比，利用历史地理学、灾害学、统计学、政治学、管理学等多种学科的交叉，从人、地、社会三个方面，揭示历史时期中国自然灾害发生的时空规律，揭示自然灾害与政府应对之间的关系，揭示自然灾害发生与统治秩序之间的关系，分析自然灾害发生的自然和人为原因，总结历史上各级政府防灾救灾的经验和教训。

第二章　先秦至南北朝时期自然灾害与政府应对

现代灾害学认为，自然灾害至少有20余种，如：洪灾、涝灾、旱灾、地震灾、火山灾、海啸灾、崩塌灾、滑坡灾、泥石流灾、雪崩灾、风暴潮灾、风灾、冰雹灾、生物灾、森林火灾、水土流失灾、盐渍化灾、低温灾等。在研究古代自然灾害时，我们根据现代灾害学的相关理论，将其具体分为：洪涝灾害，即通常所说的水灾，其又可分为洪灾和涝灾；干旱灾害，其从成因上应属气象灾害，但对农业危害重大，故单列一类；气象灾害，包括风灾、雹灾、雷电灾、霜灾、雪灾、冻灾、沙尘灾害等；生物灾害，包括蝗灾、虫灾、疫病灾、畜疫等；地质灾害，包括地震、滑坡、泥石流、崩塌等；火灾，包括建筑火灾、森林草原火灾、交通运输火灾等。[①] 本书将按此六种灾害类型，对历代自然灾害及政府应对情况逐一论述。

第一节　先秦时期自然灾害与政府应对

一、先秦时期自然灾害概况

（一）洪涝灾害及其特征

自远古的伏羲、燧人之时，我国已有水灾的记载。史前时代的水灾虽多有记载，但从内容上看，多为对人类进入阶级社会前一个时期的大洪水，即“夏禹洪水期”的描述。近年研究表明，距今四千多年的大禹时期，的确是一大洪水期。[②] 进入阶级社会后，有关水灾的记载逐渐增多。商自成汤至于盘庚，曾五度因水迁都，殷商发生水灾5次，两周发生水灾16次[③]；孟昭华统计春秋战国时

---

① 阎守诚主编：《危机与应对：自然灾害与唐代社会》，北京：人民出版社，2008年，第19页。

② 宋正海、高建国等：《中国古代自然灾异群发期》，合肥：安徽教育出版社，2002年，第12页。

③ 邓拓：《中国救荒史》，北京：北京出版社，1998年，第12、56页。

期共发生水灾23次①；刘继刚统计，西周发生水灾1次，春秋时期18次，战国时期16次②。笔者在此基础上统计，先秦时期共发生洪涝灾害41次。根据其发生时间（具体到季节）和地点（以今省区为准），制成表2-1-1：

表2-1-1 先秦洪涝灾害时空分布表 （单位：次，下同）

时间＼地区	山东	河南	山西	河北	陕西	江苏	湖北	不详	总计	百分比（%）
夏季	1	0	0	0	0	0	0	0	1	2.44
秋季	7	2	1	0	0	0	0	0	10	24.39
冬季	0	0	0	0	0	0	1	0	1	2.44
不详	3	14	3	4	1	1	2	1	29	70.73
总计	11	16	4	4	1	1	3	1	41	100
百分比（%）	26.83	39.02	9.76	9.76	2.44	2.44	7.32	2.44	100	

由于春秋以前的记载，大多没有确切的年代和具体月份，故下文将以春秋战国时期的史料为主，对先秦时期洪涝灾害的时空特征作一分析。

1. 洪涝灾害的时间分布及特点

春秋战国时期洪涝灾害发生的频率不同，春秋时期（前771—前475）共发生水灾18次，约每16年1次。这18次水灾中，2次是人为造成的。除去这2次人为造成的水灾，大约每18年1次。战国时期（前475—前221）共发生水灾16次，约每16年1次。但16次之中，有8次是人为造成的。除去这8次人为造成的水灾，大约每32年1次。与春秋时期相比，战国时期水灾略少，水灾发生频率略低。

年内分布方面，通过上表可以看出，有时间记载的洪涝灾害主要发生在周历的秋季，又周历较夏历（农历）早两个月，故水灾主要发生在农历的夏、秋季节。此种情况，应从暴雨形成的原因及分布来分析。我国的暴雨主要集中在夏季风盛行期间，尤其冬、夏季风的锋面雨带和台风是直接引发暴雨的重要天气系统，而两者的多发期主要在夏、秋季节。此外，洪涝灾害的发生地，大多在黄河中下游地区。该地区位于季风区内，受季风气候的影响，夏、秋季高温多雨且降水分配不均，一旦雨量过多，也会造成洪涝灾害。

① 孟昭华编著：《中国灾荒史记》，北京：中国社会出版社，1999年，第84、85页。

② 袁祖亮主编，刘继刚著：《中国灾害通史·先秦卷》，郑州：郑州大学出版社，2008年，第30页。

2. 洪涝灾害的空间分布规律

通过先秦洪涝灾害时空分布表（表2-1-1）可看出：先秦时期，今河南发生水灾最多，占全部水灾的39.02%；其次是山东，占水灾总数的26.83%；再次是河北和山西，各占9.76%。究其原因，除《春秋》一书为鲁国史书及黄河流域为我国先秦时期主要政治经济区，统治阶级较为重视灾害的记载等人为因素外，黄河中下游地区的自然历史条件也应予以重视。第一，洪涝灾害的形成大致有两种情形：一是河流的季节性泛滥；二是由于暴雨过于集中，排水不畅而形成的内涝。大陆性季风气候的自然特征，决定了黄河中下游地区降水的季节分布不均，全年降水大多集中在夏、秋季节，降水的集中性是该地区洪涝灾害发生的重要原因。第二，降雨的季节性容易引起黄河及其支流的泛滥与改道，而先秦时期，黄河中下游地区又是我国主要的政治区、经济区、文化区和民众生活区，河流的泛滥与改道极易影响民众的生活，形成自然灾害。第三，先秦时期，尤其是进入春秋之后，该地区诸侯国林立，各诸侯国之间战乱不断。为取得战争胜利，他们往往不择手段，以水攻城，放水入城，造成人为水灾。如秦昭襄王二十八年（前279）“昔白起攻楚，引西山长谷水……水从城西，灌城东入……百姓随水流死于城东者，数十万，城东皆臭”①；秦王政二十二年（前225）“王贲攻魏，引河沟灌大梁，大梁城坏，其王请降，尽取其地”②。总之，先秦时期黄河中下游地区综合的自然历史条件是引发自然灾害的决定性因素。

3. 洪涝灾害的等级及危害

灾害等级是按受灾面积和灾害程度对灾情进行的划分，是反映灾害强度的重要因素。先秦所载40余次洪涝灾害中，有31次是自然形成的，10次是人为造成的，但史料对其记载都较为简单，对灾害所造成的影响无法进行定量分析，我们根据史料对灾害的描述，大致分为四个等级，见表2-1-2：

表2-1-2　先秦洪涝灾害等级分类表

等级	主要表现	频次
微涝	河溢、水，无灾情记载	13
一般水灾	河徙、水、害稼，有死者	20
大洪灾	河大、暴溢、大水，毁桥，人饥，死者在100~1 000人	7
特大洪涝	河大、暴溢、大水，漂没殆尽、甚重，大饥，人相食，死者1 000人以上	1

---

① （后魏）郦道元注，（清末）杨守敬、熊会贞疏，段熙仲点校，陈桥驿复校：《水经注疏》卷28《水经·沔水注中》，南京：江苏古籍出版社，1989年，第2395页。

② （汉）司马迁：《史记》卷6《秦始皇本纪》，北京：中华书局，1959年，第234页。

从上表可以看出，先秦时期的洪涝灾害主要以微涝和一般水灾为主，两者约占总数的80.49%，大灾约占17.07%。虽然我们无法对先秦水灾的影响进行定量的分析，但从大禹治水、殷商五次因水灾而迁都等故实，亦可看出水灾给当时人们生活造成的重大影响。

（二）干旱灾害及其特征

充足的水源是农业发展的前提条件，在以农业为主的古代中国，旱灾成为社会发展的一大桎梏。史前时代已有关于旱灾的记载，“逮至尧之时，十日并出，焦禾稼，杀草木，而民无所食”[①]。商汤初年更有连续六年大旱，“（汤）十九年大旱，氐、羌来贡；二十年大旱，夏桀卒于亭山，禁弦歌舞；二十一年大旱，铸金币；二十二年大旱；二十三年大旱；二十四年大旱；王祷于桑林，雨”[②]。两周时期亦有大量旱灾的记载，邓拓认为，“两周八百六十七年间，最显著的灾害有八十九次，其中频数最多的是旱灾，达三十次”，“殷商、两周共发生旱灾三十八次”[③]；孟昭华统计春秋战国时期有旱灾27次[④]；刘继刚统计先秦时期发生旱灾55次，其中西周3次，春秋时期36次，战国时期8次[⑤]。在此基础上，笔者统计先秦共发生旱灾64次，根据先秦旱害发生的时间（具体到季节）和地点（以今省区为准），制成表2－1－3：

表2－1－3　先秦旱灾时空分布表

地区 时间	山东	河南	山西	陕西	江苏	河北	总计	百分比（%）
春季	3	1	0	0	0	0	4	6.25
夏季	2	1	0	0	0	0	3	4.69
秋季	21	1	0	1	0	0	23	35.94
冬季	1	0	0	0	0	0	1	1.56
不详	7	8	11	5	1	1	33	51.4
总计	34	11	11	6	1	1	64	100
百分比（%）	53.13	17.19	17.19	9.38	1.56	1.56	100	

① 何宁：《淮南子集解》卷8《本经训》，北京：中华书局，1998年，第574页。

② 王国维：《今本竹书纪年疏证》，见方诗铭、王修龄：《古本竹书纪年辑证》，上海：上海古籍出版社，1981年，第216页。

③ 邓拓：《中国救荒史》，北京：北京出版社，1998年，第14、56页。

④ 孟昭华编著：《中国灾荒史记》，北京：中国社会出版社，1999年，第85、86页。

⑤ 袁祖亮主编，刘继刚著：《中国灾害通史·先秦卷》，郑州：郑州大学出版社，2008年，第44～51页。

由于春秋以前史料所载之旱灾大多没有确切的年代和具体月份，故下文以春秋战国时期的史料为主，对先秦时期的旱害作一时空分析。

1. 旱灾的时间分布及特点

纵观先秦时期的旱灾，长时段上主要集中在：夏代后期至商代初期（夏王胤甲至商汤）、商代末期（商王太丁至商纣）、西周末期（厉王至平王）及春秋末战国初（前568—前423）四个时期。① 春秋时期（前771—前475），共发生旱灾42次，约每7年1次。战国时期（前475—前221），共发生旱灾11次，大约每23年1次。有时间记载的31次旱灾中，有23次发生在周历的秋季，相当于农历的夏末秋初，约占总数的74.59%。此外，夏季3次，春季4次，冬季1次。

2. 旱灾的空间分布规律

先秦时期的旱灾主要分布在今山东、河南、山西等北方旱作区。这与史料记载以北方，尤其以鲁国、齐国、晋国等几个诸侯国为主有关，同时也与华北平原的大陆性季风气候有关。此外，人们很早就在此从事农业活动，人类活动范围的扩大，必然更多地受到水源的限制，饱受更多的旱灾之苦。

3. 旱灾的等级及危害

史料所载先秦64次旱灾，大多记载较为简单，灾害所造成的影响无法进行定量分析，我们根据灾害的有关描述，大致分为四个等级，见表2－1－4：

表2－1－4　先秦旱灾等级分类表

等级	主要表现	频次
微旱	旱，雩，大雩，不雨，未记灾害后果	32
一般旱灾	甚旱，大旱，旱甚，伤稼	16
大旱灾	大旱，河绝，河竭，地生盐，饥馑，谷贵，人有死者	12
特大旱灾	大旱，赤地千里，大饥，死者甚众，人相食	4

从上表可以看出，先秦时期的旱灾主要以微旱和一般旱灾为主，两者共48次，约占总数的75%，大旱灾12次，占总数的18.75%。从“昔伊、洛竭而夏亡”、“河竭而商亡”② 及周“厉、幽、宣、平凡历150余年，而旱灾与人民之流

① 袁祖亮主编，刘继刚著：《中国灾害通史·先秦卷》，郑州：郑州大学出版社，2008年，第51页。

② 徐元诰撰，王树民、沈长云点校：《国语集解》卷1《周语上》，北京：中华书局，2002年，第27页。

徙不绝于诗"[①] 的记载，可看出旱灾对国家政权稳固及人民生活之巨大影响。

（三）生物灾害及其特征

生物灾害是指在特定的生态环境条件下，有害生物包括病原微生物、害虫、杂草、害鼠畸形繁殖生长而引发病虫、草、鼠害大范围暴发或流行，造成植物大量死亡和农产品品质下降的一类自然灾害。[②] 生物灾害中的蝗灾与水灾、旱灾为古代影响农业的三大自然灾害，对古代社会影响较大。我们以蝗灾为主，对先秦时期的生物灾害作一论述。

1. 蝗灾

先秦时期蝗灾的资料限于春秋战国时期，邓拓认为两周共发生蝗灾13次[③]；孟昭华认为春秋战国时期发生蝗灾17次[④]；刘继刚认为共发生蝗灾20次，其中春秋时期17次，占总数的85%，战国时期3次，占总数的15%[⑤]。从蝗灾发生的月份、季节来看，13次发生在周历的8、9月份，2次发生在10月，2次发生在12月，3次季节不详。由于周历与夏历（农历）的不同，其发生时间，大都相当于农历的夏、秋季节。

生物学家指出，中国飞蝗三亚种的地理分布基本上与我国三大自然区相吻合：东亚飞蝗主要分布在东部季风区；亚洲飞蝗主要分布在蒙新高原区；西藏飞蝗主要分布在青藏高原区。而东亚飞蝗区又可分为大沙河三角洲发生地和因森林破坏而形成的发生地两种类型，前者又可分为"河泛蝗区"、"沿海蝗区"、"滨湖蝗区"和"内涝蝗区"四种亚型；后者在海南岛，为热带稀树草原蝗区。[⑥] 上文所统计先秦时期20次蝗灾中，有16次发生在今山东，3次在今陕西，1次在今河南，均发生在东亚飞蝗区。

灾害等级是衡量灾情轻重和影响大小的综合指标，以历史上发生的蝗灾灾情轻重为标准，可将蝗灾发生年分为四个级别，见表2－1－5：[⑦]

---

① 蒙文通：《蒙文通文集》卷2《古族甄微》，成都：巴蜀书社，1983年，第50页。

② 张乃平、夏东海编著：《自然灾害应急管理》，北京：中国经济出版社，2009年，第279页。

③ 邓拓：《中国救荒史》，北京：北京出版社，1998年，第56页。

④ 孟昭华编著：《中国灾荒史记》，北京：中国社会出版社，1999年，第86页。

⑤ 袁祖亮主编，刘继刚著：《中国灾害通史·先秦卷》，郑州：郑州大学出版社，2008年，第55页。

⑥ 陈永林编著：《中国主要蝗虫及蝗灾的生态学治理》，北京：科学出版社，2007年，第68、71页。

⑦ 章义和：《中国蝗灾史》，合肥：安徽人民出版社，2008年，第51页。

表 2－1－5　先秦蝗灾等级分类表

特征 等级	受灾区域大小	扩散区	收成影响	赋税影响	史料描述
一级	发生点分散	无	影响较小	影响较小	蝗
二级	1 个或 2 个蝗区	无	影响不大	影响不大	蝗
三级	2 个或以上蝗区	有	严重，收成在两或五成	严重	大蝗
四级	全国各蝗区	有	严重，绝收或两成以下	严重	大蝗，国家赈恤

根据以上分类标准，春秋战国时期的 20 次蝗灾中，19 次为二级蝗灾，1 次为三级蝗灾。蝗灾对农业影响较大，轻则造成农业歉收，重则造成农作物绝产，严重影响蝗灾区的生产生活，造成饥荒和社会混乱。如秦王嬴政四年（前 243）“十月庚寅，蝗虫从东方来，蔽天。天下疫，百姓纳粟千石，拜爵一级”①，此次蝗灾，不仅造成粮食紧张局面，还引发了瘟疫。

2. *疫灾*

疫病，俗称传染病，是由致病性微生物或病原体引起的传染性疾病，人、畜都有可能发生。先秦时期的疫灾，邓拓统计有 1 次，孟昭华统计有 5 次②，龚胜生等人统计有 10 次③，笔者认为有 13 次。其中，春秋时期 7 次，战国时期 4 次，殷商 1 次，西周 1 次。春秋战国 550 年间，发生疫灾 11 次，约每 50 年 1 次，疫灾频度为 2%。而春秋中期（前 564—前 506）的约 60 年间，发生疫灾 5 次，约每 12 年 1 次，是一个疫灾频发期。

在搜集到的 13 个疫灾年份中，有 5 次发生在关中平原，7 次发生在黄河中下游平原，1 次发生在长江三角洲。南方只有吴国发生过疫灾，而北方的秦、赵、郑、魏、宋、齐、鲁诸国都发生过疫灾，北方明显多于南方。而黄河中下游地区和关中地区正是当时农耕发达、人口相对密集的地区，这可证明疫灾发生与人口密度之间呈正比例关系。同时，疫灾与旱、涝、蝗等自然灾害及战争等人为因素也有较多的关联性。鲁定公四年（前 506）“春三月……水潦方降，疟疾方起”④，水灾之后即起疫灾。同时战争之年，人员大量伤亡，尸体得不到掩埋，也是滋生疫灾的一大因素。

---

① （汉）司马迁：《史记》卷 15《六国年表》，北京：中华书局，1959 年，第 751 页。

② 孟昭华编著：《中国灾荒史记》，北京：中国社会出版社，1999 年，第 86 页。

③ 龚胜生等：《先秦两汉时期疫灾地理研究》，载《中国历史地理论丛》，2010 年第 3 期，第 107 页。

④ 杨伯峻注：《春秋左传注》“定公四年春三月条”，北京：中华书局，1981 年，第 1534 页。

（四）地质灾害及其特征

地质灾害是诸多灾害中与地质环境或地质体的变化有关的一种灾害，主要是由于自然和人为的地质作用，导致地质环境或地质体发生变化，当这种变化达到一定程度，其给人类社会造成危害的后果称为地质灾害，如地震、火山、崩塌、滑坡、泥石流、水土流失等。① 先秦时期对地质灾害的记载主要以地震为主，邓拓统计有9次，孟昭华统计有16次②，刘继刚统计有25次③，笔者认为共有31次。其中，史前时代3次，夏代3次，商代2次，西周2次，春秋9次，战国12次。春秋战国550年间，发生地震21次，发生频度为3.82%，约每26年1次。

我国是地震高发区，从地震地质的角度看，除属于环太平洋地震带上的台湾和地中海—喜马拉雅地震带上的西藏南部外，中国还有五大地震地质区，即东北地震区，其主要在松辽平原上；华北地震区，其又分为郯城—庐江深断裂地震带、太行山前大断裂地震带、山西隆起区断陷地震带和华北沉陷区地震带；华南地震区，其又分为闽粤沿海地震带和江汉—洞庭湖地震带；西北地震区，其又分为阿尔泰褶皱系地震带、天山褶皱系地震带、祁连山褶皱系地震带和柴达木盆地内的地震带；西南地震区，又分为昆仑山褶皱系两侧地震带、甘孜—康定地震带和理塘地震带、中甸—剑川—下关地震带、西藏高原中部和北部地震带及藏北地震带。④ 在所搜集先秦31次地震中，有9次在今山东，7次在河南，6次在陕西，3次在山西，2次在河北，1次在四川，3次发生地不详，这些地区均位于地震带上。

地震等级判断的主要依据是它发生时的具体表现，这不仅包含地震发生时的自然表现，也涉及地震对人类社会产生的影响。结合阎守诚对唐代地震灾害等级的划分⑤，我们将春秋时期的地震初步分为四等，见表2-1-6：

---

① 张乃平、夏东海编著：《自然灾害应急管理》，北京：中国经济出版社，2009年，第151页。

② 孟昭华编著：《中国灾荒史记》，北京：中国社会出版社，1999年，第87、88页。

③ 袁祖亮主编，刘继刚著：《中国灾害通史·先秦卷》，郑州：郑州大学出版社，2008年，第64～66页。

④ 中国科学院地质研究所：《中国地震地质概论》，北京：科学出版社，1977年，第49页。

⑤ 阎守诚主编：《危机与应对：自然灾害与唐代社会》，北京：人民出版社，2008年，第93页。

表 2－1－6　　先秦地震灾害等级表

等级	主要表现	频次
微震	只记载“震”或“微震”，无灾害后果	10
一般震灾	“震”，无灾害后果，或草树摇，屋瓦坠，坏庐舍，有死伤者	8
大地震	“大震”，有声如雷，地裂水涌，江溢，庐舍多坏，死亡 100～1 000 人	10
特大地震	“大震”，山裂水涌，坏庐舍殆尽，死亡 1 000 人以上	3

从上表可以看出，先秦时期的地震以中小地震为主，两者共发生 18 次，约占总数的 58.06%。但大的地震一旦发生，往往造成更大的生命财产损失，如：赵幽缪王五年（前 231）“代地大动，自乐徐以西，北至平阴，台屋墙垣大半坏，地坼东西百三十步”①。地震往往还与其他灾害相伴而生，周幽王二年（前 780）“西周三川皆震。是岁，三川（泾、渭、洛）竭，岐山崩”，地震与其他灾害的相伴而生，进一步加重了灾害的严重程度，对社会造成更大的危害。

（五）气象灾害及其特征

简单地说，气象灾害是指大气对人类的生命财产和国民经济建设及国防建设等造成的直接或间接的损害。其又有狭义和广义之分，狭义的气象灾害主要是指天气、气候因素直接导致的灾害，广义的气象灾害一般包括天气、气候灾害和气象次生、衍生灾害。② 综合考虑灾害的成因、性质、地理分布、受灾对象等情况，气象灾害可分为：干旱、暴雨和洪涝、热带气旋、风雹、冷冻、冷雨、雪灾、高温、连阴雨、其他（大风、沙尘暴、浓雾、酸雨、大气污染）等 10 类。③ 先秦时期人们对这些气象灾害大都有所认识，甲骨卜辞中已有大量占卜大风、冰雹、雷电、雨雪会否带来灾祸的辞例。据邓拓统计，先秦时期有雹灾 5 次，霜雪灾 7 次④；孟昭华统计，有风灾 2 次，雹灾 3 次，霜雪灾 8 次⑤；刘继刚统计，有风灾 3 次，雹灾 5 次，霜雪灾 10 次⑥；笔者统计，有风灾 5 次，雹灾 5 次，霜雪灾 12 次，共计 22 次。其中，西周时期 4 次，春秋时期 12 次，战国时期 6 次，春秋时期的气象灾害较多，约占总数的 54.55%。其发生时间分布见表 2－1－7：

① （汉）司马迁：《史记》卷 43《赵世家》，北京：中华书局，1959 年，第 1832 页。
② 张乃平、夏东海编著：《自然灾害应急管理》，北京：中国经济出版社，2009 年，第 71 页。
③ 刘引鸽：《气象气候灾害与对策》，北京：中国环境科学出版社，2005 年，第 23 页。
④ 邓拓：《中国救荒史》，北京：北京出版社，1998 年，第 56 页。
⑤ 孟昭华编著：《中国灾荒史记》，北京：中国社会出版社，1999 年，第 86、87 页。
⑥ 袁祖亮主编，刘继刚著：《中国灾害通史·先秦卷》，郑州：郑州大学出版社，2008 年，第 77～79 页。

表2-1-7 先秦气象灾害时间分布表

时间 灾种	春季	夏季	秋季	冬季	不详	合计
风灾	1	1	1	1	1	5
雹灾	0	1	1	3	0	5
霜雪	1	1	2	3	5	12
合计	2	3	4	7	6	22

据上表统计可见，先秦时期22次气象灾害中，有11次发生在秋、冬季节，占总数的50%，是灾害的主要发生季节。地域分布方面，山东8次，陕西7次，河南、湖北、河北各2次，山西1次。关中平原和黄河中下游地区共发生气象灾害20次，约占总数的90.91%，是灾害发生的主要区域。其中，山东、陕西发生15次，约占灾害总数的68.18%。风、霜、雪、雹等气象灾害大多是由气候、天气异常引起的极端天气，因此对农业生产影响极大，轻则造成农业歉收，重则造成农作物绝产。如：周成王二年（前1041）“秋大熟，未收。天大雷电以风，禾尽偃，大木斯拔”①，鲁定公元年（前509）“冬十月，陨霜杀菽”② 等。

（六）火灾及其特征

火是一种自然现象，在人类诞生之前就已存在于地球之上。人类诞生之后，开始了漫长的认识和掌握火的过程。火的掌握和利用是人类发展史上的一大里程碑，它不仅增强了人类抵御自然的能力，也为人类取暖、食用熟食提供了保障。火在给人类带来诸多益处的同时，也给人类带来了无数的劫难，认识、了解、研究历史时期的火灾也是我们义不容辞的责任。

火灾的发生，既有人为的原因，也有自然的原因，而只有后者才称为自然灾害。火灾成因的两重性，古人已有所认识，“凡火，人火曰火，天火曰灾”③，“遍考《春秋》之言灾者，皆火灾也”④。据孟昭华统计，先秦时期共发生火灾5次⑤；刘继刚统计先秦时期发生火灾15次⑥；笔者统计共发生17次。具体时空

① 顾颉刚、刘起釪：《尚书校释译论·金縢》，北京：中华书局，2005年，第1240页。

② 杨伯峻注：《春秋左传注》“定公元年冬十月条”，北京：中华书局，1981年，第1522页。

③ 杨伯峻注：《春秋左传注》“宣公十六年条”，北京：中华书局，1981年，第769页。

④ 杨伯峻注：《春秋左传注》“庄公二十年条”，北京：中华书局，1981年，第213、214页。

⑤ 孟昭华编著：《中国灾荒史记》，北京：中国社会出版社，1999年，第87页。

⑥ 袁祖亮主编，刘继刚著：《中国灾害通史·先秦卷》，郑州：郑州大学出版社，2008年，第60、61页。

分布见表2－1－8：

表2－1－8　先秦火灾时空分布表

时间／地点	春季	夏季	秋季	冬季	不详	合计	百分比（%）
山东	1	6	1	0	0	8	47.06
河南	1	4	0	0	1	6	35.29
陕西	0	0	0	0	1	1	5.88
山西	0	0	0	0	1	1	5.88
不详	0	0	0	1	0	1	6
合计	2	10	1	1	3	17	100
百分比（%）	11.76	58.82	5.88	5.88	17.65	100	

从上表可以看出，周历的春、夏两季，共发生火灾12次，约占火灾总数的70.58%。又周历较夏历早两月，那么先秦时期火灾的主要发生时间相当于农历的冬春之交和春夏之交，此时正是北方天气干燥的时节，容易引发火灾。

从地域上看，先秦时期的火灾主要发生在今山东、河南境内，两地共发生火灾14次，占总数的82.35%，可见黄河中下游地区是先秦时期火灾的主要发生地。这一方面与史料的记载有关，同时也与该地区人口众多及特殊的气候条件有关。

二、先秦时期自然灾害的主要特征

1. 自然灾害种类繁多，且以水、旱灾害为主

先秦时期主要自然灾害有水灾、旱灾、蝗灾、地震、疫病、火灾、风雹霜雪灾等208次，灾害种类繁多。从夏朝建立到公元前221年秦统一六国，文献记载的自然灾害有202次。其中，夏代8次，商代11次，西周11次，春秋时期120次，战国时期52次。从灾害类型看，旱灾64次，约占总数的30.77%；水灾41次，约占总数的19.71%；地震31次，约占总数的14.90%；蝗灾20次，约占总数的9.62%；风雹霜雪灾害22次，约占总数的10.58%；火灾17次，约占总数的8.17%；疫灾13次，约占总数的6.25%。其中，水灾、旱灾约占该时期自然灾害总数的50.48%。危害农业的水、旱、蝗三大灾害，共124次，约占灾害总数的60.10%，是先秦时期主要的灾害。各灾害发生的时间段、次数见表2－1－9：

表 2-1-9 先秦自然灾害统计简表

灾种 时间	水灾	旱灾	蝗灾	地震	疫灾	气象灾害	火灾	合计	百分比（%）
史前	1	1	0	3	0	0	1	6	2.88
夏	1	3	0	3	0	0	1	8	3.85
商	4	4	0	2	1	0	0	11	5.29
西周	1	3	0	2	0	4	1	11	5.29
春秋	18	42	17	9	8	12	14	120	57.69
战国	16	11	3	12	4	6	0	52	25
合计	41	64	20	31	13	22	17	208	100
百分比（%）	19.71	30.77	9.62	14.90	6.25	10.58	8.17	100	

2. 王朝末期是先秦时期自然灾害的阶段性集中高发期

从文献记载来看，史前的灾害大都发生在尧、舜、禹时期，这个时期不但有大的洪水，也有旱灾、地震、火灾等一系列灾害，是一个地象、气象、天象及文化异常的自然灾害群发期。在中低纬度地区出现了极端的干旱气候，沙漠在大规模地扩大；在中高纬度地区出现了大洪水；有些地区则洪水、干旱相间。[①] 史料中也多有“日妖宵出，雨血三朝，龙生于庙，犬哭于市，夏冰，地坼及泉，五谷变化，民乃大振”[②]、“逮至尧之时，十日并出，焦禾稼，杀草木，而民无所食”[③] 及“（帝癸）十年，五星错行，夜中，星陨如雨”[④] 等地象、气象、天象异常的记载。

夏、商、西周三代王朝末期，灾害群发现象也较为严重，如：夏“（桀）十年，五星错行，夜中，星陨如雨。地震。伊、洛竭”；商朝“逮至殷纣，峣山崩，三川竭力”；西周“幽王二年，西周三川皆震。是岁，三川竭，岐山崩”。可见，夏、商、西周三代王朝末期，都出现了地震与旱灾接连发生的情况，是自然灾害相对频发的时期。而从“昔伊、洛竭而夏亡，河竭而商亡”[⑤] 的记载可看

---

① 宋正海、高建国等：《中国古代自然灾异群发期》，合肥：安徽教育出版社，2002 年，第 35 页。

② （战国）墨翟等：《墨子》卷 5《非攻上第十七》，北京：中华书局，1985 年，第 55 页。

③ 何宁：《淮南子集释》卷 8《本经训》，北京：中华书局，1998 年，第 574 页。

④ 王国维：《今本竹书纪年疏证》，见方诗铭、王修龄：《古本竹书纪年辑证》，上海：上海古籍出版社，1981 年，第 212 页。

⑤ 徐元诰撰，王树民、沈长云点校：《国语集解》卷 1《周语上》，北京：中华书局，2002 年，第 27 页。

出，灾害的发生抑或加速了王朝灭亡。

东周550年间，共发生各类自然灾害172次，大约每3年1次，灾害频度为31.27%。但各年份灾害次数不同，以每50年为尺度，各时间段灾害频度见表2-1-10：

表2-1-10 东周每50年灾害频次表

起始时间	结束时间	灾害总数（次）	灾害频度（%）
公元前770	公元前721	3	6
公元前720	公元前671	20	40
公元前670	公元前621	23	46
公元前620	公元前571	19	38
公元前570	公元前521	32	64
公元前520	公元前471	24	48
公元前470	公元前421	7	14
公元前420	公元前371	7	14
公元前370	公元前321	12	24
公元前320	公元前271	12	24
公元前270	公元前221	13	26

从上表可以看出，东周自然灾害集中分布在三个阶段：第一阶段，从公元前720年至公元前621年的100年之中，共发生自然灾害43次，大约每2.3年1次，灾害频度为43%；第二阶段，从公元前570年至公元前471年，即春秋后期的100年间，共发生自然灾害56次，大约每1.8年1次，灾害频度为56%；第三阶段，战国时期的灾害记载总体比春秋时期较少，但战国各时段相较而言，战国后期灾害相对频繁，从公元前270年至公元前221年的50年间，发生自然灾害13次，大约每3.8年1次，灾害频度为26%。可见，春秋末期、战国末期是东周时期灾害频发的两个重要阶段。

3. 自然灾害具有地域性和季节性相对集中的特点

从先秦自然灾害的空间分布来看，灾害主要集中发生在今山东、河南、陕西、山西、河北等省内。山东占灾害总数的42.31%，河南占21.63%，其次为陕西、山西、河北、湖北、江苏和四川，分别占13.46%、9.62%、5.29%、2.40%、1.44%和0.48%，具体见表2-1-11。具体到各灾种而言，水灾中，比例河南最高39.02%，山东26.83%，山西9.76%，河北9.76%。旱灾比例中，山东最高53.13%，河南、山西各占17.19%。山东占蝗灾总数的80%。疫灾比例中，陕西最高30.77%，山东、河南、河北各占15.38%。地震比例中，山东最高29.03%，河南22.58%，陕西19.35%。气象灾害比例中，山东最高36.36%，陕西31.82%。火灾比例中，山东最高47.06%，河南35.29%。总的来看，山东、河南两省的灾害较多，占总数的63.94%。

表2-1-11 先秦自然灾害地域分布表

灾种 地点	水灾	旱灾	蝗灾	地震	疫灾	气象灾害	火灾	合计	百分比（%）
山东	11	34	16	9	2	8	8	88	42.31
河南	16	11	1	7	2	2	6	45	21.63
陕西	1	6	3	6	4	7	1	28	13.46
山西	4	11	0	3	0	1	1	20	9.62
河北	4	1	0	2	2	2	0	11	5.29
湖北	3	0	0	0	0	2	0	5	2.40
江苏	1	1	0	0	1	0	0	3	1.44
四川	0	0	0	1	0	0	0	1	0.48
不详	1	0	0	3	2	0	1	7	3.37
合计	41	64	20	31	13	22	17	208	100
百分比（%）	19.71	30.77	9.62	14.90	6.25	10.58	8.17	100	

自然灾害主要是由于自然界的异常变化而引起的，因此在一定的区域范围内，自然灾害的发生具有季节性的特点。通过对先秦时期水、旱、蝗灾害的分析，可以看出，这些灾害主要发生在周历的秋季（7、8、9月），而周历较夏历（阴历或农历）早两个月，因此，水、旱、蝗灾主要发生在农历的5、6、7月，是农历夏季的高温季节，也正是华北平原所在季风区内高温多雨的季节。这一时期降雨过多，会形成内涝；降雨过少，又会引起旱灾，而大旱之后又易引发蝗灾。火灾则主要发生在周历的春、夏季节，相当于农历冬春之交和春夏之交的时节，这个时期正是北方天气干燥的时期，易引发火灾。各灾种具体的年内分布情况见表2-1-12：

表 2－1－12　先秦自然灾害年内分布表

时间 灾种	春季	夏季	秋季	冬季	不详	合计
水灾	0	1	10	1	29	41
旱灾	4	3	23	1	33	64
蝗灾	0	0	13	4	3	20
疫灾	0	1	0	2	10	13
地震	1	5	3	1	21	31
气象灾	2	3	4	7	6	22
火灾	2	10	1	1	3	17
合计	9	23	54	17	105	208

4. 人类活动加剧了自然灾害的发生，反之，自然灾害也影响了社会的稳定

先秦时期的灾害，起初多为纯粹的自然灾害，但随着社会的发展，越来越多的人为因素参与其中。如东周时期 34 次水灾中，有 10 次为人为灾害；战国 16 次水灾中，有 8 次为人为灾害，占总数的一半。有时交战双方为取胜，或放水入城，或水中投毒，如：秦昭襄王二十八年（前 279）“昔白起攻楚，引西山长谷水……水从城西，灌城东入……百姓随水流死于城东者，数十万，城东皆臭”①等。另外，公元前 358 年楚攻打魏，公元前 332 年赵决河以抵齐、魏，公元前 281 年赵伐魏及公元前 235 年秦攻魏等战争，都曾用水攻城，导致河流泛滥。同时，大规模的战争，造成人员大量伤亡，尸体遍野，这也是诱发疫灾的一大因素。在人类活动影响自然界、加重自然灾害发生的同时，自然灾害的频发也加剧了社会的动乱不定。上文所提及夏、商、周三代王朝末期自然灾害的阶段性群发，虽不是王朝灭亡的决定性因素，但也在很大程度上加速了王朝的灭亡。

三、先秦时期防灾、救灾措施

古代人民在应对自然灾害过程中，保留了大量的灾害史料，积累了极其丰富的减灾、救灾经验。通过对这些荒政资料的研究，可使人们清晰地了解历史时期的灾害情况及社会影响，也可总结历史时期的救灾、减灾经验，为当今的防灾、减灾工作提供了借鉴。历代政府的救荒之策，从大的方面讲，可分为常态性防灾

① （后魏）郦道元注，（清末）杨守敬、熊会贞疏，段熙仲点校，陈桥驿复校：《水经注疏》卷 28《水经·沔水注中》，南京：江苏古籍出版社，1989 年，第 2395 页。

备荒措施和临时性应急救荒举措两大类。先秦时期的救荒之策主要有：

（一）先秦时期常态性防灾备荒措施

1. 重视农业，杂种五谷，储备粮食以备荒

抗灾救荒，首先要有充足的粮食作后盾。历代统治者都将农业生产放在首位，“古先圣王之所以导其民者，先务于农民”①。从周人的“王事唯农是务，无有求利于其官，以干农功”② 到李悝的“尽地力之教”，再到商鞅变法中的奖励耕织，“善为国者，仓廪虽满，不偷于农”，等等，都可看出统治者对农业的重视。正是意识到农业的重要性，国家及庶民的一些活动均要避开农忙时节，做到不违农时，按月令行事。帝王之“春搜、夏苗、秋狝、冬狩，皆于农隙以讲事也”③，庶人“不冠弁、娶妻、嫁女、享祀，不酒醴聚众；农不上闻，不敢私籍于庸，为害于时也”④。

不同的作物，由于其性能各异，有的喜热，有的耐寒，有的耐涝，有的耐旱。通过农作物的多样化种植，能有效避免天气变化带来的不利影响，确保农业有所收成，故“种谷必杂五种，以备灾害”⑤，虽然五谷有“黍、稷、麻、麦、豆”、“黍、稷、菽、麦、豆”、“禾、麻、黍、麦、豆”、“稻、黍、稷、麦、菽”等不同的称谓，但其为不同的作物种类无疑。通过多种作物的种植，可增强人们抵御灾害的能力。

此外，为储备粮食以备荒，窖藏、粮仓和仓储制度在先秦时期也已有所发展。新石器时代的客省庄二期窖穴、殷商时期的窖穴都经过了专门的处理。⑥ 周代，仓储制度进一步完善，“邦之委积，以待施惠；乡里之委积，以恤民之艰厄；门关之委积，以养老孤；郊里之委积，以待宾客；野鄙之委积，以待羁旅；县都之委积，以待凶荒”⑦，这里“县都之委积”即县都的粮仓主要用以备荒。而仓人“掌粟入之藏，辨九谷之物，以待邦用。若谷不足，则止余法用，有余则藏之，以待凶而颁之”⑧，他们则是以分管粮储，“以待凶而颁之”为己任的官员。

---

① （汉）高诱注：《吕氏春秋》卷26《上农》，上海：上海书店出版社，1986年，第331页。

② 徐元诰撰，王树民、沈长云点校：《国语集解·周语上》，北京：中华书局，2002年，第21页。

③ 杨伯峻注：《春秋左传注》“隐公五年条”，北京：中华书局，1981年，第42页。

④ （汉）高诱注：《吕氏春秋》卷26《上农》，上海：上海书店出版社，1986年，第331页。

⑤ （汉）班固：《汉书》卷24上《食货志四》，北京：中华书局，1962年，第1120页。

⑥ 余扶危、叶万松：《我国古代地下储粮之研究》（上），载《农业考古》，1982年第2期。

⑦ 《十三经注疏》整理委员会整理，李学勤主编：《十三经注疏·周礼注疏》之《周礼·地官·遗人》，北京：北京大学出版社，1999年，第344页。

⑧ 《十三经注疏》整理委会员整理，李学勤主编：《十三经注疏·周礼注疏》之《周礼·地官·仓人》，北京：北京大学出版社，1999年，第428页。

2. 修筑堤坝，开挖沟渠，凿井灌田以防灾

水、旱灾害自古以来便是对人们生产和生活威胁最大的灾害，从远古时代起，人们就与水旱灾害作斗争，积累了丰富的经验。其中“修堤渠，通沟浍，行水潦，安水藏，以时决塞。岁虽凶败水旱，使民有所耕耘”① 的堤坝修筑制度是防治水灾的一项重要举措。春秋中期，修筑堤坝已较为普遍。《管子·度地》载有筑堤之法，“令甲士作堤大水之旁，大其下，小其上，随水而行。地有不生草者，必为之囊。大者为之堤，小者为之防。夹水四周，禾稼不伤。岁埤增之，树以荆棘，以固其地。杂之柏杨，以备决水，民得其饶，是为流膏”，可见此时筑堤之术已较为成熟。战国时期，各诸侯国都纷纷建筑堤防以自保，形成“盖堤防之作，近起战国，壅防百川，各以自利”之势。此时，不仅堤防的规模有所扩大，人们也开始重视堤防的重要性，或谓“巨防容蝼，而漂邑杀人”，或谓“千丈之堤，以蝼蚁之穴溃”②。这对保护各诸侯国人民的生命财产、农业生产都起到了重要作用。

修筑堤防之外，河渠的开凿利用也是抗旱、防涝的重要措施。我国对沟洫的利用较早，西周时期已知道用“沟洫以除水灾”，并且对沟洫进行了细致的分类。“凡治野，夫间有遂，遂上有径；十夫有沟，沟上有畛；百夫有洫，洫上有涂；千夫有浍，浍上有道；万夫有川，川上有路；以达于畿”，并且出现了专门负责挖沟洫的匠人，“匠人为沟洫……善沟者水漱之，善防者水淫之。凡为防，广与崇方，其杀参分去一，大防外杀。凡沟防，必一日先深之以为式，里为式，然后可以傅众力”③。至春秋战国时期，各诸侯国也十分重视沟洫的兴修，人工灌溉有了明显的发展。楚庄王时，孙叔敖在淮河流域兴修水利：“决期思之水，而灌雩娄之野。”④ 在兴修水渠的基础上，人工运河亦已开凿，春秋时开凿的运河有陈蔡运河、邗沟、鸿沟、都江堰、郑国渠、漳水渠、河东渠、龙首渠等。这些人工运河的开凿，对防洪、抗旱起到了重要作用。此外，在远离河流的地方，人们不能享受灌溉之利，便发展井灌。战国之前是井灌的起源时代，战国至宋元是井灌的发展时期，明清则是中国北方井灌区的形成时期，井灌是中国北方的一种重要的灌溉形式。⑤

---

① （战国）荀况著，王天海校释：《荀子校释》卷5《王制》，上海：上海古籍出版社，2005年，第388页。

② 张觉：《韩非子校疏》卷7《喻老》，上海：上海古籍出版社，2010年，第425页。

③ （清）孙诒让撰，王文锦、陈玉霞点校：《周礼正义》，北京：中华书局，1987年，第1232、3500、3501、3502页。

④ 何宁：《淮南子集释》卷18《人间训》，北京：中华书局，1998年，第1301页。

⑤ 张芳：《中国古代的井灌》，载《中国农史》，1989年第3期。

3. 加强对火灾、疫病等突发事件的预防与控制

中国历来对火灾较为重视，商代已有防范火灾的法规，“殷之法，弃灰于公道者断其手”①。《周礼》有司爟掌火之令“四时变国火，以救时疾。季春出火，民咸从之……凡国失火，野焚莱，则有刑罚焉”、“仲夏之月毋烧灰”，等等，通过这些防火机构、官员和例令来加强对火灾的管理和防范。春秋时期，一些都城周围已建起相应的消防设施。考古发掘发现，一些宫殿城址周围有防火墙和大型的水池。如偃师商城宫殿附近的大型水池，是宫殿建筑防火救灾的重要设施。在此之前，郑州商城内发现的石板水池，也具有防火救灾的功能。②

在疾病的预防控制方面，西周时期已建立了完备的医疗机构和巡诊制度。《周礼·地官司徒》中有司救一职，其“凡岁时有天患民病，则以节巡国中及郊野，而以王命施惠”。周代中央设有医师，“掌医之政令，凡邦之有疾病者、有疕疾者造焉，则使医分而治之，岁终则稽其医事，以制其食”。在地方上，“乡立巫医，具百药，以备疾灾，畜五味，以备百草”，并制定了一套完整的治疗方法，“以五味、五谷、五药，养其病；以五气、五声、五色，视其死生。两之以九窍之变，参之以九藏之动”③。这些措施加强了对疾病的治疗和控制。

4. 加强对天气和灾害的预测、预报

商代是一个占卜极为普遍的时代，有大量的巫、祝负责天气预报活动。现存的甲骨卜辞中有大量涉及天气、时令、灾害、疾病的辞例。至周初，设立了专门的官吏来负责天气预报。《周礼·地官·司徒》载：“（大司徒）以土圭之法测土深。正日景，以求地中。日南则景短，多暑；日北则景长，多寒；日东则景夕，多风；日西则景朝，多阴。日至之景，尺有五寸，谓之地中，天地之所合也，四时之所交也，风雨之所会也，阴阳之所合也。”④ 至春秋战国时期，人们通过对云、日、月、物等自然现象的观测，来预测天气变化，“山云草莽，水云鱼鳞，旱云烟火，雨云水波，无不皆其所以示人”⑤。同时，先秦时期也通过月令、四时、天文星象等来预测天气与灾害。比起巫术文化和祭祀文化，星象学包含着更多的自然主义和理性主义成分，但其自然主义是一种神秘的自然主义，而占星术所设定的星象与人事的关联，是与人事理性主义相冲突的。天象与地震、天象与疾病、天象与丰歉存在着某些关联，但是遥远的星辰并不像太阳那样对人类有直

---

① 张觉：《韩非子校疏》卷9《内储说上》，上海：上海古籍出版社，2010年，第601页。

② 杜金鹏：《偃师商城初探》，北京：中国社会科学出版社，2003年，第200~202页。

③ 《十三经注疏》整理委员会整理，李学勤主编：《十三经注疏·周礼注疏》之《周礼·天官冢宰·疾医》，北京：北京大学出版社，1999年，第442页。

④ （清）孙诒让撰，王文锦、陈玉霞点校：《周礼正义》，北京：中华书局，1987年，第714页。

⑤ 陈奇猷校释：《吕氏春秋校释》，上海：学林出版社，1984年，第678页。

接的影响。[①] 我们认为，虽然这种预测的准确度较低，但其充分表明了人们对灾害的警惕性，对灾害的防范也具有一定的积极作用。

（二）先秦时期临时性应急救荒举措

1. 国家赈济，救济灾民

国家赈济是保证饥民生命安全的一项重要措施，它的形式多样，有“散利”：即国家利用手中所掌握的金钱物资进行救灾；“薄征”：即在灾年减免赋税，“民之饥，以其上食税之多，是以饥”[②]，因此薄征也是保障灾民生计的重要方式；“驰力”：即在征调力役方面，实行各种减、免、缓的措施，减轻人民的负担，使百姓有较大的积极性和较多的时间从事生产活动，增强抗灾能力；“去几”：主要针对商业而言，促进商业流通，鼓励各地区以及诸侯国间的贸易往来和物资交流，为丰富灾区物资提供便利；“劝分”：即在灾荒发生之时，国家和储蓄较多的人要开仓放粮，赈济灾民。先秦时期国家赈济之事颇多，如：齐景公时规定“家有布缕之本而绝食者，使有终月之委；绝本之家，使有期年之食；无委职之民，与之薪缭，使足以毕霖雨”，这次活动共救济“贫民万七千家，用粟九十七万钟，薪橑万三千乘，怀宝二千七百家，用金三千”[③]，国家在大灾之年的赈济活动对于嗷嗷待哺的灾民而言，无异于雪中送炭，其作用重大。

2. 货畅其流，平抑物价

汤即位之后有七年之旱，为救灾，商汤“以庄山之金铸币而赎民之无粮卖子者”[④]。周景王二十一年（前 524），王室准备铸行足值的重币，单穆公劝谏曰：“不可。古者，天灾将戾，于是乎量资币，权轻重，以振救民。民患轻，则为之作重币以行之，于是乎有母权子而行，民皆得焉。若不堪重，则多作轻而行之，亦不废重，于是乎有子权母而行，小大利之。”[⑤] 他认为在天灾出现时，政府可以通过铸币以赈灾民。《周礼·地官司徒·司市》云：“国凶荒、札、丧，则市无征而作布。”即在荒年征收不到税物而政府收入锐减的情况下，可利用荒年没有救饥作用的金铜来铸币，以解民众的困乏。同时，西周时期已认清商业流通的重要性，在灾情发生后，国家通过减免灾区关、市之税的方式来鼓励商人活

---

① 陈来：《古代思想文化的世界》，北京：生活·读书·新知三联书店，2002 年，第 59、60 页。

② （魏）王弼注：《老子道德经》卷下《贪损第七十五》，上海：上海书店出版社，1984 年，第 44 页。

③ 吴则虞：《新编诸子集成·第 1 辑·晏子春秋集释》卷 1《内篇谏上》，北京：中华书局，1982 年，第 14 页。

④ （宋）金履祥：《资治通鉴前编》卷 4《商王成汤》，文津阁四库（115），北京：商务印书馆，2005 年，第 490 页。

⑤ 《礼书纲目》卷 65《财赋》，文津阁四库（45），北京：商务印书馆，2005 年，第 651 页。

动，保证灾区的物资供应，并适时控制物价上涨。《周礼》亦载："凡天患，禁贵价者，使有恒贾。"这样，通过物资流通和控制物价的方式来赈济灾民。

3. 征召饥民，以工代赈

春秋战国时期，各诸侯国为扩张领土、掠夺财富，不惜损人利己。有甚者在他国发生灾荒之时，乘人之危，发动侵略战争。鲁僖公二十一年（前639），夏大旱，公欲焚巫尫，臧文仲曰："非旱备也，修城郭、贬食、省用、务穑、劝分。"孔颖达疏曰："凶荒，则无道之国乘而加兵，故修城郭为守备也。"① 公元前646年，秦国遇饥荒，向晋乞籴，晋惠公便趁机发动了韩原之战。因此，在发生饥荒之时，为防敌国乘乱进攻，加强防御是极为必要的。景公之时"饥，晏子请为民发粟，公不许。当为路寝之台，晏子令吏重其赁，远其兆，徐其日而不趋，三年台成而民振，故上悦乎游，民足乎食"②。可见，饥荒发生之时，人民困苦不堪，已无可食之粟，通过一些公共工程的修建，一方面可以加强国家的防御能力，另一方面也可给灾民提供糊口之粮，真是一举两得。

4. 皇室禳灾，稳定民心

在中国古代的救荒措施中，有积极的防灾、减灾政策，也有被称为迷信活动的祭祀禳灾。由于社会条件的局限，古人认为自然物和自然力具有生命、意志及伟大力量，即"万物有灵"，认为灾害是上天对人民的惩罚，尤其是对"天子"的惩戒。因此，产生了种种对天神、自然物、鬼神等自然物的崇拜，在发生灾荒之后，不是积极地防灾、减灾，而是求助于神灵，以祈求灾异的消失。在现今看来，这种消极迷信思想对防灾、救灾毫无作用，甚至会因此而错过最佳的救灾时机。但这种思想长期以来在中国社会根深蒂固，兴盛不衰，其中也有其合理的因素。先秦时期，灾害发生后，人们容易产生恐慌心理，对即使在现今看来司空见惯的自然现象也表现出极端的恐惧，诚惶诚恐。通过这种禳灾活动，可以消除人们对灾害的恐慌心理，有益于灾后社会的稳定。同时这种禳灾思想还与占卜、星象、天文等结合起来，对灾害进行预测③，在灾害的防范上也有一定的积极作用。

---

① 杨伯峻注：《春秋左传注》"僖公二十一年条"，北京：中华书局，1981年，第390页。

② 吴则虞：《新编诸子集成·第1辑·晏子春秋集释》卷5《内篇杂上》，北京：中华书局，1982年，第308页。

③ 袁祖亮主编，刘继刚著：《中国灾害通史·先秦卷》，郑州：郑州大学出版社，2008年，第207、208页。

第二节 秦汉时期自然灾害与政府应对

一、秦汉时期自然灾害概况

秦汉441年间，灾害群发，灾次频繁，被称为“两汉宇宙期”。针对秦汉时期自然灾害情况，邓云特的《中国救荒史》、陈高佣的《中国历代天灾人祸表》、马非百的《秦汉经济史资料》、杨振红的《汉代自然灾害初探》、黄今言及温乐平的《汉代自然灾害与政府的赈灾行迹年表》、陈业新的《灾害与两汉社会研究》、张文华的《汉代自然灾害的发展趋势及其特点》、李辉的《试论两汉时期自然灾害的主要特点》、王文涛的《秦汉社会保障研究——以灾害救助为中心的考察》、段伟的《禳灾与减灾：秦汉社会自然灾害应对制度的形成》、袁祖亮主编的《中国灾害通史——秦汉卷》等论文和著作均有所研究，对其灾害次数都有所统计，见表2-2-1：

表2-2-1 部分学者秦汉自然灾害统计表

学者＼灾种	水灾	旱灾	地震	虫灾	疫灾	风灾	雹灾	冷冻灾
邓云特	76	81	68	50	13	29	35	9
陈高佣	83	80	92	42	13	9	0	6
马非百	68	43	0	37	0	0	0	0
杨振红	79	91	85	57	27	25	28	20
黄今言等	86	48	77	42	18	21	20	11
陈业新	108	112	111	65	42	37	37	45
张文华	93	105	114	68	41	41	34	28
李辉	121	106	104	62	49	33	35	31
王文涛	119	117	113	71	50	39	38	45
段伟	114	113	117	68	42	40	37	40
袁祖亮等	125	123	113	74	52	36	40	48

从上表可看出秦汉时期自然灾害的严重程度，我们将在以上学者研究的基础上，对秦汉各类自然灾害的次数进行统计，并分析各类灾害的时空分布规律、灾

害等级及危害等特征。

（一）秦汉洪涝灾害及其特征

秦汉时期洪涝灾害频发，种类繁多。其中有因暴雨或长时间降水过多而造成的涝灾49次，有因暴雨、降水而引起的河溢、暴雨河洪、山洪65次，有因降水或地震而引起的海溢8次，共计122次。其中，秦（前221—前207）15年间，发生洪涝灾害3次，灾害频率为20%；西汉（前206—24）230年间[1]，发生洪涝灾害46次，灾害频率为20%；东汉（25—220）196年间，发生灾害73次，灾害频率为37.24%。其具体特征如下：

1. 洪涝灾害的时间分布及特点

秦汉时期的洪涝灾害，有些发生时间记载不详，有些仅记至季节，我们大致统计如下表2－2－2：

表2－2－2　秦汉洪涝灾害年内分布表

季节	春季			夏季				秋季				冬季			不详
月份	2	3	春	4	5	6	夏	7	8	9	秋	10	11	12	
灾次	1	4	1	3	10	13	13	10	5	7	16	4	1	3	31
百分比（%）	0.82	3.29	0.82	2.46	8.20	10.66	10.66	8.20	4.10	5.74	13.11	3.29	0.82	2.46	25.41
合计	6（4.92%）			39（31.97%）				38（31.15%）				8（6.56%）			31（25.41%）

（注：表中春、夏、秋是仅能确定灾害发生季节的灾次，以下各表同。）

从上表可以看出，秦汉洪涝灾害主要发生在夏、秋季节，两季共发生洪涝灾害77次，约占总数的63.11%，其中又以5、6、7三个月为高峰期。这与洪涝灾害形成的原因有关，冬、夏季风的锋面雨带和台风是直接引发暴雨的重要天气系统，也是我国洪涝灾害发生的重要原因，而两者的多发期多在夏、秋季节。此外，洪涝灾害的发生地大多在黄河中下游地区。该地区位于季风区内，受季风气候的影响，夏、秋季高温多雨且降水分配不均，一旦雨量过多，即形成洪涝灾害。

2. 洪涝灾害的空间分布规律

秦汉时期发生了一些范围较大的全国性洪水，如：汉景帝中元五年（前

① 为统计方便，我们将王莽新朝（9—23）和刘玄更始二年（24）计入西汉。

145)，“夏，天下大涝”[①]；汉武帝元鼎二年（前115)，“夏，大水，关东饿死者以千数。秋九月……今水潦移于江南”[②]；汉殇帝延平元年（106)，“五月，郡国三十七大水，伤稼”[③] 等。此类大范围的洪涝灾害难以确定其发生地域，同时由于有些记载较为简略，也难以确定灾害发生地。在有准确记载的61次洪涝灾害中，28次发生在今河南，8次在山东，6次在河北，陕西、湖北各5次，3次在江苏，山西、四川各2次，安徽、甘肃各1次。可见，河南、山东、河北、陕西、山西所在的黄河中下游地区和关中平原地区是秦汉洪涝灾害的主要发生地，这一方面与该地区受季风气候影响，降水季节分布不均且时间相对集中有关；另一方面也与该地区地势平坦，河道容易淤积，泄洪、分洪能力较差的自然环境有关。此外，还与两汉雨泽奏报制度有关，“自立春至立夏尽立秋，郡国上雨泽”[④]，而河南、陕西、山东等地是两汉的京师所在和富庶之地，官方对该地区雨泽较为重视，故官方的记载较多。

我们搜集到汉代发生海溢8次，其中4次发生在“勃海”，3次发生在“北海”，1次地点不详。即使当时也称“东海”的黄海确实曾经发生“海溢”，也在北部中国沿海，和后世“海溢”记录以东海、南海更为密集的情形显然不同。[⑤] 对于汉代东海和南海地区相关资料的缺乏，不应理解为这些地区当时没有发生过这种灾害。很可能由于人口密度和经济地位的差异，使得这些地区在发生同样灾害的情况下，造成的损失会比燕齐地方要小。[⑥] 而北方海溢的发生既与沿海地区气候变化、降雨量突然增加有关，也与地质变化造成的地震密切相连。[⑦]

在汉代的洪涝灾害中，有4次山洪灾害：汉成帝建始三年（前30)，“夏，大水，三辅霖雨三十余日，郡国十九雨，山谷水出，凡杀四千余人，坏官寺民舍八万三千余所”；汉和帝永元十年（98)，“京师大雨，南山水流出至东郊，坏人庐舍”；汉安帝永初元年（107)，“十月辛酉，新城山泉水大出，突坏人田，水深三丈”；汉灵帝建宁四年（171)，“五月，河东地裂，山水大出，漂坏庐舍五百余家”。山洪多为山区沟溪中发生的暴涨暴落的洪水，有发生突然、水量集中、破坏性大的特点，有时还会形成泥石流。从我们搜集到的山洪灾害中，也可

---

① （汉）司马迁：《史记》卷11《孝景本纪》，北京：中华书局，1959年，第445页。

② （汉）班固：《汉书》卷6《武帝纪》，北京：中华书局，1962年，第182页。

③ （宋）范晔撰，（唐）李贤等注：《后汉书》志15《五行志三》，北京：中华书局，1965年，第3309页。

④ （宋）范晔撰，（唐）李贤等注：《后汉书》志5《礼仪中》，北京：中华书局，1965年，第3117页。

⑤ 王子今：《中国古代的海啸灾害》，载《光明日报》，2005年1月18日。

⑥ 王子今：《汉代“海溢”灾害》，载《史学月刊》，2005年第7期，第30页。

⑦ 段伟：《禳灾与减灾：秦汉社会自然灾害应对制度的形成》，上海：复旦大学出版社，2008年，第31页。

看出山洪突然成灾，容易对民田、民舍造成危害，对其预防应格外重视。

3. 洪涝灾害的等级及危害

灾害等级是按受灾面积和灾害程度对灾情进行的划分，是反映灾害强度的重要因素。秦汉 122 次洪涝灾害记载都较为简单，无法对灾害所造成的影响进行定量分析，我们根据史料对灾害的描述，大致分为四个等级，见表 2－2－3：

表 2－2－3 秦汉洪涝灾害等级分类表

等级	主要表现	频次
微涝	1～5 个县，仅记河溢、雨、大雨、久雨、暴雨、霖雨，无灾情记载	56
一般水灾	5～10 个县，河徙、水、害稼，坏屋 1 000 家以下，死亡 500 人以下	27
大洪灾	10 个县或 5 个郡以上，暴溢，人饥，米贵，坏屋 1 000～5 000 家，死亡 500～1 000 人	26
特大洪涝	1 个州或以上，暴溢，漂没殆尽，大饥，人相食，坏屋 5 000 家以上，死亡 1 000 人以上	13

从上表可以看出，秦汉时期的洪涝灾害主要以微涝和一般水灾为主，两者共计 83 次，约占总数的 68.03%，大洪灾和特大洪涝约占 31.97%。虽然特大水灾较少，但其影响巨大，或造成流民问题，如：高后三年（前 185）“夏，江水、汉水溢，流民四千余家”，高后八年（前 180）“夏，汉水、南郡水复出，流六千余家。南阳沔水流万余家”；或造成大饥乃至人相食的严重后果，如：汉武帝建元三年（前 138）“河内贫人伤水旱万余家，或父子相食”，汉安帝永初三年（109）“京师及郡国四十一雨水雹。并、凉二州大饥，人相食”，这些洪涝灾害的发生对当时的社会稳定、人们的生产生活均产生了重大影响。

（二）干旱灾害及其特征

秦汉时期的干旱灾害主要发生在两汉时期，秦朝基本没有旱灾记载。据笔者统计，两汉 426 年间，共发生干旱灾害 121 次，大约每 3.5 年 1 次，灾害频率为 28.40%。其中西汉 46 次，平均每 5 年 1 次，灾害频率为 20%。东汉 75 次，平均每 2.6 年 1 次，灾害频率大约为 38.27%。从灾害发生频率看，东汉略高于西汉。其具体特征如下：

1. 干旱灾害的时间分布及特点

从年际分布来看，西汉发生灾害的年份有 42 个，连发期 5 个，连发年份 11

个，连发年份占旱灾总年份的1/4，其连续发生的情况不明显。东汉发生旱灾75次，共有73个旱灾年份，其中旱灾连发期有18个，连发年份多达52个，占到旱灾发生总年份的2/3，其旱灾具有明显连发性特征。同时，其灾害的年际分布还具有整体分布较为分散、小范围集中的特点。从灾害发生的朝代来看，西汉成帝、哀帝时期和东汉光武帝、明帝、章帝、和帝、安帝、顺帝、献帝各朝是旱灾的高发期。① 其具体的年内分布见表2-2-4：

表2-2-4　两汉干旱灾害年内分布表

季节	春季				夏季				秋季				冬季		不详
月份	1	2	3	春	4	5	6	夏	7	8	9	秋	10	冬	
灾次	1	4	4	10	15	11	7	28	4	3	2	5	1	3	23
百分比（%）	0.83	3.31	3.31	8.27	12.40	9.09	5.79	23.14	3.31	2.48	1.65	4.13	0.83	2.48	19.01
合计	19（15.70%）				61（50.40%）				14（11.57%）				4(3.31%)		23（19.01%）

从上表可以看出，两汉时期，夏季是干旱灾害的高发季节，占灾害总数的50%以上，其次为春、秋季，而冬季则相对较少。从具体月份来看，4、5、6月灾害发生较多，其次是2、3、7、8月。春夏之交、夏季及夏秋之交是干旱灾害比较严重的时期，这与我国大陆性季风气候的特点有关。两汉干旱灾害主要发生在长江以北地区，受季风气候的影响，冬、春季降水较少，而春季气温回升快，水分蒸发强，容易产生旱灾。夏季和秋初高温、炎热，加之雨季来临得过晚或结束得过早，都会形成旱灾。

2. 干旱灾害的空间分布规律

秦汉时期干旱灾害的记载大多没有具体地点，仅记作"旱"、"大旱"、"郡国旱"、"江淮间大旱"、"天下大旱"等。在有具体地点的40余次灾害中，今河南18次，山东5次，山西4次，陕西、江苏各3次，河北、内蒙古、浙江各2次，安徽、湖北、甘肃各1次。可见，旱灾主要发生在黄河中下游地区和黄土高原地区，而长江流域相对较少。这与大陆性季风气候的影响密切相关。

3. 干旱灾害的等级及危害

史料所载两汉121次干旱灾害，大多记载较为简单，我们根据灾害的有关描

---

① 袁祖亮主编，焦培民等著：《中国灾害通史·秦汉卷》，郑州：郑州大学出版社，2009年，第45、46页。

述，大致分为四个等级，见表2-2-5：

表2-2-5 两汉干旱灾害等级分类表

等级	主要表现	频次
微旱	1~5个县，旱，雩，大雩，不雨，未记灾害后果	78
一般旱灾	5~10个县，大旱，旱甚，无雨雪，伤稼，井泉竭，引发蝗灾	21
大旱灾	10个县或5个郡以上，大旱，河绝，河竭，久旱，大蝗，饥馑，谷贵，人有死者	16
特大旱灾	1个州或以上，大旱，赤地千里，大蝗，大饥，死者甚众，人相食	6

从上表可以看出，两汉旱灾主要以微旱和一般旱灾为主，两者共99次，约占总数的81.82%；大旱灾16次，约占总数的13.22%；特大旱灾6次，约占总数的4.96%。

水是农业之源，旱灾的发生对农业影响尤甚。春天是北方冬小麦返青、生长的重要阶段，也是大多数春播作物的成苗阶段，若发生春旱，影响特别严重，如：汉成帝河平元年（前28）"春三月，旱，伤麦，民食榆皮……流民入函谷关"①。夏旱也称为伏旱，由于夏季是各种秋收作物旺盛生长的时期，亟须大量水分，降水稍有缺乏就会影响作物产量，如：汉献帝兴平元年（194）七月，"三辅大旱，自四月至于是月。……是岁谷一斛五十万，豆麦一斛二十万，人相食啖，白骨委积"②。单季节旱灾外，若发生连旱，则危害更大，如：汉光武帝建武二十二年（46），"匈奴中连年旱蝗，赤地数千里，草木尽枯，人畜饥疫，死耗大半"③。同时，旱灾还与蝗灾有一定联系，西汉蝗灾因水旱原因暴发的比率为42.1%，东汉蝗灾因水旱原因暴发的比率更高达61.2%。④可见，无论是单季节旱灾、季节连旱还是旱灾所引发的蝗灾，都对两汉的社会生产造成了严重危害。

---

① （汉）班固：《汉书》卷26《天文志》，北京：中华书局，1962年，第1310页。

② （宋）范晔撰，（唐）李贤等注：《后汉书》卷9《献帝纪》，北京：中华书局，1965年，第376页。

③ （宋）范晔撰，（唐）李贤等注：《后汉书》卷89《南匈奴列传》，北京：中华书局，1965年，第2942页。

④ 段伟：《禳灾与减灾：秦汉社会自然灾害应对制度的形成》，上海：复旦大学出版社，2008年，第40、41页。

（三）生物灾害及其特征

1. 蝗灾

生物灾害包括蝗灾、虫灾、疫病、牛疫、鼠疫等，其中蝗灾危害甚重，甚至在水、旱灾害之上："地有高卑，雨泽有偏被，水、旱为灾，尚多幸免之处，惟旱极而蝗，数千里间，草木皆尽，或牛马毛、幡帜皆尽，其害尤惨，过于水旱。"[①] 据笔者统计，秦朝没有蝗灾记载，两汉共发生蝗灾70次，约每6年1次，灾害频率为16.43%。其中，西汉20次，约每11年1次，东汉50次，约每4年1次，东汉蝗灾较西汉频繁。其具体特征如下：

（1）蝗灾的时间分布及特点。

两汉蝗灾在年际分布上有严重的不平衡性，总体而言西汉蝗灾较少，东汉蝗灾不仅集中高发，而且其"群发性较强，高发生年份的前后数年内均有蝗灾发生，接着进入间隙期，又到另一个高发生年份"[②]，其具体年内分布见表2-2-6：

表2-2-6　两汉蝗灾年内分布表

季节	春季		夏季				秋季				冬季		不详
月份	2	3	4	5	6	夏	7	8	9	秋	12	冬	
灾次	1	4	5	6	7	8	2	3	2	10	1	1	20
百分比（%）	1.43	5.71	7.14	8.57	10.00	11.43	2.86	4.29	2.86	14.29	1.43	1.43	28.57
合计	5（7.14%）		26（37.14%）				17（24.29%）				2（2.86%）		20（28.57%）

从上表可看出，两汉时期有时间所载的50次蝗灾，主要发生在3月至9月几个月的时间内，其中夏季最为集中，有26次，占蝗灾总数的37.14%；其次为秋季，有17次，占蝗灾总数的24.29%。蝗灾年内分布状况的形成，与夏、秋季节的气温较高，特别是干旱的多发有关，"蝗灾之发生与旱灾有很高的相关程度，大的蝗灾往往出现在干旱之后，旱蝗饥相随的记载很多"[③]。

（2）蝗灾的空间分布规律。

史料对汉代蝗灾的发生地域有些记载不详，在有地域记载的蝗灾中，河南20次，山东5次，河北4次，陕西3次，甘肃2次，江苏、安徽、浙江各1次，

① （明）徐光启：《农政全书》卷44《荒政》，长沙：岳麓书社，2002年，第749页。
② 高文学：《中国自然灾害史》，北京：地震出版社，1997年，第111页。
③ 张建民等：《灾害历史学》，长沙：湖南人民出版社，1998年，第123页。

匈奴统治的塞北5次。总的来看，两汉的蝗灾范围极广，东起青州，中经中原地区、关中，西到敦煌地区；北部至南匈奴统治地区（今内蒙古一带），南达扬州、豫章等地。具体而言，蝗灾主要分布于黄河中下游沿岸，即关东、河南等濒河地带、三辅地区以及今山东、河南、江西、内蒙古、江苏、浙江、安徽等地区或省区。这基本上反映出蝗灾主要集中于两汉的经济核心区——黄河流域的关中、山东一带，尤其是京师及其周围地区，而南方则寥寥无几。这一方面说明了南方地区的蝗灾确实比北方少，另一方面也与史学家关注的重点及信息传递不便、南方灾害记载较少等主客观因素有关。①

（3）蝗灾的等级及危害。

两汉蝗灾不仅次数多，而且具有成灾面积广、灾情严重、群发性、连锁性的特点。② 我们根据蝗灾的有关记载，结合《中国蝗灾史》的分类标准，对两汉蝗灾进行了分类，见表2-2-7：

表2-2-7 两汉蝗灾等级分类表

特征 等级	受灾区域大小	扩散区	收成影响	赋税影响	史料描述
一级	发生点分散	无	影响较小	影响较小	蝗
二级	1个或2个蝗区	无	影响不大	影响不大	蝗
三级	2个或以上蝗区	有	严重，收成在两成至五成	严重	大蝗
四级	全国各蝗区	有	严重，绝收或两成以下	严重	大蝗，国家赈恤

根据以上分类标准，两汉有一级蝗灾26次，二级蝗灾12次，三级蝗灾15次，四级蝗灾17次。可见，两汉蝗灾比较严重，三级、四级蝗灾多达32次，约占总次数的50%。同时，大范围蝗灾的暴发，其危害亦十分严重，如：汉桓帝永兴元年（153），“秋七月，郡国三十二蝗。河水溢。百姓饥穷，流冗道路，至有数十万户，冀州尤甚”。③ 而蝗灾往往与水、旱等其他灾害相继发生，甚至会引发“旱蝗少谷，百姓相食”、“旱蝗谷贵，民相食”的严重社会问题。

2. 疫灾

两汉时期的自然灾害已显现出链发性和群发性的特点，而疫病往往发生在其他灾害之后，更加重了自然灾害的严重程度。笔者据相关史料统计，秦代没有疫

① 陈业新：《灾害与两汉社会研究》，上海：上海人民出版社，2004年，第51、52页。
② 张文华：《汉代蝗灾论略》，载《唐都学刊》，2003年第1期，第45页。
③ （宋）范晔撰，（唐）李贤等注：《后汉书》卷7《桓帝纪》，北京：中华书局，1965年，第298页。

灾记录，两汉共发生疫灾57次，灾害频率为13.38%，大约每7.5年1次。西汉17次，约每13.5年1次。东汉40次，约每4.9年1次，其中有牛疫5次。牛是古代农业生产的主要畜力，牛疫的发生会造成“垦田减少，谷价颇贵，人以流亡”[①] 的惨状。两汉疫灾的主要特征有：

（1）疫灾的时间分布及特点。

从疫灾的年际分布看，从公元前200年至公元200年这400年间，疫灾的趋势是越来越频繁，但并不是直线上升。而是周期性的波动上升。第一个波动周期较短（前200—前120），约80年时间，波峰不很明显；第二个波动周期较长（前120—80），长达两个世纪，其中公元前50—公元50年的一个世纪处于疫灾波峰阶段，疫灾频度高达20%，远远超过两汉时期的平均水平；第三个波动周期始于公元80年，也可能长达两个世纪，在东汉时期，这个波动只经历了半个周期就已经有一个世纪了，同时，第三个波动也预示了紧跟东汉而来的三国时期，仍处于疫灾高峰期。[②]

从有时间记载的42次疫灾来看，两汉时期春季发生疫灾14次，约占总数的24.56%；冬季12次，约占总数的21.05%；夏季10次，约占总数的17.54%；秋季6次，约占总数的10.53%。春、夏、冬季为疫灾的多发期，而秋季疫灾较少。从具体的月份来看，1、3、4、5月相对较多，其具体年内分布情况见表2-2-8：

表2-2-8　两汉疫灾年内分布表

季节	春季				夏季				秋季			冬季				不详
月份	1	2	3	春	4	5	6	夏	8	9	秋	10	11	12	冬	
灾次	5	2	4	3	3	3	1	3	1	1	4	3	2	1	6	15
百分比（%）	8.77	3.51	7.02	5.26	5.26	5.26	1.75	5.26	1.75	1.75	7.02	5.26	3.51	1.75	10.53	26.32
合计	14（24.56%）				10（17.54%）				6（10.53%）			12（21.05%）				26(26.32%)

（2）疫灾的空间分布规律。

在西汉有地点记载的13次疫灾中，关东4次，广西2次，陕西、河南、山东、湖北、湖南、内蒙古、安徽各1次。在东汉有地点记载的35次疫灾中，河南14次，湖南、江苏各3次，山东、安徽、浙江、内蒙古各2次，四川、河北、

① （宋）范晔撰，（唐）李贤等注：《后汉书》卷3《章帝纪》，北京：中华书局，1965年，第132页。

② 龚胜生等：《先秦两汉时期疫灾地理研究》，载《中国历史地理论丛》，2010年第3期，第107页。

山西、陕西、甘肃、广西、湖北各1次。与先秦相比，疫灾主要发生于黄河中下游地区的特点未变，但长江流域的疫灾数有所增加，同时北方草原地区也开始有了疫灾的记载。东汉时，南北比较，北方疫灾略多于南方。与西汉相比，疫灾重心区域仍在黄河下游地区，但疫灾范围向南、北都有扩展，长江中下游疫灾有很大增加，许多原来没有发生过疫灾的南方省区，如安徽、浙江、江西、广东、广西等也开始有了疫灾发生，南北差距进一步缩小。长江中下游疫灾比重的增加，在一定程度上反映了东汉时期长江中下游地区人口与经济的发展。不过，应该指出，尽管东汉时期南北疫灾年数已比较接近，但不能因此就说此时南方疫灾的严重性可以和北方相提并论了，因为该时期南方疫灾大多与战争有关，且主要发生于不服南方水土的北方军士中，不似黄河流域的疫灾都发生在当地居民中。①

（3）疫灾的等级及危害。

两汉疫灾史料的信息量较少，我们根据疫灾的分布面积及造成危害的程度，对疫灾进行初步的分类，具体见表2－2－9：

表2－2－9　两汉疫灾等级分类表

等级	主要表现	频次
微灾	灾区为1～5个县，记“疫”，无灾情记录	15
一般疫灾	灾区为1～5个县，或某州，记“大疫”，无灾情记录	20
大疫灾	灾区为某州，“大疫”，有死者	13
特大疫灾	灾区为2个州以上，灾情特别严重，如死者过半，牛多疫死	9

从上表可以看出，两汉疫灾以微灾和一般疫灾为主，两者共35次，约占总数的61.40%，大疫灾、特大疫灾共计22次，约占总数的38.60%。

疫灾往往与水、旱、震、蝗等其他灾害相伴而生，如：汉景帝后元元年（前143）“五月，地大动，铃铃然，民大疫病，棺贵，至秋止”②；汉平帝元始二年（2）四月“郡国大旱，蝗，青州尤甚，民流亡……民疾疫者，舍空邸第，为置医药”③；汉光武帝建武二十七年（51）“虏今人畜疫死，旱蝗赤地，疫困之力，不当中国一郡”④。此外，战争、军队也是疫灾发生的重要原因和场所，在上述57次疫灾中，有12次与战争有关。如马援征五溪蛮时“及马援卒于师，

① 龚胜生等：《先秦两汉时期疫灾地理研究》，载《中国历史地理论丛》，2010年第3期，第110页。

② （汉）班固：《汉书》卷26《天文志》，北京：中华书局，1962年，第1305页。

③ （汉）班固：《汉书》卷12《平帝纪》，北京：中华书局，1962年，第353页。

④ （宋）范晔撰，（唐）李贤等注：《后汉书》卷18《臧宫传》，北京：中华书局，1965年，第695页。

军士多温湿疾病，死者太半"[①]；汉桓帝延熹五年（162）"（皇甫）规因发其骑共讨陇右，而道路隔绝，军中大疫，死者十三四"[②]。可见，灾荒、战争、人口密集均是疫灾暴发的诱因。

（四）地质灾害及其特征

两汉宇宙期内，灾害群发，地震及由地震引起的地质灾害较为严重。我们根据《史记》、《汉书》、《后汉书》、《三国史记》、《前汉纪》、《后汉纪》、《资治通鉴》等相关文献，统计得出两汉时期有地震116次，其中西汉41次，约每5.6年1次；东汉75次，约每2.6年1次。山崩、岸崩28次，其中11次由地震引起；地裂24次，其中11次由地震引起。除去由地震引起的山崩、地裂灾害，共计地质灾害146次。我们以地震灾害为主，对地质灾害的特征分析如下：

1. 地质灾害的时间分布及特点

两汉地质灾害在年际分布上，不论是在数量上还是在发生频率上东汉均高于西汉。具体而言，两汉地震灾害具有明显的三个地震发生期和两个相对平静期。从汉惠帝二年（前193）到武帝元光四年（前131）为震灾相对稀发期；从武帝元光五年（前130）到宣帝黄龙元年（前49）为地震活动平静期；从汉元帝初元元年（前48）至王莽天凤六年（19）为震灾相对多发期；从王莽地皇元年（20）到东汉和帝永元三年（91）为震灾平静期；从和帝永元四年（92）至献帝延康元年（220）为地震高发期。[③] 其具体的年内分布情况见表2-2-10：

表2-2-10　两汉地质灾害年内分布表

季节	春季				夏季				秋季			冬季				不详
月份	1	2	3	春	4	5	6	7	8	9	秋	10	11	12	冬	
灾次	8	17	7	2	15	8	20	11	1	11	3	7	11	10	3	12
百分比（%）	5.48	11.64	4.79	1.37	10.27	5.48	13.70	7.53	0.68	7.53	2.05	4.79	7.53	6.85	2.05	8.22
合计	34（23.29%）				43（29.45%）				26（17.81%）			31（21.23%）				12（8.22%）

① （宋）范晔撰，（唐）李贤等注：《后汉书》卷41《宋均传》，北京：中华书局，1965年，第1412页。

② （宋）范晔撰，（唐）李贤等注：《后汉书》卷65《皇甫规传》，北京：中华书局，1965年，第2133页。

③ 陈业新：《灾害与两汉社会研究》，上海：上海人民出版社，2004年，第35~37页。

从上表可以看出，两汉地质灾害发生的年内分布规律不明显，相较而言，春、夏季节较多，尤其集中在阴历2、4、6、7月等几个月份。

2. 地质灾害的空间分布规律

我们将波及范围超过10个郡的地质灾害称为全国性灾害，将发生在不同省区的灾害分别统计，则两汉地质灾害的空间分布大致如下：河南42次；全国性灾害20次；陕西12次；甘肃11次；山西8次；吉林7次；山东、四川各6次；宁夏、江苏、湖北各3次；云南、青海各2次；安徽、浙江、河北、江西、辽宁、内蒙古各1次；32次地点不详。从地震的分布来看，大多分布在河南南阳折断带、甘肃境内东部和东南部的泾原断裂带与武都折断带及汾渭地堑带、四川南部断裂带、郯城—庐江深断裂地震带以及山西隆起区断陷地震带上。吉林的7次地震，大都以今吉林集安为中心，虽然其危害性不是很大，但发生频率较为频繁。

3. 地质灾害的等级及危害

两汉地质灾害的记载较为简单，我们根据史料的描述和灾区面积的大小，将两汉地质灾害大致分为以下四个等级，见表2－2－11：

表2－2－11　两汉地质灾害等级表

等级	主要表现	频次
微灾	1～5个县，只记“震”或“微震”，无灾害后果	90
一般地质灾害	5～10个县，“震”或“大震”，无灾害后果，或草树摇，屋瓦坠	13
大地质灾害	10个县或5个郡以上，“大震”，有声如雷，地裂水涌，江溢，庐舍多坏，杀人	20
特大地质灾害	1个州或者以上，“大震”，山裂水涌，逆流，坏庐舍殆尽，死亡500人以上	23

从上表可以看出，两汉地质灾害以微灾和一般灾害为主，两者共计103次，约占总数的70.55%；大、特大地质灾害43次，约占总数的29.45%。

大、特大地质灾害虽所占比例较小，但危害性极大，其或造成人员伤亡，如：汉宣帝本始四年（前70）“四月壬寅，地震河南以东四十九郡，北海琅琊坏祖宗庙宇城郭，杀六千余人”①、汉安帝延光四年（125）“十月丙午，蜀郡越巂

① （汉）班固：《汉书》卷27下之上《五行志下之上》，北京：中华书局，1962年，第1454页。

山崩，杀四百余人”[①]；或破坏地表、山林，如：汉成帝河平三年（前26）“二月丙戌，犍为柏江山崩，捐江山崩，皆壅江水，江水逆流坏城，杀十三人，地震积二十一日，百二十四动”[②]、汉安帝永初元年（107）“六月丁巳，河东杨地陷。东西百四十步，南北百二十步，深三丈五尺”[③]；或破坏居民房屋、皇室殿宇，如：汉惠帝二年（前193）“正月，地震陇西，压四百家”[④]、汉元帝初元二年（前47）“二月戊午，地震于陇西郡，毁落太上皇庙殿壁木饰，坏败原道县城郭官寺及民室屋，压杀人众”[⑤]、汉灵帝光和三年（180）“自秋至明年春，酒泉表氏地八十余动，涌水出，城中官寺民舍皆顿。县易处，更筑城郭”[⑥] 等。

（五）气象灾害及其特征

气象灾害种类繁多，我们在这里主要对风、雹、霜、雪、冻灾等几类灾害进行分析。据笔者统计，两汉共有风灾42次，其中西汉18次，东汉24次；雹灾40次，其中西汉10次，东汉30次；霜灾12次，其中西汉7次，东汉5次；雪灾20次，其中西汉16次，东汉4次；冻灾16次，其中秦1次，西汉6次，东汉9次。除去同时发生的5次霜、雪、冻灾，共计气象灾害125次，其中秦1次，西汉54次，东汉70次，其具体特征如下：

1. 气象灾害的时间分布及特点

秦汉气象灾害在年际分布上具有不平衡性，从发生频率上看，秦朝约15年1次，西汉约4.3年1次，东汉约2.8年1次。具体而言，有学者认为：从汉高祖元年（前206）至汉文帝前元元年（前179），基本上属于无灾时期；从汉文帝前元二年（前178）至汉宣帝地节四年（前66），灾害频率略低于两汉时期同类灾害的发生频率；从汉宣帝元康元年（前65）至汉元帝初元五年（前44），为无灾阶段；从汉元帝永光元年（前43）至汉成帝阳朔四年（前21年），为众灾相对集中阶段；从汉成帝鸿嘉元年（前20）到汉平帝元始三年（3），为无灾阶段；从汉平帝元始四年（4）到汉光武帝建武十五年（39）为众灾相对集中阶段；从汉光武帝建武十六年（40）到建武中元二年（57），为无灾阶段；从汉明帝

① （宋）范晔撰，（唐）李贤等注：《后汉书》志16《五行四》，北京：中华书局，1965年，第3333页。

② （汉）班固：《汉书》卷27下之上《五行志下之上》，北京：中华书局，1962年，第1457页。

③ （宋）范晔撰，（唐）李贤等注：《后汉书》志16《五行四》，北京：中华书局，1965年，第3333页。

④ （汉）班固：《汉书》卷27下之上《五行志下之上》，北京：中华书局，1962年，第1454页。

⑤ （汉）班固：《汉书》卷9《元帝纪》，北京：中华书局，1962年，第281页。

⑥ （宋）范晔撰，（唐）李贤等注：《后汉书》志16《五行四》，北京：中华书局，1965年，第3332页。

永平元年（58）至汉顺帝阳嘉二年（133），为众灾发生较为集中阶段；从顺帝阳嘉三年（134）至汉桓帝延熹三年（160），为无灾阶段；从汉桓帝延熹四年（161）至汉献帝建安二年（197），为众灾发生相对较为集中阶段；从汉献帝建安三年（198）至延康元年（220），为无灾阶段。① 其具体的年内分布见表 2－2－12：

表 2－2－12　秦汉气象灾害年内分布表

季节／灾种	春季				夏季				秋季				冬季				不详	合计
	1	2	3	春	4	5	6	夏	7	8	9	秋	10	11	12	冬		
风灾	2	0	3	2	7	5	6	2	3	1	0	0	1	0	1	1	8	42
雹灾	0	0	1	0	7	5	6	2	2	1	0	1	2	0	3	1	9	40
霜灾	1	0	0	2	3	0	1	0	0	0	0	3	0	0	0	0	1	11
雪灾	3	1	5	0	2	0	1	0	0	0	0	0	0	2	1	3	2	20
冻灾	0	0	1	2	0	0	1	2	0	1	0	0	2	0	0	3	0	12
小计	6	1	10	6	19	10	15	6	5	3	0	4	5	2	5	8		
合计	23				50				12				20				20	125

从上表可以看出，风、雹、霜、雪、冻灾的发生均有其时间分布特征：风灾以 3 月到 7 月为主，共 24 次，占两汉风灾总数的 57.14%；雹灾以 4、5、6、7 月为主，这 4 个月共计 20 次，占雹灾总数的 50%；霜灾多发生在 4 月份和秋季，两者共计 6 次，占霜灾总数的 50% 以上；雪灾以 3 月最多，春、冬两季共发生 15 次，占雪灾总数的 75%；冻灾主要发生在冬季，但夏季也发生了 3 次。霜、雪、冻灾在夏季的多次发生是两汉时期气候冷暖变化的重要标志。

2. 气象灾害的空间分布规律

在地域分布方面，风、雹、霜、雪、冻灾均有较强的区域性：在有地点记载的 25 次风灾中，河南 13 次；江苏 5 次；河北、陕西各 2 次；安徽、甘肃、山西各 1 次；风灾以河南和关中地区为多，同时江苏风灾也较频繁。在有地点记载的 26 次雹灾中，河南 12 次；河北、陕西各 4 次；安徽、江苏、山西各 2 次；雹灾以河南为最多，同时关东地区也是雹灾的重要发生地。在有地点记录的 13 次雪灾中，河南、内蒙古各 3 次；陕西、山西、山东、江苏、河北、新疆、辽宁各 1 次。陕西、山西、山东、河南各 1 次冻灾。河南、山西各 1 次霜灾。总体来看，秦汉气象灾害以当时的京师所在地和关东地区为多，同时也有一些全国性或分布

① 陈业新：《灾害与两汉社会研究》，上海：上海人民出版社，2004 年，第 71～75 页。

较广的灾害，如：汉武帝元鼎三年（前114）“三月水冰，四月雨雪，关东十余郡人相食”①、汉安帝延光元年（122）“四月，郡国二十一雨雹，大如鸡子，伤稼”②、汉安帝延光三年（124）“京师及郡国三十六大风拔树”③ 等。

3. 气象灾害的危害

气象灾害给社会生活造成了极大的危害。首先，导致城池、房屋、道路的坍塌及树木的毁坏，如：汉景帝五年（前152）五月“江都大暴风从西方来，坏城十二丈”④、汉成帝建始元年（前32）十二月“是日大风，拔甘泉畤中树木十围以上，郡国被灾什四以上，毋收田租”⑤、汉光武帝建武十二年（36）“河南、平阳雨雹，大如杯，坏败吏民庐舍”⑥ 等；其次，气象灾害对农作物、牲畜及人们生活都有极大影响，严重时造成人相食的后果，如：汉元帝永光元年（前43）“九月二日，陨霜杀稼，天下大饥”、汉武帝元封二年（前109）“大寒，雪深五尺，野鸟兽皆死，牛马皆蜷缩如猬，三辅人民冻死者十有二三”⑦、汉武帝元鼎三年（前114）“三月水冰，四月雨雪，关东十余郡人相食”⑧ 等。可见，气象灾害尤其是霜、雪、冻灾害的发生往往会对农业生产、畜牧业生产造成严重危害，并会引发饥荒、流民等一系列社会问题。

（六）火灾及其特征

火灾的发生有人为和自然之分，但秦汉史料中有时难以区分火灾的原因到底是人为还是自然。不考虑火灾的具体原因，我们将秦汉所载没有明确说明是人为火灾的都作为研究对象。据统计，汉代共发生火灾85次⑨，其中西汉35次，东汉50次。其时空特征见表2-2-13：

---

① （汉）班固：《汉书》卷6《武帝纪》，北京：中华书局，1962年，第183页。

② （宋）范晔撰，（唐）李贤等注：《后汉书》志15《五行三》，北京：中华书局，1965年，第3314页。

③ （宋）范晔撰，（唐）李贤等注：《后汉书》志16《五行四》，北京：中华书局，1965年，第3335页。

④ （汉）司马迁：《史记》卷11《孝景本纪》，北京：中华书局，1959年，第443页。

⑤ （汉）班固：《汉书》卷10《成帝纪》，北京：中华书局，1962年，第3309页。

⑥ （宋）范晔撰，（唐）李贤等注：《后汉书》志15《五行三》，北京：中华书局，1965年，第3313页。

⑦ （汉）刘歆撰，（晋）葛洪集，向新阳、刘克任校注：《西京杂记校注》卷2《雪深五尺》，上海：上海古籍出版社，1991年，第102页。

⑧ （汉）班固：《汉书》卷27中之下《五行志中之下》，北京：中华书局，1962年，第1424页。

⑨ 段伟：《禳灾与减灾：秦汉社会自然灾害应对制度的形成》，上海：复旦大学出版社，2008年，第52页。

表 2－2－13　秦汉火灾时空分布表

地点 月份	陕西	河北	河南	北京	辽宁	湖南	甘肃	山东	不详	合计
1	6	0	5	0	0	0	0	0	0	11
2	1	0	2	0	1	0	0	0	2	6
3	2	0	1	0	0	0	0	0	0	3
春	0	0	0	1	0	0	0	0	0	1
4	4	0	4	0	0	0	1	0	0	9
5	1	1	6	0	0	0	0	0	1	9
6	4	0	1	0	1	1	0	0	0	7
8	6	0	2	1	0	0	0	0	0	9
8	4	0	2	0	0	0	0	0	0	6
9	0	0	1	0	0	0	0	0	0	1
10	1	0	1	0	0	0	0	0	0	2
11	1	0	1	0	0	0	0	0	0	2
12	0	0	8	0	0	0	0	0	0	8
不详	0	0	3	1	0	0	0	1	6	11
合计	30	1	37	3	2	1	1	1	9	85

从上表可看出，在年内分布方面，秦汉火灾主要发生在1、4、5、7、12月，即冬春之交、春季及春夏之交是火灾的频繁发生时期。气候干燥、降水稀少是该时期火灾频繁暴发的主要原因。

从空间分布来看，秦汉火灾主要发生在两汉都城所在的陕西和河南两地，两地共计67次，约占火灾总数的78.82%。这是由于两地作为天子和中央政府所在地，是全国的政治、经济中心，这里发生的火灾一般都为史官所记载，灾次相对较多。事实上，全国各地发生的火灾比这两地多得多，也比史籍记载多得多。

从具体的火灾发生地点来看，宫殿、陵庙火灾发生次数最多。两汉时期，皇帝宫殿、帝王陵庙及位于皇宫内的官署起火的记载至少有60次。① 如：汉昭帝元凤四年（前77）“五月丁丑，孝文庙正殿火，上及群臣皆素服。发中二千石将五校作治，六日成”②、汉成帝永始四年（前13）“夏四月癸未，长乐临华殿、

① 段伟：《禳灾与减灾：秦汉社会自然灾害应对制度的形成》，上海：复旦大学出版社，2008年，第53页。

② （汉）班固：《汉书》卷7《昭帝纪》，北京：中华书局，1962年，第230页。

未央宫东司马门皆灾”[①]、汉桓帝延熹八年（165）“十一月壬子，德阳殿西阁、黄门北寺火，延及广义、神虎门，烧杀人”[②] 等。

囤积财物的府库失火、阛市起火损失也十分惨重。[③] 如：汉顺帝永建二年（127）“五月戊辰，守宫失火，烧宫藏财物尽”[④]、汉献帝“兴平元年（194）征西将军马腾与范谋诛李傕，焉遣叟兵五千助之，战败，范及诞并见杀。焉既痛二子，又遇天火烧其城府车重，延及民家，馆邑无余，于是遣居成都，遂疽发背卒”[⑤]，刘焉因蒙火患，实力顿渐。阛市中房屋众多，人群涌动，火患一起不仅房屋燔毁，民众也难逃离火场。汉安帝永初元年（107）十二月“河南郡县火，烧杀百五人”[⑥]、永初二年（108）“夏四月甲寅，汉阳城中火，烧杀三千五百七十人”[⑦]、同年“河南郡县又失火，烧五百八十四人”[⑧]。类似火灾致使财物损失、人员伤亡的记载较多，这一方面说明了火灾的严重，同时也可看出当时条件下对火灾的控制能力较弱，火势容易蔓延，造成较大的灾害。

二、秦汉时期自然灾害的主要特征

1. 自然灾害频繁，具有多发性、群发性、连发性及危害大的特点

据统计，秦汉 441 年间共发生各类自然灾害 726 次，灾害频率为 164. 63%，平均每 7. 3 月发生 1 次。其中秦朝 15 年间，有自然灾害 4 次，约 3. 75 年 1 次，灾害频率为 26. 67%。西汉（包括王莽更始时期）230 年间，共有自然灾害 262 次，约每 10. 5 个月 1 次，灾害频率为 113. 91%。东汉 196 年间，共有自然灾害 460 次，平均约每 5. 1 个月 1 次，灾害频率为 234. 69%。具体来看，除霜灾西汉 7 次，东汉 5 次；雪灾西汉 16 次，东汉 4 次，西汉稍多于东汉外，其余各类灾害均是东汉多于西汉。除史料记载详略的原因外，灾害记录的增多也在一定程度上说明秦汉时期灾害的发生越来越频繁。

---

① （汉）班固：《汉书》卷 10《成帝纪》，北京：中华书局，1962 年，第 324 页。

② （宋）范晔撰，（唐）李贤等注：《后汉书》卷 7《桓帝纪》，北京：中华书局，1965 年，第 316 页。

③ 段伟：《禳灾与减灾：秦汉社会自然灾害应对制度的形成》，上海：复旦大学出版社，2008，年第 53、54 页。

④ （宋）范晔撰，（唐）李贤等注：《后汉书》志 14《五行二》注引《古今注》，北京：中华书局，1965 年，第 3294 页。

⑤ （宋）范晔撰，（唐）李贤等注：《后汉书》卷 75《刘焉传》，北京：中华书局，1965 年，第 2432 页。

⑥ （宋）范晔撰，（唐）李贤等注：《后汉书》志 14《五行二》注引《古今注》，北京：中华书局，1965 年，第 3294 页。

⑦ （汉）班固：《汉书》卷 5《安帝纪》，北京：中华书局，1962 年，第 209 页。

⑧ （宋）范晔撰，（唐）李贤等注：《后汉书》志 14《五行二》注引《古今注》，北京：中华书局，1965 年，第 3294 页。

秦汉自然灾害除多发性外，群发、连发的特征也较为显著。所谓群发是指多种灾害在某一时间内集中发生的情况。灾害群前后有至少一年的无灾年时间区间，灾害群内至少有两个灾害群发年，每个群发年内至少有3种或3种以上的灾害发生。秦汉时期灾害群发性特征明显。单一灾种的发生在较长时间尺度上存在低发期、高发期、连发期。以年为时间单位考察，单灾种连发性明显，即一种灾害往往连续发生几年，之后停止几年，接着又连续发生几年。如公元前149—公元前141年的灾害群，9年间发生水、旱、蝗、震、雹、雪、火等各类灾害19次，105—169年是一个长达65年的灾害群发期，其间共计有各种灾害232次，东汉的23个饥荒年份中群发期就有13个之多。①

灾害的连发是指灾害连年发生，某一种灾害连续发生两年或者两年以上的时间区间叫灾害的连发期。秦汉时期，灾害连发特征最明显的是震灾，连发性强，连发期长，有长达14年甚至21年的连发期。此外，水、旱灾害也表现出很强的连发性，特别是旱灾，也有连续10年的大旱。蝗灾和疫灾则更多地表现为连续2年发生，灾害的连发性特征明显。如秦汉时期，水灾共有22个连发期，旱灾共有23个连发期，蝗灾有14个连发期，震灾有11个连发期，火灾有9个连发期等。② 灾害的群发、连发，使本已饱受灾害之苦的人们雪上加霜，加重了灾害的严重程度，对社会生产生活造成的危害更大。

2. 具有一定的时空分布特征

秦汉自然灾害在年内分布方面，部分灾种季节性明显，某些灾种有明显的月份规律，如水、旱、蝗、风、雹、疫灾等；有的灾种季节性不明显，也没有明显的月份规律，如地质灾害。总体而言，夏季各类自然灾害发生较多，约占总数的34.99%；春、秋季数量相差不大，各约占17%；冬季最少，约占12.26%。从具体的月份分布看，4、5、6、7月灾害相对较多。各灾害年内分布情况见表2－2－14：

---

① 袁祖亮主编，焦培民等著：《中国灾害通史·秦汉卷》，郑州：郑州大学出版社，2009年，第151页。

② 袁祖亮主编，焦培民等著：《中国灾害通史·秦汉卷》，郑州：郑州大学出版社，2009年，第152、153页。

表 2－2－14 秦汉自然灾害年内分布表

灾种 月份	水灾	旱灾	蝗灾	疫灾	地质灾害	气象灾害	火灾	合计	合计（季节）
1	0	1	0	5	8	6	11	31	122（16.80%）
2	1	4	1	2	17	1	6	32	
3	4	4	4	4	7	10	3	36	
春	1	10	0	3	2	6	1	23	
4	3	15	5	3	15	19	9	69	254（34.99%）
5	10	11	6	3	8	10	9	57	
6	13	7	7	1	20	15	7	70	
夏	13	28	8	3	0	6	0	58	
7	10	4	2	0	11	5	9	41	129（17.77%）
8	5	3	3	1	1	3	6	22	
9	7	2	2	1	11	0	1	24	
秋	16	5	10	4	3	4	0	42	
10	4	1	0	3	7	5	2	22	89（12.26%）
11	1	0	0	2	11	2	2	18	
12	3	0	1	1	10	5	8	28	
冬	0	3	1	6	3	8	0	21	
不详	31	23	20	15	12	20	11		132（18.18%）
合计	122	121	70	57	146	125	85		726（100%）

秦汉自然灾害的空间分布特征也较为明显。从整体上看，灾害频次较高的地区相当于今天的河南、陕西、河北、山东、江苏、山西、甘肃、内蒙古等省区。其中，河南各类灾害共计194次，约占总数的26.11%，这一方面除了洛阳为东汉都城外，也与中原地区开发历史较早、人口众多、经济发达以及黄河的多次泛滥有关。陕西各类灾害共计63次，约占总数的8.48%，这除了长安为西汉都城，记载较多的因素外，也与关中地区的社会经济发展程度及大陆性季风气候等自然因素有关。各类自然灾害具体的地域分布情况见表2－2－15：

表 2-2-15 秦汉自然灾害空间分布表

灾种 / 省份	水灾	旱灾	蝗灾	疫灾	地质灾害	气象灾害	火灾	合计
江苏	3	3	1	3	3	8	0	21
河南	28	18	20	19	42	30	37	194
河北	6	2	4	1	1	7	4	25
山东	8	5	5	3	6	2	1	30
陕西	5	3	3	2	12	8	30	63
山西	2	4	0	1	8	6	0	21
湖北	5	1	0	2	3	0	0	11
四川	2	0	0	1	6	0	0	9
安徽	1	1	1	3	1	3	0	10
甘肃	1	1	2	1	11	1	1	18
内蒙古	0	2	5	3	1	3	0	14
浙江	0	2	1	2	1	0	0	6
辽宁	0	0	0	0	1	1	2	4
湖南	0	0	0	4	0	0	1	5
广西	0	0	0	3	0	0	0	3
宁夏	0	0	0	0	3	0	0	3
云南	0	0	0	0	2	0	0	2
青海	0	0	0	0	2	0	0	2
江西	0	0	0	0	1	0	0	1
新疆	0	0	0	0	0	1	0	1
吉林	0	0	0	0	7	0	0	7
不详	61	79	28	9	52	55	9	293
合计	122	121	70	57	163	125	85	743①

3. 以水、旱、地震灾害为主体，灾害轻重交替，呈现不规则的周期性和间隔性②

统计资料表明，在秦汉时期发生的各种自然灾害中，发生频繁、危害严重的

① 因有的同一次地质灾害发生在不同的省区，我们分别统计，故超出总数（726）17 次。

② 李辉：《试论两汉时期自然灾害的主要特点》，载《社会科学战线》，2004 年第 4 期，第 165 页。

灾种分别是水灾、旱灾、地震。从灾害发生的数量上看，水灾122次，占全部灾次的16.8%；旱灾121次，占全部灾次的16.7%；地震116次，占全部灾次的15.98%；三种灾害共计359次，占全部灾次的49.45%。很明显，水灾、旱灾、地震是两汉时期主要的自然灾害。每种自然灾害的发生都呈现轻重交替的现象，具有不规则的周期性和间隔性。各种灾害的具体周期分布前已分别论述，此不详论。

以每50年为尺度，对秦汉各时段灾害的发生频次分析，我们发现：从整体上看，东汉灾害发生频次远超过秦、西汉时期。具体而言，秦、西汉初期的50年，灾害较少，灾害频率为60%；西汉王朝末期（前71—前22），灾害较多，灾害频率为124%；西汉末期及王莽、更始时期为西汉灾害的高峰期，灾害频率高达166%。东汉时期，灾害整体较多，其内部相较，王朝中后期灾害较前期多。其中，80—129年，50年间发生灾害168次，灾害频率达336%，为秦汉时期灾害频率最高的时期。130—179年，50年间发生灾害140次，灾害频率达280%。这100年间，共发生灾害308次，约占秦汉灾害总数的42.4%，是秦汉灾害最为严重的时期。各时段具体的灾害情况见表2－2－16：

表2－2－16　秦汉每50年灾害频次表

时间＼灾种	水灾	旱灾	蝗灾	疫灾	地质灾害	气象灾害	火灾	合计	灾害频率
前221—前172	8	3	0	1	4	7	7	30	60%
前171—前122	9	13	8	3	10	10	6	59	118%
前121—前72	7	12	7	1	4	10	4	45	90%
前71—前22	13	7	1	4	17	14	6	62	124%
前21—29	16	13	5	8	9	18	14	83	166%
30—79	8	19	15	11	2	9	7	71	142%
80—129	26	29	18	8	45	28	14	168	336%
130—179	21	14	10	11	45	17	22	140	280%
180—220	14	11	6	10	10	12	5	68	170%
合计	122	121	70	57	146	125	85	726	

4. 自然因素外，社会、人为因素也是秦汉自然灾害暴发的主要原因

秦汉时期，不当地发展农业生产，破坏了部分地区的生态环境，为灾害的蔓延和肆虐提供了条件。两汉时期人口数量大幅度攀升，不断增加的人口，加之居

住地的相对较为集中，使黄河中下游地区许多原来的“宽乡”变成了人多地少的“狭乡”。为满足人口的衣食之需，政府一方面大力推行垦荒政策，在黄河中下游等地区毁林焚草以辟田；另一方面把百姓由“狭乡”向“宽乡”迁徙，并与边防结合，大量移民实边，对西北地区进行农业开发。在生态环境条件脆弱的西北、黄河流域等地区进行不当的生产活动，势必导致生态环境的恶化，以致灾害不断。乌兰布和沙漠的形成、汉代居延垦区的衰落都是由乱砍滥伐植被造成的。[①]

手工业及秦汉浮侈之风对林木的耗费，也增加了自然灾害暴发的可能性。发达的冶炼业对燃料的需求是巨大的。两汉时冶炼燃料主要是木炭，其对林木的大量采伐及引起的灾害后果是不言而喻的，“今汉家铸钱，及诸铁官皆置吏卒徒，攻山取铜……凿地数百丈，销阴气之精，地臧空虚，不能含气出云，斩伐林木亡有时禁，水旱之灾未必不由此也。”[②] 同时，秦汉时期，世风浮侈，统治者大兴土木，阿房宫、未央宫、长乐宫等宫殿的修造，对林木的需求也非常大，“饰宫室，增台榭，梓匠斫巨为小，以圆为方，上成云气，下成山林，则材木不足用也。”[③] 森林的大量砍伐，减少了蓄水，增加了水、旱诸灾发生的频率，也引发和加重了被破坏地区的水土流失，造成河流淤积，降低了河流调节洪水和防洪的能力，增加了河绝、河溢的可能性。此外，战备对生态资源的耗费以及战争对生态资源的直接破坏，也是灾害发生的重要诱因。两汉战争主要战区与旱灾高发地区的一致性并非偶然，而与战争使地表失去植被的保护，土壤中植物所涵养的水分锐减，使得有雨则潦、无雨则旱有关。[④]

三、秦汉时期防灾、救灾措施

秦汉时期灾害频繁，给秦汉政府和百姓带来了无穷的灾难，引起了当时统治者的高度重视，秦汉政府因此出台并采取了众多救荒之策，使得灾后应急管理体制日趋成熟并臻于完善。纵观秦汉的救灾之举，大致可分为常态性防灾备荒措施和临时性应急救荒举措两大类，结合相关研究概括如下：

（一）秦汉时期常态性防灾备荒措施

1. 劝务农桑、兴修水利、建仓储以备荒

中国传统社会立国于农，历朝历代都大力推行发展农业生产的措施，增加粮

① 陈业新：《灾害与两汉社会研究》，上海：上海人民出版社，2004年，第129～131页。
② （汉）班固：《汉书》卷72《贡禹传》，北京：中华书局，1962年，第3075页。
③ 王利器校注：《盐铁论校注》卷1《通有》，北京：中华书局，1992年，第43页。
④ 陈业新：《灾害与两汉社会研究》，上海：上海人民出版社，2004年，第138、139页。

食储备，以备灾荒。景帝后元二年（前142）下诏曰："农事伤则饥之本也，女红害则寒之原也。夫饥寒并至，而能亡为非者寡矣。朕亲耕，后亲桑，以奉宗庙粢盛、祭服，为天下先；不受献，减太官，省徭赋，欲天下务农桑，素有畜积，以备灾害。"三年春正月，又下诏曰："农，天下之本。黄金、珠玉，饥不可食，寒不可衣，以为币用，不识其始终……其令郡国务劝农桑，益种树，可得衣食物。"[①] 为保证农业生产的顺利进行，两汉政府还在农作时节"令二千石劝勉农桑，出入阡陌，致劳来之"[②]，或设置"大司农部丞十三人，人部一州，劝农桑"[③]。

农业的发展离不开水利，水利的防洪、灌溉工程对预防水旱灾害均有重要作用。秦统一六国后，继续推行商鞅变法以来的重农抑商政策，整修了战国时期各国修筑的堤防，开凿了灵渠。两汉时期，黄河多次泛滥，黄河防洪工程格外引人注意。汉武帝元封二年（前109），黄河瓠口（河南濮阳）决口，汉武帝亲自到河决口，令群臣背负薪柴填河，使得梁、楚之地恢复了安宁。东汉明帝永平十二年（69），汉明帝派王景和王吴带领数十万卒，修筑了自荥阳至千乘海口的千里堤防。此项防洪工程质量较高，堤岸坚固，加上其他因素，使得黄河中下游大约安流了500余年。[④] 此外，东汉时还修筑了"八激堤"、"金堤"、"石门"等黄河堤防系统。此外，钱塘江口一带人民已兴筑了海塘，抵御海潮。江苏海塘在东晋时已有了明确的文字记载。[⑤]

灌溉工程在两汉时期也有了较大发展，兴建了大量灌溉沟洫、排水渠道及蓄水塘堰系统。关中地区：元光六年（前129），自长安引渭水东通黄河，以漕关东粟，并灌田万余顷；元朔、元狩年间（前128—前117）兴修龙首渠，引洛水灌溉田地；太始二年（前95）修白渠，引泾水注入渭水，灌田4 500余顷。此外，还修建了六辅渠、白渠、灵轵渠、漳渠、成国渠等，进一步完善了关中灌溉系统。宁夏平原本是"斥卤不毛"的塞外之地，秦汉政府在此屯田实边、引黄灌溉，相继修建了秦渠、汉渠、汉延渠、光禄渠等灌溉系统，使灌溉面积达到几十万亩[⑥]，并使宁夏平原成为西部地区的重要粮仓。淮河流域的芍陂、堰塘也有较大发展，顺帝永和五年（140）马臻为会稽太守，"创立镜湖，在会稽、山阴两县界筑塘蓄水，高丈余，田又高海丈余。若水少，则泄湖灌田；若水多，则开

① （汉）班固：《汉书》卷5《景帝纪》，北京：中华书局，1962年，第151～153页。
② （汉）班固：《汉书》卷10《成帝纪》，北京：中华书局，1962年，第314页。
③ （汉）班固：《汉书》卷12《平帝纪》，北京：中华书局，1962年，第351页。
④ 段伟：《试论东汉以后黄河下游长期安流之原因》，载《灾害学》，2003年第3期。
⑤ 顾浩主编：《中国治水史鉴》，北京：中国水利水电出版社，1997年，第216页。
⑥ 王育民：《中国历史地理概论》，北京：人民教育出版社，1987年，第320页。

湖，泄田中水入海，所以无凶年。堤塘周回三百一十里，溉田九千余顷”①。

粮食是维护社会稳定、人们生存的必要前提，在作物收成极不稳定的古代，储存粮食以备荒年受到历代统治者的重视。《淮南子·主术训》载：“夫天下之大计，三年耕而余一年之食，率九年而有三年之畜，十八年而有六年之积，二十七年而有九年之储，虽岁涔旱灾害之殃，民莫困穷流亡也。”粮食的储备问题成为国家之大事。汉代，在中央设立太仓，长官太仓令“主受郡国传漕谷”，敖仓、华仓、太仓、甘泉仓都是汉代重要的国家粮仓。在地方上，设郡国诸仓多个，现已知仓名的至少有20个。而统治集团则严格控制着各地仓储系统的调节与使用，控制着入仓与出仓的主要粮路，控制着最重要的经济物资运输，从而最终控制了国家的基本经济命脉。②

2. 推广先进耕作技术和多种作物种植

秦汉时期为了提高社会经济效益，增强农作物抵御自然灾害的能力，出现了一些较为先进的生产工艺和耕种技术，其中最为典型的是代田法和区田法。汉代黄河流域降水稀少、干旱严重，广大农业生产区干旱缺水的自然因素和关中地区人口稠密、人多地少的现实因素是两个耕作制度产生的前提。为提高农业生产收获的保证系数，在长期生产实践的基础上，代田法和区田法应运而生。③ 代田法是把耕地分成甽（田间小沟）和垄，甽、垄相间，甽宽、深各一尺，垄宽亦一尺。播种于甽中，等幼苗生长，每次中耕，将垄上的土连同草一起铲入甽中，“垄尽而根深，耐风与旱”；区田法又称区种法，其特点是在小块土地上集中使用人力物力，采用深穴点播、合理密植、使用重肥、适时浇灌等精耕细作的方法，从而实现抗旱高产。此外，两汉时还出现了耧车、一牛挽犁、犁铧、翻车等新的生产工具，大大增强了人们抢种抢收、天口夺食、抵御灾害的能力。

单一农作物种植，遇灾时损失较大，而不同作物的生长周期及对水热条件的要求不同，多种作物种植可使农业在遭灾时有所收获，免遭绝产。汉代较为重视多种作物种植的防灾作用，要求“种谷必杂五种，以备灾害。田中不得有树，用妨五谷。力耕数耘，收获如寇盗之至。还庐树桑，菜茹有畦，瓜瓠、果蓏殖于疆易”④。当时种植的农作物主要有：冬小麦，汉武帝时“遣谒者劝有水灾郡种宿麦”，宿麦即冬小麦，它越年成熟，避开了水旱灾害最多的夏季，同时，一般

① （宋）李昉等：《太平御览》卷66《地部31·湖》引《会稽记》，北京：中华书局，1960年，第315页。

② 王子今：《秦汉交通史稿》，北京：中央党校出版社，1994年，第336~342页。

③ 傅筑夫：《中国封建社会经济史》（第二卷），北京：人民出版社，1982年，第294~312页。

④ （汉）班固：《汉书》卷24上《食货志四》，北京：中华书局，1962年，第1120页。

谷类都是春种夏收，麦之成熟在夏初，正当青黄不接的时候，可以接续民食[①]；大豆，《氾胜之书》载："大豆保岁易为，宜古之所以备凶年。谨计家口数种大豆，率人五亩，此田之本"；芜菁，汉桓帝永兴二年（154）诏曰："蝗灾为害，水变仍至，五谷不登，人无宿储，其令所伤郡国种芜菁以助人食。"[②] 此外，还种植芋、桑树、榆树等经济林木以备灾荒。

3. 完善火灾、疫灾的预防、控制制度

先秦时期已有火灾预防制度，秦汉时期火灾预防有了进一步发展。秦代的火灾预防制度主要有：建筑高墙隔离重点防火部位，禁止闲杂人员靠近与出入，"有实官高其垣墙，令人务近舍"；禁止带火入库并且关门时要及时灭掉火源，"毋敢以火入藏府、书府中。……毋火，乃闭门户"；轮流看守，严加巡查，"官啬夫及吏夜更行官，毋火，乃闭门户。令令史寻循其廷府"[③]。汉代对火灾的预防主要体现在两个方面：一是火灾报警装置的设立，一旦火灾发生，击鼓通报；二是从禁民夜作制度到储水制度的变迁，不再禁止人们夜间织作，只需百姓多储水防火，这既有利于防范火灾，也有益于百姓生产生活。在疾病控制方面，政府将病人集中安置，统一治疗。[④] 汉平帝元始二年（2）四月"郡国大旱，蝗，青州尤甚。……民疾疫者，舍空邸第，为置医药"，这种隔离措施和制度在当时社会条件下是简单而有效的。

4. 通过天文学、占星术等确立预灾系统

占星术是研究日月星辰的位置变动与地上人事的祸福之间相对应的关系的。在汉代，占星家层出不穷，预测了许多灾害，"汉，星多，多水；少则旱"，即通过观察星象预测水旱。测雨术方面，占星家京房能够预测下雨；王充通过物象预测天气，蝼蚁、蚯蚓、蚋等爬虫和飞虫能较早地感受大雨前的气候波动，通过观察动物的行动，也可预测天气；西汉时人们还懂得通过音律来观察气候。风的预测方面，有学者推断西汉时用伣测风大约已相当普遍。东汉时，风仪有了一定程度的普及。地震预报方面，东汉时张衡发明了世界上第一架地震仪器——地动仪，有利于政府提前做好灾区救援的准备，减少了因信息不灵而导致的救援工作的严重滞后。秦汉时期降雨量的层层上报制度，是政府重视水旱灾害的体现，通

① 王毓瑚：《我国自古以来的重要农作物》，载《农业考古》，1981年第1期。

② （宋）范晔撰，（唐）李贤等注：《后汉书》卷7《桓帝纪》，北京：中华书局，1965年，第299页。

③ 陈智勇：《中国古代社会治安管理史》，郑州：郑州大学出版社，2003年，第93页。

④ 段伟：《禳灾与减灾：秦汉社会自然灾害应对制度的形成》，上海：复旦大学出版社，2008年，第157、158页。

过对降雨量的掌握，可以较好地预测当年的年景，为防治水旱早做准备。①

（二）秦汉时期临时性应急救荒举措

1. 赐、禀、免、恤制度

灾害发生后，民无所食、无所衣，灾民需要通过政府赈济来满足衣、食、住、行、医疗等方面的基本要求。赐、禀、免、恤是国家赈济的主要方式，其具体措施有赐衣、赐粟、赐爵、赐棺钱、禀贷、禀谷、免田租、免口赋等。如：汉昭帝始元元年（前86）大水，二年“遣使者振贷贫民毋种、食者”②；汉元帝初元二年（前47）地动，北海水溢，流杀人民，诏曰：“岁比灾害，民有菜色。……诏吏虚仓廪，开府库振救，赐寒者衣。”③ 汉顺帝永和三年（138）京师及金城、陇西地震，二郡山岸崩、地陷。夏四月戊戌“遣光禄大夫案行金城、陇西，赐压死者年七岁以上钱，人二千；一家皆被害，为收敛之。除今年田租，尤甚者勿收口赋”；永和四年（139）三月，京师地震，“四月戊午，大赦天下。赐民爵及粟帛各有差”④。桓帝永康元年（167）秋八月，六州大水，渤海海溢，“诏州郡赐溺死者七岁以上钱，人二千；一家皆被害者，悉为收敛；其亡失谷物，禀人三斛”⑤。这些措施对帮助灾民渡过难关、稳定社会统治都起到了积极作用，是赈灾的一种有效方式。但是，由于财政收入多寡及某些官吏中饱私囊等各种原因，使得赈济标准较低，赈灾成为短期、被动的临时性救济，很难从根本上解决灾民问题。

2. 现场救灾、灾后重建与借贷制度

由于国家财力有限，在赈济灾民的同时，政府也会组织灾民进行现场救灾及灾后生产自救和基础设施重建。汉武帝元光三年（前132）黄河瓠口（河南濮阳）决口后，“发卒十万救决河”⑥，但由于没有对决河予以足够的重视，导致“自河决瓠子口后二十余岁，岁因以数不登，而梁楚之地尤甚”⑦，至元封二年（前109）夏四月，“（武帝）还，……至瓠子，临决河，命从臣将军以下皆负薪

① 段伟：《禳灾与减灾：秦汉社会自然灾害应对制度的形成》，上海：复旦大学出版社，2008年，第118~122页。

② （汉）班固：《汉书》卷7《昭帝纪》，北京：中华书局，1962年，第220页。

③ （汉）班固：《汉书》卷9《元帝纪》，北京：中华书局，1962年，第283页。

④ （宋）范晔撰，（唐）李贤等注：《后汉书》卷6《顺帝纪》，北京：中华书局，1965年，第267、269页。

⑤ （宋）范晔撰，（唐）李贤等注：《后汉书》卷7《桓帝纪》，北京：中华书局，1965年，第319页。

⑥ （汉）班固：《汉书》卷6《武帝纪》，北京：中华书局，1962年，第163页。

⑦ （汉）班固：《汉书》卷29《沟洫志》，北京：中华书局，1962年，第1682页。

塞河堤”[①]，亲自组织现场救灾。

此外，在灾害发生后，政府还把皇家苑林、土地让渡给灾民；为灾民提供种子、牲口；修理沟渠，发展农业生产，以恢复灾后生产生活。如：汉宣帝地节三年（前67）十月诏曰：“乃者九月壬申地震，……池蘌未御幸者，假与贫民。郡国宫馆，勿复修治。流民还归者，假公田，贷种、食，且勿算事”[②]；汉和帝永元五年（93）春二月戊午，陇西地震，“诏有司省减内外厩及凉州诸苑马。自京师离宫果园、上林、广成囿悉以假贫民，恣得采捕，不收其税”[③]；汉安帝元初元年（114）河东地裂，郡国十五地震，元初二年（115）春正月“诏禀三辅及并、凉六郡流冗贫人……修理西门豹所分漳水为支渠，以灌民田……辛酉，诏三辅、河内、河东、上党、赵国、太原各修理旧渠，通利水道，以灌公私田畴”；元初二年（115）十一月，郡国十地震，元初三年（116）“春正月甲戌，修理太原旧沟渠，灌溉官私田”[④] 等。这些政府组织的救灾措施，对安定灾民生活、恢复灾区生产具有重大的意义。

3. 遣使遁行与恤刑制度

灾害发生后帝王往往派使者“遁行天下”，了解灾情，以求救荒之策。遣使循行制度由来已久，《周礼》载：“（乡师）以岁时巡国及野，而赒万民之艰阨，以王命施惠。”[⑤] 汉元帝初元元年（前48）夏四月诏曰：“间者地数动而未静，惧于天地之戒……临遣光禄大夫褒等十二人循行天下，存问耆老、鳏、寡、孤、独、困乏、失职之民。”[⑥] 汉成帝河平四年（前25）长陵临泾岸崩后，“遣光禄大夫博士嘉等十一人举濒河之郡，水所毁伤困乏不能自存者，财振贷”[⑦]；汉质帝本初元年（146）五月“海水溢。戊申，使谒者案行，收葬乐安、北海人为水所漂没死者，又禀给贫羸”[⑧]。两汉时期，因自然灾害而遣使案行的情况达30多次。

在遣使案行的同时，也对在押囚犯进行赦免、减罪、赎罪。如：汉武帝元光四年（前131）“五月，地震。赦天下”[⑨]、汉安帝永初六年（112）“六月壬辰，

---

① （汉）班固：《汉书》卷6《武帝纪》，北京：中华书局，1962年，第193页。

② （汉）班固：《汉书》卷8《宣帝纪》，北京：中华书局，1962年，第249页。

③ （宋）范晔撰，（唐）李贤等注：《后汉书》卷4《和帝纪》，北京：中华书局，1965年，第175页。

④ （宋）范晔撰，（唐）李贤等注：《后汉书》卷5《安帝纪》，北京：中华书局，1965年，第222、224页。

⑤ （清）孙诒让撰，王文锦、陈玉霞点校：《周礼正义》卷21《地官》，北京：中华书局，1987年，第834页。

⑥ （汉）班固：《汉书》卷9《元帝纪》，北京：中华书局，1962年，第279页。

⑦ （汉）班固：《汉书》卷10《成帝纪》，北京：中华书局，1962年，第310页。

⑧ （宋）范晔撰，（唐）李贤等注：《后汉书》卷6《质帝纪》，北京：中华书局，1965年，第281页。

⑨ （汉）班固：《汉书》卷6《武帝纪》，北京：中华书局，1962年，第164页。

豫章、员溪、原山崩。辛巳，大赦天下”[①]、汉光武帝建武二十二年（46）九月诏曰：“日者地震，南阳尤甚……遣谒者案行，其死罪系囚在戊辰以前，减死罪一等。”[②] 此外，汉桓帝建和三年（149），“九月己卯，地震……诏死罪以下及亡命者赎，各有差”[③]。两汉因自然灾害而恤刑的情况近20次，这种循行和恤刑制度，不仅仅为安抚人心，更有抚慰神意天心的作用[④]，实际救灾作用则无几。

4. 移民就食与调粟救灾制度

一般情况下，民众的自由流动和移民会造成政府控制户口的减少，影响国家税收和徭役的摊派。因此，通常情况下，百姓是不允许自由流动和擅自移民的。但灾害出现后，灾民为了生存，不得不背井离乡、逃荒觅食，而政府也会允许甚至主动组织灾民转移，如：汉成帝阳朔二年（前23），“秋关东大水，流民欲入函谷、天井、湖口、五阮关者，勿苛留”；鸿嘉四年（前17）春正月，诏曰：“水旱为灾，关东流冗者众，青、幽、冀部尤甚……流民欲入关，辄籍内。所之郡国，谨遇以理，务有以全活之”[⑤]；汉高祖二年（前205）六月，“关中大饥，米斛万钱，人相食”[⑥]，故令“民就食蜀汉”；汉武帝元鼎年间，“山东被河灾，乃岁不登数年，人或相食，方二三千里。天子怜之，令饥民就食江、淮间，欲留，留处。使者冠盖相属于道护之，下巴蜀粟以振焉”[⑦]。

在允许灾民迁移、调粟救灾的同时，政府也对逃亡的灾民进行安辑。武帝建元三年（前138），“河水溢于平原，大饥，人相食。赐徙茂陵者户钱二十万，田二顷”[⑧]；章帝元和元年（84）“令郡国募人无田欲徙它界就肥饶者……赐给公田，为雇耕佣，赁与田器，勿收租五岁，除算三年”[⑨]。对于招收安置灾民贡献突出的地方官吏，朝廷也给以奖励。汉宣帝地节三年（前67）春三月，诏曰：“今胶东相（王）成劳来不怠，流民自占八万余口，治有异等，其秩成中二千石，赐爵关内侯。”[⑩] 一般而言，移民就食只是一个权宜之计，往往会致使人们脱离户籍控制，形成社会不安定因素，一旦灾情缓解，统治者往往要敦促灾民还

---

① （宋）范晔撰，（唐）李贤等注：《后汉书》卷5《安帝纪》，北京：中华书局，1965年，第219页。

② （宋）范晔撰，（唐）李贤等注：《后汉书》卷1《光武帝纪下》，北京：中华书局，1965年，第74页。

③ （宋）范晔撰，（唐）李贤等注：《后汉书》卷7《桓帝纪》，北京：中华书局，1965年，第294页。

④ 葛志毅等：《先秦两汉的制度与文化》，哈尔滨：黑龙江教育出版社，1998年，第332页。

⑤ （汉）班固：《汉书》卷10《成帝纪》，北京：中华书局，1962年，第313～319页。

⑥ （汉）班固：《汉书》卷1《高帝纪上》，北京：中华书局，1962年，第38页。

⑦ （汉）班固：《汉书》卷24下《食货志》，北京：中华书局，1962年，第1172页。

⑧ （汉）班固：《汉书》卷6《武帝纪》，北京：中华书局，1962年，第158页。

⑨ （宋）范晔撰，（唐）李贤等注：《后汉书》卷3《章帝纪》，北京：中华书局，1965年，第135页。

⑩ （汉）班固：《汉书》卷8《宣帝纪》，北京：中华书局，1962年，第248页。

乡。这是古代在救灾物资运输手段落后、救灾技术单一情况下的无奈之举，随着救灾手段的多样化，现在这种现象已非常少见。

5. 谴己改元与求谏制度

秦汉时期，在天人感应思想的影响下，皇帝代“天”行使对人民的统治权，是天之子的象征，而灾害则是“天”对天之子的惩戒与警告。“凡异所生，灾所起，各以政变之则除。其不可变，则施之亦除”①，因此，灾害发生后皇帝大多下诏自责，罪已之过，检讨自己的施政得失，以示接受上天的谴责，痛改前非。两汉自然灾害发生后，帝王自责的情况较多。

汉昭帝元凤三年（前78）“五月丁丑，孝文庙正殿火，上及群臣皆素服”②；汉宣帝本始四年（前70）夏，“关东四十九郡同日地动，或山崩，坏城郭室屋，杀六千余人。上乃素服，避正殿，遣使者吊问吏民”③；汉献帝兴平元年（194）夏六月丁丑，“地震，戊寅又震。乙巳晦，日有食之，帝避正殿，寝兵，不听事五日”④。“素服”即君主和大臣穿白色丧服甚至乘白车、白马，以表达悲伤、恐惧、自责的心情；“避正殿”与“不听事”相似，即不处理政事，表示对失政的反省；“寝兵”即停止战争，也有反省之意。“改元”则是用更换年号的方式来达到禳灾目的，如汉宣帝地节之年号，即“以先者地震，山崩水出，于是改年地节，欲令地得其节”⑤。两汉共建元、改元76次，其中因自然灾害改元者35次⑥，占两汉建元、改元总数的近一半。

两汉帝王在忏悔政治得失、改元的同时，也积极寻求改良政治的策略，虚怀纳谏，鼓励官员上书言事。如汉宣帝地节三年（前67）诏曰：“乃者九月壬申地震，朕甚惧焉。有能箴朕过失，及贤良方正直言极谏之士以匡朕之不逮，毋讳有司。”⑦ 汉安帝建光元年（121）“冬十一月己丑，郡国三十五地震，或坼裂。诏三公以下，各上封事陈得失”⑧。现在看来，自责、改元、因灾求谏虽没有建立在科学的观念之上，是帝王解决政治危机的一种手段，是失德天谴观念的产物，但它也在一定程度上起到了稳定社会、安定民心的作用。

6. 责臣与策免选士制度

“臣者，事君也”，灾害的发生与臣子亦有较大关系，故两汉君主在自责的

---

① （汉）郑玄：《易纬稽览图》卷上，文津阁四库（17），北京：商务印书馆，2005年，第640页。
② （汉）班固：《汉书》卷7《昭帝纪》，北京：中华书局，1962年，第230页。
③ （汉）班固：《汉书》卷75《夏侯胜传》，北京：中华书局，1962年，第3158页。
④ （宋）范晔撰，（唐）李贤等注：《后汉书》卷9《献帝纪》，北京：中华书局，1965年，第376页。
⑤ （汉）班固：《汉书》卷8《宣帝纪》引《颜师古注》，北京：中华书局，1962年，第246页。
⑥ 陈业新：《灾害与两汉社会研究》，上海：上海人民出版社，2004年，第213页。
⑦ 《汉书》卷8《宣帝纪》，北京：中华书局，1962年，第249页。
⑧ （宋）范晔撰，（唐）李贤等注：《后汉书》卷5《安帝纪》，北京：中华书局，1965年，第234页。

同时，往往也指责当政大臣不尽忠职守。汉章帝建初元年（76）山阳、东平地震后，诏曰："朕既不明，涉道日寡；……今刺史、守相不明真伪，茂才、孝廉岁以百数，既非能显，而当授之政事，甚无谓也。"① 汉元帝永光三年（前41）冬十一月，诏曰："乃者己丑地动，中冬雨水，大雾，盗贼并起，……吏何不以时禁?"② 皇帝在谴责臣子的同时，往往对在职官员进行策免，如：汉哀帝建平元年（前6）九月策免大司空师丹曰："朕既不明，委政于公，间者阴阳不调，……司空之职尤废焉。……其上大司空高乐侯印绶，罢归"③；汉桓帝延熹元年（158）"秋七月己巳，云阳地裂。甲子，太尉黄琼免，太常胡广为太尉"④；汉灵帝熹平二年（173）"六月，北海地震。东莱、北海海水溢。秋七月司空杨赐免"⑤。据不完全统计，两汉因自然灾害策免官员达70余次。

灾害发生后，统治者在对官员进行策免的同时，也进行官吏的举荐。如：汉宣帝本始四年（前70）关东地震、山崩后"令三辅、太常、内郡国举贤良方正各一人"⑥、汉安帝元初六年（119）地震或地坼裂后"诏三府选掾属高第，能惠利牧养者各五人，光禄勋与中郎将选孝廉郎宽博有谋、清白行高者五十人，出补令、长、丞、尉"⑦。据不完全统计，两汉因自然灾害选士近40次。责臣及策免、选士制度既是帝王推卸责任、掩盖自己为政之失的无奈之举，也是网罗人才、招贤纳士的一种手段，但因选士数量极为有限、选拔方式亦不科学，其所起到的实际救灾效果极为有限。

第三节　魏晋南北朝时期自然灾害与政府应对

一、魏晋南北朝自然灾害概况

（一）洪涝灾害及其特征

魏晋南北朝时期洪涝灾害频发，种类繁多，既有"淫雨"或"久雨"造成

---

① （宋）范晔撰，（唐）李贤等注：《后汉书》卷3《章帝纪》，北京：中华书局，1965年，第133页。
② （汉）班固：《汉书》卷9《元帝纪》，北京：中华书局，1962年，第290页。
③ （汉）班固：《汉书》卷86《师丹传》，北京：中华书局，1962年，第3507、3508页。
④ （宋）范晔撰，（唐）李贤等注：《后汉书》卷7《桓帝纪》，北京：中华书局，1965年，第304页。
⑤ （宋）范晔撰，（唐）李贤等注：《后汉书》卷8《灵帝纪》，北京：中华书局，1965年，第335页。
⑥ （汉）班固：《汉书》卷8《宣帝纪》，北京：中华书局，1962年，第245页。
⑦ （宋）范晔撰，（唐）李贤等注：《后汉书》卷5《安帝纪》，北京：中华书局，1965年，第229页。

的霖雨成灾型、山洪暴发型、江河决堤型，也有海啸、海潮引起的风暴潮灾害。其中，三国（220—264）45年间，发生洪涝灾害19次，灾害频率约为42.22%；西晋（265—316）52年间，发生洪涝灾害34次，灾害频率约为65.38%；东晋（317—419）103年间，发生洪涝灾害51次，灾害频率为49.51%；南北朝（420—589）170年间，发生洪涝灾害136次，灾害频率为80%。魏晋南北朝370年间，共发生洪涝灾害240次，灾害频度约为64.86%，相较而言，南北朝时期灾害频率较高。其具体特征如下：

1. 洪涝灾害的时间分布及特点

在年内分布方面，魏晋南北朝洪涝灾害，有些时间不详，其大致分布见表2-3-1：

表2-3-1 魏晋南北朝洪涝灾害年内分布表

季节	春季				夏季				秋季				冬季				不详
月份	1	2	3	春	4	5	6	夏	7	8	9	秋	10	11	12	冬	
灾次	4	6	8	1	12	30	41	11	31	23	15	6	4	3	11	1	33
百分比（%）	1.67	2.50	3.33	0.42	5.00	12.5	17.08	4.58	12.92	9.58	6.25	2.50	1.67	1.25	4.58	0.42	13.75
合计	19（7.92%）				94（39.17%）				75（31.25%）				19（7.92%）				33（13.75%）

从上表可以看出，魏晋南北朝洪涝灾害主要发生在夏、秋季节，两季共发生洪涝灾害169次，约占总数的70.42%。其中，又以5、6、7月份为高峰，三月共计洪涝灾害102次，约占总数的42.5%，这与我国大陆性季风气候及洪涝灾害的发生地大多在黄河中下游地区有关。该地区位于季风区内，受季风气候的影响，夏、秋季高温多雨且降水分配不均，一旦雨量过多，即形成洪涝灾害。

2. 洪涝灾害的空间分布规律

在有地域记载的300余次洪涝灾害中，有121次发生在今江苏，40次在河南，27次在山东，25次在河北，21次在湖北，20次在浙江，14次在安徽，陕西、山西各9次，湖南6次，四川、广东、江西、辽宁各3次，甘肃、宁夏各1次，地点不详者34次。可见，江苏、河南、山东、河北、湖北、浙江所在的江淮地区及黄河中下游地区为魏晋南北朝时期洪涝灾害的主要发生地。同时，我们所搜集到的20余次海潮、海溢灾害，亦大多发生在江浙沿海地区，其中浙江10次，江苏6次，山东3次。这与先秦两汉时期洪涝灾害主要发生在关中平原、黄河中下游地区的情形不同，江淮及长江中游亦成为洪涝灾害的重灾区。这一方面与该地区受季风气候影响，降水季节分布不均且时间相对集中有关；另一方面还与魏晋南北朝时期北方少数民族内迁，战争频仍，中原人口第一次大规模南迁有关。为满足南迁民众的日常生产生活，很多不宜开垦的丘陵、山林被大面积开垦，河湖水泽地区的洲渚亦被开辟，使许多河湖的防洪、蓄洪能力下降，增加了洪涝灾害发生的可能。

3. 洪涝灾害的等级及危害

灾害等级是按受灾面积大小和灾害程度对灾情进行的划分，是反映灾害强度的重要因素。魏晋南北朝 240 次洪涝灾害的记载都较为简单，对灾害所造成的影响无法进行定量分析，我们根据史料对灾害的描述，大致分为四个等级，见表 2－3－2：

表 2－3－2 魏晋南北朝洪涝灾害等级分类表

等级	主要表现	频次
微涝	仅记河溢、雨、大雨、久雨、暴雨、霖雨，无灾情记载	118
一般水灾	河徙、水、害稼，坏屋 1 000 家以下，死亡 500 人以下	75
大洪灾	暴溢，毁桥，人饥，米贵，坏屋 1 000～5 000 家，死亡 500～1 000 人	29
特大洪涝	暴溢，漂没殆尽，大饥，人相食，坏屋 5 000 家以上，死亡 1 000 人以上	18

从上表可以看出，魏晋南北朝时期的洪涝灾害主要以微涝和一般水灾为主，两者共计 193 次，约占总数的 80.42%，大洪灾、特大洪涝约占 19.58%。

洪涝灾害的发生往往会造成人口死亡、耕地庄稼毁坏、房屋倒塌等危害，严重的还会诱发饥荒、瘟疫等其他灾害，如：晋武帝泰始六年（270）六月，“大雨霖。甲申，河、洛、伊、沁水同时并溢，流四千九百家，杀二百余人，没秋稼千三百六十余顷”①；晋武帝咸宁三年（277）九月，“兖、豫、徐、青、荆、益、梁七州大水，伤秋稼，诏赈给之”②；晋惠帝元康四年（294）五月，“淮南寿春洪水出，山崩地陷，坏城府及百姓庐舍。……八月，上谷居庸、上庸并地裂，水泉涌出，人有死者。大饥”③；北齐武成帝河清三年（564），“山东大水，饥死者不可胜计”④ 等。此类记载在魏晋南北朝时期可谓比比皆是，水灾的发生严重影响了当时的社会稳定和社会生产发展。

---

① （唐）房玄龄：《晋书》卷 27《五行志上》，北京：中华书局，1974 年，第 821 页。
② （唐）房玄龄：《晋书》卷 3《武帝纪》，北京：中华书局，1974 年，第 68 页。
③ （唐）房玄龄：《晋书》卷 4《惠帝纪》，北京：中华书局，1974 年，第 29 页。
④ （唐）李白药：《北齐书》卷 7《武成帝纪》，北京：中华书局，1972 年，第 93 页。

（二）干旱灾害及其特征

魏晋南北朝时期的干旱灾害亦较为严重，魏晋南北朝370年间，共发生干旱灾害219次，大约每1.7年1次，灾害频率约为59.2%。其中，三国（220—264）45年间，发生旱害9次，灾害频率为20%；西晋（265—316）52年间，发生旱灾25次，灾害频率约为48.08%；东晋（317—419）103年间，发生旱害61次，灾害频率为59.22%；南北朝（420—589）170年间，发生旱灾124次，灾害频率为72.94%。相较而言，南北朝时期旱灾频率较高。其具体特征如下：

1. 干旱灾害的时间分布及特点

从年际分布来看，三国时期干旱频率较低，年际分布较为零散。魏晋南北朝其他时间段内，干旱灾害的频率均在50%左右，即大约每2年1次，故灾害具有明显的连发性特征，干旱灾害的年内分布情况见表2-3-3：

表2-3-3　魏晋南北朝干旱灾害年内分布表

季节	春季				夏季				秋季				冬季				不详
月份	1	2	3	春	4	5	6	夏	7	8	9	秋	10	11	12	冬	
灾次	7	13	16	8	27	33	23	16	23	6	8	7	2	3	2	10	15
百分比（%）	3.20	5.94	7.31	3.65	12.33	15.07	10.50	7.31	10.50	2.74	3.65	3.20	0.91	1.37	0.91	4.57	6.85
合计	44（20.09%）				99（45.21%）				44（20.09%）				17（7.76%）				15（6.85%）

从上表可以看出，魏晋南北朝时期，夏季是干旱灾害的高发季节，约占灾害总数的45.21%；其次为春、秋季，各占20.09%；而冬季相对较少。从具体月份来看，3、4、5、6、7月旱灾发生较多，这5个月共发生旱灾122次，占旱灾总数的55.71%。可见，春夏之交、夏季及夏秋之交是干旱灾害比较严重的时期，这与我国大陆性季风气候的特点有关。魏晋南北朝干旱灾害主要发生在长江以北地区，受季风气候影响，冬、春季降水较少，而春季气温回升快，水分蒸发快，也容易造成旱灾。夏季、秋初高温且炎热，加之雨季来临得过晚或结束得过早，均会诱发旱灾。

2. 干旱灾害的空间分布规律

在有地域记载的200余次干旱灾害中，江苏80次，河南35次，陕西29次，河北22次，山西18次，山东、湖北、浙江各6次，甘肃5次，安徽4次，宁夏、内蒙古各3次，湖南、辽宁各2次，四川1次。可见，魏晋南北朝时期的干旱灾害主要发生在江淮及黄河中下游地区，北方的旱灾次数远超过南方。北方干旱灾害的发生，除受到季风性气候的影响之外，还与该时期北方战乱频仍，农田水利设施惨遭破坏，人口的大量南迁等因素有关。而江淮地区旱灾的发生与北方人口的大量南迁有关，人类活动的范围增大，许多丘陵、山林被人为开垦成耕地，这些地区的农业生产缺乏相应水利设施的保障，加之自然条件的影响，极易发生干旱灾害。

3. 干旱灾害的等级及危害

史料所载魏晋南北朝时期的干旱灾害，大多较为简单，我们根据灾害的有关描述，大致分为四个等级，见表2－3－4：

表2－3－4 魏晋南北朝干旱灾害等级分类表

等级	主要表现	频次
微旱	旱，雩，大雩，不雨，未记灾害后果	135
一般旱灾	大旱，旱甚，无雨雪，伤稼，井泉竭，引发蝗灾	47
大旱灾	大旱，河绝，河竭，久旱，大蝗，饥馑，谷贵，人有死者	21
特大旱灾	大旱，赤地千里，大蝗，大饥，死者甚众，人相食	16

从上表可以看出，魏晋南北朝旱灾以微旱和一般旱灾为主，两者共计182次，约占旱灾总数的83.11%；大旱灾21次，约占总数的9.6%；特大旱灾16次，约占总数的7.31%。水是农业之源，旱灾的发生往往会造成农作物歉收、粮价暴涨、卖儿鬻女乃至人相食的惨况，如：晋惠帝元康七年（297）“七月大旱，陨霜，杀秋稼。关中饥，米斛万钱，诏骨肉相卖者不禁”①；晋成帝咸康元年（335）“大旱，会稽、余姚尤甚，米斗五百价，人相卖”②；梁武帝天监元年（502）“是岁大旱，米斗五千，人多饿死”③等。魏晋南北朝时期，此类记载较多，从中可看出干旱灾害的程度之严重及其对社会生产发展的影响之大。

（三）生物灾害及其特征

1. 蝗灾

生物灾害包括蝗灾、虫灾、疫灾等，其中蝗灾危害甚重。魏晋南北朝370年间，共发生蝗灾65次，大约每5.7年1次，灾害频率约为17.57%。其中，三国

① （唐）房玄龄：《晋书》卷4《惠帝纪》，北京：中华书局，1974年，第94页。
② （唐）房玄龄：《晋书》卷7《成帝纪》，北京：中华书局，1974年，第179页。
③ （唐）姚思廉：《梁书》卷2《武帝纪中》，北京：中华书局，1973年，第39页。

（220—264）45 年间，发生蝗灾 2 次，灾害频率约为 4. 44%；西晋（265—316）52 年间，发生蝗灾 12 次，灾害频率约为 23. 08%；东晋（317—419）103 年间，发生蝗灾 15 次，灾害频率为 14. 56%；南北朝（420—589）170 年间，发生蝗灾 36 次，灾害频率为 21. 18%。相较而言，西晋、南北朝时期的蝗灾频率较高。其具体特征如下：

（1）蝗灾的时间分布及特点。

从发生时间来看，魏晋南北朝时期有明确月份记载的 50 余次蝗灾中，5 月 8 次，6、7、8 月各 7 次，仅记载夏季而无月份的 7 次，这些月份是蝗灾的高发期，其具体的年内分布情况见表 2 – 3 – 5：

表 2 – 3 – 5　魏晋南北朝蝗灾年内分布表

季节	春季		夏季				秋季				冬季			不详
月份	2	3	4	5	6	夏	7	8	9	秋	10	11	12	
灾次	1	3	5	8	7	7	7	7	2	5	3	0	0	10
百分比（%）	1. 54	4. 62	7. 69	12. 31	10. 77	10. 77	10. 77	10. 77	3. 08	7. 69	4. 62	0	0	15. 38
合计	4(6. 16%)		27（41. 54%）				21（32. 31%）				3（4. 62%）			10（15. 38%）

从上表可看出，魏晋南北朝时期的 65 次蝗灾，主要发生在夏、秋季节，两季共计 48 次，约占总数的 73. 85%。其中夏季 27 次，约占总数的 41. 54%；秋季 21 次，约占总数的 32. 31%。蝗灾年内分布状况的形成，与夏、秋季节的气温较高特别是干旱的多发有关，蝗灾之发生与旱灾有很强的相关性，大的蝗灾往往出现在干旱之后，旱蝗饥相随的记载很多；① 同时，蝗灾与水灾的发生亦有关联，这在于洪涝灾害后，扩大的沥涝地区、退水后的大面积潮湿地带成为蝗虫孵化的理想摇篮。②

（2）蝗灾的空间分布规律。

在魏晋南北朝有地域记载的蝗灾中，山东发生蝗灾 22 次，河北 15 次，河南 14 次，江苏 12 次，陕西、甘肃各 9 次，山西 6 次，安徽 5 次，江西、浙江、四川、辽宁各 2 次，湖南、内蒙古各 1 次，地域不详者 11 次。可见，魏晋南北朝时期蝗灾分布较广，其中今山东、河北、河南、江苏、陕西、甘肃等地是蝗灾的

① 张建民等：《灾害历史学》，长沙：湖南人民出版社，1998 年，第 123 页。

② 蔡定益：《魏晋南北朝时期的蝗灾探析》，载《农业考古》，2009 年第 4 期。

多发区，大多位于黄河中下游地区。这些地区气候适宜，食物丰富，并且有大量的河滩地带，为蝗虫的滋生繁殖提供了条件。

（3）蝗灾的等级及危害。

魏晋南北朝时期的蝗灾不仅次数多，而且成灾面积广、灾情严重，对社会生产造成了严重危害。我们根据蝗灾的有关记载，结合《中国蝗灾史》的分类标准，对魏晋南北朝蝗灾进行了等级分类，见表2-3-6：

表2-3-6 魏晋南北朝蝗灾等级分类表

等级＼特征	受灾区域大小	扩散区	收成影响	赋税影响	史料描述
一级	发生点分散	无	影响较小	影响较小	蝗
二级	1个或2个蝗区	无	影响不大	影响不大	蝗
三级	2个或以上蝗区	有	严重，收成在两成至五成	严重	大蝗
四级	全国各蝗区	有	严重，绝收或在两成以下	严重	大蝗，国家赈恤

根据以上分类标准，魏晋南北朝有一级蝗灾10次，二级蝗灾16次，三级蝗灾17次，四级蝗灾22次。可见，魏晋南北朝蝗灾比较严重，三级、四级蝗灾多达39次，占总数的60%。同时，大范围的蝗灾也多次暴发，晋怀帝永嘉四年（310）“五月，幽、并、司、冀、秦、雍等六州大蝗，食草木、牛马毛，皆尽”①；晋元帝建武元年（317）“帝在平阳，司、冀、青、雍、螽蝗”②；北魏孝文帝太和八年（484）三月“济、光、幽、肆、雍、齐、平七州蝗”③；北齐文宣帝天保八年（557）“河北六州、河南十二州、畿内八郡大蝗。是月，飞至京师，蔽日，声如风声”④。严重的蝗灾加之与其他并发灾害，其所造成的危害令人惊愕。晋元帝大兴二年（319）“五月徐、扬及江西诸郡蝗。吴郡大饥”⑤，梁简文帝大宝元年（550）“江、扬弥甚，旱蝗相系，年谷不登，百姓流亡，死者涂地”⑥，北齐废帝乾明元年（560）诏“河南、定、冀、赵、瀛、沧、南胶、光、青九州，往因螽水，颇伤时稼，遣使分涂赡恤”⑦。

① （唐）房玄龄：《晋书》卷5《孝怀帝纪》，北京：中华书局，1974年，第120页。
② （唐）房玄龄：《晋书》卷29《五行志下》，北京：中华书局，1974年，第881页。
③ （北齐）魏收：《魏书》卷112《灵征志上》，北京：中华书局，1974年，第2921页。
④ （唐）李百药：《北齐书》卷4《文宣帝纪》，北京：中华书局，1972年，第64页。
⑤ （唐）房玄龄：《晋书》卷6《元帝纪》，北京：中华书局，1974年，第152页。
⑥ （唐）李延寿：《南史》卷80《贼臣传·侯景传》，北京：中华书局，1975年，第2009页。
⑦ （唐）李白药：《北齐书》卷5《废帝纪》，北京：中华书局，1972年，第75页。

2. 疫灾

魏晋南北朝是中国历史上的大分裂时期，社会动荡，战乱频仍，同时也是中国历史上的一个疫灾高峰期。魏晋南北朝370年间，共发生疫灾78次，大约每4.7年1次，灾害频率约为21.08%。其中，三国（220—264）45年间，发生疫灾10次，灾害频率约为22.22%；西晋（265—316）52年间，发生疫灾17次，灾害频率约为32.69%；东晋（317—419）103年间，发生疫灾22次，灾害频率为21.36%；南北朝（420—589）170年间，发生疫灾29次，灾害频率为17.06%。其中，牛疫6次。相较而言，西晋、三国时期疫灾频率较高。其具体特征如下：

（1）疫灾的时间分布及特点。

从发生时间来看，魏晋南北朝时期有明确月份记载的60余次疫灾中，4月11次，7、11月各5次，3、5月各4次，这些月份是疫灾的高发期。从疫灾发生的季节来看，夏季共发生22次，约占总数的28.21%；春季17次，约占总数的21.79%；秋季11次，冬季12次。其具体的年内分布见表2-3-7：

表2-3-7　魏晋南北朝疫灾年内分布表

季节	春季				夏季				秋季				冬季				不详
月份	1	2	3	春	4	5	6	夏	7	8	9	秋	10	11	12	冬	
灾次	3	3	4	7	11	4	3	4	5	3	1	2	3	5	3	1	16
百分比（%）	3.85	3.85	5.13	8.97	14.10	5.13	3.85	5.13	6.41	3.85	1.28	2.56	3.85	6.41	3.85	1.28	20.51
合计	17（21.79%）				22（28.21%）				11（14.10%）				12（15.38%）				16（20.51%）

（2）疫灾的空间分布规律。

魏晋南北朝有地域记载的疫灾中，江苏30次，河南20次，陕西10次，山西7次，山东5次，浙江、四川、湖北、安徽各4次，河北、甘肃各3次，湖南2次，青海、江西、云南各1次。从疫灾累及的范围看，三国为6省次，西晋为26省次，东晋时期为30省次，南朝时期为39省次，疫灾范围有扩大的趋势。疫灾重心有由北向南转移的趋势，三国西晋时期的疫灾重心在陕西、河南；东晋以后的疫灾重心在江苏；南北朝时期疫灾重心偏于长江下游地区的特点得到进一步加强，这种变化趋势与南方地区的经济开发和人口增长密切相关。同时，都城所在地为疫灾多发区，都城区位的变迁也影响着疫灾重心的变迁。六朝旧都所在的江苏，曹魏、西晋都城所在的河南，西魏、北周都城所在地的陕西，这三省的灾害年次为60次，约占该时期疫灾总省次数的60%。形成这种分布格局的主要原因是它们为魏晋南北朝各时期的都城所在，不仅人口密度较高，战争也相对较多。总体来看，魏晋南北朝时期的疫灾主要分布在人口相对稠密、经济相对发达、战争相对较多的黄河中下游地区和长江中下游地区及其之间的淮河流域，边鄙地区疫灾几乎全部与战争有关。①

(3) 疫灾的等级及危害。

魏晋南北朝疫灾史料的信息量较少，我们根据疫灾的波及面积及造成的危害程度，对疫灾进行初步的分类，具体见表2-3-8：

表2-3-8 魏晋南北朝疫灾等级分类表

等级	主要表现	频次
微灾	灾区为1~5个郡，记“疫”，无灾情记录	39
一般疫灾	灾区为1~5个郡，或某州，记“大疫”，无灾情记录	17
大疫灾	灾区为某州，“大疫”，有死者	14
特大疫灾	灾区为2个州以上，灾情特别严重，如死者过半，牛多疫死	8

从上表可以看出，魏晋南北朝的疫灾以微灾和一般疫灾为主，两者共56次，占总数的71.79%，大疫灾、特大疫灾共计22次，约占总数的28.21%。

疫灾往往与水、旱、震、蝗等其他灾害相伴而生，加重了灾害的严重程度。疫灾造成的最直接后果是人口的大量减少，晋武帝咸宁元年（275）大疫，仅京都洛阳就死了十万人，占当时城中人口的一大半，史书记载为“洛阳死者太半”，其他史料也多以“太半”、“过半”、“十二三”、“十三四”、“十四五”等约数来记载疫灾死者数量之多。② 疫灾发生之后，人口减少，劳动力丧失，社会生产发展受阻，亦会造成饥馑不堪、物价上涨的局面。孙吴初年，“往遇疫疠”，引起“谷食荒贵”③，再加上“征役繁数，重以疫疠，民户损耗”，最终导致“殃疫死丧之灾，郡县荒虚，田畴芜旷，听闻属城，民户浸寡，又多残老，少有丁夫”的局面。④ 严重的疫灾甚至摧毁了人与人之间的骨肉亲情，卖儿鬻女、人相食的

① 龚胜生、叶护平：《魏晋南北朝时期疫灾时空分布规律研究》，载《中国历史地理论丛》，2007年第3期。

② 袁祖亮主编，张美莉等著：《中国灾害通史·魏晋南北朝卷》，郑州：郑州大学出版社，2009年，第59页。

③ （晋）陈寿撰，陈乃乾校点：《三国志》卷65《吴书·朱桓传》，北京：中华书局，1959年，第1312页。

④ （晋）陈寿撰，陈乃乾校点：《三国志》卷27《吴书·骆统传》，北京：中华书局，1959年，第1335页。

惨象时有发生。西晋惠帝元康七年（297）秋七月，“雍、梁州疫。大旱，陨霜，杀秋稼。关中饥，米斛万钱。诏骨肉相卖者不禁”①。疫灾的流行导致大量流民的出现，层出不穷的流民潮引起了诸多严重的社会问题，更有甚者，发展为声势浩大的流民起义，斗争矛头直指封建统治阶级。②

（四）地质灾害及其特征

魏晋南北朝时期，灾害群发，地震及由地震引起的地质灾害较为严重。魏晋南北朝370年间，发生地震灾害196次，山崩、地陷等灾害53次，共计地质灾害249次，大约每1.5年1次，灾害频率约为67.30%。其中，三国（220—264）45年间，发生地质灾害13次，灾害频率约为28.89%；西晋（265—316）52年间，发生地质灾害58次，灾害频率约为111.54%；东晋（317—419）103年间，发生地质灾害67次，灾害频率为65.05%；南北朝（420—589）170年间，发生地质灾害111次，灾害频率为65.29%。可见，西晋时期地质灾害十分严重，东晋、南北朝时期较西晋时期轻，但灾害频率亦较高。其具体特征分析如下：

1. 地质灾害的时间分布及特点

在有时间记载的190余次地震灾害中，春季发生了55次，夏季59次，秋季33次，冬季43次，春、夏两季发生相对较多。就具体月份而言，1月24次，4月23次，2、5月各19次，6月16次，这5个月共发生地震101次，占该时期地震总数的一半以上，是地震发生的高发期。在有时间记载的40余次山崩、地陷灾害中，春季11次，夏季12次，秋季13次，冬季6次，除冬季外，各季相差不大。按具体月份而言，5月6次，7、8、2、3月各5次，这5个月共发生山崩、地陷灾害26次，占该时期山崩、地陷灾害总数的一半。总体而言，夏季共发生地质灾害71次，约占地质灾害总数的28.51%，是地质灾害的高发季节。其具体的年内分布情况见表2-3-9：

---

① （唐）房玄龄：《晋书》卷4《惠帝纪》，北京：中华书局，1974年，第94页。

② 袁祖亮主编，张美莉等著：《中国灾害通史·魏晋南北朝卷》，郑州：郑州大学出版社，2009年，第60页。

表 2-3-9 魏晋南北朝地质灾害年内分布表

季节/灾种	春季				夏季				秋季				冬季				不详
	1	2	3	春	4	5	6	夏	7	8	9	秋	10	11	12	冬	
地震	24	19	11	1	23	19	16	1	15	10	8	0	15	13	14	1	6
崩陷	1	5	5	0	3	6	2	1	5	5	2	1	1	4	0	1	11
百分比（%）	10.04	9.64	6.43	0.40	10.44	10.04	7.23	0.80	8.03	6.02	4.02	0.40	6.43	6.83	5.62	0.80	6.83
合计	66（26.51%）				71（28.51%）				46（18.47%）				49（19.68%）				17（6.83%）

2. 地质灾害的空间分布规律

魏晋南北朝时期，在有地域记载的地震灾害中，因南京为六朝都城，史料记载较多，故今江苏有地震记载65次。此外，山西28次，甘肃27次，河南25次，山东10次，陕西7次，河北、四川、湖北各5次，江西4次，湖南、辽宁各3次，浙江、安徽各2次，福建、广东、广西各1次。可见，江苏、山西、甘肃、河南是地震的高发区，同时山东、陕西、河北、四川、湖北等地也是地震的多发区。而在山崩、地陷灾害中，山西、陕西、甘肃、河南各7次，山东6次，四川、湖北各4次，江西3次，云南、湖南、安徽各2次，广东、浙江、河北、江苏各1次。可见，山西、陕西、甘肃、河南、山东等地是山崩、地陷灾害的相对高发区，同时四川、湖北、江西也是山崩和地陷灾害的多发区。

3. 地质灾害的等级及危害

魏晋南北朝地质灾害的记载较为简单，我们根据史料的描述和灾区面积的大小，将魏晋南北朝地质灾害大致分为以下四个等级，见表2-3-10：

表 2-3-10 魏晋南北朝地质灾害等级表

等级	主要表现	频次
微灾	1~5个郡，只记"震"或"微震"，无灾害后果	209
一般地质灾害	5~10个郡，"震"或"大震"，无灾害后果，或草树摇，屋瓦坠	29
大地质灾害	10~15个郡，"大震"，有声如雷，地裂水涌，江溢，庐舍多坏，杀人	9
特大地质灾害	15个郡以上，"大震"，山裂水涌，逆流，坏庐舍殆尽，死亡人数在500人以上	2

从上表可看出，魏晋南北朝地质灾害以微灾和一般地质灾害为主，两者共计238次，约占总数的95.58%；大、特大地质灾害11次，约占总数的4.42%。

大、特大地质灾害虽所占比例较小，但危害性极大，或造成人员伤亡，如：晋惠帝元康四年（294）“六月，寿春地大震，死者二十余家”①、北魏宣武帝景明元年（500）“五月乙丑，齐州山茌县太阴山崩，飞泉涌出，杀一百五十九人”②、北魏宣武帝延昌元年（512）“四月，肆州地震陷裂，死伤甚多”③ 等；或破坏居民房屋、皇室殿宇，如：晋愍帝建兴三年（315）“六月丁卯，地震。辛巳，大赦。敕雍州掩骼埋肉，修复陵墓，有犯者诛及三族”④，刘宋孝武帝大明六年（462）七月“甲申，地震，有声自河北来，鲁郡山摇地动，彭城女墙四百八十丈坠落，屋室倾倒，兖州地裂泉涌”⑤，梁武帝太清二年（548）“九月戊辰，地震，江左尤甚，坏屋杀人”⑥ 等。

（五）气象灾害及其特征

气象灾害种类繁多，我们在这里主要对风、雹、霜、雪、冻灾、沙尘灾害等几类灾害进行分析。魏晋南北朝370年间，发生风灾148次；雹灾78次；霜、雪、冻灾116次；沙尘灾害36次。共计气象灾害378次，大约每1年1次，灾害频率约为102.16%。其中，三国（220—264）45年间，发生气象灾害19次，灾害频率约为42.22%；西晋（265—316）52年间，发生气象灾害79次，灾害频率约为151.92%；东晋（317—419）103年间，发生气象灾害77次，灾害频率为74.76%；南北朝（420—589）170年间，发生气象灾害203次，灾害频率为119.41%。可见，西晋时期气象灾害十分严重，东晋、南北朝时期较西晋时期轻，但灾害频率亦较高。其具体特征如下：

1. 气象灾害的时间分布及特点

在有时间记载的140余次风灾中，春季发生了37次，夏季52次，秋季33次，冬季21次，春、夏两季发生相对较多。就具体月份而言，5月19次，6月18次，3月16次，4月、7月各14次，这5个月共发生风灾81次，占风灾总数的一半以上。在有时间记载的78次雹灾中，春季10次，夏季45次，秋季17次，冬季6次，夏季雹灾较多，约占总数的57.69%。在有时间记载的110余次霜、雪、冻灾害中，春季33次，夏季28次，秋季27次，冬季25次，除春季外，其他各季相差不大。具体月份而言，3月18次，4月16次，12月11次，

---

① （唐）房玄龄：《晋书》卷4《惠帝纪》，北京：中华书局，1974年，第92页。
② （北齐）魏收：《魏书》卷112《灵征志上》，北京：中华书局，1974年，第2898页。
③ （北齐）魏收：《魏书》卷8《世宗纪》，北京：中华书局，1974年，第212页。
④ （唐）房玄龄：《晋书》卷5《孝愍帝纪》，北京：中华书局，1974年，第129页。
⑤ （梁）沈约：《宋书》卷34《五行志五》，北京：中华书局，1974年，第996页。
⑥ （唐）李延寿：《南史》卷7《武帝纪下》，北京：中华书局，1975年，第220页。

7月、8月各10次，这5个月共发生霜、雪、冻灾害65次，约占该时期冷冻灾害总数的57.52%。有时间记载的30余次沙尘灾害中，春季13次，秋季6次，冬季15次，春、冬两季相对较多。具体月份而言，1月、10月各8次，11月6次，这3个月共计22次，约占沙尘灾害总数的62.11%。其具体的年内分布见表2－3－11：

表2－3－11　魏晋南北朝气象灾害年内分布表

季节	春季				夏季				秋季				冬季				不详
灾种	1	2	3	春	4	5	6	夏	7	8	9	秋	10	11	12	冬	
风灾	10	11	16	0	14	19	18	1	14	10	6	3	8	9	3	1	5
雹灾	1	2	6	1	18	14	13	0	8	5	3	1	5	0	1	0	0
冷冻灾	6	9	18	0	16	6	6	0	10	10	7	0	7	4	11	3	3
沙尘灾	8	4	1	0	0	0	0	0	2	2	2	0	8	6	1	0	2
合计	93（24.60%）				125（33.07%）				83（21.96%）				67（17.72%）				10（2.65%）

2. 气象灾害的空间分布规律

在地域分布方面，风、雹、霜、雪、冻灾均具有较强的区域性：在有地点记载的160余次风灾中，江苏75次；河南31次；河北15次；山西12次；山东10次；陕西7次；甘肃6次；四川、浙江各3次；安徽、湖北、内蒙古各2次，风灾以江苏和河南为多。在有地点记载的90次雹灾中，江苏33次；河南14次；山东12次；山西11次；河北10次；甘肃4次；陕西2次；安徽、四川、浙江、湖北各1次。江苏雹灾最多，同时关中、关东地区也是雹灾的重要发生地。在有地点记载的140次霜、雪、冻灾害中，江苏37次；山西18次；山东、河北各16次；甘肃14次；河南、陕西各12次；内蒙古8次；四川、湖北各2次；安徽、浙江、辽宁各1次。霜、雪、冻灾害以江苏最多，同时黄河中下游地区也是灾害的重要发生区域。有地域记载的30余次沙尘灾害中，江苏19次；河南9次；陕西、山西各3次；内蒙古、甘肃各1次。总体来看，魏晋南北朝气象灾害以今江苏地区最多，除南京为魏晋南北朝“六朝”都城，史料记载较多的因素外，亦与当时人口大量南迁，自然环境遭到人为破坏等因素有关。同时，河南、河北、陕西、山东地区也是气象灾害的多发地区。

3. 气象灾害的危害

气象灾害给社会生活造成了极大的危害。首先，造成城池、房屋、道路的坍塌毁坏，如：北魏太武帝太延二年（436）四月“甲申，京师暴风，宫墙倒，杀数十人"[①]，刘宋文帝元嘉二十六年（449）二月"寿阳骤雨，有回风云雾，广三十步许，从南来，至城西回散灭。当其冲者，室屋树木摧倒"[②]，北魏孝文帝太和二十三年（499）"七月十二日，大风，京师十围树及官府居民屋皆拔倒"[③]等。其次，气象灾害对农作物、树木、牲畜及人们的生命安全都有极大影响，严重时还会造成人相食的惨状，如：北魏孝文帝承明元年（476）八月"癸未，定州大雹杀人，大者方圆二丈"，北魏宣武帝景明四年（503）七月"甲戌，暴风，大雨雹，起自汾州，经并、相、司、兖，至徐州而止，广十里，所过草木无遗"[④]，东魏孝静帝武定四年（546）二月"大雪，人畜冻死，道路相望"[⑤]，梁元帝承圣三年（554）十一月"甚寒雪，冻死者填满沟壑"[⑥]等。气象灾害尤其是霜、雪、冻灾害的发生往往会对农业生产、畜牧业生产造成严重危害，并会产生饥荒、流民等一系列社会问题，如东魏孝静帝天平三年（536）"八月，并、肆、汾、建四州陨霜，大饥"[⑦]等。

（六）火灾及其特征

魏晋南北朝时期，火灾较多，有的是雷电所致，有的是孩童玩耍所致，有的是盗贼所为，有的是兵燹而致[⑧]，故火灾的暴发因素有人为和自然之分，但有时难以区分火灾的原因到底是人为还是自然。不考虑火灾的具体原因，我们将魏晋南北朝史料所载没有明确说明是人为火灾的均作为研究对象。据统计，魏晋南北朝时期共发生火灾51次，灾害频率约为13.78%。其中，三国（220—264）45年间，发生火灾7次，灾害频率约为15.56%；西晋（265—316）52年间，发生火灾4次，灾害频率约为7.69%；东晋（317—419）103年间，发生火灾15次，灾害频率为14.56%；南北朝（420—589）170年间，发生火灾25次，灾害频率为14.71%。可见，三国时期火灾相对较为严重，东晋、南北朝时期火灾频率相差不大，而西晋时期较轻，其具体时空分布情况见表2-3-12：

---

① （北齐）魏收：《魏书》卷112《灵征志上》，北京：中华书局，1974年，第2899页。
② （梁）沈约：《宋书》卷34《五行志五》，北京：中华书局，1974年，第984页。
③ （梁）萧子显：《南齐书》卷19《五行志》，北京：中华书局，1972年，第378页。
④ （北齐）魏收：《魏书》卷112《灵征志上》，北京：中华书局，1974年，第2904、2905页。
⑤ （唐）魏征等：《隋书》卷22《五行志上》，北京：中华书局，1973年，第627页。
⑥ （唐）李延寿：《南史》卷74《孝义列传下·殷不害传》，北京：中华书局，1975年，第1848页。
⑦ （北齐）魏收：《魏书》卷12《孝静纪》，北京：中华书局，1974年，第300页。
⑧ 谭书龙、李曼曼：《六朝火灾论略》，载《河南科技大学学报》，2005年第4期。

表 2-3-12 魏晋南北朝火灾时空分布表

月份＼地点	江苏	河南	湖北	河北	山西	江西	甘肃	四川	浙江	安徽	合计
1	1	0	0	0	0	2	0	0	0	1	4
2	3	1	0	0	0	0	0	0	0	0	4
3	5	1	0	2	4	0	0	0	0	0	12
春	0	0	0	1	0	0	0	0	0	0	1
4	2	1	1	0	0	0	0	0	0	0	4
5	1	1	0	1	0	0	0	0	0	0	3
6	0	1	0	0	1	0	0	0	0	0	2
7	3	1	0	0	0	0	0	0	0	0	4
8	0	0	0	1	0	0	0	0	0	0	1
10	1	0	0	0	0	0	0	0	0	0	1
11	0	0	2	0	0	0	0	0	0	0	2
12	1	0	2	1	0	0	0	0	0	0	4
不详	2	2	2	0	0	0	1	1	1	0	9
合计	19	8	7	6	5	2	1	1	1	1	51

从上表可以看出，在年内分布方面，魏晋南北朝时期火灾主要发生在3、1、2、4、7、5、12月，即冬春之交、春季及春夏之交是火灾的重要发生时期。该时期气候干燥、降水稀少是火灾暴发的主要原因。

从空间分布来看，魏晋南北朝火灾主要发生在今河南和江苏两地，两地共计27次，约占火灾总数的52.94%。这是由于两地作为南北双方的都城所在之地，是全国的政治、经济中心，这里发生的火灾一般都为史官所记载，灾害记载相对较为详细。同时，由于其独特的区位优势和特殊的政治地位，亦成为交战双方争夺的重点，故火灾发生的次数亦较其他地区多。但两地火灾不至于占到全国火灾总数的一半以上，事实上，全国各地发生的火灾比这两地多得多，也比史籍记载多得多。

从火灾发生的具体地点来看，宫殿、陵庙火灾暴发较多，如：魏明帝太和五年（231）五月“（洛阳）清商殿灾”①，魏明帝青龙二年（234）“夏四月，（洛阳）崇华殿灾”②，东晋元帝建武元年（317）“六月，（平阳）东宫灾异，门阁

① （唐）房玄龄：《晋书》卷27《五行志上》，北京：中华书局，1974年，第803页。

② （晋）陈寿撰，陈乃乾校点：《三国志·魏书》卷3《明帝纪》，北京：中华书局，1959年，第101页。

宫殿荡然”① 等。火灾发生后造成的危害亦较大，不仅造成建筑物的大量毁坏，严重时还会造成人员的严重伤亡，如：吴末帝乌程侯建衡元年（269）三月“天火烧万余家，死者七百人”②，东晋元帝永昌二年（323）三月“饶安、东光、安陵三县火，烧七千余家，死者万五千人”，东晋废帝海西公太和六年（371）“六月大旱，灾火烧数千家，延及山阴仓米数百万斛，炎烟蔽天，不可扑灭”③，南齐东昏侯永元三年（501）正月“豫章郡天火，烧三千家”④ 等。

二、魏晋南北朝自然灾害的主要特征

1. 自然灾害频繁，且具有多发性、群发性、连发性及危害性大的特点

魏晋南北朝时期，自然灾害的种类多样，其中气候性灾害有水、旱、风、雹、霜冻等；地质性灾害有地震、地裂、地坼、海溢等；此外还有生物性灾害等。其发生频率也非常高，据统计，魏晋南北朝 370 年间，发生各类自然灾害共计 1 280 次，大约每年 3. 46 次。其中，三国（220—264）45 年间，发生自然灾害 79 次，大约每年 1. 76 次；西晋（265—316）52 年间，发生自然灾害 229 次，大约每年 4. 4 次；东晋（317— 419）103 年间，发生自然灾害 308 次，大约每年 2. 99 次；南北朝（420—589）170 年间，发生自然灾害 664 次，大约每年 3. 91 次。

魏晋南北朝自然灾害除多发性外，连发、群发的特征也较为显著。自然界是一个复杂多变的综合体，各种要素之间有着复杂多样的内在联系。当综合体中某一要素发生重大变化乃至对人类造成灾害时，往往又会引起其他要素的变化，引发次生灾害。这种在时间上前后相继、成因关联而相继发生的灾害现象称为灾害链。魏晋时期，旱灾、蝗灾连锁反应突出，旱灾极易引起蝗灾，明确记载旱蝗相连的蝗灾次数占蝗灾总数的 32. 1%。大旱之后再加蝗灾，往往造成农业歉收，出现饥荒乃至人相食的恶果。⑤

灾害的群发是指在一定的地质和气象条件下，单类或多类灾种同时发生或相对集中发生但相互不为因果的灾害现象，即灾害的同时发生或相继频繁发生，形成一个灾害群。魏晋南北朝时期灾害群发也较为严重，如晋武帝太康年间、晋惠

① （唐）房玄龄：《晋书》卷 102《载记 · 刘聪》，北京：中华书局，1974 年，第 2675 页。

② （晋）陈寿撰，陈乃乾校点：《三国志 · 吴书》卷 3《孙皓传》，北京：中华书局，1959 年，第 1167 页。

③ （唐）房玄龄：《晋书》卷 27《五行志上》，北京：中华书局，1974 年，第 806 页。

④ （梁）萧子显：《南齐书》卷 19《五行志》，北京：中华书局，1972 年，第 803 页。

⑤ 袁祖亮主编，张美莉等著：《中国灾害通史 · 魏晋南北朝卷》，郑州：郑州大学出版社，2009 年，第 27 页。

帝、晋元帝、晋明帝、晋安帝时期，年发生灾害的频率都较高，都可称之为灾害群发期和灾害集中期。而南北朝时期自然灾害则存在着三个周期性变动，420—469年是第一个低发期；470—519年是高发期；520—589年是第二个低发期。① 总之，自然灾害的连发、群发性大大加剧了自然灾害的破坏程度，表现为旱蝗、饥疫、旱饥、风雹等灾害相继发生，同一年中发生多种灾害，灾害发生区域广泛，导致的破坏性后果更为严重，增加了社会的不稳定因素，影响了社会经济的正常发展。

2. 具有一定的时空分布特征

灾害的年内分布方面，部分灾种季节性明显，某些灾种有明显的月份规律，如水、旱、蝗、风、雹、疫灾等；有的灾种季节性不明显，也没有明显的月份规律。总体而言，夏季最多，发生各类自然灾害 447 次，约占灾害总数的 34.92%；秋季 285 次，约占总数的 22.27%；春季 264 次，约占总数的 20.63%；冬季174 次，约占总数的13.59%。从具体的月份分布看，4、5、6、7月灾害相对较多，这4 个月共计发生自然灾害530 次，约占灾害总数的41.41%。各类灾害年内具体分布情况见表2－3－13：

表2－3－13　魏晋南北朝自然灾害年内分布表

灾种 月份	水灾	旱灾	蝗灾	疫灾	地质灾害	气象灾害	火灾	合计	合计（季节）
1	4	7	0	3	25	25	4	68	264
2	6	13	1	3	24	26	4	77	
3	8	16	3	4	16	41	12	100	
春	1	8	0	7	1	1	1	19	
4	12	27	5	11	26	48	4	133	447
5	30	33	8	4	25	39	3	142	
6	41	23	7	3	18	37	2	131	
夏	11	16	7	4	2	1	0	41	

① 袁祖亮主编，张美莉等著：《中国灾害通史·魏晋南北朝卷》，郑州：郑州大学出版社，2009 年，第28、29、130 页。

（续上表）

灾种 月份	水灾	旱灾	蝗灾	疫灾	地质灾害	气象灾害	火灾	合计	合计（季节）
7	31	23	7	5	20	34	4	124	285
8	23	6	7	3	15	27	1	82	
9	15	8	2	1	10	18	0	54	
秋	6	7	5	2	1	4	0	25	
10	4	2	3	3	16	28	1	57	174
11	3	3	0	5	17	19	2	49	
12	11	2	0	3	14	16	4	50	
冬	1	10	0	1	2	4	0	18	
不详	33	15	10	16	17	10	9		110
合计	240	219	65	78	249	378	51		1 280

魏晋南北朝时期，自然灾害的空间分布特征也较为明显。从整体上看，灾害频次较高的地区相当于今天的江苏、河南、山西、山东、河北、陕西等省。其中，江苏共计492次，约占总数的31.52%，这除了南京作为该时期“六朝”的都城，历史记载较为详细外，也与中原地区战乱频仍，北方民众大规模南迁之后，对自然环境的掠夺式开发有关。此外，河南、山西、陕西、山东、河北等关中和关东地区的灾害也较为频繁。这与该地区开发历史较早、人地矛盾相对突出、战乱频繁等人为因素有关，同时也与该地区季风性气候的自然因素有关。各类自然灾害具体的地域分布情况见表2－3－14：

表2－3－14 魏晋南北朝自然灾害空间分布表

灾种 省份	水灾	旱灾	蝗、鼠灾	疫灾	地质灾害	气象灾害	火灾	合计
江苏	121	80	12	30	66	164	19	492
河南	40	35	14	20	32	82	8	231
河北	25	22	15	3	6	25	6	102
山东	27	6	22	5	16	38	0	114
陕西	9	29	9	10	14	24	0	95
山西	9	18	6	7	35	44	5	124
湖北	21	6	0	4	9	5	7	52
四川	3	1	2	4	9	6	1	26

（续上表）

灾种 省份	水灾	旱灾	蝗、鼠灾	疫灾	地质灾害	气象灾害	火灾	合计
安徽	14	4	5	4	4	4	1	36
甘肃	1	5	9	3	34	25	1	78
内蒙古	0	3	1	0	0	11	0	15
浙江	20	6	2	4	3	5	1	41
辽宁	3	2	2	0	3	1	0	11
湖南	6	2	1	2	5	0	0	16
广东	3	0	0	0	2	0	0	5
广西	0	0	0	0	1	0	0	1
宁夏	1	3	0	0	0	0	0	4
云南	0	0	0	1	2	0	0	3
青海	0	0	0	1	0	0	0	1
江西	3	0	2	1	7	0	2	15
福建	0	0	0	0	1	0	0	1
不详	34	34	11	7	5	7	0	98
合计	340	256	113	106	254	441	51	1 561①

3. 空间分布广，影响范围大，造成的损失严重

如前所述，魏晋南北朝时期每年约发生自然灾害 3.5 次，灾害发生频率较高。灾害的发生范围亦相当广大，有的灾害兼跨数县、数郡甚至数州，甚或绵延数个流域；有的是同一种灾害在同一个时期的不同地区广泛出现，即在全国的不同地方同时发生一种灾害；有的是不同灾害在同一时期的不同地区同时出现，即一年中全国发生多种灾害，此地灾情还没有完全缓解，彼地又陷入了大灾的深渊。灾害的高频率、大范围暴发，对人类的生命安全、财产安全乃至社会秩序的稳定都造成了严重影响。无论是短时间内骤发的灾害还是长时间的累积灾害，都可能给人类生存带来威胁，甚至夺走人的生命，如北魏宣武帝延昌元年（512）“四月庚辰，京师及并、朔、相、冀、定、瀛六州地震。恒州之繁畤、桑干、灵丘，肆州之秀容、雁门地震陷裂，山崩泉涌，杀五千三百一十人，伤者二千七百

① 因有的同一次灾害发生在不同省区，我们分别统计，故超出灾害总数（1 280）281 次。

二十二人，牛马杂畜死伤者三千余”[①] 等。此外，自然灾害的发生还会使农业生产受损、破坏建筑物、损坏树木，造成人们四处流亡，引起物价上涨，引发农民起义，乃至发生人吃人的现象，使平常的道德人伦也不复存在。如：刘宋孝武帝大明八年（464）“三吴大饥，人食草木皮叶，亲属互相贩鬻，劫掠蜂起，死者不可胜数”；西魏文帝大统二年（536）“是岁，关中大饥，人相食，死者十七八”；梁简文帝大宝元年（550）“自春迄夏，大饥，人相食，京师尤甚”等。总之，在财产损失、人员伤亡的情况下，如果灾民得不到及时的救济，就会造成社会秩序的紊乱，严重者会导致王朝的覆灭。[②]

4. 自然灾害的频发是自然因素、社会因素共同作用的结果

魏晋南北朝时期是我国历史上的一个低温期，这个低温期从东汉初期一直持续到唐朝前期。这个寒冷期在公元4世纪前半期达到顶点，比秦汉和唐代平均气温要低得多。[③] 而气候的变化是中国北方政治命运的决定性因素之一，中纬度地区的寒冷气候往往是中国历史上北方游牧民族周期性南迁的潜在动力。中国历史上几次重大的北方游牧民族南迁高潮都对应着千年尺度的寒冷期，东汉两晋南北朝时期游牧民族南迁正对应着100年至500年左右的寒冷期。[④] 同时，大旱、大涝、大洪以及频繁严重的群发性灾害与气候的冷暖也有直接的关系。如公元前2000年左右的全球性低温期是气候恶化时期，也是自然灾害异常时期，我国和北半球的气候处于低温期，自然灾害比较频繁，容易发生严重的低温冷害、百年不遇的特大洪水和特大干旱。[⑤] 魏晋时期自然灾害与此情形相似，气候的异常波动和寒冷低温是这一时期自然灾害频发的直接原因。

魏晋时期自然灾害的频发不仅仅是地理环境、气候变迁的结果，还与人们的经济活动息息相关。灾害的频发是人祸，不是天灾，是生态自然平衡被破坏的恶果。魏晋时期生态平衡被破坏，“城镇村落被夷灭，树木林莽被砍烧，井渠沟洫被湮塞。结果土地裸露，水土流失，造成土地沙漠化，旱则赤地千里，黄沙滚滚；潦则洪水横流，浊浪滔天”[⑥]。西晋永嘉之乱、五胡乱华，北方长期战乱，民不聊生，及至东晋江南立国，中原士人纷纷南迁，南北朝对立，仍战乱频繁。

---

① （北齐）魏收：《魏书》卷112《灵征志上》，北京：中华书局，1974年，第2897页。

② 袁祖亮主编，张美莉等著：《中国灾害通史·魏晋南北朝卷》，郑州：郑州大学出版社，2009年，第26、135～139页。

③ 竺可桢：《中国近五千年气候变迁的初步研究》，载《考古学报》，1972年第1期。

④ 蓝勇等：《气候变迁与中国历史》，载《中国历史地理论丛》，2003年第2期。

⑤ 任振球：《公元前2000年左右发生的一次自然灾害异常期》，载《大自然探索》，1984年第4期。

⑥ 傅筑夫：《中国经济史论丛·续集》，北京：人民出版社，1988年，第80、81页；傅筑夫：《中国封建社会经济史》（第二卷），北京：人民出版社，1984年，第31页。

为稳定政局，安定流民，增加政府收入，魏晋政府鼓励官民劝课农桑，使许多不宜开垦的丘陵、山林被大面积开垦，森林被大面积砍伐，山区地表失去了林木草皮的保护，造成水土流失，加剧了自然灾害的发生。另外，据统计，魏晋南北朝400年间，发生战争1 033次，平均每年2.6次。连年不断的战争，给人民群众的生活带来了极为深刻的影响：战争直接造成劳动力的不足，土地荒芜和农业生产的直接经济损失；同时，战争不息，徭役不止，参战双方消耗大量的人力和财力，必然会加重人民的赋役负担。魏晋战乱的特殊环境，极大地破坏了社会生产力和人民的生产、生存环境，大大削弱了政府和人民的承灾能力，对灾害的无力应对，势必会加剧灾害的发生及灾害的危害程度。①

三、魏晋南北朝防灾、救灾措施

魏晋南北朝时期是中国历史上公认的一个空前的政治大动荡、国家分裂、经济大破坏、民族大冲突与大融合的时代，战乱不息，政权更迭，灾疫频频。天灾人祸的双重打击，引起了统治者的高度重视，统治者纷纷出台并采取了众多的救灾措施加以应对，以期恢复正常的社会生产秩序。该时期因灾蠲免屡有实施，灾蠲作为救荒的主要措施，为历代王朝所继承；赈饥济贫愈加频繁；平籴之法又有发展；移民就粟也成为常制。我国古代荒政在该时期逐步形成并得到初步发展。② 其具体措施有：

（一）常态性防灾备荒措施

魏晋南北朝时期的防灾措施，基本上沿袭前代，主要有劝课农桑、兴修水利、兴修仓库以备荒、推广抗灾作物、改良和推进种植及农耕技术等。魏晋南北朝时期，各帝王大都责成地方官吏大力推行劝课农桑，发展农业生产，并把劝课农桑与官员的政绩结合起来，决定赏罚。曹魏时，梁习为并州刺史，“边境肃清，百姓布野，勤劝农桑，令行禁止……习表置屯田督尉二人，领客六百夫，于道次耕种菽粟，以给人牛之费。后单于入侍，西北无虞，习之绩也”③。孙吴亦规定，“自今以来，督军郡守，其谨察非法，当农桑时，以役事扰民者，举正以

---

① 袁祖亮主编，张美莉等著：《中国灾害通史·魏晋南北朝卷》，郑州：郑州大学出版社，2009年，第30~37页。

② 李向军：《清代荒政研究》，北京：中国农业出版社，1995年，第61页。

③ （晋）陈寿撰，陈乃乾校点：《三国志》卷15《吴书·梁习传》，北京：中华书局，1959年，第469页。

闻”[①]。水利建设方面，“灌溉事业的发达，已普及到整个中原地区，西至关、陕，北至幽、冀，都有引河灌田的农业经营，而从洛阳到淮南的灌溉系统，尤具规模”[②]。

魏晋仓储制度也在两汉的基础上得到进一步完备，如京师仓、太仓、常平仓、敖仓等。常平仓在调节物价的同时，也直接对灾民进行赈济和赈贷，并且地方上也建起储粮仓库。在农作物的推广方面，魏晋时期大规模、有目的地推广旱作，尤其是麦类。永嘉之乱，北方人口南下，带去了先进的种植技术，而南方气候低温寒冷，旱灾等自然灾害频发，使旱田农作物有了适宜的气候条件。加之这时适于旱作的丘陵高地也在不断开发，为保证灾害之年的粮食生产，统治阶级的推广亦加快了旱田作物的南移。[③] 在耕作及种植技术方面，魏晋时期沿用了汉代代田法、区种法的抗旱耕作方式，并在农耕技术、防治病虫害、霜冻等方面有了进一步的发展，注重利用害虫的天敌进行生物防灾。[④]

（二）灾时赈济措施

赈济是灾后减轻灾害危害的直接对策，其内容有施粥、赐谷物衣帛、开放山泽等，执行方式有开仓赈济、遣使赈济、调粟救灾三种。宋孝武帝大明八年（464），由于“去岁东境偏旱，田亩失收，……可出仓米付建康、秣陵二县，随宜赡恤”[⑤]。北魏宣武帝延昌元年（512）三月甲午，“州郡十一大水，诏开仓赈恤。以京师谷贵，出仓粟八十万石以赈贫者”[⑥]。调粟救灾是政府有组织、有目的地对灾民实施赈济的措施之一，其内容包括移粟就民、移民就粟。宋文帝元嘉十二年（435），丹阳、淮南、吴兴、义兴等地遭水灾，朝廷调徐、豫、南兖三州，会稽、宣城二郡米谷百万斛，赐五郡遭水人。尉元在北魏献文帝时为镇南大将军授徐州，因为“彭城仓廪虚罄，人有饥色”，亦求运冀、相、济、兖四州粟，救济灾民。而晋孝武帝太元元年（376）冬十月“移淮北流人于淮南”[⑦]，移民就粟。

行平出粜之法即把丰年所积谷物，平价出粜于灾民，以使他们少受商人高利

① （晋）陈寿撰，陈乃乾校点：《三国志》卷47《吴书·孙权传》，北京：中华书局，1959年，第1144页。

② 王仲荦：《魏晋南北朝史》，上海：上海人民出版社，1979年，第128页。

③ 黎虎：《东晋南朝时期北方旱田作物的南移》，载《北京师范大学学报》，1988年第2期。

④ 袁祖亮主编，张美莉等著：《中国灾害通史·魏晋南北朝卷》，郑州：郑州大学出版社，2009年，第89～102页。

⑤ （梁）沈约：《宋书》卷6《孝帝纪》，北京：中华书局，1974年，第134页。

⑥ （北齐）魏收：《魏书》卷8《世宗纪》，北京：中华书局，1974年，第211页。

⑦ （唐）房玄龄：《晋书》卷9《孝武帝纪》，北京：中华书局，1974年，第228页。

贷的盘剥。《魏书·食货志》载，北魏孝文帝太和十二年（488）“诏群臣求安民之术，有司上言请析州郡常调九分之二，京都度支岁用之余各立官司，丰籴来贮于仓，时俭则加私之二粜之于民”。北周武帝建德三年（574）正月，由于往岁谷不登，诏令“公私道俗，凡有贮积麦粟者，皆准口听留，已外尽粜”①。同时，灾害往往诱发疫疾流行，危及人民生命。为此，朝廷推行给医治病之法。宋文帝元嘉二十四年（447）六月及元嘉二十八年（451）四月、宋孝武帝大明元年（457）四月，建康数次疾病流行，朝廷“使郡县及营署部司，普加履行，给医给药”、“遣使按行，赐给医药。死而无收敛者，官为敛埋”②。北魏延昌元年（512）四月地震，癸未诏曰：“肆州地震陷裂，死伤甚多，亡者不可复追，生病宜加疗救。可遣太医，折伤医并给所须之药，就治之。”③ 虽然上述措施不一定全部实施，但从一定程度上来说，对疫病的控制和缓解还是起到了很大的作用。④

（三）灾后恢复措施

荒灾、歉收使大量灾民流离失所，直接影响到国家的税收和统治秩序的稳定，因而恢复灾后生产、安定社会秩序是统治集团的当务之急。其主要措施有安辑流民、蠲免赋税徭役、借贷、缓刑、节约等。为了使流民更多更快地返回故土，各朝政府均采取了一些优惠政策。一是赦免前罪，不加追究。如北魏太武帝太延元年（435）诏曰：“自今以后，亡匿避难，羁旅他乡，皆当归还旧居，不问前罪。”⑤ 二是关津免征。北魏孝文帝太和七年（483）三月，“以冀、定二州民饥，驰关津之禁，任其去来”⑥。三是归还原田，不计旧逋。梁武帝天监十七年（518）提出：“凡天下之民，……若流移之后，本乡无复居宅者，村司三老及余亲属，即为诣县，占请村内官地官宅，令相容受，使恋本者还有所托。”⑦ 四是贷与粮牛，暂免赋税。借贷一是贷粮食给灾民，以维持灾后生活；二是贷粮种给灾民，以期恢复农业生产。而借贷又分政府借贷与民、政府出面向富户借贷与民及民间借贷等不同形式。⑧

---

① （唐）李延寿：《北史》卷10《周武帝纪》，北京：中华书局，1974年，第359页。
② （梁）沈约：《宋书》卷6《孝帝纪》，北京：中华书局，1974年，第119页。
③ （北齐）魏收：《魏书》卷8《世宗纪》，北京：中华书局，1974年，第212页。
④ 杨钰侠：《试论南北朝时期的赈灾之政》，载《中国农史》，2000年第2期。
⑤ （北齐）魏收：《魏书》卷4《世祖纪上》，北京：中华书局，1974年，第86页。
⑥ （北齐）魏收：《魏书》卷7《高祖纪上》，北京：中华书局，1974年，第152页。
⑦ （唐）姚思廉：《梁书》卷2《武帝纪》，北京：中华书局，1973年，第57、58页。
⑧ 杨钰侠：《试论南北朝时期的赈灾之政》，载《中国农史》，2000年第2期。

缓刑政策主要包括遇灾缓刑、减刑等内容。晋武帝泰始七年（271）五月，“雍、凉、秦三州饥，赦其境内殊死以下”①。节约是自然灾害发生后，政府为渡过难关而采取的开源节流、减省公费的措施，其主要有减少皇帝的御膳，去宫廷享乐、珍玩之物，罢游乐活动，并官减俸、省并郡县，禁止酿酒等几种方式。节约的款项涉及国家和宫廷生活的方方面面，有膳食、陵墓、苑囿、宫中楼宇、宫中的娱乐仪式及官员俸禄等。节约措施的出台，虽然是临时性救荒的消极对策，但在扩大救济的费用来源方面还是有所裨益的。②

总之，魏晋时期的减灾救灾措施在吸取前代赈灾经验的基础上，又有所发展创新；救荒政策的制度化、法律化特点亦更加明显；统治者对赈灾较为重视，防灾、减灾意识亦有所加强；地方官吏也积极参与救灾并发挥着重要作用。南北朝的赈灾措施，不少是对前代的承袭，但在实施过程中，也有所创新和发展。如常平仓是耿寿昌于汉宣帝五凤四年（前54）奏请而设立，此后曾有所中断，南北朝时，又恢复常平仓，“丰年籴积，时俭出粜”③，用来调节粮价，备荒赈灾。另外，历代王朝在灾荒之后，大都颁布减缓赋税的诏令，但实施情况，各代有所不同，汉代重于轻敛，魏晋重于免租，而南北朝则重于租与调的复除，这是南北朝时期赈灾之政的一大特色。

此外，给医药治病、发展义仓也是南北朝赈灾工作的特色之一。疫疾流行时，政府不仅送医送药，还收养病人，给衣及食。如：齐明帝时，萧子良“开仓赈救，贫病不能立者于第北立廨收养，给衣及药”④；魏宣武帝于“太常立馆”专门设立养病场所，救治灾民；北齐时，为了增加积蓄，设置义仓，以备凶年，规定“每人每年出垦租二石，义租五斗，垦租送台，义租纳郡，以备水旱”⑤。这是义仓制度的滥觞，开了以后义仓设置的先河。义仓的作用在于赈济，所有粮食实际是由百姓以义租形式在正税之外纳于政府，由政府贮藏管理。它虽然不同于常平仓，但救灾防荒的作用却是一致的。北齐的义仓制度是南北朝时期赈灾之政的一个创新，为隋唐时期义仓的设置奠定了基础，显示了南北朝赈灾水平的提高。⑥

以上防灾、减灾措施的实施，减少了自然灾害的危害，稳定了小农经济的发展，保证了国家的赋税收入，稳定了社会秩序，缓和了社会矛盾，对国家政权的

---

① （唐）房玄龄：《晋书》卷3《武帝纪》，北京：中华书局，1974年，第61页。

② 袁祖亮主编，张美莉等著：《中国灾害通史·魏晋南北朝卷》，郑州：郑州大学出版社，2009年，第110～114页。

③ （北齐）魏收：《魏书》卷110《食货志》，北京：中华书局，1974年，第2856页。

④ （梁）萧子显：《南齐书》卷40《竟陵文宣王子良传》，北京：中华书局，1972年，第700页。

⑤ （唐）魏征等：《隋书》卷24《食货志》，北京：中华书局，1973年，第677页。

⑥ 杨钰侠：《试论南北朝时期的赈灾之政》，载《中国农史》，2000年第2期。

巩固和发展起到了重要作用。虽然在灾害发生后，魏晋各朝政府都能积极采取措施救灾，但并未形成较为完备的救灾体制，从中央到地方各级政府都没有设立专门的救灾机构，没有负责救灾的专职官员；没有建立完善的救灾法律和相关条例，使得救灾的随意性较大；仅有的救灾制度也较为僵化，开仓赈济需层层上报，地方救灾的权限太小。同时，救灾措施多为临时性举措，多是临时应急，对灾害的救治、控制不够主动彻底；在救灾的过程中，有个别州郡官吏匿灾不报，有侵吞灾款和灾粮中饱私囊、鱼肉百姓、贪赃枉法、徇私舞弊者，这使得本已饱受自然灾害之苦的民众更加困苦不堪。这些弊病不仅是魏晋南北朝时期救灾的弊端，也是中国整个封建社会所共有的通病，是由当时的社会基本矛盾所决定的，[①] 中国的防灾、救灾还有很长的路要走。

① 袁祖亮主编，张美莉等著：《中国灾害通史·魏晋南北朝卷》，郑州：郑州大学出版社，2009 年，第 122 ~ 124 页。

第三章　隋唐至元代自然灾害与政府应对

第一节　隋唐五代时期自然灾害与政府应对

一、隋唐五代自然灾害概况

（一）洪涝灾害及其特征

隋唐五代时期洪涝灾害频发，种类繁多，有大江大河的暴雨河洪，有山区溪沟的山洪，有滨海地区的风暴潮，也有暴雨或长时间降水造成的洪灾雨涝。隋唐五代372年间，共发生洪涝灾害398次，灾害频度约为106.99%。其中，隋朝（589—618）30年间[①]，发生洪涝灾害10次，灾害频率约为33.33%；唐朝（618—907）290年间，发生洪涝灾害315次，灾害频率约为108.62%；五代（907—960）54年间，发生洪涝灾害73次，灾害频率为135.19%。其间，发生海溢、灾害性海潮27次[②]。其中隋朝1次，唐代23次，五代时期3次。相较而言，隋朝洪涝灾害频率相对较低。其具体特征如下：

1. 洪涝灾害的时间分布及特点

从灾害发生的年内分布看，隋唐五代时期的洪涝灾害，有些发生时间记载不详，大致统计见表3－1－1：

---

① 因上一节探讨南朝自然灾害时，统计至公元589年，故此处统计隋朝灾害时，从公元589年算起，下同。

② 陆人骥编：《中国历代灾害性海潮史料》，北京：海洋出版社，1984年，第12～23页。

表 3－1－1 隋唐五代洪涝灾害年内分布表

季节	春季				夏季				秋季				冬季				不详
月份	1	2	3	春	4	5	6	夏	7	8	9	秋	10	11	12	冬	
灾次	1	9	9	4	11	23	50	29	60	56	32	63	12	2	3	3	31
百分比（%）	0.25	2.26	2.26	1.01	2.76	5.79	12.56	7.29	15.08	14.07	8.04	15.83	3.02	0.50	0.75	0.75	7.79
合计	23（5.78%）				113（28.39%）				211（53.02%）				20（5.02%）				31（7.79%）

从以上统计可看出，秋季发生洪涝灾害 211 次，约占总数的 53.02%，是隋唐五代时期洪涝灾害发生的主要季节。夏、秋两季共发生洪涝灾害 324 次，约占总数的 81.41%。就具体月份而言，以 6、7、8 月为高峰，这三个月共计洪涝灾害 166 次，约占总数的 41.71%，这与我国大陆性季风气候及洪涝灾害主要发生在黄河中下游地区有关。

2. 洪涝灾害的空间分布规律

在有地域记载的 500 余次洪涝灾害中，125 次发生在今河南，77 次在陕西，56 次在山东，53 次在河北，51 次在江苏，42 次在安徽，29 次在湖北，28 次在浙江，湖南、山西各 15 次，四川、江西各 11 次，福建、甘肃各 6 次，内蒙古 3 次，贵州、广东各 2 次，辽宁 1 次，地点不详者 31 次。27 次灾害性海溢、海潮灾害中，15 次发生在今浙江，6 次在山东，4 次在江苏，福建、广东各 1 次。可见，河南、陕西、山东、河北所在的黄河中下游地区及江苏、安徽、浙江所在的江淮地区是隋唐五代时期洪涝灾害的主要发生地。这与隋唐时期的政治中心和主要经济区都在北方，统治阶级对北方更为关注，官方对北方的自然灾害记载较为详细，而南方的自然灾害记载相对疏忽有关；同时也与该地区大陆性气候强及境内河流纵横，地势平坦，极易造成河道淤积有关。另外，临海地区由热带气旋引起的暴雨洪水及滨海地区经常发生的风暴潮洪水，也是诱发洪涝灾害的重要原因。①

3. 洪涝灾害的等级及危害

灾害等级是按受灾面积和灾害程度对灾情进行划分的，是反映灾害强度的重要因素。隋唐五代近 400 次洪涝灾害，有的记载较为简单，对灾害所造成的影响无法进行定量分析，我们依据史料的描述、灾害持续的时间、受灾面积、灾害的影响、人口死亡等几个因素，大致将隋唐五代洪涝灾害分为四个等级，见

① 阎守诚主编：《危机与应对：自然灾害与唐代社会》，北京：人民出版社，2008 年，第 27 页。

表 3－1－2：

表 3－1－2　隋唐五代洪涝灾害等级分类表

等级	主要表现	频次
微涝	1～5 个州，仅记河溢、水、大雨、无灾情记载或害稼、坏庐舍、有死者	90
一般水灾	6～10 个州，河徙、水、害稼，坏屋 1 000 家以下，死亡 1 000 人以下	159
大洪灾	11～20 个州，暴溢，毁桥，人饥，米贵，坏屋 1 000～10 000 家，死亡 1 000～5 000 人	102
特大洪涝	20 个州以上，某道，河大，暴溢，漂没殆尽，大饥，人相食，漂 10 000 家以上，死亡 5 000 人以上	47

从中可以看出，隋唐五代时期的洪涝灾害主要以微涝和一般水灾为主，两者共计 249 次，约占总数的 62. 56%；大洪灾、特大洪涝共计 149 次，约占总数的 37. 44%。

洪涝灾害的发生或造成农业的减产，如：开元二十二年（734）秋，“关辅、河南州十余，水，害稼”、建中元年（780）“幽、镇、魏、博大雨，易水、滹沱横流，自山而下，转石折树，水高丈余，苗稼荡尽”、元和十二年（817）六月己酉“河中、江陵、幽、泽、潞、晋、隰、苏、台、越州水，害稼”[①] 等；或造成民居、桥梁、船只等财物的损失，如：大和八年（834）秋“滁州大水，溺万余户”、长安四年（704）八月“瀛州水，坏民居数千家”、开元四年（716）“七月丁酉，洛水溢，沉舟数百艘”[②] 等；或造成人员、牲畜伤亡及建筑物的损坏，如：显庆元年（656）“七月，宣州泾县山水暴出，平地四丈，溺死者二千余人”[③]、总章二年（669）“九月十八日，括州暴风雨，海水翻上，坏永嘉、安固二县城百姓庐舍六千八百四十三区，杀人九千七十、牛五百头，损田苗四千一百五十顷”、贞元八年（792）秋“大雨，河南、河北、山南、江淮凡四十余州大水，漂溺者二万余人”[④] 等。严重的水灾还会引发饥荒、瘟疫、物价上涨、人口流亡等一系列社会问题，如：大和八年（834）九月“淮南、两浙、黔中水为灾，民户流亡，京师物价暴贵”[⑤]、开运三年（946）八月“是月，秦州雨，两

① （宋）欧阳修、宋祁：《新唐书》卷 36《五行志三》，北京：中华书局，1975 年，第 931、932、933 页。

② （宋）欧阳修、宋祁：《新唐书》卷 36《五行志三》，北京：中华书局，1975 年，第 934、930 页。

③ （宋）欧阳修、宋祁：《新唐书》卷 36《五行志三》，北京：中华书局，1975 年，第 928 页。

④ （后晋）刘昫等：《旧唐书》卷 37《五行志》，北京：中华书局，1975 年，第 1352、1359 页。

⑤ （后晋）刘昫等：《旧唐书》卷 17 下《文宗纪下》，北京：中华书局，1975 年，第 556 页。

旬不止，邺都雨水一丈，洛京、郑州、贝州大水，邺都、夏津、临清两县，饿死民凡三千三百。盗入临濮、费县”① 等。

（二）干旱灾害及其特征

隋唐五代 372 年间，共发生干旱灾害 201 次，大约每 1. 85 年 1 次，灾害频率约为 54. 03%。其中，隋朝（589—618）30 年间，发生干旱灾害 10 次，灾害频率约为 33. 33%；唐朝（618—907）290 年间，发生干旱灾害 166 次，灾害频率约为 57. 24%；五代（907—960）54 年间，发生干旱灾害 25 次，灾害频率为 46. 30%。相较而言，唐代旱灾频率稍高。其具体特征如下：

1. 干旱灾害的时间分布及特点

从灾害发生的年内分布看，隋唐五代时期的干旱灾害，有些发生时间记载不详，大致统计见表 3 – 1 – 3：

表 3 – 1 – 3　隋唐五代干旱灾害年内分布表

季节	春季				夏季				秋季				冬季				不详
月份	1	2	3	春	4	5	6	夏	7	8	9	秋	10	11	12	冬	
灾次	5	2	5	29	13	14	12	31	11	5	2	19	6	2	3	19	23
百分比（%）	2. 49	1. 00	2. 49	14. 43	6. 47	6. 97	5. 97	15. 42	5. 47	2. 49	1. 00	9. 45	2. 98	1. 00	1. 49	9. 45	11. 44
合计	41（20. 40%）				70（34. 83%）				37（18. 41%）				30（14. 93%）				23（11. 44%）

从上表可以看出，隋唐五代时期，夏季是干旱灾害的高发季节，约占旱灾总数的 34. 83%；其次为春季 41 次，约占旱灾总数的 20. 4%；再次为秋季 37 次，约占旱灾总数的 18. 41%；冬季相对较少，约占灾害总数的 14. 93%。同时，有些旱灾持续时间较长，往往以季节而非月份为单位来描述，如：“显庆五年（660）春，河北州二十二旱”、“久视元年（700）夏，关内、河东旱”、“会昌六年（846）春，不雨”② 等。此类记载共计 98 次，约占旱灾总数的 48. 76%，可见，该时期长时间持续干旱的情况较为严重。从具体月份来看，4、5、6、7 月旱灾发生较多，这 4 个月共发生旱灾 50 次。总之，春夏之交、夏季及夏秋之交是干旱灾害比较严重的时期，这与我国大陆性季风气候的特点有关。冬旱虽然

① （宋）薛居正等：《旧五代史》卷 84《晋少帝纪四》，北京：中华书局，1976 年，第 1117 页。
② （宋）欧阳修、宋祁：《新唐书》卷 35《五行志二》，北京：中华书局，1975 年，第 916、918 页。

较少，但亦不容忽视，因为冬旱通常发生在后冬到初春，随着初春气温的回升及水分的丧失，冬春连旱的可能性较大。隋唐五代干旱灾害主要发生在长江以北地区，受季风气候影响，冬、春季降水较少，加上春季气温回升快，水分蒸发强，容易造成旱灾。夏、秋季节本为降水集中期，但夏季、秋初高温且炎热，加之雨季来临得过晚或结束得过早，也会形成旱灾。

2. 干旱灾害的空间分布规律

在有地域记载的230余次干旱灾害中，陕西60次，河南31次，江苏26次，安徽17次，山西16次，山东15次，河北14次，浙江11次，湖北10次，四川8次，江西7次，甘肃6次，湖南、内蒙古各3次，福建、广东、辽宁各2次，云南、贵州各1次，不详者77次。可见，隋唐五代时期的干旱灾害以黄土高原最为严重，其次为华北平原、江淮地区。黄土高原春旱严重，主要原因是该地区降水量稀少。该地区冬季普遍干燥，到春季土壤水分已十分不足，而春、秋季升温快，并且多风，蒸发特别强烈，冬春连旱更加重了春旱威胁。而夏旱，一般来说，长江以北地区此时处在降水集中阶段，夏旱频率往往没有春旱大，但有些年份雨季来临推迟，也会形成春夏连旱。而在长江中下游地区、江南东部及四川等地的夏旱较其各自春旱而言，都有所增强。秋旱虽在唐代北方大部分地区明显减少，但往往也会影响到秋耕秋种及一些晚秋作物的生长。①

3. 干旱灾害的等级及危害

史料所载隋唐五代时期的干旱灾害，记载大多较为简单。我们根据降水量偏少程度、受旱面积、持续时间、灾情描述、所引起的一系列社会问题等，将该时期的旱灾大致分为四个等级，见表3－1－4：

表3－1－4 隋唐五代干旱灾害等级分类表

等级	主要表现	频次
微旱	1～5个州，1～3个月，一季，旱，雩，大雩，不雨，未记灾害后果	42
一般旱灾	6～10个州，4～6个月，两季，大旱，旱甚，无雨雪，伤稼，井泉竭，引发蝗灾	92
大旱灾	11～20个州，7～9个月，三季，大旱，河竭，久旱，大蝗，饥馑，谷贵，人有死者	50
特大旱灾	20个州以上，某道，10个月以上，四季，赤地千里，大蝗，大饥，死者甚众，人相食	17

① 阎守诚主编：《危机与应对：自然灾害与唐代社会》，北京：人民出版社，2008年，第44页。

从上表可以看出，隋唐五代旱灾以微旱和一般旱灾为主，两者共134次，约占旱灾总数的66.67%；大旱50次，约占总数的24.88%；特大旱灾17次，约占总数的8.46%。

水是农业之源，旱灾的发生往往对农作物的生长造成影响，如：贞元元年(785)“春，旱，无麦苗，至于八月，旱甚，灞、浐将竭，井皆无水”、贞元六年(790)“春，关辅大旱，无麦苗”[①] 等。干旱灾害的发生，往往还会引起蝗灾，使灾害的危害程度进一步加深，如：贞观二年(628)“六月，京畿旱，蝗食稼”、开成二年(837)“河南、河北旱，蝗害稼；京师旱尤甚，徙市，闭坊南门”、开成四年(839)“六月，天下旱，蝗食田，祈祷无效，上忧形于色”[②]。严重旱灾的发生，还会造成粮价暴涨、饥荒、人口流亡、卖儿鬻女乃至人相食惨象的发生，如：开皇十四年(594)“八月辛未，关中大旱，人饥。上率户口就食于洛阳”[③]、中和四年(884)“江南大旱，饥，人相食”[④]、应顺元年(934)“是岁秋、冬旱，民多流亡，同、华、蒲、绛尤甚”[⑤] 等。

(三) 生物灾害及其特征

1. 蝗灾、虫灾

生物灾害包括蝗灾、虫灾、疫灾等，其中蝗灾、虫灾危害甚重。隋唐五代372年间，共发生蝗灾、虫灾90次，大约每4.1年1次，灾害频率约为24.19%。其中，隋朝(589—618)30年间，发生蝗灾、虫灾4次，灾害频率约为13.33%；唐朝(618—907)290年间，发生蝗灾、虫灾70次，灾害频率约为24.14%；五代(907—960)54年间，发生蝗灾、虫灾16次，灾害频率约为29.63%。其中，发生鼠灾8次。相较而言，五代时期的灾害频率稍高。其具体特征如下：

(1) 蝗灾、虫灾的时间分布及特点。

从灾害发生的年内分布看，隋唐五代蝗灾、虫灾有的记至月份，有的记至季节，有的发生时间记载不详，大致统计见表3-1-5：

---

① (宋)欧阳修、宋祁：《新唐书》卷35《五行志二》，北京：中华书局，1975年，第917页。

② (后晋)刘昫等：《旧唐书》卷37《五行志》，北京：中华书局，1975年，第1363、1365页。

③ (唐)魏征等：《隋书》卷2《高祖纪下》，北京：中华书局，1973年，第39页。

④ (宋)欧阳修、宋祁：《新唐书》卷35《五行志二》，北京：中华书局，1975年，第918页。

⑤ (宋)司马光编著(元)胡三省音注，“标点资治通鉴小组”校点：《资治通鉴》卷279“后唐末帝清泰元年十二月条”，北京：中华书局，1956年，第9127页。

表 3－1－5　隋唐五代蝗灾、虫灾年内分布表

季节	春季		夏季				秋季				冬季		不详
月份	1	春	4	5	6	夏	7	8	9	秋	11	12	
灾次	0	4	1	6	10	8	5	8	2	17	1	1	27
百分比（%）	0	4. 44	1. 11	6. 67	11. 11	8. 89	5. 56	8. 89	2. 22	18. 89	1. 11	1. 11	30
合计	4（4. 44%）		25（27. 78%）				32（35. 56%）				2（2. 22%）		27(30%)

从上表可以看出，隋唐五代时期有明确月份记载的60余次蝗灾、虫灾中，6月10次，8月8次，5月6次，这3个月共计24次，约占灾害总数的26. 67%；仅记至季节而无月份者，秋季17次，夏季8次，两季共计25次，约占灾害总数的27. 78%。夏、秋两季共计57次，约占灾害总数的63. 33%。可见，夏、秋季节是蝗灾发生的主要时期。这种年内分布状况的形成，与夏、秋季节的气温较高，特别是干旱的多发有关，“蝗灾之发生与旱灾有很高的相关程度，大的蝗灾往往出现在干旱之后，旱、蝗、饥相随的记载很多”①。同时，夏、秋季节也是水灾的多发期，而蝗灾与水灾也不是孤立出现的，它们之间也有一定的关联性。在一定的气候和地理条件下，水灾会成为蝗灾的诱因，蝗灾可以说是水灾的伴生性灾害。②

（2）蝗灾、虫灾的空间分布规律。

在有地域记载的隋唐五代150余次蝗灾、虫灾中，山东、河南各发生28次，陕西25次，河北20次，山西16次，江苏13次，安徽7次，湖北5次，福建、四川各4次，甘肃3次，浙江2次，湖南、青海、内蒙古、江西各1次，地域不详者9次；而8次鼠灾中，陕西发生4次，江西2次，浙江、福建、四川、甘肃、山西各1次。

可见，隋唐五代时期蝗灾、虫灾分布较广，而今山东、河南、陕西、河北、山西、江苏等地是蝗灾的多发区，其大多位于黄河中下游地区及江淮地区。这是因为黄河中下游的蝗灾主要是由东亚飞蝗造成的，它适宜生存的海拔高度一般在200米以下③，而华北平原中部的黄淮海平原和东部的山东丘陵，在地形上正具备了这一条件。同时，黄河中下游的气温也适宜蝗虫生存。黄河中下游地区春旱少雨的大环境正好孕育了第一代蝗虫，这是夏蝗多于秋蝗的重要原因。6、7月份虽降雨集中，但由于夏季温度高、蒸发快，一般的降雨不会对蝗卵构成威胁，

---

① 张建民等：《灾害历史学》，长沙：湖南人民出版社，1998年，第123页。
② 刘洋：《唐、五代时期水患与蝗灾的关系》，载《中国水利》，2006年第18期。
③ 马世骏：《中国东亚飞蝗蝗区的研究》，北京：科学出版社，1965年，第10页。

第一代蝗虫此时下卵，8、9月份持续高温，又成为第二代蝗虫繁殖的重要条件。而黄河沿岸的地理环境也是导致蝗灾发生的原因之一。该地区夏季雨量集中，黄河河床变宽阔，河水漫流，两岸滩地不能正常利用，很容易成为蝗虫的滋生场所。水患之后的河滩又是芦苇生长的良好场所，这是蝗虫喜食的植物，又为蝗灾的发生提供了食物来源。①

（3）蝗灾的等级及危害。

隋唐五代时期的蝗灾不仅次数多，而且具有成灾面积广、对社会生产危害严重的特点。我们根据蝗灾的有关记载，结合《中国蝗灾史》的分类标准，对隋唐五代蝗灾进行了等级分类，见表3－1－6：

表3－1－6　隋唐五代蝗灾等级分类表

特征 等级	受灾区域大小	扩散区	收成影响	赋税影响	史料描述
一级	发生点分散	无	影响较小	影响较小	蝗
二级	1个或2个蝗区	无	影响不大	影响不大	蝗
三级	2个或以上蝗区	有	严重，收成在两成至五成	严重	大蝗
四级	全国各蝗区	有	严重，绝收或收成在两成以下	严重	大蝗，国家赈恤

据以上标准，隋唐五代时期有一级蝗灾20次，二级蝗灾25次，三级蝗灾30次，四级蝗灾15次。可见，隋唐五代蝗灾比较严重，三、四级蝗灾就多达45次，占总数的50%。

蝗灾、虫灾的发生轻则对农作物生长造成影响，如：开元四年（716）“夏，山东蝗，蚀稼，声如风雨”、兴元元年（784）“秋，螟蝗自山而东际于海，晦天蔽野，草木叶皆尽”、开成三年（838）“秋，河南、河北、镇、定等州蝗，草木叶皆尽”②、开成四年（839）“五月，……天平、魏博、易定等管内蝗食秋稼”③等；严重者则造成物价上涨，甚至引起饥荒及人口死亡等严重的社会问题，如：贞元元年（785）“夏，蝗，东自海，西尽河、陇，群飞蔽天，旬日不息，所至草木叶及畜毛靡有孑遗，饿殣枕道，民蒸蝗，曝，扬去翅足而食之”④、贞元二

① 勾利军、彭展：《唐代黄河中下游地区蝗灾分布研究》，载《中州学刊》，2006年第3期。

② （宋）欧阳修、宋祁：《新唐书》卷36《五行志三》，北京：中华书局，1975年，第939页。

③ （后晋）刘昫等：《旧唐书》卷17下《文宗纪下》，北京：中华书局，1975年，第577、578页。

④ （宋）欧阳修、宋祁：《新唐书》卷36《五行志三》，北京：中华书局，1975年，第939页。

年（786）“河北蝗旱，米斗一千五百文，复大兵之后，民无蓄积，饿殍相枕”[①]、天福七年（942）“春，授华州节度使、检校太尉。在任二年，属部内蝗旱，道殣相望，彦询以官粟假贷，州民赖之存济者甚众”[②] 等。

2. 疫灾

隋唐五代372年间，共发生疫灾52次，大约每7.2年1次，灾害频率约为13.98%。其中，隋朝（589— 618）30年间，发生疫灾6次，灾害频率约为20%；唐朝（618—907年）290年间，发生疫灾39次，灾害频率约为13.45%；五代（907—960）54年间，发生疫灾7次，灾害频率为12.96%。其中，发生牛疫7次。总体而言，与其前的魏晋南北朝和其后的宋元明清相比，该时期疫灾相对稀少。从短期变化看，唐朝初年（610— 650）形成一个小的峰值，这半个世纪里疫灾频度较高，是整个隋唐五代时期平均疫灾频度的两倍[③]。其具体特征如下：

（1）疫灾的时间分布及特点。

从灾害发生的年内分布看，隋唐五代时期的疫灾有的记至月份，有的记至季节，有的发生时间记载不详，大致统计见表3－1－7：

表3－1－7　隋唐五代疫灾年内分布表

季节	春季				夏季				秋季			冬季		不详
月份	1	2	3	春	4	5	6	夏	7	9	秋	10	冬	
灾次	1	1	2	3	2	1	7	9	1	2	0	1	2	20
百分比（%）	1.92	1.92	3.85	5.77	3.85	1.92	13.46	17.31	1.92	3.85	0	1.92	3.85	38.46
合计	7（13.46%）				19（36.54%）				3（5.77%）			3（5.77%）		20（38.46%）

从上表可看出，在有月份或季节记载的32次疫灾中，记至夏季者9次，春季者3次，冬季者2次；6月7次，3月、9月各2次。可见，夏季是隋唐五代时期的疫灾多发期，其次为春季。其原因一是该时期我国气候相对温暖，罕见异常寒冷的严冬，因此冬季不易诱发疫灾；二是该时期的疫灾主要是天花、痢疾、疟

① （后晋）刘昫等：《旧唐书》卷141《张孝忠传》，北京：中华书局，1975年，第3857页。

② （宋）薛居正等：《旧五代史》卷90《杨彦询传》，北京：中华书局，1976年，第1187页。

③ 龚胜生：《隋唐五代时期疫灾地理研究》，见《暨南史学》（第三辑），广州：暨南大学出版社，2004年，第43页。

疾等疫病流行所致，而这些疾病也主要在农历的夏季流行。[①]

（2）疫灾的空间分布规律。

隋唐五代时期有地点记载的疫灾中，江苏10次，陕西、浙江各7次，安徽6次，河南5次，山西、福建、四川各4次，山东、湖南各3次，甘肃、宁夏、云南、湖北、江西各2次，河北、西藏、广西、广东各1次。温暖湿润的地区宜于病菌繁殖，是疫病的高发区。同时，疫病也往往与其他自然灾害相互关联，如：高宗永淳元年（682）“六月，关中初雨，麦苗涝损，后旱，京兆、岐、陇螟蝗食苗并尽，加以民多疫疠，死者枕藉于路，……京师人相食，寇盗纵横”等[②]。另外，军队等人口集中的地方也是疫灾发生的重要地区，如：广明元年（880）“春末，贼在信州疫疠，其徒多丧”[③] 等。总之，该时期疫灾分布总体上是南北平衡，北方疫灾主要分布在黄河中下游地区的陕西、河南、山西境内，南方疫灾主要分布在江淮之间和长江三角洲地区的江苏、浙江、安徽、上海境内。[④]

（3）疫灾的等级及危害。

隋唐五代时期疫灾史料的信息量较少，根据疫灾的波及范围及造成危害的程度，我们对疫灾进行初步分类，具体见表3－1－8：

表3－1－8　隋唐五代疫灾等级分类表

等级	主要表现	频次
微灾	灾区为1～5个州，记“疫”，无灾情记录	21
一般疫灾	灾区为1～5个州，有灾情后果；或某道，记“大疫”，无灾情记录	7
大疫灾	灾区为两个道以上，无灾情记录；“大疫”，死者1 000人以下	13
特大疫灾	灾区两个道以上，灾情特别严重，死者在1 000人以上，死者过半，牛多疫死	11

从上表可以看出，隋唐五代疫灾中微灾和一般疫灾共计28次，而大疫灾、特大疫灾共计24次，两者相差不大。

疫灾往往与水、旱、震、蝗等其他灾害相伴而生，加重了灾害的严重程度。

---

① 龚胜生：《隋唐五代时期疫灾地理研究》，见《暨南史学》（第三辑），广州：暨南大学出版社，2004年，第43页。

② （后晋）刘昫等：《旧唐书》卷5《高宗纪下》，北京：中华书局，1975年，第110页。

③ （后晋）刘昫等：《旧唐书》卷19《僖宗纪》，北京：中华书局，1975年，第708页。

④ 龚胜生：《隋唐五代时期疫灾地理研究》，见《暨南史学》（第三辑），广州：暨南大学出版社，2004年，第47页。

疫灾造成的最直接后果是人口的大量减少，如：大业八年（612）“是岁，大旱，疫，人多死，山东尤甚”①、永淳元年（682）冬“大疫，两京死者相枕于路”②、宝应元年（762）“是岁，江东大疫，死者过半”③、广顺三年（953）六月“河北诸州旬日内无鸟，既而聚泽、潞之间山谷中，集于林木，压树枝皆折。是年，人疾疫死者甚众”④等。疫灾过后，人口减少，劳动力丧失，土地抛荒，农业减产，商业萧条，从而致使社会生产发展受阻，甚至对政局都会产生较大影响。而在以农耕为主的古代中国，耕牛在农业生产中亦占有重要地位，“君所恃在民，民所恃在食，食所资在耕，耕所资在牛；牛废则耕废，耕废则食去，食去则民亡，民亡则何恃为君”⑤。牛疫的发生，定会影响农业生产，也会受到统治者的高度重视，如：贞元七年（791）三月“关辅牛疫死，十亡五六。上遣中使以诸道两税钱买牛，散给畿民无牛者”⑥。此外，牛疫发生后大臣也较为重视，并以此来规劝皇帝修德政，“又自春及夏，牛多病，疫气浸淫。传曰：思之不睿，时则有牛祸”⑦。

（四）地质灾害及其特征

隋唐五代372年间，共发生地震104次，山崩、地陷灾害28次，共计地质灾害132次，大约每2.8年1次，灾害频率约为35.48%。其中，隋朝（589—618）30年间，发生地质灾害7次，灾害频率约为23.33%；唐朝（618—907）290年间，发生地质灾害109次，灾害频率约为37.59%；五代（907—960）54年间，发生地质灾害16次，灾害频率为29.63%。总体而言，与其前的魏晋南北朝相比，该时期地质灾害相对较少，其具体特征如下：

1. 地质灾害的时间分布及特点

从地质灾害的年内分布来看，有时间记载的100余次地震灾害中，春季发生了26次，夏季28次，秋季18次，冬季28次，夏、冬两季发生相对较多。按具体月份而言，2、4、11月各12次，5月10次，10月9次，这5个月共发生地震55次，占该时期地震总数的一半以上，是地震的高发期。在有时间记载的20余次山崩、地陷灾害中，春季3次，夏季8次，秋季7次，冬季6次，除春季外，各

---

① （唐）魏征等：《隋书》卷4《炀帝纪下》，北京：中华书局，1973年，第83页。
② （宋）欧阳修、宋祁：《新唐书》卷36《五行志三》，北京：中华书局，1975年，第957页。
③ （后晋）刘昫等：《旧唐书》卷11《代宗纪》，北京：中华书局，1975年，第271页。
④ （宋）薛居正等：《旧五代史》卷141《五行志》，北京：中华书局，1976年，第1887页。
⑤ （宋）欧阳修、宋祁：《新唐书》卷118《张廷珪传》，北京：中华书局，1975年，第4262页。
⑥ （后晋）刘昫等：《旧唐书》卷3《德宗纪下》，北京：中华书局，1975年，第371页。
⑦ （宋）欧阳修、宋祁：《新唐书》卷118《宋务光传》，北京：中华书局，1975年，第4275页。

季相差不大。按具体月份而言，7 月 6 次，4 月 4 次，6、10 月各 3 次，这4 个月共发生山崩和地陷灾害 16 次，占该时期山崩、地陷灾害总数的一半以上。总体而言，夏、秋季节是地质灾害的高发期。其具体的年内分布见表 3－1－9：

表 3－1－9　隋唐五代地质灾害年内分布表

季节 / 灾种	春季			夏季			秋季				冬季			不详
	1	2	3	4	5	6	7	8	9	秋	10	11	12	
地震	8	12	6	12	10	6	8	6	3	1	9	12	7	4
崩陷	2	1	0	4	1	3	6	0	0	1	3	1	2	4
百分比（%）	7.58	9.85	4.55	12.12	8.33	6.82	10.61	4.55	2.27	1.52	9.09	9.85	6.82	6.06
合计	29（21.97%）			36（27.27%）			25（18.94%）				34（25.76%）			8（6.06%）

2. 地质灾害的空间分布规律

隋唐五代时期，在有地域记载的地震灾害中，因西安为都城所在地的原因，史料记载较多，故今陕西有地震记载 37 次。此外，山西 19 次，河南 11 次，甘肃 7 次，河北 5 次，江苏、浙江、四川各 4 次，宁夏 3 次，安徽 2 次，福建、湖北、内蒙古、山东各 1 次。可见，陕西、山西、河南是地震的高发区，即渭河地震带和山西地震带。此外，甘肃、河北、四川、宁夏等地所在的银川凹陷地震带、华北平原地震带、武都—马边地震带也是地震的高发区。就具体位置而言，唐代的大地震集中在秦岭—渭河一线、汾渭凹陷区以及康滇地轴上，无论震级、影响，尤以前二者为重。① 而山崩、地陷灾害中，陕西 14 次，河南 4 次，四川 3 次，山西 2 次，青海、甘肃、湖南、广西、安徽各 1 次。可见，渭河及其支流、四川岷江及金沙江流域是山崩和地陷灾害的多发区。

3. 地质灾害的等级及危害

隋唐五代地质灾害资料的记载较为简单，我们根据史料的描述和灾区面积的大小，将隋唐五代地质灾害大致分为四个等级，见表 3－1－10：

---

① 童圣江：《唐代地震灾害时空分布初探》，载《中国历史地理论丛》，2002 年第 4 期。

表 3-1-10　隋唐五代地质灾害等级分类表

等级	主要表现	频次
微灾	1 个州，只记“震”或“微震”，无灾害后果	86
一般地质灾害	2~5 个州，无灾害后果，或 1 个州草树摇，屋瓦坠，坏庐舍，有死伤者，或有余震	16
大地质灾害	5 个州以上，或某道，大震，有声如雷，地裂水涌，江溢，庐舍多坏，死亡 1~1 000 人	23
特大地质灾害	2 个道以上，或 1 个州大震，山裂水涌，坏庐舍殆尽，死亡 1 000 人以上，或死者甚众	7

从上表可看出，隋唐五代地质灾害以微灾和一般地质灾害为主，两者共计 102 次，约占总数的 77.27%，大、特大地质灾害 30 次，约占总数的 22.73%。

大、特大地质灾害虽所占比例较小，但危害性极大，或造成地裂泉涌、山裂水涌，如：大历十二年（777）“恒、定二州地大震，三日乃止，束鹿、宁晋地裂数丈，沙石随水流出平地，坏庐舍”、贞元九年（793）“四月辛酉，又震，有声如雷，河中、关辅尤甚，坏城壁庐舍，地裂水涌”、咸通六年（865）“十二月，晋、绛二州地震，坏庐舍，地裂泉涌，泥出青色”① 等；或造成人员伤亡，如：贞观二十三年（649）“八月癸酉朔，河东地震，晋州尤甚，坏庐舍，压死者五千余人。三日又震。诏遣使存问，给复二年，压死者赐绢三匹”②、开元二十二年（734）二月“壬寅，秦州地震，西北隐隐有声，坼而复合，经时不止，坏庐舍殆尽，压死四千人”、大历十三年（778）“郴州黄芩山摧，压死者数百人”③、大中三年（849）十月辛巳“京师地震，河西、天德、灵夏尤甚，戍卒压死者数千人”④、乾符三年（876）六月乙丑“雄州地震，至七月辛巳止，州城庐舍尽坏，地陷水涌，伤死甚众；是月，濮州地震。十二月，京师地震有声”⑤ 等。

（五）气象灾害及其特征

隋唐五代 372 年间，发生风灾 103 次；雹灾 51 次；霜、雪、冻灾 96 次；沙尘灾害 25 次；共计气象灾害 275 次，大约每 1.35 年 1 次，灾害频率约为

---

① （宋）欧阳修、宋祁：《新唐书》卷 35《五行志二》，北京：中华书局，1975 年，第 908、909 页。
② （后晋）刘昫等：《旧唐书》卷 4《高宗纪上》，北京：中华书局，1975 年，第 67 页。
③ （宋）欧阳修、宋祁：《新唐书》卷 35《五行志二》，北京：中华书局，1975 年，第 907、910 页。
④ （后晋）刘昫等：《旧唐书》卷 18《宣帝纪》，北京：中华书局，1975 年，第 625 页。
⑤ （宋）欧阳修、宋祁：《新唐书》卷 35《五行志二》，北京：中华书局，1975 年，第 909 页。

73.92%。其中，隋朝（589—618）30年间，发生气象灾害10次，灾害频率约为33.33%；唐朝（618—907）290年间，发生气象灾害240次，灾害频率约为82.76%；五代（907—960）54年间，发生气象灾害25次，灾害频率为46.30%。总体而言，唐朝气象灾害发生的频度相对较高。其具体特征如下：

1. 气象灾害的时间分布及特点

在有时间记载的近100次风灾中，春季发生了15次，夏季49次，秋季17次，冬季15次，夏季相对较多，其他三季相差不大。按具体月份而言，6月21次，5月17次，4月10次，3月、7月各9次，这5个月共发生风灾66次，占该时期风灾总数的64.08%。在有时间记载的近50次雹灾中，春季7次，夏季27次，秋季11次，冬季3次，夏季较多，约占雹灾总数的52.9%。在有时间记载的80余次霜、雪、冻灾害中，春季31次，夏季7次，秋季19次，冬季26次，春、冬季节冰冻灾害较为严重。有时间记载的20余次沙尘灾害中，春季13次，夏季6次，秋季1次，冬季4次，春季相对较多。按具体月份而言，3月7次，2月5次，4月3次，这3个月共计15次，约占沙尘灾害总数的60%。其年内分布见表3－1－11：

表3－1－11 隋唐五代气象灾害年内分布表

季节	春季				夏季				秋季				冬季				不详
灾种	1	2	3	春	4	5	6	夏	7	8	9	秋	10	11	12	冬	
风灾	4	1	9	1	10	17	21	1	9	4	4	0	2	5	7	1	7
雹灾	3	3	1	0	6	12	6	3	3	2	1	5	1	0	2	0	3
冷冻灾	13	6	9	3	4	1	2	0	3	6	4	6	7	1	10	8	13
沙尘灾	1	5	7	0	3	2	1	0	1	0	0	0	2	1	1	0	1
合计	66（24%）				89（32.36%）				48（17.45%）				48（17.45%）				24（8.73%）

2. 气象灾害的空间分布规律

在地域分布方面，风、雹、霜、雪、冻灾均具有较强的区域性：在有地点记载的70余次风灾中，陕西27次；河南16次；江苏7次；河北6次；山东5次；浙江4次；山西3次；甘肃2次；湖南、湖北、广东、广西、贵州、安徽各1次，风灾以陕西和河南为多。在有地点记载的40余次雹灾中，陕西22次；河南11次；河北、山东各5次；江苏2次；甘肃、湖北各1次，关中、关东地区也是雹灾的重要发生地。在有地点记载的90余次霜、雪、冻灾害中，陕西27次；江苏11次；河南10次；河北、浙江各7次；山西6次；山东5次；辽宁、甘肃、内蒙古、安徽各3次；青海、四川、云南、新疆、吉林、宁夏、湖北各1次。关中平原和华北平原是霜、雪、冻灾害的重要发生区域。有地域记载的10次沙尘灾害中，陕西4次；河南2次；江苏、安徽、山东、河北各1次。总体来看，隋唐五代气象灾害以今陕西、河南最多，这与两地都是天子和中央政府所在地，是全国的政治、经济中心，其灾害一般都为史官所记载有关。

3. 气象灾害的危害

气象灾害给社会生活造成了极大的危害。首先，造成建筑物的损坏和植被、农作物的损害，如：武德二年（619）“十二月壬子，大风拔木”、咸亨四年（673）“八月己酉，大风落太庙鸱尾”、永隆二年（681）七月“雍州大风害稼”、贞元十四年（798）八月癸未“广州大风，坏屋覆舟”、景龙元年（707）七月“郴州大风，发屋拔木。八月，宋州大风拔木，坏庐舍”① 等。同时，气象灾害对牲畜及人们的生命安全也会造成极大危害，如：长安四年（704）“自九月至十月，昼夜阴晦，大雨雪。都中人畜，有饿冻死者。令开仓赈恤”②、开成五年（840）六月“濮州雨雹如拳，杀人三十六，牛马甚众”③、天成元年（926）“镇州上言，部民冻死者七千二百六十人。……镇州上言，平棘等四县部民，饿死者二千五十人”④ 等。

气象灾害在影响作物生产、危及人畜生命的同时，往往也会造成饥荒乃至人相食的惨状，引起较为严重的社会问题。如：贞观元年（627）“（突厥）其国大雪，平地数尺，羊马皆死，人大饥”⑤、贞元元年（785）正月戊戌“大风雪，寒；丙午，又大风雪，寒，民饥，多冻死者”⑥、天复元年（901）“（凤翔）城中薪食俱尽，自冬涉春，雨雪不止，民冻饿死者日以千数。米斗直钱七千，至烧人屎煮尸而食，父自食其子，……人肉斤直钱百，狗肉直钱五百。父甘食其子，而人肉贱于狗”⑦ 等。

---

① （宋）欧阳修、宋祁：《新唐书》卷35《五行志二》，北京：中华书局，1975年，第899、900、901页。

② （后晋）刘昫等：《旧唐书》卷37《五行志》，北京：中华书局，1975年，第1353页。

③ （宋）欧阳修、宋祁：《新唐书》卷36《五行志三》，北京：中华书局，1975年，第945页。

④ （宋）薛居正等：《旧五代史》卷34《唐庄宗纪八》，北京：中华书局，1976年，第486页。

⑤ （后晋）刘昫等：《旧唐书》卷194《突厥上》，北京：中华书局，1975年，第5158页。

⑥ （宋）欧阳修、宋祁：《新唐书》卷36《五行志三》，北京：中华书局，1975年，第936页。

⑦ （宋）欧阳修撰，（宋）徐元党注：《新五代史》卷40《李茂贞传》，北京：中华书局，1974年，第431、432页。

（六）火灾及其特征

1. 火灾的时间分布及特点

隋唐五代372年间，共发生火灾87次，大约每4.3年1次，灾害频率约为23.39%。其中，隋朝（589— 618）30年间，发生火灾2次，灾害频率约为6.67%；唐朝（618—907）290年间，发生火灾72次，灾害频率约为24.83%；五代（907—960）54年间，发生火灾13次，灾害频率约为24.07%。总体而言，隋朝火灾记载相对较少，灾害频率相对较低。从火灾的年内分布来看，有时间记载的70余次火灾中，春季发生了20次，夏季22次，秋季10次，冬季19次。相对而言，秋季火灾较少。从具体月份来看，4月8次，1、6、11、12月各7次，这5个月共发生火灾36次，约占该时期火灾总数41.38%，是火灾的高发期。其具体年内分布特征见表3－1－12：

表3－1－12 隋唐五代火灾年内分布表

季节	春季				夏季				秋季				冬季				不详
月份	1	2	3	春	4	5	6	夏	7	8	9	秋	10	11	12	冬	
灾次	7	6	6	1	8	5	7	2	3	4	2	1	4	7	7	1	16
百分比（%）	8.05	6.90	6.90	1.15	9.20	5.75	8.05	2.30	3.45	4.60	2.30	1.15	4.60	8.05	8.05	1.15	18.39
合计	20（22.99%）				22（25.29%）				10（11.49%）				19（21.84%）				16（18.39%）

2. 火灾的空间分布规律及危害

隋唐五代时期，在有地域记载的火灾中，京师长安发生火灾26次、洛阳12次，两地占火灾总数的近一半。由于两京是天子和中央政府所在地，是全国的政治、经济中心，这里发生的火灾一般都为史官所记载，故灾次相对较多。除此之外，江苏16次，江西9次，河北5次，湖南、浙江各4次，湖北3次，山东2次，福建、广东、甘肃、山西、青海、安徽、四川各1次。从火灾发生的具体地点来看，皇家宫殿、陵寝和官府是发生火灾最多的地方。宫中火灾，不仅造成大量人员伤亡和财产损失，而且会造成恶劣的政治影响，故皇宫、陵寝、官府中对火灾的防范十分严格；其次是仓库、市场和寺观；再次是城市民居和码头，这不仅因为城市民居人口稠密，还与民居的建筑材料有关：北方民居多为砖木结构，易于着火，南方则多为竹楼茅舍，也易于着火。①

火灾的发生不仅会造成建筑物的损坏、财物的严重损失，还会造成人员的大量伤亡，灾害后果极为严重。如：大和二年（828）十一月“禁中火灾，从昭德寺起，延烧宣德殿东，午门益炽，宫垣半为灰烬。寺之南，禁中呼为野狐落，宫人居此者，为火所逐，攀援墙垣以出，出不及者，焚死数百人。又延烧门下省，自暮稍息，凡数日方灭”②、天宝十年（751）正月“大风，陕州运船火，烧二百一十五只，损米一百万石，舟人死者六百人，又烧商人船一百只”③、广德元年（763）十二月辛卯夜“鄂州大风，火发江中，焚舟三千艘，延及岸上民居二千余家，死者数千人”④。而民居发生的火灾，少者烧毁民居二三百家，多者达万七千余家，其发生频度和危害也极为严重，如：永州元和七年（812）夏“多火灾，日夜数十发，少尚五六发，过三月乃止。八年夏，又如之。人咸无安处，老弱燔死，晨不爨，暝不烛，皆列坐屋上，左右视，罢不得休”⑤。

二、隋唐五代时期自然灾害的主要特征

1. *自然灾害频繁，且具有多发性、群发性、连发性及危害大的特点*

隋唐五代时期，自然灾害种类多样，其中气候性灾害有水、旱、风、雹、霜冻等；地质性灾害有地震、地裂、地坼、海溢等。据以上统计，隋唐五代 372 年间，发生各类自然灾害 1 235 次，大约每年 3. 32 次。其中，隋朝（589— 618）30 年间，发生自然灾害 49 次，大约每年 1. 63 次；唐朝（618—907）290 年间，发生自然灾害 1 011 次，大约每年 3. 49 次；五代（907—960）54 年间，发生自然灾害 175 次，大约每年 3. 24 次。就唐朝内部而言，总的来讲，唐代前期自然灾害发生的频率比较低，而在代宗以后的十三朝，灾害频率明显升高。至于宣宗以后各朝，灾害频率较低，可能与唐朝末年战乱频仍，史官记载不完整有关。⑥

隋唐五代自然灾害除多发性外，连发、群发的特征也较为显著。隋唐五代时期，8 项灾种同发的有 2 个年份，发生 7 项的有 1 个年份，发生 6 项的有 10 个年份，发生 5 项的有 15 个年份，发生 4 项的有 39 个年份，发生 3 项的有 69 个年份，发生 3 项及以上的总计有 136 个年份，占灾害年份总数的 36. 56%。隋唐五代时期，多次出现同一类型的灾害多年连发的现象。其中，水、旱灾害表现尤其

① 阎守诚主编：《危机与应对：自然灾害与唐代社会》，北京：人民出版社，2008 年，第 99 ~102 页。
② （宋）宋敏求：《长安志》卷 6《宫室四》，台北：成文出版社，1970 年，第 143 页。
③ （后晋）刘昫等：《旧唐书》卷 37《五行志》，北京：中华书局，1975 年，第 1366 页。
④ （宋）欧阳修、宋祁：《新唐书》卷 34《五行志一》，北京：中华书局，1975 年，第 886 页。
⑤ （唐）柳宗元：《柳宗元集》，北京：中华书局，1979 年，第 501 页。
⑥ 阎守诚主编：《危机与应对：自然灾害与唐代社会》，北京：人民出版社，2008 年，第 105 页。

突出，唐代连续7年发生水灾的有8次，其中开元十四年（726）到开元二十三年（735）10年间连续出现水灾。而旱灾则从大和三年（829）到开成五年（840）共12年出现灾害记录。[①] 自然灾害的连发、群发大大加剧了自然灾害的破坏程度，表现为旱蝗、饥疫、旱饥、风雹等灾害相继发生或同一灾种多年内连续发生，灾害发生区域广泛，破坏性后果亦较为严重，增加了社会的不稳定因素，影响了社会经济的正常发展。

2. 具有一定的时空分布特征

隋唐五代自然灾害的年内分布方面，部分灾种季节性明显，某些灾种有明显的月份规律，如水、旱、蝗、风、雹、疫等。有的灾种季节性不明显，也没有明显的月份规律。总体而言，夏季发生各类自然灾害最多，共计374次，约占灾害总数的30.28%；秋季366次，约占总数的29.64%；春季190次，约占总数的15.38%；冬季156次，约占总数的12.63%。按具体的月份分布而言，5、6、7、8月灾害相对较多，这4个月共计发生自然灾害418次，约占灾害总数的33.85%。各种灾害年内具体分布情况见表3－1－13：

表3－1－13 隋唐五代自然灾害年内分布表

灾种 月份	水灾	旱灾	蝗、虫灾	疫灾	地质灾害	气象灾害	火灾	合计	合计（季节）
1	1	5	0	1	10	21	7	45	190
2	9	2	0	1	13	15	6	46	
3	9	5	0	2	6	26	6	54	
春	4	29	4	3	0	4	1	45	
4	11	13	1	2	16	23	8	74	374
5	23	14	6	1	11	32	5	92	
6	50	12	10	7	9	30	7	125	
夏	29	31	8	9	0	4	2	83	
7	60	11	5	1	14	16	3	110	366
8	56	5	8	0	6	12	4	91	
9	32	2	2	2	3	9	2	52	
秋	63	19	17	0	2	11	1	113	

① 袁祖亮主编，闵祥鹏著：《中国灾害通史·隋唐五代卷》，郑州：郑州大学出版社，2009年，第23页。

（续上表）

灾种 / 月份	水灾	旱灾	蝗、虫灾	疫灾	地质灾害	气象灾害	火灾	合计	合计（季节）
10	12	6	0	1	12	12	4	47	156
11	2	2	1	0	13	7	7	32	
12	3	3	1	0	9	20	7	43	
冬	3	19	0	2	0	9	1	34	
不详	31	23	27	20	8	24	16		149
合计	398	201	90	52	132	275	87		1 235

隋唐五代自然灾害的空间分布特征也较为明显，从整体上看，灾害频次较高的地区相当于今陕西、河南、江苏、山东、河北等省，这五省共发生自然灾害974次，约占灾害总数的57.87%。关中平原及黄河中下游地区是灾害发生最多的地区，这与其经济发达，又是政治中心及自然环境恶化有关；其次是江南地区，这从侧面说明江南经济得到了较大发展，而西南、西北地区的灾害记载较少，与其地处边远地区、经济落后、中央政府不太重视等因素有关，各类自然灾害具体的地域分布情况见表3－1－14：

表3－1－14　隋唐五代自然灾害空间分布表

灾种 / 地点	水灾	旱灾	蝗、虫灾	疫灾	地质灾害	气象灾害	火灾	合计
江苏	55	26	13	10	4	21	16	145
河南	125	31	28	5	15	39	12	255
河北	53	14	20	1	5	19	5	117
山东	62	15	28	3	1	16	2	127
陕西	77	60	29	7	51	80	26	330
山西	15	16	17	4	21	9	1	83
湖北	29	10	5	2	1	3	3	53
四川	11	8	5	4	7	1	1	37
安徽	42	17	7	6	3	5	1	81
甘肃	6	6	4	2	8	6	1	33
内蒙古	3	3	1	0	1	3	0	11
浙江	43	11	3	7	4	11	4	83
辽宁	1	2	0	0	0	3	0	6

（续上表）

地点＼灾种	水灾	旱灾	蝗、虫灾	疫灾	地质灾害	气象灾害	火灾	合计
湖南	15	3	1	3	1	1	4	28
广东	3	2	0	1	0	1	1	8
广西	0	0	0	1	1	1	0	3
宁夏	0	0	0	2	3	1	0	6
云南	0	1	0	2	0	1	0	4
青海	0	0	1	0	1	1	1	4
江西	11	7	3	2	0	0	9	32
福建	7	2	4	4	1	0	1	19
贵州	2	1	0	0	0	1	0	4
新疆	0	0	0	0	0	1	0	1
吉林	0	0	0	0	0	1	0	1
西藏	0	0	0	1	0	0	0	1
不详	31	77	9	5	18	71	0	211
合计	591	312	178	72	146	296	88	1 683①

3. 自然灾害的发生区域、损失程度逐渐增大，灾害多发区有明显的迁移

隋代灾害多发区基本上局限在黄河流域，尤其是关中地区，南方的灾害记载寥寥无几。而至唐代，北自蒙古大漠，南达南岭，东自大海，西至青藏高原，都有关于灾害的记载，并且一次灾害的发生范围也较大：开元十四年（726）的水患，使50个州受灾；元和三年（808）的旱灾，波及了整个长江中下游地区。伴随着灾害发生范围的不断扩大，灾害损失也逐渐增大，如贞元八年（792）江淮、荆襄等40州的大水，漂没两万多人。同时，隋唐五代灾害多发区伴随政治、经济中心的迁移而不断变化。隋及唐前期，政治经济区主要在黄河流域，这一时期灾害的多发区为今陕西南部、河南、河北、山东地区，京师长安、洛阳是灾害最为多发的城市。安史之乱后，经济重心南移，江南、淮南地区成为灾害的多发区，关中地区依然是政治中心，也是灾害多发区，而洛阳因连年战乱，残破不堪，水旱灾的记录骤降。五代以后，河南地区成为乱世各朝主要粮食供应地，开封、洛阳也相继成为都城。因此，这些地区的灾害记载不绝于书，而关中地区、

① 因有的同一次灾害发生在不同省区，我们分别统计，故超出灾害总数（1 235）448 次。

南方各个分裂政权的灾害记载却寥寥无几。[1]

4. 自然灾害的频发是自然因素、社会因素共同作用的结果

我国幅员辽阔，地理条件复杂，气候复杂多样，而季风气候尤为显著。冬季盛行偏北风，气候干冷；夏季受低压系统控制，盛行偏南风，气候湿润。不仅气温年际差大，而且降雨的季节变化、年际变化也大，具有明显的大陆性季风气候的特征。受大陆性季风气候的影响，降雨延期或者降雨不均，雨季来临得过早或雨季南撤得较晚，均会引起洪涝、干旱或其他气象灾害。同时，从历史时期的气候变化来看，隋唐五代时期气候出现了几次波动：公元 6 世纪中叶到 8 世纪初，这一时期气温较魏晋时期有所升高；8 世纪中叶以后，寒冷事件多发，冷空气南进的时间提前，春季推迟，霜冻出现的最早、最晚时间都有提前或推迟，气候有转冷趋势[2]；10 世纪之后，气候又开始转暖。气候的数次波动，使隋及唐前期、唐中期均出现了冷暖、暖冷的气候变化，而在气候的波动期，异常天气增多，灾害便开始频频出现。如：唐代中期气候波动最为剧烈的公元 790—840 间，共出现了 36 个旱灾年份，39 个水灾年份，20 个冷冻灾害年份；大和三年（829）至开成五年（840）间，出现了唐代最长的连续 12 年的旱灾连发期；同时，开成四年（839），出现了水、旱、蝗、雹、雪、鼠、地震、疫灾 8 种灾害同发的灾害群。[3]

自然灾害的发生，既有自然因素，也有社会原因。唐朝疆域广阔，边防线漫长，政府又在沿边地区进行长期、大规模的屯田，"凡边防镇守转运不给，则设屯田，以益军储"[4]。于是，安史之乱之前，在黄河上游；安史之乱之后，上、中游并举，实施大规模的屯田。大规模的盲目屯垦，造成了严重的水土流失，导致了黄河水患的多发。与黄河屯田相比，长江水患问题的增多，则更多与人水争地及丘陵山田的垦辟有关。安史之乱之后，"自汝渍大率邻里，南投江汉，保全者千余家"[5]，出现了中国历史上第三次北方人口的大规模南迁。人口的激增，增加了对土地的新需求，带动了这一地区开发的浪潮，大片的滩地洲渚成为农业垦殖的对象，引发了人水争地的矛盾。人为地圈占沙洲、开垦滩渚甚至居住，实际上是将河堤不断向前推进，占用了行洪通道，使河道逐渐束狭，客观上造成了

---

① 袁祖亮主编，闵祥鹏著：《中国灾害通史·隋唐五代卷》，郑州：郑州大学出版社，2009 年，第 23、24 页。

② 满志敏：《唐代气候冷暖分期及各时期气候冷暖特征》，载《历史地理》，1990 年第 8 辑。

③ 袁祖亮主编，闵祥鹏著：《中国灾害通史·隋唐五代卷》，郑州：郑州大学出版社，2009 年，第 49 页。

④ （后晋）刘昫等：《旧唐书》卷 43《职官志二》，北京：中华书局，1975 年，第 1840 页。

⑤ （唐）李肇：《唐国史补》卷上，上海：上海古籍出版社，1979 年，第 21 页。

水位上涨，使行洪时通过单位面积的洪水量增大，流速加快，增加了河流决溢和泛滥的可能性。

关中地区频发的水、旱灾害及水资源严重不足的现象，与该地区生态环境遭到严重破坏有关。至唐宋时期，关中等平原地区几乎没什么森林可言。[①] 森林的大量砍伐，草原的大量破坏，导致地表沙化和气候的更加干燥及环境恶化的连锁反应。由于隋及唐前期长达近200年的不断开垦，关中及附近黄土高原的土壤已经疏松，关中附近地区经过垦屯，地表松散干旱的粉土物质为雨土提供了物源，伴随着狂风暴雨，关中雨土便时常出现，且以后期为多。[②] 总之，唐代中期以后，灾害的渐趋频繁，与人口增多、农业发展和社会经济活动的加强有关。黄河、长江水患的增多，关中地区灾害的高发，均与人类的社会生产活动有关。[③]

三、隋唐五代防灾、救灾措施

自然灾害的发生，会使社会陷入不同程度的特殊危机之中。唐代自然灾害发生前后，上至皇帝、中央，下至地方各级政府、官员、民众，都会积极行动起来，预防、应对灾害造成的种种危机，丰富并完善了防灾、救灾之策。其具体措施有：

（一）常态性防灾备荒措施

1. 水利工程建设

隋唐五代时期，主要的防灾制度和措施依然是水利工程的建设和仓储体系的完善。修筑防灾工程方面，隋唐五代时期为了应对水旱及其他各类灾害，修筑了大量的水利防灾工程。隋朝修筑了永丰渠、普济渠、茂农渠、白梁、金氏陂等水利设施。唐朝更加重视水利工程的修筑，仅盛唐时期修筑的水利工程就达63项之多。[④] 在河流防护工程方面，这一时期对黄河、长江、钱塘江等河流都进行了维护。如：开元三年（715），济州大水，河堤决溢，诸州不敢擅兴役，济州刺史裴耀卿“躬护作役”[⑤]；天福七年（942），宋州节度使安彦威“修滑州黄河功毕。诏于河决之地建碑立庙”[⑥] 等。

---

① 史念海：《历史时期黄河中下游的森林》，见《河山集·二集》，北京：生活·读书·新知三联书店，1981年，第261页。

② 王元林：《唐代关中的“雨土”》，载《中国历史地理论丛》，1997年第1期。

③ 阎守诚主编：《危机与应对：自然灾害与唐代社会》，北京：人民出版社，2008年，第109~140页。

④ 王双怀：《盛唐时期的水利建设》，载《陕西师范大学学报（哲学社会科学版）》，1995年第3期。

⑤ （宋）欧阳修、宋祁：《新唐书》卷127《裴耀卿传》，北京：中华书局，1975年，第4452页。

⑥ （宋）薛居正等：《旧五代史》卷80《晋高祖本纪六》，北京：中华书局，1976年，第1058页。

隋唐五代时期，还出现了我国历史上第一次大规模、系统性地修筑海洋防灾工程的高峰，在筑塘工艺上也从土筑向石筑发展，其中的竹笼石塘结构标志着我国海洋防灾工程迈上了一个新的台阶。在港口海路防灾方面，也进行了积极的尝试。隋唐五代时期在江、浙、闽一带都广泛修筑了海塘，如：开皇九年（589）东海县令修筑了西捍海堰，“在县北三里，南接谢禄山，北至石城山，南北长六十三里，高五尺”①；开元十四年（726）在朐山东二十里修筑了永安堤，“北接山，环城长十里，以捍海潮”②。此外，随着南方丝绸之路的发展，沿海出现了大量的海港，为保证港口通航、防止海路触礁，当地官员在一些港口进行了开通港口海路的工程。③

2. 义仓的设置与常平仓管理制度的完善

仓廪制度是一种重要的防灾举措，并在隋唐五代时期趋于完善。该时期所建立的仓储类型有义仓、常平仓、太仓、正仓、转移仓等。开皇五年（585）五月，工部尚书、襄阳县公长孙平因水旱之故，奏立义仓，因设在里社，亦名社仓，是一种民间备荒自救性质的仓储组织。义仓设立之初，“天下之人，节解输粟，多为社仓，终于文皇，得无饥馑”，其所起的作用是显而易见的。但至大业年间，“国用不足，并贷社仓之物以充官费”，使得社仓形同虚设。贞观二年（628）四月，天下州县并置义仓，王公以下每亩纳二升，“贮之州县，以备凶年”④，从此唐朝政府拥有了专用的救灾粮食储备，也标志着唐代的救灾事业步入了正轨。

常平仓者，“常使谷价如一，大丰不为之减，大俭不为之加。虽遇灾荒，人无菜色”⑤。其主要职能在于平籴物价，建立时间较义仓稍晚，至贞观十三年（639）才在洛、相、幽、许、齐、并、秦等州建立。到玄宗时，常平仓得到较快发展，设置范围扩大，常平仓的市场调节功能也得到了很大发挥。⑥ 为保证义仓、常平仓发挥其备荒职能，政府亦制定了严格的管理制度。在中央，户部郎中、员外郎“掌判天下仓储受纳租税，出给禄廪之事”；在地方上，仓曹、司仓参军等负责地税的征收，“将为赈贷，先申尚书待报，然后分给”⑦。但安史之乱

---

① （宋）乐史：《太平寰宇记》卷22《河南道·海州》，北京：中华书局，2007年，第463页。

② （宋）欧阳修、宋祁：《新唐书》卷38《地理志二》，北京：中华书局，1975年，第996页。

③ 袁祖亮主编，闵祥鹏著：《中国灾害通史·隋唐五代卷》，郑州：郑州大学出版社，2009年，第161～165页。

④ （后晋）刘昫等：《旧唐书》卷49《食货志下》，北京：中华书局，1975年，第2122、2123页。

⑤ （后晋）刘昫等：《旧唐书》卷49《食货志下》，北京：中华书局，1975年，第2124、2125页。

⑥ 张弓：《唐朝仓廪制度初探》，北京：中华书局，1986年，第107～109页。

⑦ （唐）李林甫等：《唐六典》卷30《仓曹司仓参军》，北京：中华书局，1992年，第748页。

爆发后，常平仓与义仓逐渐寝废，直至元和元年（806），常平仓、义仓才得以重建，两者的灾害赈济职能亦趋于一致。此后，出现了义仓贮粮被挪用损费的情况，于是，唐政府又对救灾仓储进行严格管理，一方面，逐步给予地方在赈灾时灵活的使用权；另一方面，为防止挪用与欺隐，政府通过其他手段监控与制约，以保证其良性运营。

3. 正仓、太仓、转运仓等仓储的完善

正仓是州、郡、县所设地方仓的统称。唐初，“每岁水旱，皆以正仓出给，无仓之处，就食他州，百姓多致饥乏”①。贞观二年（628）之后，义仓逐渐在各地建立，作为正仓的补充，其赈济职能依旧。但唐中期以后，由于财政拮据，常平仓与义仓多遭挪用，在仓储不足的情况下，正仓亦对其提供有力补充。隋唐建都关中，但“秦中地狭，收粟不多，倘遇水旱，便即匮乏”②。为了应付此类问题，早在开皇三年（583），隋文帝就下诏“蒲、虢、熊、伊、洛、郑、怀、邵、卫、汴、许、汝等水次十三州，置募运米丁。又于卫州置黎阳仓，洛州置河阳仓，陕州置常平仓，华州置广通仓，转相灌注。漕关东及汾、晋之粟，以给京师”③。如诸州出现水旱凶饥灾害，亦开仓赈济。而太仓作为国家粮仓，在关键时刻，亦有赈贷的职能，如：贞元十四年（798）九月“以岁饥，出太仓粟三十万石出粜。是岁冬，河南府谷贵人流，令以含嘉仓粟七万石出粜。十五年二月，以久旱岁饥，出太仓粟十八万石，于诸县贱粜”、元和九年（814）四月亦“出太仓粟七十万石，开六场粜之，并赈贷外县百姓。至秋熟征纳，便于外县收贮，以防水旱”④ 等。太仓所赈济的多为两京附近的灾民、饥民，起到稳定中央政局的作用。隋唐五代时期的仓储制度对防灾、救灾以及灾后重建都有重要的意义，但随着唐朝后期仓储制度的削弱，政府抵御灾害的能力也大大降低。⑤

（二）灾时赈济措施

1. 灾害的奏报与监察制度

灾害发生后，地方政府首先要及时向朝廷汇报灾情，以便朝廷及时作出决策，但由于奏报往返迟缓，导致赈给不能及时，给救荒带来很大的障碍。于是，唐代统治者对灾害的奏报制度进行了一些调整，以提高应对灾害的效率，但前、

① （后晋）刘昫等：《旧唐书》卷70《戴胄传》，北京：中华书局，1975年，第2532、2533页。
② （后晋）刘昫等：《旧唐书》卷98《裴耀卿传》，北京：中华书局，1975年，第3081页。
③ （唐）魏征等：《隋书》卷24《食货志》，北京：中华书局，1973年，第683页。
④ （后晋）刘昫等：《旧唐书》卷49《食货志下》，北京：中华书局，1975年，第2126页。
⑤ 袁祖亮主编，闵祥鹏著：《中国灾害通史·隋唐五代卷》，郑州：郑州大学出版社，2009年，第156～159页。

后期的出发点不同。唐前期，国家繁荣强盛，玄宗将义仓赈贷权下放给地方采访使，企图解决灾害奏报迟缓的弊病。唐后期，中央政府之所以多次改革灾害奏报制度，恐怕是因为中央政府对地方的控制已今非昔比。安史之乱后，在财政上实行了中央与地方道、州分割的两税三分原则，中央自身的财政收入状况也日趋困窘，对地方常平仓的监控又缺乏力度，以至于被地方挪用，不得已而将赈灾权力下放。从长远来看，让地方先赈后奏，有利于及时救灾，加快灾区的恢复，并保障中央财政的长远利益。但在奏报过程中，存在着地方官吏不上奏灾情或者奏报不实的情况。为保证地方灾情的真实上报，唐朝中央政府建立了多层次的灾害监督体制，常派监察御史、监察使臣、救灾使臣、宦官、巡院等进行灾情监察，以期通过多元化的监督，保证中央对灾区情况的了解及决策的准确性。灾害上奏制度、监察制度及相关法律条文的制定，为政府及时决策、开展灾害赈济、防止虚假瞒报提供了有力保障。同时，中央政府还不断用行政命令来弥补灾害管理中出现的漏洞，加强政府的灾害管理力度，这都有利于唐代中央政府制定正确的救灾决策，尽可能缩小灾害造成的损失，保证地方灾害救济及时、顺利地完成。①

2. 中央政府的蠲免、赈贷等措施

在作出救灾决策后，隋唐五代各王朝便开始实施救灾活动，其主要类型有因灾蠲免、赈贷、令民逐粮就食、调粮救民、灾害抚恤等。这些措施是在继承前代救灾经验的基础上，结合隋唐五代实际情况加以发展而形成的。因灾蠲免方面，唐前期蠲免 18 次，后期 43 次。唐后期在两税体制下，蠲免更为普遍，其蠲免以两税钱和斛斗及青苗钱为主。同时，蠲放地方拖欠的两税上供的情况也较多。灾害赈济方面，自义仓建立后，义仓在灾害赈济中起到了重要作用，仅唐前期见于诏令的义仓赈济情况就达 67 次之多。而唐后期的赐赈主要集中在德宗与文宗时期，德宗兴元元年（784）闰十月“乙亥，诏宋亳、淄青、泽潞、河东、恒冀、幽、易、定、魏博等八节度，螟蝗为害，蒸民饥馑，每节度赐米五万石，河阳、东畿各赐三万石，所司般运，于楚州分付”②；贞元八年（792）八月，河南、河北、江淮等四十余州水。十二月，敕：“应诸道遭水，漂荡家产，淹损田苗乏绝户，宜共赐米三十万石。所司各据州府乏绝户多少，速分配每道合给米数闻奏，并以度支见贮米充。度支即与本道节度、观察使计会，各随便近支付，委本使差清干官请受分送。合赈给州县”，最后，“仍令县令及本曹官同付人户。务从简便，无至重扰，速分给讫，具状闻奏”③。总体来看，在整个唐代救灾过程中，

① 阎守诚主编：《危机与应对：自然灾害与唐代社会》，北京：人民出版社，2008 年，第 261 ~ 280 页。
② （后晋）刘昫等：《旧唐书》卷 12《德宗纪上》，北京：中华书局，1975 年，第 347 页。
③ （清）董诰等编：《全唐文》卷 54《水灾赈恤敕》，北京：中华书局，1983 年，第 582 页。

中央政府发挥了关键作用。有唐一代，除安史之乱后的一段时间唐中央政府的救灾废弛外，其基本的救灾政策是得以延续的。中央政府的救灾政策中，义仓（后期是常平义仓）的赈济及灾害赋税蠲免是最主要的救灾方式，辅以调粮、祭祀、抚恤、令民就食等多种多样的救灾手段，从物质上、精神上领导和指挥地方的救灾工作，各种救灾措施相辅相成，构成了一个庞大而功能较为齐全的救荒系统。①

3. 地方政府及民间团体的自救措施

在中央组织救灾的同时，地方政府乃至民间性质的救助团体也发挥着重要作用。在唐代前期，地方无权自主动用地方救灾储备，受灾后要向中央上奏灾情，等接到中央命令后，才能减免赋役、赈济义仓粮食，并开展相应的救灾活动。安史之乱之际，唐玄宗令诸道节度使“应须兵马、甲仗、器械、粮赐等，并于当路自供”②。自此，唐代财政体制发生了剧变，唐前期中央统收统支的财政管理体制被打破，地方名正言顺地获得了自己的财权。与前期相比，唐后期地方救灾经费多样化：常平仓的支出，地方在各种支出后羡余的钱，军资储备乃至节度使、观察使、诸刺史的私用钱及俸钱，都时常被用于赈灾。同时，缓交、蠲免、灾害赈济等救灾主动性及救灾手段的多样化方面都有所发展。总之，唐代后期，救灾的财政来源逐步多元化，既有中央财政的赈济，又有地方财政的自救，还有中央与地方共建的常平仓，三者相互补充，有利于地方救灾活动的顺利进行。

在民间救助方面，一些富民也自发开展赈救乡里的活动，如高宗时，“家世豪富”的陈元敬“属乡人阻饥，一朝散万钟之粟而不求报”③。而随着工商业的发展，粮商亦将大量粮食运至灾区以获取利润，不仅避免粮食产区谷贱伤农，也弥补了灾区市场粮食的不足。此外，一些僧众也广泛参与到济贫赈灾、治病救人的社会活动中，而寺院经济的发展也为他们参与救灾活动提供了经济和物质基础。皇帝本人则通过下诏自谴、避正殿、减膳、改元、释放宫女等一系列活动亲力亲为，回应天谴，以求弭灾，并通过因灾录囚、因灾求谏及对相关官员的罢免来稳定社会秩序，以求渡过难关。④

（三）灾后恢复措施

在救灾过程中，及时的赈济仅仅是一种手段，借此挽救灾民的生命，降低灾

① 阎守诚主编：《危机与应对：自然灾害与唐代社会》，北京：人民出版社，2008年，第299～339页。
② （宋）李昉等编：《文苑英华》卷462《玄宗幸普安郡制》，北京：中华书局，1966年，第2352页。
③ （宋）李昉等编：《文苑英华》卷793《陈子昂别传》，北京：中华书局，1966年，第4191页。
④ 阎守诚主编：《危机与应对：自然灾害与唐代社会》，北京：人民出版社，2008年，第299～361页。

害的危害程度，但粮食储备是有限的，因此，国家在赈济灾民的同时，也组织灾民进行灾后生产自救，恢复生产，以尽快渡过难关。如：国家会劝导灾民抢种生长期短、产量高及耐旱的作物，增加粮食产量。开元五年（717）五月，河南、河北春旱，玄宗下诏“仍令劝课种黍、稌及旱谷等使得接粮”①；会昌元年（841）十一月，武宗亦要求各地“及劝课百姓种植五谷豆，以备灾患”②。通常，朝廷会贷给灾民一些种子，鼓励农民开垦荒田。穆宗长庆元年（821）“应诸道管内百姓，或因水旱兵荒，流离死绝，见在桑产，如无近亲承佃，各委州县切加检实。据桑地数，具本户姓名，申本道观察使，于官健中取无庄园有人丁者，量气力可及，据多少给付，便于公验，任充永业”③；五代时期吴越王钱俶亦“募民能垦荒田者，勿收其税，由是境内无弃田”④。此外，有时候政府也会将耕牛这一最重要的生产工具赐给灾民，如贞元元年（785），因京兆等地大旱之后，牛多疫死，命诸道节度观察使进牛，给赐贫民；文宗大和三年（829）七月，德、齐两州受灾，请求朝廷赐给麦种、耕牛，“敕量赐麦三千石、牛五百头”⑤。不过，此项举措在唐代救灾中并不多见。

总之，隋唐五代时期，尤其是在唐代救荒中，无论是灾前预防时的粮食储备、修筑堤坝、疏浚河渠、修建堰塘、开渠引水，还是临时救灾时的抗洪排涝、引灌御旱、赈粮救灾、赠赐医药、移民就食，乃至灾后的修葺庐舍、借贷粮种、赐给耕牛、蠲税免徭等举措，在总体上均颇具系统性、制度性以及务实性，这使得唐代的救荒之举大显成效。同时，这也表明我国古代的救荒制度在唐代已臻于成熟。⑥

---

① （北宋）王钦若等编：《册府元龟》卷105《帝王部·惠民一》，北京：中华书局，1960年，第1259页。

② （宋）李昉等编：《文苑英华》卷441《会昌元年彗星见避正殿德音》，北京：中华书局，1966年，第2229页。

③ （清）董诰等编：《全唐文》卷66《南郊改元德音》，北京：中华书局，1983年，第703页。

④ （宋）司马光编著，（元）胡三省音注，“标点资治通鉴小组”校点：《资治通鉴》卷288“后汉隐帝乾祐二年十月壬午条”，北京：中华书局，1956年，第9415页。

⑤ （北宋）王钦若等编：《册府元龟》卷106《帝王部·惠民二》，北京：中华书局，1960年，第1267、1268页。

⑥ 潘孝伟：《唐代救荒措施总体特征》，载《安庆师范学院学报》，1993年第3期。

第二节　宋辽金时期自然灾害与政府应对

一、宋辽金自然灾害概况

（一）洪涝灾害及其特征

宋辽金时期洪涝灾害频发，种类繁多，有大江大河的暴雨河洪，有山区沟溪的山洪，有滨海地区的风暴潮，也有暴雨或长时间降水造成的洪灾雨涝，灾害发生频率较高。据统计，宋辽金320年间，共发生洪涝灾害680次，约每年2.125次，灾害频度为212.5%。其中，北宋（960—1127）168年间，发生洪涝灾害342次，灾害频率约为203.57%；南宋（1127—1279）153年间，发生洪涝灾害286次，灾害频率约186.93%；辽代发生洪涝灾害16次；金代发生洪涝灾害36次。其间，发生海溢、灾害性海潮82次。其中北宋36次，南宋46次。其具体特征如下：

1. 洪涝灾害的时间分布及特点

从灾害发生的年内分布看，宋辽金时期的洪涝灾害，有些发生时间记载不详，大致统计见表3－2－1：

表3－2－1　宋辽金洪涝灾害年内分布表

季节	春季				夏季				秋季				冬季				不详
月份	1	2	3	春	4	5	6	夏	7	8	9	秋	10	11	12	冬	
灾次	8	19	19	8	37	79	102	15	115	81	37	33	22	9	4	2	90
百分比（%）	1.18	2.79	2.79	1.18	5.44	11.62	15	2.21	16.91	11.91	5.44	4.85	3.24	1.32	0.59	0.29	13.23
合计	54（7.94%）				233（34.26%）				266（39.12%）				37（5.44%）				90（13.23%）

从以上统计可看出，宋辽金时期洪涝灾害主要发生在秋季。秋季发生洪涝灾害266次，约占总数的39.12%。夏、秋两季共发生洪涝灾害499次，约占总数的73.38%。按具体月份而言，以6、7、8月为高峰，这3个月共计洪涝灾害298次，约占总数的43.82%。而82次海潮灾害中，7月发生了17次，8月10次，6月9次，这3个月共发生36次，约占海潮灾害总数的43.90%。可见，

夏、秋季节是洪涝灾害的主要发生时节。

2. 洪涝灾害的空间分布规律

宋辽金时期，有地域记载的900余次洪涝灾害中，163次发生在今浙江，162次发生在今河南，86次发生在江苏，69次发生在安徽，63次发生在河北、京津地区，55次发生在山东，湖北、福建各50次，49次在四川，46次在江西，29次在陕西，21次在甘肃，13次在湖南，11次在广东，山西、内蒙古、广西各7次，吉林3次，黑龙江2次，辽宁1次，地点不详者72次。82次灾害性海溢、海潮灾害中，61次在今浙江，13次在江苏，5次在广东，2次在山东，1次在福建。可见，河南、河北、山东所在的黄河中下游地区，浙江、江苏、安徽所在江淮地区，及四川、湖北、江西等长江沿线地区，都是宋辽金时期洪涝灾害的主要发生地。

北宋的政治中心和主要经济区域在北方，统治阶级对北方更为关注，官方对北方尤其是河南的自然灾害记载较为详细。而南宋定都杭州，故浙江的自然灾害记载也较为详细，同时唐宋时期经济中心的南移及大量移民对江淮地区的经济开发，也是该地区洪涝灾害较多的重要原因。此外，也与这些地区大陆性气候及境内河流纵横、地势平坦，极易造成河道淤积有关。如仅北宋一朝，黄河及其支流竟泛滥154次，平均每年0.92次①。另外，临海地区由热带气旋引起的暴雨洪水及滨海地区经常发生的风暴潮洪水，也是诱发洪涝灾害的重要原因。

3. 洪涝灾害的等级及危害

灾害等级是按受灾面积和灾害程度对灾情进行的划分，是反映灾害强度的重要因素。宋辽金近680次洪涝灾害的记载较为简单，对灾害所造成的影响无法进行定量分析，我们依据史料对灾害的描述、灾害持续的时间、受灾面积、灾害的影响、人口死亡等几个因素为尺度，大致将宋辽金洪涝灾害分为四个等级，见表3－2－2：

---

①　石涛：《北宋时期自然灾害与政府管理体系研究》，北京：社会科学文献出版社，2010年，第44页。

表 3－2－2 宋辽金洪涝灾害等级分类表

等级	主要表现	频次
微涝	1～5 个州，仅记河溢、水、大雨，无灾情记载或害稼、坏庐舍、有死者	346
一般洪灾	6～10 个州，河徙、水、害稼，坏屋 1 000 家以下，死亡 500 人以下	184
大洪灾	11～20 个州，暴溢，毁桥，人饥，米贵，坏屋 1 000～10 000 家，死亡 500～1 000 人	81
特大洪涝	20 个州以上，某路，河大，暴溢，漂没殆尽，大饥，人相食，漂 10 000 家以上，死亡 1 000 人以上	69

从上表可以看出，宋辽金时期的洪涝灾害主要以微涝和一般水灾为主，两者共计 530 次，约占总数的 77.94%；大洪灾、特大洪涝共计 150 次，约占总数的 22.06%。

洪涝灾害的发生或造成农业减产，或造成民居、桥梁、船只等财物的损失，如：熙宁十年（1077）七月“河决曹村下埽，澶渊绝流，河南徙，又东汇于梁山，张泽泺，凡坏郡县四十五，官亭、民舍数万，田三十万顷”、绍熙四年（1193）“五月辛未、丙子，镇江府大雨水，浸营垒六千余区。戊寅，安丰军大水，平地三丈余，漂田庐，丝麦皆空。是月，诸暨、萧山、宣城、宁国县大水，坏田稼。广德军属县水害稼”、嘉定九年（1216）五月“行都及绍兴府、严、衢、婺、台、处、信、饶、福、漳、泉州，兴化军大水，漂田庐，害稼”、嘉定十六年（1223）是秋“江溢，圮民庐。余杭、钱塘、仁和县大水。福、漳、泉州、兴化军水坏稼十五六”① 等。

洪水在引起物质损坏的同时，还造成人员的大量伤亡，引起饥馑、流民甚至疫病的流行。如：太平兴国八年（983）六月，“谷、洛、伊、瀍四水暴涨，坏京城官署、寺观、祠庙、民舍万余区，溺死者以万计”；淳化三年（992）七月，河间府“洛水涨，坏七里、镇国二桥。又山水暴涨，坏丰饶务官舍、民庐、死者二百四十人”；政和七年（1117）“沧州城不没者三版，民死者百余万”②；辽圣宗统和十一年（993）七月，“己丑，桑乾、羊河溢居庸关西，害禾稼殆尽，奉圣、南京居民庐舍多垫溺者”③；景定三年（1262）二月丁亥朔，“临安、安

① （元）脱脱等：《宋史》卷 61《五行一上》，北京：中华书局，1977 年，第 1327、1334、1336、1337 页。

② （元）脱脱等：《宋史》卷 61《五行一上》，北京：中华书局，1977 年，第 1322、1323、1329 页。

③ （元）脱脱等：《辽史》卷 13《圣宗纪四》，北京：中华书局，1974 年，第 143 页。

吉、嘉兴属邑水，民溺死者众”[①]；咸淳十年（1274）八月癸丑，“大霖雨，天目山崩，水涌流，安吉、临安、余杭民溺死者亡算”[②] 等。

（二）干旱灾害及其特征

宋辽金时期干旱灾害亦较为频繁。宋辽金 320 年间，共发生干旱灾害 319 次，约每年 1 次，灾害频度约为 99. 69%。其中，北宋（960—1127）168 年间，发生干旱灾害 148 次，灾害频率约为 88. 10%；南宋（1127—1279）153 年间，发生干旱灾害 111 次，灾害频率约为 72. 55%；辽代发生干旱灾害 16 次；金代发生干旱灾害 44 次。其具体特征如下：

1. 干旱灾害的时间分布及特点

从灾害发生的年内分布看，宋辽金时期的干旱灾害，有些发生时间记载不详，大致统计见表 3 -2 -3：

表 3 -2 -3　宋辽金干旱灾害年内分布表

季节	春季				夏季				秋季				冬季			不详
月份	1	2	3	春	4	5	6	夏	7	8	9	秋	11	12	冬	
灾次	6	5	10	37	25	28	21	43	11	6	4	25	3	2	14	79
百分比（%）	1. 88	1. 57	3. 13	11. 60	7. 84	8. 78	6. 58	13. 48	3. 45	1. 88	1. 25	7. 84	0. 94	0. 63	4. 39	24. 76
合计	58（18. 18%）				117（36. 68%）				46（14. 42%）				19（5. 96%）			79（24. 76%）

从上表可以看出，夏季是宋辽金时期干旱灾害的高发季节，约占旱灾总数的 36. 68%；其次为春季 58 次，约占旱灾总数的 18. 18%；再次为秋季 46 次，约占旱灾总数的 14. 42%；冬季相对较少，约占灾害总数的 5. 96%。同时史料显示，有些旱灾持续时间较长，往往用季节而非月份为单位来描述，如：建隆三年（962）“京师春夏旱，河北大旱，霸州苗皆焦仆”、嘉定十一年（1218）“秋，不雨，至于冬”[③] 等。此类记载共计 119 次，约占旱灾总数的 37. 30%，可见该时期长时间持续干旱的情况也较为严重。从具体月份来看，4、5、6、7 月灾害发生较多，这 4 个月共发生旱灾 85 次。总之，春夏之交、夏季及夏秋之交是干旱灾害比较严重的时期，这与我国大陆性季风气候的特点有关。

---

① （元）脱脱等：《宋史》卷 45《理宗纪五》，北京：中华书局，1977 年，第 880 页。
② （元）脱脱等：《宋史》卷 47《瀛国公纪》，北京：中华书局，1977 年，第 922 页。
③ （元）脱脱等：《宋史》卷 66《五行四》，北京：中华书局，1977 年，第 1438、1445 页。

2. 干旱灾害的空间分布规律

宋辽金有地域记载的500余次干旱灾害中，河南114次，浙江72次，江苏62次，陕西44次，今河北、京津地区42次，湖北30次，四川23次，福建22次，安徽21次，山东、湖南各19次，山西16次，内蒙古12次，甘肃5次，宁夏、江西各2次，辽宁、黑龙江各1次，不详者16次。可见，北宋都城所在地河南及南宋都城所在地浙江发生的干旱灾害较多，这与史官对都城所在地灾害的记载较详有关。除此之外，北方省份（河北、陕西、山西、山东、宁夏、甘肃、内蒙古、辽宁、黑龙江）共发生旱灾142次，南方省份（江苏、湖北、四川、福建、安徽、湖南、江西）共发生旱灾177次。可见，与以往灾害记载多以关中地区及华北地区为主不同，随着政治、经济中心的南移，南方的旱灾逐渐增多并引起史官的重视而载入史册。

3. 干旱灾害的等级及危害

史料所载宋辽金时期的干旱灾害，大多记载较为简单。我们根据史料对干旱灾害属性的描述、降水量偏少程度、受灾面积、持续时间、灾害后果以及所引起的一系列社会问题等，将该时期的旱灾大致分为四个等级，见表3－2－4：

表3－2－4 宋辽金旱灾等级分类表

等级	主要表现	频次
微旱	1～5个州，1～3个月，一季，旱，雩，大雩，不雨，未记灾害后果	177
一般旱灾	6～10个州，4～6个月，两季，大旱，旱甚，无雨雪，伤稼，井泉竭，引发蝗灾	77
大旱灾	11～20个州，7～9个月，三季，大旱，河竭，久旱，大蝗，饥馑，谷贵，人有死者	53
特大旱灾	20个州以上，某道，10个月以上，四季，赤地千里，大蝗，大饥，死者甚众，人相食	12

从上表可以看出，宋辽金旱灾以微旱和一般旱灾为主，两者共254次，约占旱灾总数的79.62%；大旱灾53次，约占总数的16.61%；特大旱灾12次，约占总数的3.76%。

水是农业之源，旱灾的发生往往对农作物的生长造成影响，如：建隆三年（962）“京师春夏旱，河北大旱，霸州苗皆焦仆”、乾道九年（1173）“婺、处、温、台、州、吉、赣州、临江、南安诸军、江陵府皆久旱，无麦苗”、嘉定十一年（1218）“秋，不雨，至于冬”[①] 等；干旱灾害的发生，往往还会引起饥馑、飞蝗或者疫病的流行，如：明道二年（1033）“南方大旱，种饷皆绝，人多流亡，困饥成疫气，相传死者十二三，官虽作粥糜以饲之，然得食辄死，村聚墟里几为之空”[②]；严重旱灾的发生，还会造成粮价暴涨、饥荒、人口流亡、卖儿鬻女乃至人相食惨象的发生，如：端拱二年（989）是岁“河南、莱、登、深、冀旱甚，民多饥死，诏发仓粟贷之”、熙宁七年（1074）“自春及夏，河北、河东、陕西、京东西、淮南诸路久旱。九月，诸路复旱。时新复洮河亦旱，羌户多殍死。八年四月真定府大旱。八月，淮南、两浙、江南、荆湖等路旱。九年八月，河北、京东、京西、河东、陕西旱。十年春，诸路旱”[③]、金皇统元年（1141）“陕西大旱，饥死者十七八”[④]、大安二年（1210）四月“山东、河北大旱，至六月，雨复不至，民间斗米至千余钱”[⑤] 等。

（三）生物灾害及其特征

1. 蝗灾、虫灾

生物灾害包括蝗灾、虫灾、疫病、牛疫、鼠疫等，其中蝗灾、虫灾危害甚重。宋辽金 320 年间，共发生生物灾害 234 次，约每年 0.73 次，灾害频度约为 73.13%。其中，北宋（960—1127）168 年间，发生生物灾害 121 次，灾害频率约为 72.02%；南宋（1127—1279）153 年间，发生生物灾害 83 次，灾害频率约为 54.25%；辽代发生生物灾害 9 次；金代发生生物灾害 21 次。相较而言，北宋时期生物灾害频率较高。其具体特征如下：

（1）蝗灾、虫灾的时间分布及特点。

从灾害发生的年内分布看，宋辽金蝗灾、虫灾，有的记至月份、有的记至季节、有的发生时间记载不详，大致统计见表 3 - 2 - 5：

---

① （元）脱脱等：《宋史》卷 66《五行四》，北京：中华书局，1977 年，第 1438、1443、1445 页。

② （宋）李焘：《续资治通鉴长编》卷 112“明道二年二月庚子条”，北京：中华书局，2004 年，第 2605 页。

③ （元）脱脱等：《宋史》卷 66《五行四》，北京：中华书局，1977 年，第 1439、1441 页。

④ （元）脱脱等：《金史》卷 128《傅慎微传》，北京：中华书局，1975 年，第 2763 页。

⑤ （元）脱脱等：《金史》卷 23《五行志》，北京：中华书局，1975 年，第 541 页。

表 3－2－5 宋辽金蝗灾、虫灾年内分布表

季节	春季		夏季				秋季				冬季		不详
月份	2	3	4	5	6	夏	7	8	9	秋	10	12	
灾次	2	3	9	22	29	27	38	19	10	26	1	1	47
百分比（%）	0.85	1.28	3.85	9.40	12.39	11.54	16.24	8.12	4.27	11.11	0.43	0.43	20.09
合计	5（2.13%）		87（37.18%）				93（39.74%）				2（0.86%）		47（20.09%）

从上表可以看出，宋辽金时期有明确月份记载的 130 余次蝗灾、虫灾中，5 月 22 次，6 月 29 次，7 月 38 次，8 月 19 次，这 4 个月共计 108 次，约占灾害总数的 46.15%。记至季节而无月份者，夏季 27 次，秋季 26 次，两季共计 53 次，约占灾害总数的 22.65%。夏、秋两季共计 180 次，约占灾害总数的 76.92%。可见，夏、秋季节是蝗灾发生的主要时期，这种年内分布状况的形成，与夏、秋季节的气温较高，特别是旱灾的多发有关。蝗灾之发生与旱灾有很高的相关程度，大的蝗灾往往出现在干旱之后，旱、蝗、饥相随的记载很多；同时，夏、秋季节的水灾，在一定的气候和地理条件下，也会成为蝗灾发生的诱因。

（2）蝗灾、虫灾的空间分布规律。

在有地域记载的宋辽金 300 余次蝗灾中，河南 65 次，河北、京津地区 59 次，山东 55 次，浙江 35 次，江苏 30 次，安徽 27 次，陕西 19 次，山西 9 次，湖南、湖北、福建各 4 次，辽宁 3 次，内蒙古、广西、江西各 2 次，甘肃、吉林、黑龙江各 1 次，不详者 15 次。从中可见，宋辽金时期蝗灾分布较广，其东到沿海诸省，南达广西、福建，西达甘肃，北至内蒙古、东三省。而今河南、河北、山东、浙江、江苏、安徽、陕西等地是蝗灾的多发区，其主要分布在华北平原及黄淮地区。这与黄淮海平原和山东丘陵的地形条件、黄河中下游地区的气温条件及黄河沿岸的地理环境等诸多因素有关。

（3）蝗灾、虫灾的等级及危害。

宋辽金时期的蝗灾不仅次数多，而且具有成灾面积广、灾情严重的特点，对社会生产造成了严重危害。我们根据蝗灾的有关记载，结合《中国蝗灾史》的分类标准，对宋辽金蝗灾进行了分类，见表 3－2－6：

表3-2-6　宋辽金蝗灾等级分类表

特征 等级	受灾区域大小	扩散区	收成影响	赋税影响	史料描述
一级	发生点分散	无	影响较小	影响较小	蝗
二级	1个或2个蝗区	无	影响不大	影响不大	蝗
三级	2个或以上蝗区	有	严重，收成在两成至五成	严重	大蝗
四级	全国各蝗区	有	严重，绝收或两成以下	严重	大蝗，国家赈恤

据以上标准，宋辽金时期发生一级蝗灾89次，二级蝗灾73次，三级蝗灾44次，四级蝗灾28次。可见，宋辽金蝗灾较为严重，三、四级蝗灾多达72次，占总数的30.77%。

蝗灾、虫灾的发生轻则对农作物生长造成影响，进而导致作物歉收和农产品的匮乏，并引发饥馑的大面积流行，如：大中祥符九年（1016）"蝗蝻继生，弥覆郊野，食民田殆尽，入公私庐舍。七月辛亥，过京师，群飞翳空，延至江淮南，趣河东，及霜寒始毙"，至1017年，"蝗蝻复生，多去岁蛰者。和州蝗生卵，如稻粒而细"[①]；辽道宗咸雍九年（1073）秋七月"丙寅，南京奏归义、涞水两县蝗飞入宋境，余为蜂所食"[②]；淳熙九年（1182）七月，"淮甸大蝗，真、扬、泰州窖扑蝗五千斛，余郡或日捕数十车，群飞绝江，堕镇江府，皆害稼"[③]。严重者还会引发饥荒、人口流亡及人口死亡等严重的社会问题，如：太平兴国七年（982）春正月庚午，"诏开封府近者蝗旱相仍，民多流徙，宜设法招诱，并令复归"[④]；嘉定八年（1215）"四月，飞蝗越淮而南。江、淮郡蝗，食禾苗、山林草木皆尽。乙卯，飞蝗入畿县。己亥，祭酺，令郡有蝗者如式以祭。自夏徂秋，诸道捕蝗者以千百石计，饥民竞捕，官出粟易之"[⑤] 等。

2. 疫灾

宋辽金320年间是我国历史上的重要转型期，各种疫情的凸显，带来了深重的灾难。宋代无论从京城到地方，从皇室、军队到百姓，还是从正史、名著到野史，均不乏有关瘟疫的记载。并且，随着当时政治、经济中心从开封向临安迁

① （元）脱脱等：《宋史》卷62《五行一下》，北京：中华书局，1977年，第1356页。

② （元）脱脱等：《辽史》卷23《道宗纪三》，北京：中华书局，1974年，第275页。

③ （元）脱脱等：《宋史》卷62《五行一下》，北京：中华书局，1977年，第1358页。

④ 李焘：《续资治通鉴长编》卷23"太平兴国七年春正月庚午条"，北京：中华书局，2004年，第512页。

⑤ （元）脱脱等：《宋史》卷62《五行一下》，北京：中华书局，1977年，第1358页。

移，瘟疫灾害的重灾区亦从开封迁移到杭州。① 宋辽金发生流行型疫病204次，12个种类，其中引起疫灾50次，约每6.4年1次，灾害频度约为15.63%。其中，北宋（960—1127）168年间，发生疫灾14次，灾害频率约为8.33%；南宋（1127—1279）153年间，发生疫灾36次，灾害频率约为23.53%，南宋时疫灾频率相对较高。此外，两宋还发生牛疫8次。其具体特征如下：

（1）疫灾的时间分布及特点。

从灾害发生的年内分布看，宋辽金时期的疫灾，有的记至月份、有的记至季节、有的发生时间记载不详，大致统计见表3－2－7：

表3－2－7　宋辽金疫灾年内分布表

季节	春季				夏季				秋季				冬季				不详
月份	1	2	3	春	4	5	6	夏	7	8	9	秋	10	11	12	冬	
灾次	1	2	4	6	3	6	3	5	1	0	0	1	0	0	0	1	17
百分比（%）	2	4	8	12	6	12	6	10	2	0	0	2	0	0	0	2	34
合计	13（26%）				17（34%）				2（4%）				1（2%）				17（34%）

从上表可看出，在有月份或季节记载的33次疫灾中，记至春季者6次，夏季者5次，秋、冬季者各1次；记至月份者，5月6次，3月4次，6月、4月各3次，2月2次，1月、7月各1次。可见，夏、春季节是宋辽金时期疫灾的多发期，两季共发生疫灾30次，约占该时期疫灾总数的60%。其中，尤以3、4、5、6月最为集中，这4个月共发生疫灾16次，占疫灾总数的32%。

（2）疫灾的空间分布规律。

宋辽金时期有地域记载的疫灾中，浙江20次，河南8次，四川5次，湖南、安徽各4次，江西3次，江苏2次，陕西、甘肃、河北各1次，不详者1次。可见，北宋都城所在的河南及南宋都城所在的浙江是疫灾发生的主要区域，这与该地是当时的政治、经济、文化中心，疫灾的记载较为详备及当时都城人口众多，人口流动性较大，容易形成瘟疫有关。此外，温暖湿润的江南地区，宜于病菌繁殖，也是疫病的一高发区。同时，疫病也往往与其他一些自然灾害相互关联，如：隆兴二年（1164）“淮甸流民二三十万避乱江南，结草舍遍山谷，暴露冻馁，疫死者半，仅有还者亦死。是岁，浙之饥民疫者尤重”、嘉定二年（1209）

① 李铁松等：《两宋时期瘟疫灾害时空分布规律初探》，载《防灾科技学院学报》，2010年第3期。

夏“都民疫死甚众，淮民流江南者饥与暑并，多疫死”[①]。此外，战争亦是疫病发生的重要诱因，如：1127 年金兵围宋，“（开封）城中疫死者几半”[②]；1213 年（开封）作为金都被元兵所围，“大疫，汴城之民，死者百余万”[③]；1232 年开封再次被元兵围，“汴京大疫，凡五十日，诸门出死者九十余万，贫不能葬者，不在是数”[④]。

（3）疫灾的等级及危害。

宋辽金时期疫灾史料的信息量较少，我们根据疫灾的分布面积及造成危害的程度，对疫灾进行初步分类，具体见表 3－2－8：

表 3－2－8 宋辽金疫灾等级分类表

等级	主要表现	频次
微灾	灾区为 1～5 个州，记“疫”，无灾情记录	21
一般疫灾	灾区为 1～5 个州，有灾情后果；或某道，记“大疫”，无灾情记录	11
大疫灾	灾区为 2 个道以上，无灾情记录；“大疫”，死者 1 000 人以下	7
特大疫灾	灾区 2 个道以上，灾情特别严重，死者 1 000 人以上，死者过半，牛多疫死	11

从上表可以看出，宋辽金疫灾中微灾和一般疫灾共计 32 次，约占疫灾总数的 64%。而大疫灾、特大疫灾共计 18 次，约占疫灾总数的 36%。

疫灾往往与水、旱、震、蝗等其他灾害相伴而生，加重了灾害的严重程度。疫灾造成的最直接后果是人口的大量减少，如：元祐七年（1092）五月，“浙西饥疫大作，苏、湖、秀三州人死过半”[⑤]；乾道八年（1172）“隆兴府民疫，遭水患，多死”；德祐元年（1275）六月，“四城迁徙，流民患疫而死者不可胜计，天宁寺死者尤多。二年闰三月数月间，城中疫气薰蒸，人之病死者不可数计”[⑥]；金哀宗天兴元年（1232）“汴京大疫，凡五十日，诸门出死者九十余万，贫不能葬者，不在是数”[⑦] 等。

疫灾发生之后，人口减少，劳动力丧失，土地抛荒，农业绝产，商业萧条，

① （元）脱脱等：《宋史》卷 62《五行一下》，北京：中华书局，1977 年，第 1370、1371 页。
② （元）脱脱等：《宋史》卷 62《五行一下》，北京：中华书局，1977 年，第 1370 页。
③ （元）脱脱等：《金史》卷 64《后妃传下》，北京：中华书局，1975 年，第 1533 页。
④ （元）脱脱等：《金史》卷 17《哀宗纪上》，北京：中华书局，1975 年，第 387 页。
⑤ 李焘：《续资治通鉴长编》卷 473“元祐七年五月壬子条”，北京：中华书局，2004 年，第 11296 页。
⑥ （元）脱脱等：《宋史》卷 62《五行一下》，北京：中华书局，1977 年，第 1371。
⑦ （元）脱脱等：《金史》卷 17《哀宗纪上》，北京：中华书局，1975 年，第 387 页。

从而使社会生产发展受阻，甚至对社会政局都会产生较大影响。而在以农耕为主的古代中国，耕牛在农业生产中亦占有重要地位。牛疫的发生，定会影响农业生产，也会受到统治者的高度重视。牛疫发生后，政府选派兽医诊治、赐药、颁方、赏赐医书；修改法律，允许耕牛买卖；推广新式农具，防治“耕稼失时”及借给农民粮食、种子、农具、耕牛并通过信贷支持农户买牛，甚至主动从各地买牛供应耕牛缺少的地区[①]，如：淳化五年（994），“宋、亳数州牛疫，死者过半，官借钱令就江、淮市牛”；绍兴二年（1132）四月“诏两浙路收买牛具，贷淮东人户”[②] 等。

（四）地质灾害及其特征

宋辽金320年间，发生地震152次，山崩、地陷灾害24次，共计地质灾害176次，灾害频率约为55%，大约每1.82年1次。其中，北宋（960—1127）168年间，发生地震79次，灾害频率约为47.02%；南宋（1127—1279）153年间，发生地震46次，灾害频率约为30.07%；辽代发生地震5次，金代发生地震22次。相较而言，北宋地质灾害频率较高。其具体特征如下：

1. 地质灾害的时间分布及特点

从地质灾害的年内分布看，有时间记载的140余次地震灾害中，春季发生了32次，夏季35次，秋季40次，冬季36次，各季发生地震灾害的次数相差不大。具体月份而言，5月18次，7月16次，12月14次，6月、10月各12次，这5个月共发生地震72次，占该时期地震总数的近一半，是地震发生的相对高发期。在有时间记载的近20余次山崩和地陷灾害中，春季2次，夏季6次，秋季9次，冬季2次，夏、秋两季发生山崩和地陷灾害较多。就具体月份而言，7月5次，5、6月各3次，这3个月共发生山崩、地陷灾害11次，占该时期山崩、地陷灾害总数的近一半。总体而言，夏、秋季节共发生地质灾害90次，是该时期地质灾害的高发期。详见表3－2－9：

① 韩毅：《宋代的牲畜疫病及政府的应对》，载《中国科技史杂志》，2007年第2期。

② （元）脱脱等：《宋史》卷173《食货志上一》，北京：中华书局，1977年，第4159、4170页。

表3－2－9　宋辽金地质灾害年内分布表

季节/灾种	春季				夏季			秋季				冬季			不详
	1	2	3	春	4	5	6	7	8	9	秋	10	11	12	
地震	11	11	9	1	5	18	12	16	10	13	1	12	10	14	9
崩陷	1	1	0	0	0	3	3	5	1	2	1	0	0	2	5
百分比（%）	6.82	6.82	5.11	0.57	2.84	11.93	8.52	11.93	6.25	8.52	1.14	6.82	5.68	9.09	7.95
合计	34（19.32%）				41（23.29%）			49（27.84%）				38（21.59%）			14（7.95%）

2. 地质灾害的空间分布规律

宋辽金时期，在有地域记载的地震灾害中，因河南、浙江为两宋都城所在地，史料记载较多，河南、浙江各有地震记载23次。此外，河北、京津地区32次，山西21次，四川20次，陕西10次，甘肃9次，山东6次，宁夏、福建各5次，江苏4次，广东、黑龙江各3次，湖北、湖南、广西、安徽、内蒙古、吉林各1次，不详者9次。就省份来说，河北、浙江、河南、山西、四川的地震较多。就大地震带而言，该时期地震分布较广，沿海地震带（包括山东、江苏、浙江、福建、广东）共发生地震41次，华北地震带（山西、河北）53次，中原地震带（河南）23次，西南地震带（四川）20次，西北地震带（陕西、宁夏、甘肃）24次，该时期的地震几乎全部在这几大地震带内。而山崩、地陷灾害中，浙江6次，甘肃4次，陕西3次，四川、湖南、山东各2次，山西、福建、湖北、河南、广西各1次。

3. 地质灾害的等级及危害

宋辽金地质灾害资料的记载较为简单，我们根据史料的描述和灾区面积的大小，将宋辽金地质灾害大致分为以下四个等级，见表3－2－10：

表3－2－10　宋辽金地质灾害等级分类表

等级	主要表现	频次
微灾	1个州，只记“震”或“微震”，无灾害后果	117
一般地质灾害	2～5个州，无灾害后果，或1个州草树摇，屋瓦坠，坏庐舍，有死伤者，或有余震	38
大地质灾害	5个州以上，或某道，大震，有声如雷，地裂水涌，江溢，庐舍多坏，杀人1～1 000	10
特大地质灾害	2个道以上，或1个州大震，山裂水涌，坏庐舍殆尽，死亡1 000人以上，或死者甚众	11

从上表可以看出，宋辽金地质灾害以微灾和一般地质灾害为主，两者共计155次，约占地质灾害总数的88.07%；特大地质灾害21次，约占总数的11.93%。

大、特大地质灾害虽所占比例较小，但危害性极大，轻则造成地裂泉涌、山裂水涌及建筑物的毁坏，如：至道二年（996）十月，“潼关西至灵州、夏州、环庆等州地震，城郭庐舍多坏”；咸平二年（999）九月，“常州地震，坏鼓角楼、罗务、军民庐舍甚众”；宋徽宗建中靖国元年（1101）十二月，“太原府、潞、晋、隰、代、石、岚等州，岢岚、威胜、保化、宁化军地震弥旬，昼夜不止，坏城壁、屋宇，人畜多死”[①]。严重的地质灾害还造成人员的大量伤亡，如：景祐四年（1037）十二月，“甲申，并、代、忻州并言地震，吏民压死者三万二千三百六人，伤五千六百人，畜扰死者五万余，遣使抚存其民，赐死伤之家钱有差”[②]；金熙宗皇统四年（1144）十月“甲辰，以河朔诸郡地震，诏复百姓一年，其压死无人收葬者，官为敛藏之”[③]；金宣宗兴定三年（1219）四月“癸未，陕右黑风昼起，有声如雷，顷之地大震，平凉、镇戎、德顺尤甚，庐舍倾，压死者以万计，杂畜倍之”[④]；元世祖至元六年（1269）“奉化州山崩，水涌出平地，溺死人甚众。六月，衢州西安、龙游二县大水。庚戌，处州松阳、龙泉二县积雨，水涨入城中，深丈余，溺死五百余人，遂昌县尤甚，平地三丈余。桃源乡山崩，压溺民居五十三家，死者三百六十余人”[⑤] 等。

（五）气象灾害及其特征

宋辽金320年间，发生风灾128次，其中北宋51次，南宋58次，辽金19次；发生雹灾134次，其中北宋50次，南宋71次，辽金13次；霜、雪、冻灾57次，其中北宋28次，南宋13次，辽金16次；发生沙尘灾害77次，其中北宋21次，南宋48次，辽金8次。宋辽金共发生气象灾害396次，其中，北宋（960—1127）168年间，发生气象灾害150次，灾害频率约为89.29%；南宋（1127—1279）153年间，发生气象灾害190次，灾害频率约为124.18%；辽代发生气象灾害13次，金代发生气象灾害43次。相较而言，南宋时期气象灾害较为频繁。其具体特征如下：

---

① （元）脱脱等：《宋史》卷67《五行志五》，北京：中华书局，1977年，第1483、1486页。

② （元）脱脱等：《宋史》卷10《仁宗纪二》，北京：中华书局，1977年，第203页。

③ （元）脱脱等：《金史》卷4《熙宗纪》，北京：中华书局，1975年，第80、81页。

④ （元）脱脱等：《金史》卷23《五行志》，北京：中华书局，1975年，第543页。

⑤ （明）宋濂等：《元史》卷51《五行志二》，北京：中华书局，1976年，第1094页。

1. 气象灾害的时间分布及特点

在有时间记载的120余次风灾中，春季发生了30次，夏季30次，秋季37次，冬季26次，秋季相对较多，其他三季相差不大。从具体月份而言，8月15次，6月14次，1月、2月各12次，7月11次，这5个月共发生风灾64次，占该时期风灾总数的50%。在有时间记载的近130次雹灾中，春季50次，夏季45次，秋季25次，冬季11次，春、夏两季雹灾较多，约占总数的70.90%。在有时间记载的50余次霜、雪、冻灾害中，春季25次，夏季9次，秋季12次，冬季10次，春、秋季节冰冻灾害较为严重。有时间记载的70余次沙尘灾害中，春季43次，夏季13次，秋季3次，冬季17次。春季相对较多，约占总数的55.84%。具体月份而言，3月22次，2月12次，1月9次，4月8次，这4个月共计51次，约占沙尘灾害总数的66.23%。其年内分布情况见表3-2-11：

表3-2-11　宋辽金气象灾害年内分布表

季节	春季				夏季				秋季				冬季				不详
灾种	1	2	3	春	4	5	6	夏	7	8	9	秋	10	11	12	冬	
风灾	12	12	6	0	9	7	14	0	11	15	7	4	9	10	6	1	5
雹灾	9	28	13	0	20	16	9	0	16	3	5	1	6	1	4	0	3
冷冻灾	6	8	10	1	4	3	1	1	3	5	4	0	1	4	3	2	1
沙尘灾	9	12	22	0	8	3	2	0	0	0	3	0	5	5	7	0	1
合计	148（37.37%）				97（24.49%）				77（19.44%）				64（16.16%）				10（2.53%）

2. 气象灾害的空间分布规律

在地域分布方面，风、雹、霜、雪、冻灾均具有较强的区域性。在有地点记载的120余次风灾中，浙江45次，河南22次，江苏10次，广东9次，福建7次，山东、河北各5次，湖北、广西4次，陕西3次，内蒙古、江西各2次，安徽、四川各1次，不详者7次。这与浙江、河南分别是两宋都城所在地，关于灾害的记载较为详备有关。此外，沿海地区夏、秋两季台风较为频繁，江苏、广东、福建等台风经常登陆的地方，风灾也较多。

在有地点记载的60余次雹灾中，河南、浙江各15次，江苏9次，河北7次，陕西6次，山西4次，山东、安徽、甘肃、内蒙古、福建各2次，四川1次，不详者73次。这73次中，发生在北宋者22次，经考证可以视为发生在京师开封；有51次发生在南宋，经考证可以视为发生在行都临安。除去这73次，其余的雹灾仍以河南、浙江为主，这还是与这两个地区的记载较为详备有关。[①]

在有地点记载的60余次霜、雪、冻灾害中，河南15次，浙江11次，陕西9次，内蒙古7次，安徽、山东各4次，湖南、河北、宁夏、山西、甘肃、江苏各2次，黑龙江1次。宋辽金70余次沙尘天气中，有明确地点记载的仅10余次，其余虽然没有明确的地点记载，但据推测，大部分沙尘都发生在开封、杭州两地。这与这两个地方分别是北宋和南宋的首都所在地，关于沙尘天气的记载较为详备，而其他地方记载缺失的现象较为严重有关。[②]

3. 气象灾害的危害

气象灾害给社会生活造成了极大危害。首先，造成建筑物、植被、农作物的损害，如：太平兴国元年（976）四月，“宋州大风，坏甲仗库、城楼、军营凡四千五百九十六区”；太平兴国八年（983）九月，“太平军飓风拔树，坏廨宇民舍千八十七区”；嘉定十七年（1224）“秋，福州飓风大作，坏田损稼。冬，鄂州暴风，坏战舰二百余，寿昌军坏战舰六十余，江州、兴国亦如之”[③]；建隆元年（960）十月，“临清县雨雹，伤稼”、绍兴四年（1134）三月，“己未，大雨雹，伤稼”[④]；绍熙二年（1191）三月，“癸酉，建宁府雨雹，大如桃李，坏民居五千余家，温州大风雨，雷雹，田苗桑果荡尽”[⑤]；淳化元年（990）六月，“许州大风雹，坏军营、民舍千一百五十六区”[⑥]；金哀宗正大五年（1228）二月，“乙巳朔，大寒，雷，雨雪，木之华者尽死”[⑦] 等。

气象灾害的发生还会引起其他灾害，并对牲畜及人们的生命安全造成极大影响，如：天禧四年（1020）四月丁亥，“大风起西北，飞沙折木，昼晦数刻”；靖康元年（1126）正月，“望夜，大风起西北，有声，吹沙走石，尽明日乃止”；淳熙七年（1180）二月，“江陵府大风，火及舟，焚溺死者尤众”[⑧]；天禧二年（1018）正月，“永州大雪，六昼夜方止，江、溪鱼皆冻死”；至和元年（1054）正月，“（开封）大雪，贫弱之民冻死者甚众”；淳熙十二年（1185）是冬，“淮水冰，断流。是冬，大雪。自十二月至明年正月，或雪，或霰，或雹，或雨水，冰冱尺余，连日不解。台州雪深丈余，冻死者甚众”[⑨]；金熙宗皇统九年（1149）

---

① 袁祖亮主编，邱云飞著：《中国灾害通史·宋代卷》，郑州：郑州大学出版社，2009年，第201页。
② 袁祖亮主编，邱云飞著：《中国灾害通史·宋代卷》，郑州：郑州大学出版社，2009年，第179页。
③ （元）脱脱等：《宋史》卷67《五行志五》，北京：中华书局，1977年，第1468、1472页。
④ （元）脱脱等：《宋史》卷62《五行志一下》，北京：中华书局，1977年，第1345、1347页。
⑤ （元）脱脱等：《宋史》卷36《光宗纪》，北京：中华书局，1977年，第700页。
⑥ （元）脱脱等：《宋史》卷62《五行志一下》，北京：中华书局，1977年，第1346页。
⑦ （元）脱脱等：《金史》卷17《哀宗纪上》，北京：中华书局，1975年，第380页。
⑧ （元）脱脱等：《宋史》卷67《五行志五》，北京：中华书局，1977年，第1469、1470、1471页。
⑨ （元）脱脱等：《宋史》卷62《五行志一下》，北京：中华书局，1977年，第1342、1343页。

四月，“丁丑，有龙斗于利州榆林河上。大风坏民居、官舍，瓦木人畜皆飘扬十数里，死伤者数百人”① 等。

（六）火灾及其特征

1. 火灾的时间分布及特点

宋辽金320年间，共发生火灾260次，灾害频率为81.25%，大约每1.23年1次。其中，辽、北宋时期，发生火灾105次；南宋、金时期，发生火灾155次。从火灾的年内分布来看，有时间记载的200余次火灾中，春季发生了58次，夏季62次，秋季51次，冬季46次。相对而言，春、夏两季火灾相对较多，秋、冬季节较少，但差别不大。从具体月份来看，2月28次，4月24次，5月、8月各20次，这4个月共计92次，约占该时期火灾总数的35.38%，是火灾的高发月份。其具体特征见表3－2－12：

表3－2－12 宋辽金火灾年内分布表

季节	春季				夏季				秋季				冬季				不详
月份	1	2	3	春	4	5	6	夏	7	8	9	秋	10	11	12	冬	
灾次	14	28	14	2	24	20	17	1	13	20	17	1	8	17	17	4	43
百分比（%）	5.38	10.77	5.38	0.77	9.23	7.69	6.54	0.38	5	7.69	6.54	0.38	3.08	6.54	6.54	1.54	16.54
合计	58（22.31%）				62（23.85%）				51（19.62%）				46（17.69%）				43（16.54%）

2. 火灾的空间分布规律及危害

宋辽金时期，有地域记载的火灾中，浙江发生了69次，河南发生了50次，两地约占火灾总数的一半。由于这两地分别是北宋和南宋的都城所在地，是全国的政治、经济中心，这里发生的火灾一般都为史官所记载，故灾次相对较多。除此之外，江苏21次，安徽15次，湖南14次，福建、湖北各13次，江西、四川各12次，河北、京津地区9次，陕西、广西各7次，山西、内蒙古各4次，甘肃、广东、山东各2次，辽宁、吉林、黑龙江、云南各1次。从火灾发生的具体地点来看，皇家宫殿、陵寝、府衙是发生火灾最多的地方。宫中火灾不仅造成大量人员伤亡和财产损失，而且造成恶劣的政治影响，故皇宫、陵寝、官府中对火灾的防范十分严格；其次是仓库、寺观和市场；再次是城市民居和码头，这不仅

① （元）脱脱等：《金史》卷4《熙宗纪》，北京：中华书局，1975年，第86页。

因为城市民居人口稠密，而且还和民居的建筑材料有关。宋代民居板壁居多，砖垣较少，木竹结构的房屋容易起火，并且火灾一起，容易蔓延。[①]

火灾的发生不仅会造成建筑物的损坏、财物的严重损失，还会造成人员牲畜的大量死亡，灾害后果极为严重。如：治平三年（1066）三月，温州火灾，"延燔官私舍屋一万四千余间，死者五十人"[②]。火灾一旦发生，火势凶猛，延烧之处，一切化为灰烬，粮仓、器械、用品无一能够幸免，如：咸平二年（999）四月，池州"仓库火，燔米八万七千斛"；景祐三年（1036）十月，"澶州横龙水口西岸料物场火，焚薪刍一百九十余万"；元丰元年（1078）八月，"邕州火，焚官舍千三百四十六区，诸军衣万余袭，谷帛军器百五十万；元丰四年（1081）六月，衡州火，烧官舍、民居七千二百楹。钦州大雷震，火焚城屋"[③]；蒙古定宗三年（1248），"是岁大旱，河水尽涸，野草自焚，牛马十死八九，人不聊生"[④]。

二、宋辽金自然灾害的主要特征

1. 自然灾害频繁，且具有多发性、群发性、连发性及危害大的特点

宋辽金时期，自然灾害的种类多样，次数众多。据以上统计，宋辽金320年间，发生各类自然灾害共计2 115次，大约每年6.6次。其中，北宋（960—1127）168年间，发生自然灾害971次，大约每年5.78次；南宋（1127—1279）153年间，发生自然灾害917次，大约每年5.99次；辽代发生自然灾害61次；金代发生自然灾害166次。宋代自然灾害发生的强度与广度，超过之前各代。从灾害发生频率和规模范围来看，水、旱等气象灾害在这一时期对人类生活和国家经济影响最为深远。另外，地质灾害中的地震，生物灾害中的病虫害，作为伴生灾害的火灾、饥馑等，在北宋时期表现得也较为突出。

宋辽金自然灾害除多发性外，持续时间长、发生频率高、连发和群发性特征也较为显著。灾害发生及持续时间长在宋代的灾害史料中随处可见。首先，单种灾害持续时间长，有些水灾和旱灾往往持续数月之久。其次，多种灾害持续时间长，几种灾害接连发生，一则造成灾害影响范围的扩大，往往波及数个州乃至数十个州，二则加重了灾害的影响程度。宋代，有些灾害的发生在时间上前后相

---

① 潘春燕：《宋代火灾与消防述论》，载《乐山师范学院学报》，2008年第1期。

② （清）徐松辑：《宋会要辑稿》卷11643《瑞异二之三四》，北京：中华书局，1957年，第2098页。

③ （元）脱脱等：《宋史》卷63《五行志二上》，北京：中华书局，1977年，第1377、1378、1379页。

④ （明）宋濂等：《元史》卷2《太宗纪》，北京：中华书局，1976年，第39页。

继，成因上互相关联而相继发生，具有较强的连发性。如：旱蝗大多在一起记载，“十一月丁酉朔，京兆府旱蝗”、“浙西旱蝗”等。另外，水灾和瘟疫的联系也较为紧密，“民疫，遭水患，多死”的记载较多。灾害群发是指一定时期内单类或多类灾害相对集中发生的一种灾害现象。宋辽金时期灾害群发现象也十分常见，一是单种灾害群发，二是多种灾害群发，如从北宋建立的960年起到真宗乾兴元年（1022）的63年间，水、旱、虫、震、疫、沙尘、风、雹、霜等各类自然灾害基本上都处在各自高发期上，多种灾害的群发现象十分明显。①

2. 自然灾害的时间分布特征

宋辽金部分自然灾害具有明显的季节性，有些灾害有明显的月份分布规律，如水、旱、蝗、风、雹、疫等。有的灾种季节性不明显，也没有明显的月份规律。总体而言，夏季发生各类自然灾害最多，共计654次，约占灾害总数的30.92%；秋季584次，约占总数的27.61%；春季370次，约占总数的17.49%；冬季207次，约占总数的9.79%；具体的月份分布方面，4、5、6、7月灾害相对较多，这4个月共发生自然灾害791次，约占灾害总数的37.4%。各灾害的具体年内分布情况见表3-2-13：

表3-2-13 宋辽金自然灾害年内分布表

灾种 月份	水灾	旱灾	蝗、虫灾	疫灾	地质灾害	气象灾害	火灾	合计	百分比（%）	合计（季节）
1	8	6	0	1	12	36	14	77	3.64	370（17.49%）
2	19	5	2	2	12	60	28	128	6.05	
3	19	10	3	4	9	51	14	110	5.20	
春	8	37	0	6	1	1	2	55	2.60	
4	37	25	9	3	5	41	24	144	6.81	654（30.92%）
5	79	28	22	6	21	29	20	205	9.69	
6	102	21	29	3	15	26	17	213	10.07	
夏	15	43	27	5	0	1	1	92	4.35	

① 袁祖亮主编，邱云飞著：《中国灾害通史·宋代卷》，郑州：郑州大学出版社，2009年，第15～17页。

（续上表）

灾种/月份	水灾	旱灾	蝗、虫灾	疫灾	地质灾害	气象灾害	火灾	合计	百分比（%）	合计（季节）
7	115	11	38	1	21	30	13	229	10.83	584（27.61%）
8	81	6	19	0	11	23	20	160	7.57	
9	37	4	10	0	15	19	17	102	4.82	
秋	33	25	26	1	2	5	1	93	4.40	
10	22	0	1	0	12	21	8	64	3.03	207（9.79%）
11	9	3	0	0	10	20	17	59	2.79	
12	4	2	1	0	16	20	17	60	2.84	
冬	2	14	0	1	0	3	4	24	1.13	
不详	90	79	47	17	14	10	43	300	14.18	300（14.18%）
合计	680	319	234	50	176	396	260	2 115	100	3 115（100%）

3. 自然灾害的空间分布特征

宋辽金自然灾害的空间分布特征也较为明显，从整体上看，灾害的地域分布较广，涉及今20余省区。其中，灾害频次相对较高的地区是浙江、河南、江苏、河北、山东等省份，这5省共发生自然灾害1 611次，约占灾害总数的57.15%。可见，除河南、浙江分别作为两宋的都城所在地，经济发达，人口众多，容易发生灾害，并且灾害记载较为详细，灾害发生次数较多外，关中平原及黄河中下游地区、长江中下游地区的自然灾害亦较为频繁。黄河流域开发历史较早，使得森林、草地等自然资源遭受严重破坏，加之宋辽金时期该地区战争频繁，政府救灾不力，加重了灾害的影响程度。而长江中下游地区，随着人口的大量迁入及大规模的围湖造田、垦荒辟田，使得湖泊的调节作用大大降低，致使农田"涝则水增益不已，旱则无灌溉之利"①，这成为长江中下游地区水旱灾害频繁的一个重要原因，各灾种具体的地域分布情况见表3-2-14：

① （宋）李光：《庄简集》之《乞废东南湖田札子》，文津阁四库（377），北京：商务印书馆，2005年，第182页。

表 3-2-14　宋辽金自然灾害空间分布表

灾种 省份	水灾	旱灾	蝗、虫灾	疫灾	地质灾害	气象灾害	火灾	合计
江苏	99	62	30	2	4	21	21	239
河南	162	114	65	8	24	52	50	475
河北	63	42	59	1	32	19	9	225
山东	57	19	55	0	8	11	2	152
陕西	29	44	19	1	13	18	7	131
山西	7	16	9	0	22	6	4	64
湖北	50	30	4	0	2	4	13	103
四川	49	23	0	5	22	2	12	113
安徽	69	21	27	4	1	7	15	144
甘肃	21	5	1	1	13	5	2	48
内蒙古	7	12	2	0	1	12	4	38
浙江	224	72	35	20	29	71	69	520
辽宁	1	1	3	0	0	0	1	6
湖南	13	19	4	4	3	2	14	59
广东	16	0	0	0	3	9	2	30
广西	7	0	2	0	2	4	7	22
宁夏	0	2	0	0	5	2	0	9
云南	0	0	0	0	0	0	1	1
江西	46	2	2	3	0	2	12	67
福建	51	22	4	0	6	9	13	105
吉林	3	0	1	0	1	0	1	6
黑龙江	2	1	1	0	3	1	1	9
不详	72	16	15	1	9	140	0	253
合计	1 048	523	338	50	203	397	260	2 819①

4. 自然灾害频发是自然因素、社会因素共同作用的结果

宋辽金时期我国气候多变，从隋代开始，历经唐、五代一直到北宋初年，是一个温暖期，其时间大致为公元 600—1000 年。公元 1000 年后，进入历史时期的第三个寒冷期，大致包括北宋中后期到南宋中期以前的一段时间，其具体年代

① 因有的同一次灾害发生在不同省区，我们分别统计，故超出灾害总数（2 115）704 次。

大致是公元1000—1200年。从南宋宁宗时期开始，我国历史时期的气候又进入了一个温暖期，这个温暖期虽然短暂，但其温暖的气候特征却较为明显，其大致时间是公元1200—1300年。[①] 总体来看，在近五千年中的最初两千年，大部分时间的年平均温度高于现在2℃左右。其后，气温有一系列上下摆动，最低温度出现在公元前1000年、公元400年、1200年和1700年，摆动范围为1～2℃。而据气象学家推算，年均气温相差1℃，农作物生长期要相差15～20天，降雨量也要相差50～150毫米，在地理位置上，相当于南北方向上位移250公里；若是气温升高2℃，就意味着黄河流域的气候条件与现在长江流域相当。[②] 可见，宋辽金前后跨越两个温暖期和一个寒冷期。宋初，为第三个温暖期的末期，温暖期特征较为明显，964—969年，连续六年"冬无雪"、淳化二年（991）"冬温，京师无冰"[③] 等记载不绝于书。而北宋中后期至南宋中期的寒冷期，其寒冷特征亦十分明显，如福州荔枝历史上两次全被冻死的情况，一次在1110年，一次在1178年，均在该寒冷期内。[④] 总之，宋辽金时期是五千年来我国气候史上出现的5个气候异常期之一，呈现出气候变化剧烈、奇暖奇寒现象明显的特征，这种大规模的灾害性气候，是该时期灾害频发的一个重要因素。

灾害与人类息息相关，它在一定程度上是人类活动的结果。人类对自然资源大规模、高强度的开发利用，带来了前所未有的经济繁荣。然而，最终自然灾害的暴发又不可避免地反作用于人类，进而影响人类社会的发展。在宋代，随着经济的发展、人口的增多，对土地的需求愈加迫切，垦田开荒也达到了高峰。据统计，宋代，最高时期的垦田数大约为7.2亿亩，这一数字不仅前代未曾达到，即使后来的元明清也未超过此数。[⑤] 宋代，人们的开荒主要集中在河流冲积平原以及靠近水源的平地地区，这里既便于耕作，又便于灌溉，故靠近河流的森林、草坡最先遭到破坏。而随着垦荒的进一步发展，山地丘陵地区也成为开垦的对象，"岭阪之间皆田，层层而上，名梯田"[⑥]，这里的垦荒，势必造成山区丘陵地区植被的破坏，导致水土流失。此外，围湖造田及垦荒辟田，使得湖泊的调节作用大大降低，致使农田"涝则水增益不已，旱则无灌溉之利"[⑦]，这成为长江中下游

---

① 竺可桢：《中国近五千年来气候变迁的初步研究》，载《考古学报》，1972年第1期。

② 张善余：《全球变化和中国历史发展》，载《华东师范大学学报》，1992年第5期。

③ （元）脱脱等：《宋史》卷63《五行二上》，北京：中华书局，1977年，第1384页。

④ 王梨树：《关于荔枝龙眼的研究》，北京：科学出版社，1956年，第66页。

⑤ 漆侠：《中国经济通史·宋代经济卷》（上册），北京：经济日报出版社，1999年，第65页。

⑥ （宋）范成大：《范成大笔记六种》之《骖鸾录》，北京：中华书局，2002年，第65页。

⑦ （宋）李光：《庄简集》之《乞废东南湖田札子》，文津阁四库（377），北京：商务印书馆，2005年，第182页。

地区水旱灾害频繁的一个重要原因。

宋代手工业，尤其是伐木业的发展，也对自然环境造成了严重的破坏。唐宋时期，伐木业已成为一门独立的行业，而建筑、烧炭、造船、制陶、矿冶等与人们生活密切相关的各行业均与其有着密切联系。神宗熙宁二年（1069），范纯仁曾上书：陕府、虢、解等州“每年差夫共约二万人，至西京等处采黄河稍木，令人夫于山中寻逐采斫，多为本处居民于人夫未到之前收采已尽，却致人夫贵价于山中居民处买纳”①。这种大规模的采伐，使不少地方森林资源枯竭，童山秃岭日益增加，如建宁府松溪县瑞应银场，置场冶银之初，周围“皆大林木，不二十年，去场四十里皆童山”②。又如南宋建都临安之后，宫廷建筑和生活方面所需木材量急剧增加，以致“吴越山林之广，不足以供樵苏。虽佳花美竹，填墓之松楸，岁月之间，尽成赤地”③。对于这种大规模采伐所造成的严重后果，北宋的沈括曾经指出：“今齐、鲁间松林尽矣，渐至太行、京西、江南，松山大半皆童矣。”④ 两宋时期，森林的大规模砍伐，破坏了原有的生态环境，加快了自然灾害的发生频率。

战争也是宋辽金时期灾害发生的一大诱因。两宋300余年间，先后与其长期并立的有辽、西夏、金等几个政权，且彼此之间战乱不已，对环境也造成了严重破坏。一方面，战争会对自然资源造成直接破坏，如北宋时欧阳修曾指出：“臣风闻河北、京东诸州军，见修防城器具，民间配率甚多。澶州、濮州地少林木，即今澶州之民为无木植送纳，尽伐桑柘纳官。臣谓农桑是生民衣食之源，租调系国家用度之急，不惟绝其根本……今澶州之民骤罹此苦，岂非长吏非才，处事乖缪所致。兼闻澶州民桑已伐及三四十万。”⑤ 可见，政府因战争需要，不仅大量砍伐树木，连在不准砍伐之列的桑树都被迫砍伐。另一方面，火攻、水攻等非常规方法，常被运用到战争中，一场大战下来，大片森林被焚毁，对当地生态环境的破坏是难以估量的。建炎二年（1128），南宋为阻金兵南下，南宋东京留守杜充在滑县掘开黄河大堤，以黄河水阻挡金兵，结果使黄河发生了一次重大改道。这次改道，不仅造成河南、山东及苏北平原人口的大量死亡，还使淮河水系遭到破坏，使黄河夺淮入海，导致淮河流域灾害频发。此外，为满足军队需要，政府

---

① （宋）范纯仁：《范忠宣集·奏议》卷《条列陕西利害》，文津阁四库（369），北京：商务印书馆，2005年，第254页。

② （宋）赵彦卫：《云麓漫钞》卷2，北京：中华书局，1996年，第27页。

③ （宋）庄绰：《鸡肋编》卷中，北京：中华书局，1983年，第77页。

④ （宋）沈括：《梦溪笔谈》卷24之2《杂志一》，南京：江苏古籍出版社，1999年，第46页。

⑤ （宋）欧阳修：《文忠集》卷103《论乞止绝河北伐民桑柘札子》，文津阁四库（368），北京：商务印书馆，2005年，第616页。

纷纷在边境地区实施屯田。北宋时期的屯田大多在生态环境较为脆弱的黄土高原地区，大规模的垦荒，必然造成植被的破坏，加快水土流失。同时，由于军队的驻地并不固定，军屯往往采取粗放的掠夺式经营，亦后患无穷。[①]

三、宋辽金防灾、救灾措施

宋辽金时期灾害频仍，统治者较为重视救灾工作，在救灾实践中形成了一套较为严密的救灾制度，无论救灾机构的设置、灾害的预防、灾害的应急救助，还是灾后的社会重建，在该时期都已较为成熟。宋代负责救灾的机构有数种，常见的有转运、常平、提刑三司，这是行使救灾权利的主要部门和常设机构。临时负责救灾的有安抚使和廉访使。而州、府、县各级地方长官，则对辖区内的救灾事宜负责。三者之间密切联系又兼具灵活性，共同领导宋代的救灾工作。

就救灾程序而言，主要包括“检灾”和“赈济”两个阶段。“检灾”即检查灾伤。首先，灾害发生后，民户向政府报告灾情，即“民户诉灾”，其有一定的时间限制，太祖开宝三年（970），“诏民诉水、旱灾伤者，夏不得过四月，秋不得过七月”[②]；淳化二年（991）又规定：“夏以四月三十日，秋以八月三十日为限”[③]。“检放”是检灾的第二道程序，即灾情发生后，检查灾伤并根据灾伤程度，确定免除田租比例。而检放的时间，一般不超过四十日，“州县遇有灾伤，差官检放，乞自任受状到公布结果，不得过四十日，从之”[④]。“抄扎”是“检放”的最后一道程序，即灾情发生后，官府派人登记受灾人口的情况，以备进行灾害赈济活动。“抄扎”工作也有时间限制，一般在十月之前完成，至此，检灾工作完成，接下来就是政府具体的救灾活动。其具体措施有：

（一）常态性防灾备荒措施

第一，建立了灾害预报机构司天监和翰林天文院。司天监作为古代政府设立的观测天体运动状况的天文机构，是我国天文科学发展的重要见证。他们根据“垂天象，见吉凶”、“观乎天文，以察时变”的天象观测，结合以往的灾害记录及天象与人事关系的理论，预测将来要发生的事或灾害，以告诫君王。同时，将

---

① 袁祖亮主编，邱云飞著：《中国灾害通史·宋代卷》，郑州：郑州大学出版社，2009 年，第 215～218 页。

② （宋）李焘：《续资治通鉴长编》卷 11“开宝三年七月壬寅条”，北京：中华书局，2004 年，第 247 页。

③ （宋）王栐：《燕翼诒谋录》卷 4《诉水旱立限日》，北京：中华书局，1997 年，第 42 页。

④ （宋）李焘：《续资治通鉴长编》卷 494“元符元年春正月壬午条”，北京：中华书局，2004 年，第 11744 页。

观察到的星象变化送交史馆，继续积累经验。金代在灾害管理方面，也设立了一些专门的赈灾机构，如提刑司、普济院、养济院、惠民司等。

第二，水利工程建设。修筑防灾水利工程方面，北宋设置了专门的水利主管部门都水监及其前身三司河渠司来管理河流堤防事宜、治理水灾及处理善后工作。具体而言，都水监与三司各部门之间还有一定的分工和层次。都水监负责水灾尤其是河患的灾前预防、考察及灾后的抢修和疏导等工作，主要是针对河流本身的管理；三司修造案则负责平时或灾害暴发后京畿地区驻军和官舍房屋的营建，客观上呈现出针对灾后重建工作的倾向。

此外，还出现了专门的火灾管理机构。宋代京畿地区的火灾管理与救助机构大致有三类：皇宫及周围火灾救助由皇宫内部负责安全的宿卫部队即班直来完成；中央机构官署内部的火灾救助主要依靠殿前马步军来完成；居民区的火灾管理制度则较为严格，"将夜分，即灭烛"，并且开封府还出现了专门的救火军队。总之，北宋时期专业灾害管理机构的出现，在北宋的减灾工作中起到了重要作用，在我国古代整个灾害管理的发展史上也占有一定的地位。①

第三，仓储的建设和仓储体系的完善。两宋时期，由于灾荒频发，各种仓储名目繁多，总计达数十种，其中较常见的全国性仓种有常平仓、义仓、惠民仓、广惠仓、丰储仓等。常平仓发端于战国时期，此后历朝历代均有之。宋代经过淳化三年（992）、景德三年（1006）、天禧四年（1020）三次常平仓的设立，除福建外，各路均已设置。义仓之制始于隋代，而宋代则五兴四废，设置无常。在宋代，义仓谷物由民间义务输纳，是由政府管理的民间谷物储备；而其救荒手段最初以赈济为主，无偿发放，直接救荒。此后，随着社会的发展，适时增加了赈贷和赈粜，救济功能增强，救济范围扩大，加之其多设置在乡村，贴近底层，普及程度广，在一定程度上使百姓免遭颠沛流离之苦，减轻了灾害带来的损失。但宋代义仓兴废无常以及管理上的弊端，使其效用也大打折扣。② 惠民仓始设于五代后周，它以"杂配钱分数折粟贮之"③，岁歉时减价粜出，有类似于常平仓之职。宋代时，惠民仓一般隶属于各路转运司，并由其管理。南宋时，惠民仓多由地方官员奏准建立，多为地方官员管理。广惠仓是宋代特有的仓种，是一种以扶危济困为宗旨的经常性慈善赈济机构，其赈济方式有青黄不接之时无偿给贫民供给米粟、灾年平价出售粮食、集中供养贫穷孤寡者等。丰储仓是南宋初建的"以为

---

① 石涛：《北宋时期自然灾害与政府管理体系研究》，北京：社会科学文献出版社，2010 年，第 161～180页。

② 许秀文、阎荣素：《论宋代义仓》，载《河北学刊》，2006 年第 5 期。

③ （元）脱脱等：《宋史》卷 176《食货上四·常平》，北京：中华书局，1977 年，第 4275 页。

饥荒、军旅之备"[①] 的仓种，主要职责在于"备水旱，助军食"，后来也常直接赈济灾民。

宋代，地方性仓种亦有十几种之多。其中，影响较大的有社仓、平籴仓、平止仓、永利仓、平济仓等。社仓在宋代一般指朱熹所创之社仓，称为朱子社仓。朱子社仓由官府向常平司借贷底本，置于乡社，每岁向愿意请贷者放贷，秋后收贷，责息二分。至所获息米超过底本十倍以上，即将底本归还官府，而息米进行敛散。朱子社仓通过官督民办、放贷收息的方法自行积累资金，并将粟米在灾年用于赈济，平年用于扶贫，起到了较好的社会效果。平籴仓是南宋一特有仓种，取平衡粮食价格之意，其以赈粜为主，兼具赈济功能。平止仓是一种地方自筹经费性质的仓种，从时间上看，夏季发贷，冬季收藏，是一种季节性的赈贷仓种。平济仓也是一种官督民办的仓种，其籴本来源于地方官府的节余，仓米储存在巨室，官府不另设粮仓，经营上亦委托巨室"敛散"，官府不参与具体运作。

总之，宋代仓储建设已较为完备，但仓种的性质有所不同。全国性的仓种多建于北宋中前期，多由政府经营管理，多为无偿性赈济；而地方性仓种多建于南宋时期，多由民间出资并由民间进行经营管理，政府仅起到监督作用，其赈济方式多为有偿赈济。这种改变与中央政府对地方控制能力的削弱及地方力量的兴起等因素有关。[②]

（二）灾时赈济措施

宋代的灾时赈济措施已较为完备，具体赈济措施有荒年募兵、以工代赈、赈给、赈贷、赈粜、禁遏籴、蠲免、倚阁、罢官籴、免役、宽刑、劝分、赐度牒等。

第一，荒年募兵，即在灾荒年月，募灾民为兵，以此来赈济灾民。如神宗元丰二年（1079），"以兖、郓、齐、济、滨、棣、德、博民饥，募为兵，以补开封府界、京东西将兵之阙"。神宗元丰三年（1080）亦诏："河北水灾，阙食民甚众，宜寄招补军。"[③] 禁遏籴，即禁止各地组织粮食出境，以此来促进粮食从丰稔之地流向灾荒地区，从而达到赈济灾民的目的。如宝庆三年（1227）监察御史汪刚中言："丰穰之地，谷贱伤农；凶歉之地，济籴无策。惟以其所有余济

① （宋）李心传：《建炎以来朝野杂记（甲集）》卷17《丰储仓》，北京：中华书局，2000年，第389页。

② 袁祖亮主编，邱云飞著：《中国灾害通史·宋代卷》，郑州：郑州大学出版社，2009年，第226～237页。

③ （元）脱脱等：《宋史》卷193《兵志七·召募之制》，北京：中华书局，1977年，第4802、4803页。

其所不足，则饥者不至于贵籴，而农民亦可以得利。乞申严遏籴之禁……从之。"① 倚阁是政府延缓征收应征的赋税，其对象大多是中等以下的人户。

第二，罢官籴，即在灾荒年份暂停政府收购粮食，以此来缓粮价上涨。如大中祥符元年（1008），张昷之"通判常州，常饥，发运使急于官籴，谷益贵。公奏罢籴，而民不流亡"②。这项措施符合价值规律中供求关系对物价的影响原理，实际效果也较为明显。度牒是封建政府发给佛教僧尼的身份凭证，持此可以免除赋税徭役和减免罪罚等。它成为了一种特殊的商品和货币符号。灾害发生后，政府就赐度牒以代替货币，让地方政府出卖筹钱赈济，如：治平四年（1067）十月"庚戌，给陕西转运司度僧牒，令籴谷振霜旱州县"③，熙宁七年（1074）八月丁丑，亦"赐环庆安抚司度僧牒，以募粟振汉蕃饥民"④，这种方式是宋代财政状况恶化情况下的无奈之举。以工代赈、赈给、赈贷、赈粜、蠲免等赈济方式，与前代大致相同。此外，宋代常用的救灾措施，还有驰禁榷、招商等，但不常用。⑤

第三，辽金等少数民族政权在参照宋代救灾制度的基础上，也建立健全了具有自己特色的救灾管理机构和救灾措施。辽代政府的赈灾措施与中原王朝一样，有赈济、蠲免赋税、徭役、贡纳、释囚、移民就食等。入粟补官法是辽代政府赈灾的一个较为特殊的措施，即按照交给国家粮食的数量，补以不同级别的官吏。大安中（1085—1094），"民谷不登，饿死者众，诏行郡国发仓廪，以赈恤之。公进粟2 500斛，以助国用，皇上喜其忠赤，特授右班殿直，累覃至银青崇禄大夫，检校国子祭酒，兼监察御史，云骑尉"⑥；天祚帝时，"屡年困于用兵，应有诸州富民子弟，自愿进军马，人献钱三千贯，特补进士出身"，"诸番部富人进献马，纳粟出身，官各有差"，"辽东失业饥民困踏道路，死者十之八九，有旨令中京、燕、云、平三路诸色人收养，候次年等第推恩"⑦。这种典型的权钱交易、卖官鬻爵、以官换粮的腐败制度，也预示着辽代政权的灭亡已不可挽回。

金代政府则主要是采用了前代较为有效的救灾措施，如：减免租税、赈贷、平价、减价售粮、收购余粮、移民就食及赐予耕牛等。纳粟补官也是金代政府解

---

① （元）脱脱等：《宋史》卷178《食货上六·振恤》，北京：中华书局，1977年，第4343页。

② （宋）蔡襄：《端明集》卷40《光禄卿致仕张公墓志铭》，文津阁四库（364），北京：商务印书馆，2005年，第521页。

③ （元）脱脱等：《宋史》卷14《神宗纪一》，北京：中华书局，1977年，第267页。

④ （元）脱脱等：《宋史》卷15《神宗纪二》，北京：中华书局，1977年，第286页。

⑤ 袁祖亮主编，邱云飞著：《中国灾害通史·宋代卷》，郑州：郑州大学出版社，2009年，第238~247页。

⑥ 向南编：《辽代石刻文编·天祚编·张世卿墓志》，石家庄：河北教育出版社，1995年，第647页。

⑦ （宋）叶隆礼：《契丹国志》卷11《天祚纪中》，上海：上海古籍出版社，1985年，第117页。

决粮食短缺、应对自然灾害的一项举措，如金章宗明昌二年（1191）八月，“乙亥，敕山东、河北阙食等处，许纳粟补官”[①]。而赎身则是灾害发生时，灾民无力自养，只得出卖妻女甚至自身而求活命。灾后，官府往往出资为其赎身，如金熙宗皇统四年（1144），“诏陕西、蒲、解汝、蔡等州岁饥，百姓流落典雇为驱者，官以绢赎为良，丁男三匹，妇人幼小二匹”[②]。官员捐己俸禄往往是少数良吏的个人行为，但也能带动下属，使饥民得到一定的救助。

第四，宋代政府在决策组织具体赈救事宜的同时，还通过祈祷、供奉和一系列政治活动，以期达到消弭灾害的目的。在“弥灾”管理系统中，帝王、宰辅、御史、谏官以及普通百姓都是这一系统的重要组成部分。帝王的弥灾活动有祈祷、祭祀、避殿、求谏、改元、大赦天下、下罪己诏、出宫女、虑囚、减膳、撤乐等。这些“弥灾”活动，在安定民心、稳定社会秩序、传达中央政府思想方面，有着一定的积极作用。但是，我们应该看到，弥灾管理系统是以中国传统统治观念有关灾害与政治之间关系的解释为基础的，它体现的是皇权的神圣不可侵犯。它在整个灾害管理体系中所起的作用是被动的，是政治斗争所产生的连带反应，是北宋中央集权制进一步加强的表现。同时，弥灾活动和观念的存在，为官吏和百姓提供了可以参与国家政治生活的舞台，为臣下监督帝王、僚属监督上级提供了依据，也是统治者调整政策的一种途径。[③]

（三）灾后恢复措施

开仓赈济受灾民众只是政府应急的一时之计。灾荒时，灾民缺乏生活资料和生产资料，常流离失所，导致田地荒芜，为恢复农业生产，宋政府常采取招诱流民复业、放贷、灾后重建等一系列措施恢复灾后生产。复业主要是通过蠲缓、给田、赍送等方法让灾民归乡从事生产，如淳化元年（990），凤翔府，同州、华州、陕州等地大旱，饥民流亡，二年（991）正月，下诏：“令长吏设法招携，有复业者以官仓粟贷之，人五斗，仍给复”[④]；仁宗天圣年间，“诏民流积十年者，其田听人耕，三年而后收赋，减旧额之半；后又诏流民能自复者，赋亦如之。既而又与流民限，百日复业，蠲赋役，五年减旧赋十之八；期尽不至，听他人得耕。至是，每下赦令，辄以招辑流亡、募人耕垦为言。民被灾而流者，又优其蠲复，缓其期招之”[⑤]。

---

① （元）脱脱等：《金史》卷9《章宗纪一》，北京：中华书局，1975年，第219页。

② （元）脱脱等：《金史》卷46《食货志一》，北京：中华书局，1975年，第1033页。

③ 石涛：《北宋时期自然灾害与政府管理体系研究》，北京：社会科学文献出版社，2010年，第151页。

④ （清）徐松辑：《宋会要辑稿》卷14649《食货五七之二》，北京：中华书局，1957年，第5811页。

⑤ （元）脱脱等：《宋史》卷173《食货志上一》，北京：中华书局，1977年，第4164、4165页。

更多的流民还须政府引导复兴。对于宽地之乡，即给流民以闲田，令其就地生产。如天圣七年（1029），宋仁宗下诏河北转运使，“契丹饥民，所过给米，分送唐、邓等州，以闲田处之”①。建炎二年（1128），高宗也曾下诏给沿河灾民以官田和种子。若流民所到之地田地狭少，则以赍送之法遣归原籍，或送往多有闲田旷野之地。所谓赍送，即通过官府的力量，资助流民路费及其他费用，使其能够顺利还乡。如神宗熙宁八年（1075）春正月，“诏所在流民愿归业者，州、县赍送之”。放贷主要是贷给灾民粮食、种子、耕牛、农具等物资。例如，宋太宗至道二年（996），令官仓发粟数十万石，贷给京畿及内郡农民作种子；哲宗绍圣元年（1094）三月，下诏赈京东、河北流民，贷给他们谷、麦种子。总而言之，宋代的荒政给人民带来一些好处，对于恢复和发展生产、保证社会环境的安定都起到了积极作用。

第三节　元代自然灾害与政府应对

一、元代自然灾害概况

（一）元代洪涝灾害及其特征

元代洪涝灾害频发，种类繁多，其90年间，共发生洪涝灾害608次，约每年6.76次。其中，1279—1288年10年间，发生洪涝灾害49次；1289—1298年10年间，发生洪涝灾害119次；1299—1308年10年间，发生洪涝灾害63次；1309—1318年10年间，发生洪涝灾害52次；1319—1328年10年间，发生洪涝灾害149次；1329—1338年10年间，发生洪涝灾害75次；1339—1348年10年间，发生洪涝灾害51次；1349—1358年10年间，发生洪涝灾害30次；1359—1368年10年间，发生洪涝灾害20次。可见，1319—1328年10年间，洪涝灾害次数最多；1289—1298年次之；而元末20年间洪涝灾害相对较少。其间，发生海潮、海溢灾害52次。其具体特征如下：

1. 洪涝灾害的时间分布及特点

从灾害发生的年内分布看，元代洪涝灾害，有些发生时间记载不详，大致统计见表3-3-1：

---

① （元）脱脱等：《宋史》卷9《仁宗纪一》，北京：中华书局，1977年，第186页。

表 3-3-1　元代洪涝灾害年内分布表

季节	春季				夏季				秋季				冬季			不详
月份	1	2	3	春	4	5	6	夏	7	8	9	秋	10	11	12	
灾次	22	25	17	1	30	73	122	2	124	55	34	12	28	17	16	30
百分比（%）	3.62	4.11	2.80	0.16	4.93	12.01	20.07	0.33	20.39	9.05	5.59	1.97	4.61	2.80	2.63	4.93
合计	65（10.69%）				227（37.34%）				225（37.01%）				61（10.03%）			30（4.93%）

通过以上统计可看出，元代洪涝灾害主要发生在夏、秋两季。夏季发生洪涝灾害227次，约占总数的37.34%；秋季发生洪涝灾害225次，约占总数的37.01%。夏、秋两季共发生洪涝灾害452次，约占总数的74.34%。按具体月份而言，又以5、6、7月为高峰，这3个月共计洪涝灾害319次，约占总数的52.47%，这与洪涝灾害形成的原因有关。夏、冬季风的锋面雨带和台风是直接引发暴雨的重要天气系统，也是我国洪涝灾害发生的重要原因，而两者的多发期多在夏、秋季节。

2. 洪涝灾害的空间分布规律

在有地域记载的900余次洪涝灾害中，今河北、京津地区196次；山东144次；河南118次；江苏87次；浙江61次；湖北45次；安徽44次；湖南38次；江西37次；辽宁28次；山西26次；广东22次；福建19次；陕西、甘肃、广西各13次；吉林、内蒙古各10次；黑龙江8次；四川5次；宁夏4次；云南1次；不详者4次。52次灾害性海溢、海潮中，36次发生在今浙江，11次在江苏，4次在广东，不详者1次。从大的范围来看，绝大多数洪涝灾害主要发生在北方，灾害的高发期更是集中在北方。具体而言，河南、山东、河北所在的黄河中下游地区及江苏、安徽、浙江所在的江淮地区是元代洪涝灾害的主要发生地，而湖北、湖南、江西等长江中下游地区的水灾也较为频繁。从洪涝灾害发生的水系来看，元代水灾最频繁的是海河和黄河流域，其次是长江流域。海洋灾害则主要集中于东海，即今天的长江三角洲和杭州湾一带。①

3. 洪涝灾害的等级及危害

灾害等级是按受灾面积和灾害程度对灾情进行的划分，是反映灾害强度的重要因素。我们根据史料对灾害的描述、灾害持续的时间、受灾面积、灾害的影响、人口死亡等几个因素，大致将元代洪涝灾害分为四个等级，见表3-3-2：

① 袁祖亮主编，和付强著：《中国灾害通史·元代卷》，郑州：郑州大学出版社，2009年，第125页。

表 3-3-2 元代洪涝灾害等级分类表

等级	主要表现	频次
微涝	1~5 个州，仅记河溢、水、大雨、无灾情记载或害稼、坏庐舍、有死者	310
一般水灾	6~10 个州，河徙、水、害稼，坏屋 1 000 家以下，死亡 1 000 人以下	138
大洪灾	1 省或 11~20 个州，暴溢，人饥，米贵，坏屋 1 000~10 000 家，死亡 1 000~5 000 人	92
特大洪涝	2 个省或 20 个州以上，河暴溢，漂没殆尽，大饥，人相食，漂 10 000 家以上，死亡 5 000 人以上	68

从上表可以看出，元代洪涝灾害主要以微涝和一般水灾为主，两者共计 448 次，约占总数的 73.68%；大洪灾、特大洪涝共计 160 次，约占总数的 26.32%。

洪涝灾害的危害极大，或造成农业减产，如：至元二十三年（1286）六月，“杭州、平江二路属县水，坏民田一万七千二百顷”①；或造成人员、牲畜伤亡及建筑物的损坏，如：大德五年（1301）七月“戊戌朔，昼晦，暴风起东北，雨雹兼发，江湖泛溢，东起通、泰、崇明，西尽真州，民被灾死者不可胜计”②，大德五年（1301）八月平滦路言：“六月九日霖雨，至十五日夜，滦河与淝、洳三河并溢，冲圮城东西二处旧护城堤、东西南三面城墙，横流入城，漂郭外三关濒河及在城官民屋庐、粮物，没田苗，溺人畜，死者甚众。而雨犹不止，至二十四日夜，滦、漆、淝、洳诸河水复涨入城，余屋漂荡殆尽。”③ 延祐三年（1316）七月，“婺源州雨水，溺死者五千三百余人”④ 等。严重的洪涝灾害还会引起饥荒、瘟疫、物价上涨、人口流亡等一系列社会问题，如：至元二十五年（1288），尚书省臣言：“近以江淮饥，命行省赈之，吏与富民因缘为奸，多不及于贫者，今杭、苏、湖、秀四州复大水，民鬻妻女易食，请辍上供米二十万石，审其贫者赈之”⑤；泰定帝三年（1326）“辽东大水，谷贵民饥”⑥；至正四年（1344）五月，“济宁路兖州、汴梁、鄢陵、通许、陈留、临颍等县大水害稼，

① （明）宋濂等：《元史》卷 50《五行志一》，北京：中华书局，1976 年，第 1051 页。
② （明）宋濂等：《元史》卷 20《成宗纪三》，北京：中华书局，1976 年，第 435 页。
③ （明）宋濂等：《元史》卷 64《河渠志》，北京：中华书局，1976 年，第 1603 页。
④ （明）宋濂等：《元史》卷 50《五行志一》，北京：中华书局，1976 年，第 1055 页。
⑤ （明）宋濂等：《元史》卷 15《世祖纪十二》，北京：中华书局，1976 年，第 311 页。
⑥ （元）苏天爵：《滋溪文稿》卷 23《行状》，文津阁四库（405），北京：商务印书馆，2005 年，第 592 页。

人相食”① 等。此外，洪涝灾害对交通运输的畅通、生态环境的恶化及地质灾害、疫灾、蝗灾等亦有一定的影响。

（二）干旱灾害及其特征

元代的干旱灾害亦较为严重，元代90年间，共发生干旱灾害219次，约每年2.43次。其中，1279—1288年10年间，发生干旱灾害16次；1289—1298年10年间，发生干旱灾害36次；1299—1308年10年间，发生干旱灾害25次；1309—1318年10年间，发生干旱灾害14次；1319—1328年10年间，发生干旱灾害53次；1329—1338年10年间，发生干旱灾害44次；1339—1348年10年间，发生干旱灾害13次；1349—1358年10年间，发生干旱灾害10次；1359—1368年10年间，发生干旱灾害8次。可见，1319—1338年20年间，发生干旱灾害次数较多；1289—1308年20年间次之；而元末20年间干旱灾害相对较少。其具体特征如下：

1. 干旱灾害的时间分布及特点

从灾害发生的年内分布看，元代干旱灾害，有些发生时间记载不详，大致统计见表3－3－3：

表3－3－3　元代干旱灾害年内分布表

季节	春季				夏季				秋季				冬季			不详
月份	1	2	3	春	4	5	6	夏	7	8	9	秋	10	11	12	
灾次	5	8	13	2	13	24	30	10	20	16	14	4	7	13	9	31
百分比（%）	2.28	3.65	5.94	0.91	5.94	10.96	13.70	4.56	9.13	7.31	6.39	1.83	3.20	5.94	4.11	14.16
合计	28（12.79%）				77（35.16%）				54（24.66%）				29（13.24%）			31（14.16%）

从上表可以看出，夏季发生干旱灾害77次，是元代干旱灾害的高发季节，约占该时期干旱灾害总数的35.16%；其次为秋季54次，约占旱灾总数的24.66%；春、冬季节较少且差别不大，各约占旱灾总数的13%。从具体月份来看，5、6、7、8月旱灾发生较多，这4个月共发生90次，约占旱灾总数的41.10%。总之，夏季及夏秋之交是干旱灾害比较严重的时期，这与我国大陆性季风气候的特点有关。元代旱灾主要发生在我国东部地区，受季风气候影响，

① （明）宋濂等：《元史》卷51《五行志二》，北京：中华书局，1976年，第1095页。

春、冬季降水较少，而春季气温回升快，水分蒸发强，容易造成旱灾。而夏季、秋初高温、炎热，加之雨季来临得过晚或结束得过早，也会形成旱灾。

2. 干旱灾害的空间分布规律

在有地域记载的近300次干旱灾害中，河北44次；河南34次；山东33次；山西23次；江苏18次；安徽、湖北各17次；陕西15次；浙江14次；内蒙古12次；湖南、甘肃各11次；辽宁10次；广东、广西、江西各7次；宁夏、黑龙江、吉林各3次；云南2次；福建1次；不详者3次。从大的范围来看，干旱灾害主要发生在北方，灾害的高发期更是集中在北方；从东部、西部来看，西部的干旱情况远没有东部严重。可见，所谓的灾害和自然条件的恶劣与否不是一回事，灾害也是人类社会生产的伴生物。具体而言，元代干旱灾害以黄河中下游地区最为严重，其次为江淮地区。

3. 干旱灾害的等级及危害

我们根据史料对干旱灾害属性的描述、降水量偏少程度、受旱面积、持续时间、灾情描述、所引起的一系列社会问题等，将元代旱灾大致分为四个等级，见表3－3－4：

表3－3－4　元代干旱灾害等级分类表

等级	主要表现	频次
微旱	1～5个州，1～3个月，一季，旱，雩，大雩，不雨，未记灾害后果	151
一般旱灾	6～10个州，4～6个月，两季，大旱，旱甚，无雨雪，伤稼，井泉竭，引发蝗灾	23
大旱灾	1个省或11～20个州，7～9个月，三季，河竭，久旱，大蝗，饥馑，谷贵，人有死者	28
特大旱灾	2个省或20个州以上，10个月以上，四季，赤地千里，大蝗，大饥，死者甚众，人相食	17

从上表可以看出，元代旱灾以微旱和一般旱灾为主，两者共174次，约占旱灾总数的79.45%；大旱灾28次，约占总数的12.79%；特大旱灾17次，约占总数的7.76%。

水是农业之源，旱灾的发生往往对农作物的生长造成影响，如：世祖至元二十四年（1287），“平阳春旱，二麦枯死，秋种不入土”①；顺帝至元六年

① （明）宋濂等：《元史》卷14《世祖纪十一》，北京：中华书局，1976年，第303页。

(1340) 夏，“广东南雄府旱，自二月不雨至于五月，种不入土”① 等。干旱灾害的发生，往往还会引起蝗灾，使灾害的危害程度进一步加大，如：世祖至顺二年(1331) 四月，“衡州路属县比岁旱蝗，仍大水，民食草木殆尽，又疫疠，死者十九”②；元统二年（1334）六月，“大宁、广宁、辽阳、开元、沈阳、懿州水旱蝗，大饥”③ 等。严重的旱灾还会造成粮价暴涨、饥荒、人口流亡、卖儿鬻女乃至人相食等严重的社会问题，如：世祖至元二十五年（1288）二月，“盖州旱，民饥”④；大德七年（1303），“时台州旱，民饥，道殣相望”⑤；至正十八年(1358) 春，“蓟州旱，莒州、滨州、般阳、滋川县、霍州、鄜州、凤翔、岐山县春夏皆大旱，莒州家人自相食，岐山人相食”⑥ 等。

(三) 生物灾害及其特征

1. 蝗灾、虫灾

生物灾害包括蝗灾、虫灾、疫灾等，其中蝗灾、虫灾危害甚重。元代90年间，共发生蝗灾、虫灾189次，每年2.1次，其中，1279—1288年10年间，发生生物灾害16次；1289—1298年10年间，发生生物灾害27次；1299—1308年10年间，发生生物灾害35次；1309—1318年10年间，发生生物灾害12次；1319—1328年10年间，发生生物灾害38次；1329—1338年10年间，发生生物灾害39次；1339—1348年10年间，发生生物灾害2次；1349—1358年10年间，发生生物灾害5次；1359—1368年10年间，发生生物灾害15次。可见，1319—1338年20年间，发生生物灾害次数较多；1289—1308年20年间次之；而1339—1358年20年间生物灾害相对较少。其具体特征如下：

(1) 蝗灾、虫灾的时间分布及特点。

从灾害发生的年内分布看，元代蝗灾、虫灾，有的记至月份、有的记至季节，有的发生时间记载不详，大致统计见表3-3-5：

---

① (明) 宋濂等：《元史》卷51《五行志二》，北京：中华书局，1976年，第1106页。
② (明) 宋濂等：《元史》卷35《文宗纪四》，北京：中华书局，1976年，第784页。
③ (明) 宋濂等：《元史》卷38《顺帝纪一》，北京：中华书局，1976年，第823页。
④ (明) 宋濂等：《元史》卷15《世祖纪十二》，北京：中华书局，1976年，第309页。
⑤ (明) 宋濂等：《元史》卷190《儒学二·陈孚》，北京：中华书局，1976年，第4339页。
⑥ (明) 宋濂等：《元史》卷51《五行志二》，北京：中华书局，1976年，第1107页。

表 3－3－5　元代蝗灾、虫灾年内分布表

季节	春季			夏季				秋季				冬季			不详
月份	2	3	春	4	5	6	夏	7	8	9	秋	10	11	12	
灾次	5	5	1	26	28	49	1	32	18	3	3	1	1	3	13
百分比（%）	2.65	2.65	0.53	13.76	14.81	25.93	0.53	16.93	9.52	1.59	1.59	0.53	0.53	1.59	6.88
合计	11（5.82%）			104（55.03%）				56（29.63%）				5（2.65%）			13（6.88%）

从上表可以看出，元代有明确月份记载的170余次蝗灾、虫灾中，6月49次、7月32次、5月28次、4月26次，这4个月共计135次，约占灾害总数的71.43%。从季节分布来看，夏季发生蝗灾、虫灾104次，约占总数的55.03%；秋季发生56次，约占总数的29.63%；夏、秋两季共计160次，约占灾害总数的84.66%。可见，夏、秋季节是蝗灾发生的主要时期，这种年内分布状况的形成，与夏、秋季节气温较高，特别是干旱的多发有关。蝗灾之发生与旱灾有很高的相关程度，大的蝗灾往往出现在旱灾之后，旱、蝗、饥相随的记载很多。同时，元朝由于自然和人为原因，黄河流域和海河流域排水不畅，河道不断改道绝溢，留下了大量的潜水湖泊或废旧的河道湖泊。这些地方，一旦雨水丰沛，就会出现大量的水草湿地，给蝗虫造就了理想的繁衍基地。总之，在温度、湿度、土壤适宜和食物充足的情况下，蝗灾的发生在所难免。

（2）蝗灾、虫灾的空间分布规律。

元代有地域记载的近300次蝗、虫灾中，河北、京津地区发生了72次；河南60次；山东56次；江苏20次；安徽19次；山西12次；陕西11次；湖北7次；湖南、辽宁各6次；甘肃4次；浙江、广西各3次；内蒙古、江西各2次；贵州、新疆各1次；不详者2次。可见，元代蝗灾分布较广，其大致分布地域有：以大都河间为中心的海河与御河交汇地区；以益都为中心的黄河泛滥区；以归德、汴梁为中心的黄河新泛滥区；以庐州为中心的淮河与黄河交汇后的下游地区；以平阳为中心的汾河下游地区；以奉元为中心的渭河下游地区；以辽阳为中心的辽河下游地区。具体而言，蝗灾基本上都是在黄河泛滥的范围内发生，灾情严重时再向四周扩散，且都发生在河流下游的低洼平原地带，或在湖泊四周和诸河交汇地区。[①] 这是因为黄河中下游地区春旱少雨的大环境正好孕育了第一代蝗虫，而6、7月份虽降雨集中，但由于夏季温度高、蒸发快，一般的降雨不会对

① 袁祖亮主编，和付强著：《中国灾害通史·元代卷》，郑州：郑州大学出版社，2009年，第203页。

蝗卵构成威胁，第一代蝗虫此时下卵；8、9月份持续高温，又成为第二代蝗虫发生的重要条件，故今河北、山东、河南、江苏、安徽等地是蝗灾的高发区。

(3) 蝗灾、虫灾的等级及危害。

元代蝗灾、虫灾不仅次数多，而且具有成灾面积广、灾情严重、对社会危害大的特点。我们根据蝗灾、虫灾的有关记载，结合《中国蝗灾史》的分类标准，对元代蝗灾、虫灾进行了等级分类，见表3-3-6：

表3-3-6 元代蝗灾、虫灾等级分类表

特征 等级	受灾区域大小	扩散区	收成影响	赋税影响	史料描述
一级	发生点分散	无	影响较小	影响较小	蝗
二级	1个或2个蝗区	无	影响不大	影响不大	蝗
三级	2个或以上蝗区	有	严重，收成在两成至五成	严重	大蝗
四级	全国各蝗区	有	严重，绝收或两成以下	严重	大蝗，国家赈恤

据以上标准，元代有一级蝗灾、虫灾99次，二级蝗灾、虫灾54次，三级蝗灾、虫灾19次，四级蝗灾、虫灾17次。可见，元代蝗灾、虫灾以一、二级为主，两者多达153次，占总数的80.95%。

蝗灾、虫灾的发生轻则对农作物生长造成影响，如：世祖至元十八年(1281)，"别十八里城东三百余里蝗害麦"①；至元二十二年（1285）六月，"马湖部田鼠食稼殆尽"②；至元二十九年（1292）五月，"真定之中山、新乐、平山、获鹿、元氏、灵寿，河间之沧州、无棣，景之阜城、东光，益都之潍州、北海县，有虫食桑叶尽，无蚕"③；天历二年（1329）二月，"真定平山县、河间临津等县、大名、魏县，有虫食桑，叶尽，虫俱死"④ 等。严重的蝗灾则造成物价上涨，甚至引起饥荒乃至人口死亡等严重的社会问题，如：至大元年（1308）二月，"汝宁、归德二路旱、蝗，民饥"⑤；至正十九年（1359），"大都、霸州、通州……及汴梁之祥符、原武、鄢陵、扶沟、杞、尉氏、洧川七县，郑之荥阳、汜水，许之长葛、郾城、襄城、临颍，钧之新郑、密县，皆蝗，食禾稼草木俱

① （明）宋濂等：《元史》卷12《世祖纪》，北京：中华书局，1976年，第243页。
② （明）宋濂等：《元史》卷13《世祖纪十》，北京：中华书局，1976年，第277页。
③ （明）宋濂等：《元史》卷17《世祖纪十四》，北京：中华书局，1976年，第363页。
④ （明）宋濂等：《元史》卷33《文宗纪二》，北京：中华书局，1976年，第731页。
⑤ （明）宋濂等：《元史》卷22《武宗纪一》，北京：中华书局，1976年，第495页。

尽。所至蔽日，碍人马不能行，填坑堑皆盈。饥民捕蝗以为食，或曝干而积之。又罄，则人相食。七月，淮安清河县飞蝗蔽天，自西北来，凡经七日，禾稼俱尽”① 等。

2. 疫灾

元代90年间，共发生疫灾49次，大约每1.8年1次。其中，1279—1288年10年间，发生疫灾1次；1289—1298年10年间，发生疫灾9次；1299—1308年10年间，发生疫灾3次；1309—1318年10年间，发生疫灾3次；1319—1328年10年间，发生疫灾8次；1329—1338年10年间，发生疫灾9次；1339—1348年10年间，发生疫灾2次；1349—1358年10年间，发生疫灾10次；1359—1368年10年间，发生疫灾4次。可见，1349—1358年10年间，发生疫灾次数较多；1319—1338年20年间次之；而1359—1368年10年间疫灾次数相对较少。其具体特征如下：

（1）疫灾的时空分布及特点。

从灾害发生的年内分布看，元代疫灾，有的记至月份、有的记至季节、有的发生时间记载不详，大致统计见表3-3-7：

表3-3-7　元代疫灾年内分布表

季节	春季				夏季				秋季			冬季			不详
月份	1	2	3	春	4	5	6	夏	8	9	秋	10	11	12	
灾次	2	2	2	3	3	1	3	4	4	1	1	1	1	5	16
百分比（%）	4.08	4.08	4.08	6.12	6.12	2.04	6.12	8.16	8.16	2.04	2.04	2.04	2.04	10.20	32.65
合计	9（18.37%）				11（22.45%）				6（12.24%）			7（14.29%）			16（32.65%）

从上表可以看出，在有月份或季节记载的33次疫灾中，记至夏季者4次，春季者3次；记至月份者：12月5次，8月4次，4月、6月各3次。总之，夏季发生疫灾11次，是元代疫灾多发期，其次为春季。这与夏季湿热的气候容易造成细菌的滋生、传播等因素有关。同时，该时期的疫灾主要是鼠疫、天花、痢疾、疟疾等疫病流行所致，而这些疾病也主要在农历的夏季流行。此外，战争也是元朝疫灾发生的主要原因。蒙古军队几乎横扫欧亚大陆，一方面将疫病从东方带到西方，另一方面也将疫灾从西方带到东方；蒙古人的屠城杀戮式征服，造成

① （明）宋濂等：《元史》卷51《五行志二》，北京：中华书局，1976年，第1108页。

的尸体遍野，也有利于疫病的滋生、传播。战争的随机性，也使疫灾发生的不确定性因素大大增加，使其时间分布的规律性不甚明显。

元代有地点记载的50余次疫灾中，山东11次；河北8次；河南6次；浙江5次；江苏4次；山西3次；湖南、湖北、广东、广西、陕西、甘肃各2次；安徽、江西、内蒙古、云南、贵州、四川各1次；不详者2次。可见，元代疫灾主要发生在北方地区，这也与元朝的战争大多在北方有关。

（2）疫灾的等级及危害。

我们根据疫灾的波及面积及造成的危害，对元代疫灾进行初步分类，具体见表3－3－8：

表3－3－8 元代疫灾等级分类表

等级	主要表现	频次
微灾	灾区为1～5个州，记“疫”，无灾情记录	22
一般疫灾	灾区为5～10个州，有灾情后果；或某行省，记“大疫”，无灾情记录	9
大疫灾	灾区为2个行省以上，无灾情记录；“大疫”，死者1 000人以下	8
特大疫灾	灾区2个行省以上，灾情特别严重，死者1 000人以上，死者过半，牲畜多疫死	10

从上表可以看出，元代疫灾中，微灾和一般疫灾共计31次，约占疫灾总数的63.27%；而大疫灾、特大疫灾共计18次，约占疫灾总数的36.73%。

疫灾往往与水、旱、震、蝗等其他灾害相伴而生，加重了灾害的严重程度。疫灾造成的最直接后果是人口的大量死亡，如：至大元年（1308）春，“绍兴、庆元、台州疫死者二万六千余人”①；天历二年（1329），“近因奉元亢旱，五载失稔，人皆相食，流移疫死者十七八”②；至顺二年（1331）四月，“衡州路属县比岁旱蝗，仍大水，民食草木殆尽，又疫疠，死者十九”③；至正十四年（1354），“武昌自十二年为沔冦所残毁，民死于兵疫者十六七，而大江上下，皆剧盗阻绝，米直翔涌，民心惶惶”④ 等。可见，疫灾使人口减少，劳动力丧失，土地抛荒，农业绝产，商业萧条，从而影响了社会生产的发展。此外，疫灾的发生，尤其是军队中士兵的大量伤亡，在很大程度上影响了战争的进程，最终影响

① （明）宋濂等：《元史》卷50《五行志一》，北京：中华书局，1976年，第1080页。
② （明）宋濂等：《元史》卷65《河渠志二》，北京：中华书局，1976年，第1631页。
③ （明）宋濂等：《元史》卷35《文宗纪四》，北京：中华书局，1976年，第784页。
④ （明）宋濂等：《元史》卷186《成遵传》，北京：中华书局，1976年，第4281页。

了社会的安定，甚至危及政权的稳固。

（四）地质灾害及其特征

元代90年间，共发生地震165次，山崩、地陷灾害59次，共计地质灾害224次，大约每年2.5次。其中，1279—1288年10年间，发生地质灾害3次；1289—1298年10年间，发生地质灾害11次；1299—1308年10年间，发生地质灾害18次；1309—1318年10年间，发生地质灾害28次；1319—1328年10年间，发生地质灾害32次；1329—1338年10年间，发生地质灾害41次；1339—1348年10年间，发生地质灾害33次；1349—1358年10年间，发生地质灾害36次；1359—1368年10年间，发生地质灾害22次。可见，1329—1338年10年间，发生地质灾害次数最多；1349—1358年10年间次之；而1279—1288年10年间相对较少。其具体特征如下：

1. 地质灾害的时间分布及特点

从地质灾害的年内分布来看，有时间记载的150余次地震灾害中，春季发生了33次，夏季39次，秋季52次，冬季35次，夏、秋两季发生相对较多。按具体月份而言，8月24次；7月、12月各18次；6月17次；2月14次，这5个月共发生地震91次，占该时期地震总数的55.15%，是地震的高发期。在有时间记载的50余次山崩、地陷灾害中，春季6次，夏季21次，秋季20次，冬季10次。夏、秋两季共41次，约占该时期山崩、地陷灾害总数的69.49%，而春、冬两季相对较少。按具体月份而言，6、7月各12次，5月8次，8月7次，这4个月共发生山崩、地陷灾害39次，占该时期山崩、地陷灾害总数的66.10%。总体而言，夏、秋两季共发生地质灾害132次，占该时期地质灾害总数的58.93%，是地质灾害的高发期。其具体年内分布情况见表3－3－9：

表3－3－9　元代地质灾害年内分布表

季节/灾种	春季				夏季			秋季			冬季			不详
	1	2	3	春	4	5	6	7	8	9	10	11	12	
地震	9	14	9	1	12	10	17	18	24	10	8	9	18	6
崩陷	1	2	3	0	1	8	12	12	7	1	4	3	3	2
百分比（%）	4.46	7.14	5.36	0.45	5.80	8.04	12.95	13.39	13.84	4.91	5.36	5.36	9.36	3.57
合计	39（17.41%）				60（26.79%）			72（32.14%）			45（20.09%）			8（3.57%）

2. 地质灾害的空间分布规律

元代有地域记载的地震灾害中，山西28次；河北、京津地区25次；甘肃23次；山东13次；陕西、辽宁各9次；福建8次；河南、安徽、浙江各6次；广东5次；宁夏、内蒙古、江西各4次；湖北、江苏各3次；云南、广西各2次；四川、贵州各1次，不详者10次。有地域记载的山崩、地陷灾害中，甘肃20次；山东、浙江各5次；广西、安徽各4次；陕西、山西、福建、江西各3次；湖南、广东各2次；湖北、宁夏、江苏、河北、四川各1次。可见，地质灾害主要发生在东西走向的阴山山脉和秦岭，南北走向的太行山山脉、泰山山脉，以及浙江、福建省内的南北走向的山脉。其中以燕山山脉、太行山山脉和秦岭构成的“Z”字形山带地质灾害最为严重，即今山西、河北地区。①

3. 地质灾害的等级及危害

根据史料的描述和灾区面积的大小，将元代地质灾害大致分为四个等级，见表3－3－10：

表3－3－10 元代地质灾害等级分类表

等级	主要表现	频次
微灾	1个州、府、县，只记“震”或“微震”或“山崩”，无灾害后果	142
一般地质灾害	2～5个州，无灾害后果，或1个州草树摇，屋瓦坠，坏庐舍，有死伤者，或有余震	41
大地质灾害	5个州以上，或某行省，大震，有声如雷，地裂水涌，江溢，庐舍多坏，杀人1～1 000	22
特大地质灾害	2个行省以上，或1个省大震，山裂水涌，坏庐舍殆尽，死亡1 000人以上，或死者甚众	19

从上表可以看出，元代地质灾害以微灾和一般地质灾害为主，两者共计183次，约占该时期地质灾害总数的81.70%；大、特大地质灾害共41次，约占地质灾害总数的18.30%。

虽然大地质灾害、特大地质灾害所占比例较小，但危害性极大。它或造成建筑物的破坏，或改变地形、改变局部地区的河流走向，甚至导致河堤崩塌，直接造成水灾。如：世祖至元二十七年（1290），“是岁地震，北京尤甚，地陷，黑沙水涌出，人死伤数十万，帝深忧之”②；大德九年（1305）四月，大同路地震，“有声如雷，坏官民庐舍五千余间，压死二千余人。怀仁县地裂二所，涌水尽

① 袁祖亮主编，和付强著：《中国灾害通史·元代卷》，郑州：郑州大学出版社，2009年，第163页。
② （明）宋濂等：《元史》卷172《赵梦頫传》，北京：中华书局，1976年，第4020页。

黑，漂出松柏、朽木，遣使以钞四千锭，米二万五千余石赈之。是年租赋、税课、徭役一切除免”①；至正三年（1343）二月，“秦州成纪县，巩昌府宁远、伏羌县山崩，水涌，溺死无算”② 等。或造成人员伤亡，如：世祖至元二十七年（1290）八月，“癸巳，地大震，武平尤甚，压死按察司官及总管府王连等及民七千二百二十人，坏仓库局四百八十间，民居不可胜计”③；大德七年（1303）八月，“辛卯，夜地震，平阳、太原尤甚，村堡移徙，地裂成渠，人民压死不可胜计”；大德十年（1306）八月，“开成路地震，王宫及官民庐舍皆坏，压死故秦王妃也里完等五千余人”④ 等。

（五）气象灾害及其特征

元代90年间，发生风灾29次；雹灾141次；霜、雪、冻灾75次；沙尘灾害10次；共计气象灾害255次，大约每年2.83次。其中，1279—1288年10年间，发生气象灾害25次；1289—1298年10年间，发生气象灾害32次；1299—1308年10年间，发生气象灾害26次；1309—1318年10年间，发生气象灾害29次；1319—1328年10年间，发生气象灾害58次；1329—1338年10年间，发生气象灾害28次；1339—1348年10年间，发生气象灾害20次；1349—1358年10年间，发生气象灾害15次；1359—1368年10年间，发生气象灾害22次。可见，1319—1328年10年间，发生气象灾害最多；1289—1298年10年间次之；1349—1358年10年间最少。其具体特征如下：

1. 气象灾害的时间分布及特点

在有时间记载的20余次风灾中，春季发生了4次，夏季8次，秋季9次，冬季1次，夏、秋季相对较多，冬季较少。具体月份而言，7月5次，5月、8月各4次，6月3次，这4个月共发生风灾16次，占该时期风灾总数的55.2%。在有时间记载的130余次雹灾中，春季11次，夏季77次，秋季45次，冬季3次，夏季雹灾较多，占总数的54.6%。在有时间记载的近70次霜、雪、冻灾害中，春季20次，夏季15次，秋季28次，冬季5次，春、秋季节霜、雪、冻灾害较为严重。有时间记载的10次沙尘灾害中，春季6次，夏季2次，冬季2次，春季相对较多。按具体月份而言，3月4次，2月、4月各2次，这3个月共计8次，占沙尘灾害总数的80%。其年内分布见表3-3-11：

---

① （明）宋濂等：《元史》卷21《成宗纪四》，北京：中华书局，1976年，第463页。
② （明）宋濂等：《元史》卷41《顺帝纪四》，北京：中华书局，1976年，第867页。
③ （明）宋濂等：《元史》卷16《世祖纪十三》，北京：中华书局，1976年，第339页。
④ （明）宋濂等：《元史》卷21《成宗纪四》，北京：中华书局，1976年，第454、471页。

表 3－3－11　元代气象灾害年内分布表

季节 灾种	春季				夏季				秋季				冬季				不详
	1	2	3	春	4	5	6	夏	7	8	9	秋	10	11	12	冬	
风灾	2	1	1	0	1	4	3	0	5	4	0	0	0	0	1	0	7
雹灾	0	6	5	0	19	28	29	1	25	16	4	0	0	0	3	0	5
冷冻灾	1	4	15	0	7	6	2	0	11	10	6	1	0	4	1	0	7
沙尘	0	2	4	0	2	0	0	0	0	0	0	0	1	0	1	0	0
合计	41（16.08%）				102（40%）				82（32.16%）				11（4.31%）				19（7.45%）

2. 气象灾害的空间分布规律

在有地点记载的30余次风灾中，河北10次，陕西8次，河南7次，辽宁4次，内蒙古2次，山东、甘肃、云南、广西、浙江各1次，不详者1次，以河北、陕西、河南为多。在有地点记载的170余次雹灾中，河北36次，山西31次，山东22次，河南18次，陕西15次，甘肃14次，内蒙古10次，辽宁9次，江苏、安徽、黑龙江、吉林、贵州各3次，广东、江西各2次，浙江、湖北各1次，不详者1次。可见，雹灾主要分布在陕西行省的金州巩昌府、平凉庆阳、奉元至延安；中书省和河南行省的兴和、大同、冀宁、晋宁，大都、真定、彰德及河南汴梁路，中书省的永平及辽阳行省的大宁、广宁、开元、辽阳诸路。这些降雹区大多为南北条带状，主要是受山脉、河流走向的影响，沿山脉择河谷而行。①

在有地点记载的90余次霜、雪、冻灾害中，河北16次，山东、内蒙古各13次，陕西、山西各10次，河南9次，辽宁7次，甘肃6次，宁夏3次，江苏、浙江、安徽、湖南、江西、黑龙江各1次，不详者2次。可见，霜、雪、冻灾主要出现在我国北方，在北方又以西部为多，东部以山东为多；另外中部、北部的霜冻灾害也较多。大致来说，霜冻灾害主要集中在两个区域，一是由蒙古高原翻过燕山山脉，涉及今天河北、辽宁东部、山东这一区域；一是今天山西、陕西、宁夏和甘肃一带，也就是秦岭和太行山构成的西部地理单元。② 10次沙尘灾害中，山西、江西各2次，河北、河南各1次，不详者4次。

3. 气象灾害的危害

气象灾害给社会生活造成了极大的危害。首先，造成建筑物的损坏及植被、农作物的损害，如：世祖至元二十年（1283）正月，“汴梁延津、封丘二县大风，麦苗尽拔”、至元二十一年（1284）三月“山东陨霜杀桑，蚕尽死，被灾者

① 王培华：《元代北方灾荒与救济》，北京：北京师范大学出版社，2010年，第119页。

② 袁祖亮主编，和付强著：《中国灾害通史·元代卷》，郑州：郑州大学出版社，2009年，第206页。

三万余家”、延祐七年（1320）八月“延津县大风，昼晦，桑陨者十八九”[①]、大德八年（1304）五月“蔚州之灵仙，太原之阳曲，隆兴之天城、怀安，大同之白登，大风雨雹，伤稼，人有死者”[②]、至正十三年（1353）五月“乙丑，浔州飓风大作，坏官舍民居，屋瓦门扉皆飘扬七里之外”[③] 等；其次，气象灾害对牲畜及人们的生命安全造成极大影响，如：大德十年（1306）二月“大同暴风大雪，坏民庐舍，明日雨沙阴霾，马牛多毙，人亦有死者”[④]、延祐元年（1314）六月“宣平、仁寿、白登县雹损稼，伤人畜”[⑤] 等；再次，气象灾害在影响作物生产、危及人畜生命的同时，往往也会造成饥荒乃至人相食等严重的社会问题，如：延祐间（1314—1320）“朔漠大风雪，羊马驼畜尽死，人民流散，以子女鬻人为奴婢”[⑥]、顺帝至元元年（1335）三月“河州路大雪十日，深八尺，牛、羊、驼马冻死者十九，民大饥”、七月“西和州、徽州雨雹，民饥”[⑦] 等。

（六）火灾及其特征

据《中国火灾大典》统计，元代共发生火灾 1 155 次，其中因战争引起者 597 次，因匪患引起者 50 次，因倭寇引起者 8 次，因民变引起者 26 次，因兵变引起者 2 次，因放火、用火引起者各 5 次，因雷击、地震引起者各 2 次，其他原因者 11 次，原因不明者 447 次。[⑧] 可见，元代的火灾主要是战争、匪患、倭寇、民变等人为原因造成的。属于自然灾害者，仅因雷击、地震所引起的 4 次火灾，即：至正二十七年（1367）丁未，“太原地大震，凡四十余日，后又大震裂，居民屋宇大倒坏，火从裂地中出，烧死者数万人，次年太原陷”[⑨]；至正二十八年（1368）六月，“甲寅，雷雨中有火自天坠，焚（大都）大圣寿万安寺”[⑩] 等 4 次。其中，3 次火灾发生的具体时间不详，1 次在 6 月；2 次发生在今河北，1 次在今山西，1 次在上海。由于该时期自然原因造成的火灾较少，故其他特征分析从略。

---

① （明）宋濂等：《元史》卷 50《五行志一》，北京：中华书局，1976 年，第 1059、1080 页。

② （明）宋濂等：《元史》卷 21《成宗纪四》，北京：中华书局，1976 年，第 459 页。

③ （明）宋濂等：《元史》卷 51《五行志二》，北京：中华书局，1976 年，第 1111 页。

④ （明）宋濂等：《元史》卷 21《成宗纪四》，北京：中华书局，1976 年，第 468 页。

⑤ （明）宋濂等：《元史》卷 25《仁宗纪二》，北京：中华书局，1976 年，第 565 页。

⑥ （明）宋濂等：《元史》卷 136《拜住传》，北京：中华书局，1976 年，第 3302 页。

⑦ （明）宋濂等：《元史》卷 38《顺帝纪一》，北京：中华书局，1976 年，第 826、828 页。

⑧ 《中国火灾大典》编辑委员会编：《中国火灾大典》，上海：上海科学技术出版社，1997 年，第 5785 页。

⑨ （明）叶子奇：《草木子》卷 3《克谨篇》，文津阁四库（287），北京：商务印书馆，2005 年，第 168 页。

⑩ （明）宋濂等：《元史》卷 47《顺帝纪十》，北京：中华书局，1976 年，第 985 页。

二、元代自然灾害的主要特征

1. 自然灾害种类、次数多、频度高，群发现象典型

元代主要的自然灾害有水、旱、虫、震、疫、风、雹、霜、雪、冻等十余类，且发生次数较多。据统计，元代90年间共发生自然灾害1 548次，平均每年17.2次，其频繁程度在中国古代历朝中较高。同时，灾害发生及持续时间长，有时单种灾害持续数月之久，有时多种灾害前后相继，接连发生，形成连续一年以上的灾害。此外，元代各种灾害交织、群发现象严重。据统计，在元代（1260—1368）109年中，包括饥荒在内，一年内出现2种以上灾害的有109年，占100%；出现3种以上灾害的有106年，约占97.25%；出现4种以上灾害的有100年，约占91.74%；出现5种以上灾害的有87年，约占79.82%；出现6种以上灾害的有59年，约占54.13%；出现7种以上灾害的有36次，约占33.03%；出现8种以上灾害的有21年，约占19.27%；出现9种灾害的有3年，约占2.75%。①

2. 具有年际、年内分布不均的时间分布特征

在时间分布方面，元代自然灾害不论在年际分布方面，还是在年内分布方面，都存在着不均衡性，以10年为时间段，其具体阶段性分布见表3-3-12：

表3-3-12 元代自然灾害阶段分布表

时段＼灾种	水灾	旱灾	蝗、虫灾害	疫灾	地质灾害	气象灾害	火灾	合计	频次
1279—1288	49	16	16	1	3	25	1	111	11.1次/年
1289—1298	119	36	27	9	11	32	0	234	23.4次/年
1299—1308	63	25	35	3	18	26	1	171	17.1次/年
1309—1318	52	14	12	3	28	29	0	138	13.8次/年
1319—1328	149	53	38	8	32	58	0	338	33.8次/年
1329—1338	75	44	39	9	41	28	0	236	23.6次/年
1339—1348	51	13	2	2	33	20	0	121	12.1次/年
1349—1358	30	10	5	10	36	15	0	106	10.6次/年
1359—1368	20	8	15	4	22	22	2	93	9.3次/年
合计	608	219	189	49	224	255	4	1 548	

① 袁祖亮主编，和付强著：《中国灾害通史·元代卷》，郑州：郑州大学出版社，2009年，第102页。

可见，以10年为尺度，1279—1288年间，发生各类自然灾害111次，约每年11.1次；1289—1298年间234次，约每年23.4次；1299—1308年间171次，约每年17.1次；1309—1318年间138次，约每年13.8次；1319—1328年间338次，约每年33.8次；1329—1338年间236次，约每年23.6次；1339—1348年间121次，约每年12.1次；1349—1358年间106次，约每年10.6次；1359—1368年间93次，约每年9.3次。可见，元代各阶段自然灾害年均频次都较高。其中，1319—1328年间，年均达到33次以上，年均灾害频次最高。相较而言，元末20年间，灾害频次较低，每年约10次；元初10年间，年均灾害频次较轻，约每年11次，存在着年际分布的不平衡性。

年内分布上，元代有月份和季节记载的自然灾害1 428次，不详者120次，共计1 548次。其中，夏季最多，共发生582次，约占总数的37.60%；秋季次之，共495次，约占总数的31.98%；春季再次之，共193次，约占总数的12.47%；冬季最少，共158次，约占总数的10.21%。在具体的月份中，6月268次，为各月份之最；7月次之，共247次；5月再次之，共182次；8月154次，位居第四。这4个月共发生各类自然灾害851次，约占灾害总数的54.97%，是元代自然灾害的高发月份。而整个冬季，仅发生自然灾害158次，明显是自然灾害的低发季节。其具体年内分布见表3－3－13：

表3－3－13　元代自然灾害年内分布表

时间	春季				夏季				秋季				冬季			不详
灾种	1	2	3	春	4	5	6	夏	7	8	9	秋	10	11	12	
水灾	22	25	17	1	30	73	122	2	124	55	34	12	28	17	16	30
旱灾	5	8	13	2	13	24	30	10	20	16	14	4	7	13	9	31
蝗灾	0	5	5	1	26	28	49	1	32	18	3	3	1	1	3	13
疫灾	2	2	2	3	3	1	3	4	0	4	1	1	1	1	5	16
地震	9	14	9	1	12	10	17	0	18	24	10	0	8	9	18	6
崩陷	1	2	3	0	1	8	12	0	12	7	1	0	4	3	3	2
风灾	2	1	1	0	1	4	3	0	5	4	0	0	0	0	1	7
雹灾	0	6	5	0	19	28	29	1	25	16	4	0	0	0	3	5
冷冻灾	1	4	15	0	7	6	2	0	11	10	6	1	0	4	1	7
沙尘灾	0	2	4	0	2	0	0	0	0	0	0	0	1	0	1	0
火灾	0	0	0	0	0	0	1	0	0	0	0	0	0	0	0	3
小计	42	69	74	8	114	182	268	18	247	154	73	21	50	48	60	120
合计	193（12.47%）				582（37.60%）				495（31.98%）				158（10.21%）			120（7.75%）

3. 具有地域分布广、差异性大的空间分布特征

按现代行政区划来说，元代自然灾害分布广泛，涉及今27个省市。同时，也存在着地域的差异性。从下表可以看出，河北、山东、河南、江苏、山西、浙江等6省是元代自然灾害发生较多的地区，各省自然灾害均在100次以上。这6省共发生自然灾害1 388次，占元代自然灾害总数的64.23%。安徽、甘肃、陕西、湖北、辽宁、湖南、江西、内蒙古等8个省区是元代自然灾害发生次多的地区，各省自然灾害均在100次以下、50次以上，这8个省区共发生自然灾害597次，占元代自然灾害总数的27.63%。广东、广西、福建、吉林、黑龙江、宁夏、四川、云南、贵州、上海、新疆等11个省区市是元代自然灾害发生较少的地区，均在50次以下，这11个省市区共发生自然灾害176次，占元代自然灾害总数的8.14%。总体而言，北方地区的灾情要比南方严重，其中尤以管辖今河北、山东、山西的中书省和地处元朝交通枢纽的河南行省为多。其具体地域分布情况见表3－3－14：

表3－3－14　元代自然灾害地域分布表

灾种 地点	水灾	旱灾	蝗灾	疫灾	地震	崩陷	风灾	雹灾	冷冻	沙尘	火灾	合计	百分比（%）
河北①	196	44	72	8	25	1	10	36	16	1	2	411	19.01
山东	144	33	56	11	13	5	1	22	13	0	0	298	13.79
河南	118	34	60	6	6	0	7	18	9	1	0	259	11.99
江苏	98	18	20	4	3	1	0	3	1	0	0	148	6.85
山西	26	23	12	3	28	3	0	31	10	2	1	139	6.43
浙江	97	14	3	5	6	5	1	1	1	0	0	133	6.15
安徽	44	17	19	1	6	4	0	3	1	0	0	95	4.39
甘肃	13	11	4	2	23	20	1	14	6	0	0	94	4.35
陕西	13	15	11	2	9	3	8	15	10	0	0	86	3.98
湖北	45	17	7	2	3	1	0	1	0	0	0	76	3.52
辽宁	28	10	6	0	9	0	4	9	7	0	0	73	3.38
湖南	38	11	6	2	0	2	0	0	1	0	0	60	2.78
江西	37	7	2	1	4	3	0	2	1	2	0	59	2.73
内蒙古	10	12	2	1	4	0	2	10	13	0	0	54	2.50

① 表中河北包括今河北、北京、天津一省两市。

（续上表）

地点＼灾种	水灾	旱灾	蝗灾	疫灾	地震	崩陷	风灾	雹灾	冷冻	沙尘	火灾	合计	百分比（%）
广东	26	7	0	2	5	2	0	2	0	0	0	44	2.04
广西	13	7	3	2	2	4	1	0	0	0	0	32	1.48
福建	19	1	0	0	8	3	0	0	0	0	0	31	1.43
吉林	10	3	0	0	0	0	0	3	0	0	0	16	0.74
黑龙江	8	3	0	0	0	0	0	3	1	0	0	15	0.69
宁夏	4	3	0	0	4	1	0	0	3	0	0	15	0.69
四川	5	0	0	1	1	1	0	0	0	0	0	8	0.37
云南	1	2	0	1	2	0	1	0	0	0	0	7	0.32
贵州	0	0	1	1	1	0	0	3	0	0	0	6	0.28
上海	0	0	0	0	0	0	0	0	0	0	1	1	0.05
新疆	0	0	1	0	0	0	0	0	0	0	0	1	0.05
合计	993	292	285	55	162	59	36	176	93	6	4	2 161	

4. 自然灾害成因呈多样性

气候波动。元朝前期属于一个较长气候温暖期的末期，后期属于一个较长气候寒冷期的开端，元朝气候在动荡中逐渐变冷。而气候波动因素，一般来说，有太阳黑子造成的准 2 年振荡周期、22 年周期和 11 年周期及月亮造成的 18.4 年周期。这些气候波动对灾害的影响，在元朝水、旱灾害中得到了印证。元朝比较严重的水灾年，平均 2.86 年 1 次，与准 2 年周期接近；严重水灾年，平均 8.3 年 1 次，接近 11 年周期；而特大水灾，平均 25 年 1 次，接近 22 年周期。而元朝三个旱灾高峰，各相距 20 年，有 20 年的周期性，与太阳黑子的 22 年周期接近；严重旱灾的时段有 4 个，平均约 22 年出现 1 次，正好和太阳黑子周期相符；在旱灾集中的时间内特大旱灾平均 18.5 年发生 1 次，则和月亮周期一致。可见，元朝的水旱灾害对小尺度的气候波动十分敏感，受其影响较大。同样，元朝的大蝗灾、地质灾害、霜灾、疫灾的发生周期也与气候的小尺度变化有关。①

社会状况。元朝作为北方游牧民族统一而建立的政权，其生产经营方式、人口布局、国家物资分布、交通运输等方面都存在着弊端，不利于救灾活动的实施。元代两大经营方式——种植业和农业间没有合理的贸易制度，相互间大量的剩余产品无法及时地进入商品交换领域，无法转化为社会财富，无法让社会财富

① 袁祖亮主编，和付强著：《中国灾害通史·元代卷》，郑州：郑州大学出版社，2009 年，第 59 页。

用于扩大再生产，也无法提高救灾能力。蒙古人在统一过程中，热衷于杀戮和掠夺人口，将农业区人口大量北迁。这使得北方农业区——尤其长江、黄河之间——劳动力严重不足，无法发挥其经济优势及其地理位置优势。同时，这里是我国东西南北的交通枢纽地，而这里人力、财力的匮乏使南北物资相距遥远，增加了交易成本；也使周边地区的物资失去了传统的交易对象，从而无法转化为财富，如遇灾荒，没有足够的财富，就无法实施自救，只有依赖远在北方的朝廷救济。然而，由于交通运输和国家财力的局限，政府往往错失了救济的最佳时机，经常酿成严重的灾害。此外，元朝的钱粮物资主要储存在大都周围，主要为两个王都提供经济物资及赏赐北方贵族和救济部落。如果其他地方有灾，则很难兼顾，因此这种物资的分布也不利于国家整体上的救灾战略。①

三、元代防灾、救灾措施

蒙古汗国政府最初没有防灾救灾制度，也没有储藏制度来管理国家物资，自元世祖忽必烈时，元朝开始逐步建立起自己的救灾机构，并逐步完善了救灾制度，其主要防灾制度和主要的救灾措施如下：

1. 元代救灾机构与救灾程序

元朝救灾的机构较多，中央有中书省、户部、督水监、工部、御史台和大司农司；地方有行省、路、府、州、县管民官和劝农官、行司农司、都水庸田使司、河渠司、行御史台、按察司或廉访司。此外，元朝还设有太医院及各地的医学提举司、惠民局等疫病预防机构。

元朝的救灾程序方面，如果是小灾荒，由村社自行解决，或者几个社互相救助。经过社民商议，在政府官员的督导参与下，社长可以调用社员和义仓，进行灾害治理。如果防灾、救灾工程大，就要报告政府，由政府直接治理，即“一社之中灾病多者两社助之……农桑之术，以备旱暵为先。凡河渠之利，委本处正官一员，以时浚治。或民力不足者，提举河渠官相其轻重，官为导之”②。如遇大灾，若辖区内有能力自救，则管民官可以动用物资和人力进行救治，但需报上级批准并接受廉访司官员的监督。若本辖区无法自救，就要向上级报灾，上级管民官移文到廉访司，廉访司派人核实。如果属实，廉访司就回文属实，然后上报省部。如灾情重大，省部还要上报皇帝，朝廷也会派人核实，同时由御史台派员或朝廷指派廉访司人员参与核实。若管民官不真实、及时地报灾，就要受到处

---

① 袁祖亮主编，和付强著：《中国灾害通史·元代卷》，郑州：郑州大学出版社，2009年，第73~77页。

② （明）宋濂等：《元史》卷96《食货志四》，北京：中华书局，1976年，第2355页。

罚。核实之后，即对灾情进行估计，随之实施具体的救济措施。[①]

2. 劝课农桑与仓储制度

元代对防灾、救灾工作特别重视。在农业防灾方面，各地设有劝农司，专门督促人们发展农业。同时，他们兼有防灾、救灾的职责，如果防灾、救灾处置不当，经上级官员核实后，也会受到惩罚。同时，农业收成的好坏也是官员晋升的主要依据，元朝有很多重视农桑的官吏得到提拔重用。除了地方官主抓农业生产外，其他具有检查职责的按察司或廉访司也对农业生产有督促之责。如果灾害救治不力，农业生产抓不好，这些官员也要承担相应责任，如：《元史·刑法志二》载："诸有司不以时修筑堤防，霖雨即降，水潦并至，漂民庐舍，溺民妻子，为民害者，本郡官吏各罚俸一月，县官各笞二十七，典史各一十七。"[②] 此外，元朝政府也十分重视农业技术的推广，组织学者编纂农学著作《农桑辑要》，以此教育人民合理种植并积极预防农业灾害的发生。

元朝在劝课农桑的同时，为防备灾荒，还建立了较为完备的仓储制度。元朝的仓库分官仓和民仓两类。官仓又分为腹里官仓和常平仓两种。腹里官仓是为应付中央的各种开支和各种突发事情而设置的，其设置较早，元太祖时已有之。随着疆域扩大，赋税增多，仓库也逐渐增多，但大都在中书省一带，以元代两都和中书省分布最多。各行省、路、府的地方粮仓，多为暂时收集税粮，以便物资运到大都去，也有为地方开支而设的。而常平仓在整个元朝并没有真正地、长期地建立，只是个别时间在个别地方设立，多有废置。整个元朝用常平仓救济的也只有两三例，后来在京师，其职能多被南城设立的赈粜米铺代替。在外郡很多地方，常平仓没有设立，其职能稍稍被行用平准库代替。[③] 义仓在元代分布较为广泛，其设置也较为完善，即"今岁稍有收成，随社人户合照依条画，各验口数，每口存留义粮一斗，或谷，或杂色物斛，社众商议于本社有抵业信实之家，如法收贮，勿致损坏。倘遇凶年，还验原纳口数，支散食用。所在官司，过往军马，不敢支升合"[④]。总之，仓储的设立，尤其是义仓的设置，发挥了一定的救济作用，但其规模较小，所能给予的救济量并不大，其实际作用的发挥往往受制于人口的多少或田地的多少、优劣及社会经济状况等因素。

---

① 袁祖亮主编，和付强著：《中国灾害通史·元代卷》，郑州：郑州大学出版社，2009年，第213、214页。

② （明）宋濂等：《元史》卷103《刑法志二·职制二》，北京：中华书局，1976年，第2628页。

③ 袁祖亮主编，和付强著：《中国灾害通史·元代卷》，郑州：郑州大学出版社，2009年，第216、217页。

④ （元）王结：《善俗要义》，见杨讷点校：《吏学指南（外三种）》，杭州：浙江古籍出版社，1988年，第350页。

3. 兴修水利与农田防灾技术

元朝十分重视水利工程的兴修，设立了都水监、行都水监、河道提举司及都水庸田使司等水利机构。世祖至元七年（1270）规定："都水监所管河渠，堤岸，道路，桥梁，每岁修理……其要路陷坏停水，阻碍行旅，不拘时月，量差本地人夫修理。"① 此种情况下，元朝陆续维修、筑造了浑河堤岸、滦河堤岸、滹沱河堤岸、黄河堤岸、浙西水利、盐官州海堤、吴淞江和都江堰等水利工程。同时，加强了对堤防的维护，"诸有司不以时修筑堤防，霖雨即降，水潦并至，漂民庐舍，溺民妻子，为民害者，本郡官吏各罚俸一月，县官各笞二十七，典史各一十七"②。这些水利工程有利于人们控制和利用当地水资源，对水旱灾害的防治起到了重要的作用。

在兴修水利的同时，元朝还因地制宜地采用不同的土地利用方式进行农业生产，确保农业收成。元朝人王祯的《农书》对当时的土地开发方式进行了总结，除井田、区田、圃田外，又有圩田、架田、柜田、梯田、涂田和沙田等几类。圩田即"据水筑为堤岸，复叠外护，或高至数丈，或曲直不等，长至弥望。每遇霖潦，以圩水势，故名曰圩田"，长堤短坝，内以围田、外以围水，可以有效抵御水灾。其主要分布在江淮、太湖、浙西等水网密布、河湖交错的地区。架田即："浮系水面，以葑泥附木架上而种艺之。其木架田丘，随水高下浮泛，自不淹浸。"③ 这种方式既可以减少水旱之灾，又能增加土地使用面积。而涂田是指开海潮所积淤沙为田，是需要淡化改良的滩涂耕地。总之，通过不同土地利用方式的运用，有效地预防了水旱灾害，确保了农业有所收成。

4. 蠲免与赈济

元代沿袭了前代所推行的蠲免、赈济、赈贷等救灾措施。蠲免一般有减免税粮、丝料、包银、上供牲畜、商税、杂役等，其减征的额度不一。朝廷在接到地方报灾后会派官员到地方体覆核实，定下灾伤减产的程度，然后下达减征赋税的比例。赈贷方式有因为京师及大城市人口多，需要粮食多，所以设铺定期赈粜的；有因鳏寡孤独，需要经常赈贷的；有因自然灾害而赈贷的。其物资来源较多：有发官仓米的，有发常平仓米的，有募富人的，有从邻省借的。其救济方式有给发僧道度牒的，有使人就食僧院的，有让灾民就食他处的，有命令各地抚恤流民并给流民返乡路费的，有给灾民种子、工具、牛马的；有鼓励富人入粟拜官

---

① 黄时鉴点校：《通制条格》，杭州：浙江古籍出版社，1986 年，第 334 页。

② （明）宋濂等：《元史》卷 103《刑法志二・职制下》，北京：中华书局，1976 年，第 2628 页。

③ （元）王桢：《农书》卷 11，北京：中华书局，1956 年，第 22 页。

的，有以罚来的赃钞给灾民的，有给灾民丧葬费或代为掩埋尸首的。[①] 此外，灾害发生后，灾区往往物资匮乏，不法商人趁机哄抬物价，政府则开仓放粮平抑物价，也会打击灾区趁火打劫的偷盗、抢劫行为；有时为了保证商路畅通，政府也会打击阻滞物资运输的情况。通过以上种种措施，灾区秩序得到了维护，灾区生活环境得到了改善。

① 袁祖亮主编，和付强著：《中国灾害通史·元代卷》，郑州：郑州大学出版社，2009 年，第 221、222 页。

第四章　明清时期自然灾害与政府应对

第一节　明代自然灾害与政府应对

一、明代自然灾害概况

（一）明代洪涝灾害及其特征

洪涝灾害是明代最主要的自然灾害，这一时期的洪涝灾害不仅发生次数较多，而且种类多样。据邱云飞等人研究①，明代277年间，共发生洪涝灾害1 034次，大约每年3.73次。其中，1368—1400年33年间，发生了93次，灾害频率为281.82%；1401—1450年50年间386次，灾害频率为772%；1451—1500年50年间160次，灾害频率为320%；1501—1550年50年间126次，灾害频率为252%；1551—1600年50年间153次，灾害频率为306%；1601—1644年44年间116次，灾害频率为263.64%。可见，明代的水灾一直处于高发状态，其中以1401—1450年50年间最为严重，该50年中发生水灾386次，约占明代水灾总数的37.33%，年均发生水灾近8次。虽然相较而言，1501—1550年50年间水灾状况较轻，但1501—1534年间有一段长达34年的水灾连发期，这在明代以上各时段中最高。其具体特征如下：

1. 洪涝灾害的时间分布及特点

从灾害发生的年内分布看，明代共有水灾1 111次，除53次没有明确时间记载外，其余的1 058次水灾史料均有详细的记载，大致统计见表4－1－1：

---

① 袁祖亮主编，邱云飞等著：《中国灾害通史·明代卷》，郑州：郑州大学出版社，2009年，第55～62页。

表4-1-1　明代洪涝灾害年内分布表

季节	春季				夏季				秋季				冬季			不详
月份	1	2	3	春	4	5	6	夏	7	8	9	秋	10	11	12	
灾次	33	34	42	8	42	108	194	40	207	115	91	21	56	30	37	53
百分比（%）	2.97	3.06	3.78	0.72	3.78	9.72	17.46	3.60	18.63	10.35	8.19	1.89	5.04	2.70	3.33	4.77
合计	117（10.53%）				384（34.56%）				434（39.06%）				123（11.07%）			53（4.77%）

（注：本表中的次数多于1 034次，因为有的洪涝灾害长达数月，故把所涉及的月份分别统计，以下各表同）

通过上表统计可以看出，明代发生洪涝灾害以秋季最多，为434次，约占该时期水灾总数的39.06%。夏、秋两季共发生洪涝灾害818次，约占总数的73.63%。具体月份而言，又以5、6、7、8月为高峰，这4个月共计洪涝灾害624次，约占总数的56.17%。这种夏、秋季节多雨且容易形成水灾的特征，与我国特殊的地理环境及影响降水的两大气团有关。给我国夏、秋季节带来降水的两大气团（热带海洋气团、赤道海洋气团）一般在夏初（一般为5月即农历4月）开始影响我国，其至7月（公历7月，一般为农历6月）达到极盛，影响最迟到10月（公历10月，一般为农历9月）上旬才能彻底消退。在此期间这两大气团带来的水汽在我国形成大量降水，而且比较集中。这是形成夏、秋季节多水灾的最主要原因。

2. 洪涝灾害的空间分布规律

在有地域记载的1 400余次洪涝灾害中，有256次发生在今江苏，河北187次，河南162次，北京122次，山东118次，安徽116次，浙江102次，湖北60次，江西50次，上海48次，天津43次，湖南29次，广东28次，陕西24次，福建23次，山西19次，辽宁18次，四川、广西各10次，甘肃8次，宁夏、云南、贵州各5次，海南3次，重庆2次，内蒙古1次。可见，明代的水灾分布较广，就现代行政区划而言，分布地区多达26个省区市。总体来说，当时南、北方的水灾情况相差不大，涉及北方地区（北直隶、山东、山西、河南、陕西、四川）的水灾为706次，涉及南方省区（南直隶、湖广、江西、浙江、福建、广西、云南、贵州、广东）的水灾为747次，相比较，南方稍微严重一些。

按明代行政区划而言，南直隶、北直隶是当时水灾最为严重的两个地区，这两个地区是明代的统治中心，人口众多，经济发达，河流众多，且这两个区域都在河流的中下游地区，容易形成洪涝灾害。河南、山东、浙江、湖广、江西是明代水灾次严重的区域。河南、山东位于黄河中下游地区，黄河自古就是一条水患频发的河流，明代的河患也相当严重。而湖广、江西位于长江中下游，明代长江的水患虽不如黄河严重但也多发，特别是在湖广境内的荆江段，九曲回肠，是水灾的多发区域之一。浙江位于东南沿海，夏、秋季节多台风，容易形成海潮灾害。陕西、广东和福建是明代水灾的再次严重区域。陕西位于西北内陆，虽然年均降水较少，但位于季风区内，个别年份受强季风的影响大量降水而容易形成洪涝灾害。广东、福建与浙江一样位于东南沿海地区，水灾的主要类型是台风带来的暴雨及海潮灾害。山西、四川、广西、云南和贵州是明代水灾较轻的区域。

3. 洪涝灾害的等级及危害

我们根据史料对灾害的描述、灾害持续的时间、灾害面积、灾害的影响、人口死亡等几个因素，大致将明代洪涝灾害分为四个等级，见表4-1-2：

表4-1-2 明代洪涝灾害等级分类表

等级	主要表现	频次
微涝	1~5个府，仅记河溢、水、大雨、无灾情记载或害稼、坏庐舍	488
一般洪灾	6~10个府，河徙、水、害稼，坏屋1 000家以下，死亡1 000人以下	310
大洪灾	11~20个府或1个省，暴溢，人饥，米贵，坏屋1 000~10 000家，死亡1 000~5 000人	140
特大洪涝	20个府以上或跨省，河暴溢，漂没殆尽，大饥，人相食，漂10 000家以上，死亡5 000人以上	96

从上表可以看出，明代洪涝灾害以微涝和一般洪灾为主，两者共计798次，约占总数的77.18%；大洪灾、特大洪涝共236次，约占总数的22.82%。

洪涝灾害的发生会造成农业的减产，如：洪熙元年（1425）八月辛未，“镇江府金坛县水灾，官、民田二千二百顷八十二亩皆无收”①；成化八年（1472）“秋七月癸丑，南直隶浙江大风雨，海水暴溢，南京天地坛、孝陵庙宇、中都皇陵垣墙多颓损，扬州、苏州、松江、杭州、绍兴、嘉兴、宁波、湖州诸府州县淹没田禾，漂毁官民庐舍、畜产无算，溺死者二万八千四百七十余人”②；正统十年（1445）“夏，福建大水，坏延平府卫城，没三县田禾民舍，人畜漂流无算”③等。或造成民居、桥梁、船只等建筑物、财物的损失及人群、牲畜伤亡，如：洪

① 《明宣宗实录》卷7“洪熙元年八月辛未条”，台北：中央研究院历史语言研究所，1962年，第187页。

② （清）张廷玉等：《明史》卷28《五行一》，北京：中华书局，1974年，第452页。

③ （清）张廷玉等：《明史》卷28《五行一》，北京：中华书局，1974年，第449页。

熙元年（1425）闰七月，“京师大雨，坏正阳、齐化、顺成等门城垣”[①]；景泰元年（1450）“五月辛未，是夜，南京雷、电、大雨，水淹没通济门外军储仓米一万四千三百四十余石、中和桥草场草一十七万一千三百六十余包，并漂没芦席、竹木各十数万”[②]；弘治九年（1496）六月庚寅，“浙江山阴、萧山二县同日大雨，山崩水涌，漂屋舍二千间，死者三百余人”[③]；弘治十四年（1501）“八月癸丑，四川乌撒军民府可渡河巡检司，自闰七月二十七日大雷雨不止，至二十九日，水涨山崩地裂，是日雨稍止，然水势益大，山鸣如牛吼，地裂而陷，涌出清泉数十派，前后决坏桥梁、庐舍，压死人口、牲畜甚众”[④] 等。严重的还会诱发饥荒、瘟疫等其他灾害及物价上涨或人口流亡等一系列社会问题，如：宣德七年（1432）十月丙申，“蓟州及丰润、遵化二县今年夏、秋水涝，田谷无收，民五千四百四十六户乏食”[⑤] 等。

4. 海潮、海溢灾害及时空特征

据《中国历代灾害性海潮史料》统计，明代 277 年间，发生海溢、灾害性海潮 271 次[⑥]，大约每年 1 次。其中，1368—1400 年 33 年间，发生海潮、海溢 21 次，灾害频率为 63.64%；1401—1450 年 50 年间 40 次，灾害频率为 80%；1451—1500 年 50 年间 46 次，灾害频率为 92%；1501—1550 年 50 年间 54 次，灾害频率为 108%；1551—1600 年 50 年间 54 次，灾害频率为 108%；1601—1644 年 44 年间 56 次，灾害频率为 127.27%。可见，明初 33 年间，海潮、海溢灾害相对较少，灾害频率为 63.64%；明末 44 年间，灾害频率较高，为 127.27%。其具体的年内分布见表 4－1－3：

---

① （清）张廷玉等：《明史》卷 29《五行二》，北京：中华书局，1974 年，第 472 页。

② 《明英宗实录》卷 192 “景泰元年五月辛未条”，台北：中央研究院历史语言研究所，1962 年，第 4023 页。

③ 《明孝宗实录》卷 114 “弘治九年六月庚寅条”，台北：中央研究院历史语言研究所，1962 年，第 2063 页。

④ 《明孝宗实录》卷 178 “弘治十四年八月癸丑”，台北：中央研究院历史语言研究所，1962 年，第 3273 页。

⑤ 《明宣宗实录》卷 96 “宣德七年十月丙申条”，台北：中央研究院历史语言研究所，1962 年，第 2166 页。

⑥ 陆人骥编：《中国历代灾害性海潮史料》，北京：海洋出版社，1984 年，第 12～23 页。

表 4－1－3 明代海潮、海溢年内分布表

季节	春季			夏季				秋季				冬季		不详
月份	1	2	3	4	5	6	夏	7	8	9	秋	10	11	
灾次	4	2	2	4	15	32	4	69	36	13	14	1	3	72
百分比（%）	1.48	0.74	0.74	1.48	5.54	11.81	1.48	25.46	13.28	4.80	5.17	0.37	1.11	26.57
合计	8（2.96%）			55（20.30%）				132（48.71%）				4（1.48%）		72（26.57%）

通过上表可看出，明代春季发生海潮、海溢 8 次，夏季 55 次，秋季 132 次，冬季 4 次，不详者 72 次。秋季是海潮、海溢灾害的高发季节，约占明代海潮、海溢灾害总数的 48.71%，而夏、秋两季共发生海潮、海溢灾害 187 次，约占总数的 69.01%。按具体月份而言，又以 5、6、7、8 月为多，这 4 个月共计 152 次，约占该时期海潮、海溢总数的 56.09%。其地域分布方面，浙江 139 次，上海 36 次，江苏 36 次，广东 27 次，山东 21 次，福建 11 次，海南 1 次。可见，江浙地区是该时期海潮、海溢灾害的主要发生区域。

（二）明代干旱灾害及其特征

干旱灾害也是明代重要的自然灾害之一，邱云飞等据《明史》、《明实录》统计、研究①，明代 277 年间，共发生干旱灾害 728 次，大约每年 2.63 次。其中，1368—1400 年 33 年间，发生旱灾 32 次，灾害频率为 96.97%；1401—1450 年 50 年间 152 次，灾害频率为 304%；1451—1500 年 50 年间 241 次，灾害频率为 482%；1501—1550 年 50 年间 152 次，灾害频率为 304%；1551—1600 年 50 年间 80 次，灾害频率为 160%；1601—1644 年 44 年间 71 次，灾害频率为 161.36%。可见，明代各年区间相较，1368—1400 年间是一个旱灾相对低发的时期；1401—1550 年的 150 年间，旱灾一直处在高发的状态，尤其是 1451—1500 年 50 年间，灾害频率高达 482%；1500 年之后，旱灾情况有所缓解，灾害频率下降到 160% 左右。但崇祯年间（1628—1644）或（1637—1646）是近 500 年来持续时间最长、范围最广、灾情最重的一次旱灾。这次旱灾遍及 20 个省市，波及中国一半以上人口。② 该时期旱灾的具体特征如下：

---

① 袁祖亮主编，邱云飞等著：《中国灾害通史·明代卷》，郑州：郑州大学出版社，2009 年，第 78～88页。

② 谭徐明：《近 500 年我国特大旱灾的研究》，载《防灾减灾工程学报》，2003 年第 2 期。

1. 干旱灾害的时间分布及特点

从灾害发生的年内分布看，因为旱灾是一种渐发式的自然灾害，一次旱灾可能持续数月甚至数季，若将旱灾涉及的月份和季节均统计在内，则明代共计干旱灾害 1 003 次，具体统计见表 4－1－4：

表 4－1－4　明代旱灾年内分布表

季节	春季				夏季				秋季				冬季				不详
月份	1	2	3	春	4	5	6	夏	7	8	9	秋	10	11	12	冬	
灾次	34	48	49	51	72	77	94	107	78	56	67	54	58	35	29	11	83
百分比（%）	3. 39	4. 79	4. 89	5. 08	7. 18	7. 68	9. 37	10. 67	7. 78	5. 58	6. 68	5. 38	5. 78	3. 49	2. 89	1. 10	8. 28
合计	182（18. 15%）				350（34. 90%）				255（25. 42%）				133（13. 26%）				83（8. 28%）

分析上表可知，明代 1 003 次旱灾除 83 次季节和月份不详外，其余的 920 次旱灾中，就季节分布来说，夏季最多，为 350 次，占总数的 34. 90%；秋季次之，为 255 次，约占总数的 25. 42%；春季再次之，为 182 次，占总数的 18. 15%；冬季最少，为 133 次，约占总数的 13. 26%。就月份分布来说，6 月 94 次，约占总数的 9. 37%；7 月 78 次，约占总数的 7. 78%；5 月 77 次，约占总数的 7. 68%；4 月 72 次，约占总数的 7. 18%；这 4 个月共计 321 次，约占总数的 32. 00%。由此可见，明代旱灾以夏旱、秋旱为主，特别是在 4—7 月之间。这两个季节的旱灾占该时期旱灾总数的 60. 32%，这种状况的形成与明代的气候特征相关联。

2. 明代干旱灾害的空间分布规律

明代有地域记载的干旱灾害中，北京 145 次，河北 134 次，江苏 133 次，山西 123 次，山东 100 次，安徽 96 次，陕西 85 次，河南 75 次，湖北 65 次，湖南 60 次，甘肃 45 次，浙江 43 次，江西 35 次，天津 34 次，四川 18 次，上海 16 次，重庆 14 次，广西 10 次，辽宁 9 次，福建 8 次，贵州 7 次，广东 5 次，青海、内蒙古各 3 次，云南、宁夏各 1 次，不详者 2 次。

总体而言，北方的灾情比南方严重。按明代行政区划，北方的北直隶、山东、山西、河南、陕西等省区的旱灾最为严重。这些地区基本上都处于季风气候区内，降水量相对较少，蒸发量大，并且降水受季风的影响较大。季风的强弱不定，且活动路线变化较大，这些因素综合起来，使这些地区降水的年际变化较大，发生干旱的概率较高。西北的宁夏、甘肃、青海等干旱区，年降水量变化不大，千百年来已经形成了适应干旱区的一种经济模式，受降雨量变化的影响较小。南方的福建、广西、云南、贵州、广东等省区处于湿润区，年际降水量变化不大，旱灾较少。但处于长江中下游的湖广、江西、南直隶等省区的旱灾在明代也比较严重。特别是南直隶地区，年降水量虽然变化不大，但容易受西太平洋副热带影响，往往容易在梅雨季节之后形成伏旱天气。湖南、湖北地区虽靠近长江，境内湖泊纵横，但在明代旱灾也较严重，其原因也是自5月以后受副热带高压的控制，容易在夏、秋季节形成干旱天气，但由于本地区已是副热带高压的西部边缘地区，旱灾较南直隶地区轻。

3. 干旱灾害的等级及危害

根据干旱灾害持续时间和受灾面积的情况，我们将明代旱灾大致划分为四个等级。小旱，即单州、府的单月旱。中旱，即单州、府的跨月旱至单季旱；或单州、府的连季旱，一般为两季旱；或省内跨州、府的单月旱；或省内跨州、府的跨月旱至单季旱；或跨省旱，一般为两省的单月旱。大旱，即单州、府连续两季以上的旱情；或省内跨州、府的连季旱，一般为两季旱；或省内跨州、府的连续两季以上的旱情；或跨省旱，一般为两省的跨月旱至单季旱；或跨省，一般为两省的连季旱，一般为两季旱；或是跨两省以上的单月旱；或跨两省以上的跨月旱至单季旱。特大旱，即跨两省以上的连季旱，一般为两季旱；或跨省，一般为两省的连续两季以上的旱情；或跨两省以上的连续两季以上的旱情。以此为标准，明代有中旱425次，约占总数的58.38%；小旱153次，约占总数的21.02%；大旱126次，约占总数的17.31%；特大旱灾24次，仅占总数的3.30%。之所以会形成以中、小旱为主的局面，是因为其与形成旱灾的因素出现的概率密切相关。就旱灾的持续时间和受灾面积来说，小旱和中旱的类型虽然只有6种，而大旱和特大旱的类型则达到了10种之多，但是大旱和特大旱形成的时间和地理条件出现的概率较低。[①]

明代频繁的旱灾，给社会及人们带来了极大的危害。首先，旱灾会造成农作物的减产甚至绝收。如：洪武二十二年（1389）“四月戊午，监察御史许珪巡按河南，上言：自开封永城至彰德，春、夏旱旸，麦苗疏薄，农民所收无几，今年夏税宜减半征收”[②]；宣德九年（1434）“十月己酉，直隶应天府之溧水、六合、江宁、上元、句容五县、太平府之当涂县皆奏：今年自春至秋不雨，溪间绝流，全妨种植，间有种者，亦尽焦槁，土地干坼，寸草不生，民皆饥饿。湖广武昌府

① 袁祖亮主编，邱云飞等著：《中国灾害通史·明代卷》，郑州：郑州大学出版社，2009年，第88页。

② 《明太祖实录》卷196“洪武二十二年四月戊午条”，台北：中央研究院历史语言研究所，1962年，第2949页。

所属一州九县、荆州府荆门州、江陵、公安、石首、监利、潜江、松滋、枝江、当阳、长阳九县、长沙府所属十二县、岳州府所属一州七县、德安府应城、孝感二县、汉阳府所属二县、衡州所属一州八县、永州府所属一州六县、安陆州京山县、浙江嘉兴、杭州、衢州、金华、绍兴府属县各奏：春、夏久旱，陂塘干涸，农田禾稻皆已焦枯，秋成无望”①；万历四十三年（1615）“七月癸亥，巡抚山东右佥都御史钱士完疏言：‘东省六郡自正月至六月不雨，田禾枯槁，千里如焚，耕叟、贩夫蜂起抢夺，相率而求一饱’”② 等。

旱灾还容易引发蝗灾、疫灾等其他灾害。灾害链是一种灾害引起另一种灾害的现象。在灾害链中，与旱灾关系最密切的是蝗灾。明代197次的虫灾中，与旱灾密切相关的有46次，如：洪武七年（1374）“二月，平阳、太原、汾州、历城、汲县旱蝗，并免租税”③；正统六年（1441），“五月壬子，山东武城县、直隶静海县各奏：‘蝗、旱相继，麦尽槁死，夏税无征。’上命行在户部覆视以闻”④；隆庆三年（1569）“闰六月，山东旱蝗”⑤。同时，旱灾发生时，农作物减产甚至绝收，造成粮食匮乏，人体的营养状况会相对较差，人的免疫力就会下降。再加上明代旱灾多在夏、秋季节暴发，这个时间内细菌等微生物会大量繁殖，从而加大了瘟疫产生的可能性。如：万历十五年（1587）“夏四月，京师旱，大疫”⑥；万历十六年（1588）“五月，山东、陕西、山西、浙江俱大旱疫”⑦；万历十八年（1590）“五月丁巳，户部尚书石星等奏言：‘今南直、浙江、湖广诸处见被灾疫，淮、扬以北，连河南、山东、北直隶、山西、陕西俱极旱荒’”⑧。此外，严重旱灾的发生，还会造成饥荒、人口流亡等社会问题。明末崇祯年间的大旱灾，导致饥民相聚为盗、聚众起义，最终成为明朝覆灭的导火索。

---

① 《明宣宗实录》卷113“宣德九年十月己酉条”，台北：中央研究院历史语言研究所，1962年，第2540、2541页。

② 《明神宗实录》卷534“万历四十三年七月癸亥条”，台北：中央研究院历史语言研究所，1962年，第10113页。

③ （清）张廷玉等：《明史》卷2《太祖纪二》，北京：中华书局，1974年，第29页。

④ 《明英宗实录》卷79“正统六年五月壬子条”，台北：中央研究院历史语言研究所，1962年，第1568页。

⑤ （清）张廷玉等：《明史》卷28《五行一》，北京：中华书局，1974年，第438页。

⑥ （清）张廷玉等：《明史》卷20《神宗纪一》，北京：中华书局，1974年，第271页。

⑦ （清）张廷玉等：《明史》卷28《五行一》，北京：中华书局，1974年，第443页。

⑧ 《明神宗实录》卷223“万历十八年五月丁巳条”，台北：中央研究院历史语言研究所，1962年，第4154页。

（三）明代生物灾害及其特征

1. 蝗灾、虫灾

生物灾害包括蝗灾、虫灾、疫灾等，其中蝗灾、虫灾危害甚重。邱云飞等人据《明史》、《明实录》等统计，明代277年间，共发生蝗灾、虫灾197次，灾害频率为71.12%。其中，1368—1400年33年间，发生蝗、虫灾害20次，灾害频率为60.61%；1401—1450年50年间88次，灾害频率为176%；1451—1500年50年间29次，灾害频率为58%；1501—1550年50年间20次，灾害频率为40%；1551—1600年50年间9次，灾害频率为18%；1601—1644年44年间31次，灾害频率为70.45%。可见，1401—1450年50年间，蝗灾、虫灾最为严重，在这一阶段，蝗灾不论次数还是年均发生概率都最高，并且这一阶段中蝗灾连发的情况也较为严重，有一个长达13年的蝗灾连发期。明末44年间，蝗灾亦较为严重，灾害频率达到70%以上。其具体特征如下：

（1）蝗灾、虫灾的时间分布及特点。

从灾害发生的年内分布看，明代197次蝗灾、虫灾中，除4次没有明确时间记载外，其余的193次均有详细的记载，大致统计见表4-1-5：

表4-1-5 明代蝗灾、虫灾年内分布表

季节	春季				夏季				秋季				冬季			不详
月份	1	2	3	春	4	5	6	夏	7	8	9	秋	10	11	12	
灾次	6	1	6	1	18	30	46	7	35	13	16	1	7	3	3	4
百分比（%）	3.05	0.51	3.05	0.51	9.14	15.23	23.35	3.55	17.77	6.60	8.12	0.51	3.55	1.52	1.52	2.03
合计	14（7.11%）				101（51.27%）				65（32.99%）				13（6.60%）			4(2.03%)

通过上表统计可以看出，按季节来说，夏季发生的蝗灾、虫灾最多，为101次，约占总数的51.27%；秋季次之，为65次，约占总数的32.99%；春季再次之，为14次，约占总数的7.11%；冬季最少，为13次，约占总数的6.60%。具体月份而言，又以5、6、7月为高峰，这3个月共计蝗灾、虫灾111次，约占总数的56.35%。明代的虫灾之所以集中于夏、秋两季和5、6、7月，主要原因有二：其一，明代的虫灾以蝗灾为主，蝗虫性喜高温，夏、秋两季是一年中温度最高的两个季节；其二，蝗灾的发生和干旱有着密切的关系，久旱必有蝗，干旱之年多有蝗灾发生，而明代的旱灾亦多发生在夏、秋季节。

（2）蝗灾、虫灾的空间分布规律。

关于古代蝗灾的地理分布，明代徐光启曾经指出："蝗之所生，必于大泽之涯，幽涿以南，长淮以北，青兖以西，梁宋以东诸郡之地，湖濼广衍，暵溢无常，谓之涸泽，蝗则生之。历稽前代及耳目所睹记，大都若此。"① 徐光启论述的范围大体在今北京、天津、河北、安徽、江苏、山东和河南7省市范围内。我们认为，在明代有地域记载的330余次蝗、虫灾中，山东发生了68次，河北62次，河南48次，江苏38次，北京36次，安徽26次，天津22次，山西19次，陕西8次，辽宁4次，甘肃3次，浙江、湖北、湖南各2次，宁夏、贵州、上海各1次，不详者1次。其分布范围涉及今北京、天津、河北、安徽、江苏、山东、辽宁、河南、山西、陕西、甘肃、宁夏、上海、浙江、湖南、湖北、贵州等17个省区市。虽然分布范围较徐光启的论述广，但虫灾的高发区与徐光启论述的地域范围大体一致。②

（3）蝗灾、虫灾的等级及危害。

明代蝗灾、虫灾不仅次数多，而且具有成灾面积广、灾情严重的特点，对社会生产造成了严重危害。我们根据蝗灾的有关记载，结合《中国蝗灾史》的分类标准，对明代蝗灾、虫灾的等级进行了分类，见表4－1－6：

表4－1－6　明代蝗灾、虫灾等级分类表

特征 等级	受灾区域大小	扩散区	收成影响	赋税影响	史料描述
一级	发生点分散	无	影响较小	影响较小	蝗
二级	1个或2个蝗区	无	影响不大	影响不大	蝗
三级	2个或以上蝗区	有	严重，收成在两成至五成	严重	大蝗
四级	全国各蝗区	有	严重，绝收或在两成以下	严重	大蝗，国家赈恤

据以上标准，明代有一级蝗灾、虫灾68次，二级蝗灾、虫灾57次，三级蝗灾、虫灾50次，四级蝗灾、虫灾22次。可见，明代蝗灾、虫灾以一、二级为主，两者多达125次，占总数的63.45%。

明代的蝗灾、虫灾造成的危害亦十分严重，其最主要的危害还是对农业的影响。我国古代是一个以农业为主的社会，明代也不例外，而我国传统种植业中的

① （明）徐光启：《农政全书》卷44《备荒考中》，长沙：岳麓书社，2002年，第750页。

② 袁祖亮主编，邱云飞等著：《中国灾害通史·明代卷》，郑州：郑州大学出版社，2009年，第92～97页。

大部分作物都是各虫类喜食的，一旦暴发虫灾，对农业的打击就是毁灭性的。如：正统元年（1436）“闰六月庚辰，直隶河间府静海县，四月蝗蝻遍野，田禾被伤，民拾草子充食”[①]；正统十三年（1448）“十二月丙子，直隶邢台县奏：今岁蝗蝻，发民捕瘗，践伤禾苗计地二百四十二顷”[②]；弘治八年（1495）“三月己亥，……当涂县蝗虫生，食草枝、秧苗略尽”[③]；万历四十四年（1616）“九月，江宁、广德蝗蝻大起，禾、黍、竹、树俱尽”[④]。虫灾过后，造成的必然后果就是粮食短缺，政府必须及时进行救治，以确保社会稳定，否则社会的动乱将不可避免。明代前期，政府对包括蝗灾、虫灾在内的各种自然灾害的救治是比较及时而有效的，社会基本保持稳定，但随着制度的废弛，这项工作做得越来越不力。明末农民大起义之所以爆发于陕西地区，就是因为明末陕西地区灾害频发而政府依旧横征暴敛所致。

2. 疫灾

明代疫灾不仅次数多，而且种类多样，有天花、鼠疫、霍乱、伤寒、疟疾等不同类型。邱云飞等人据《明史》、《明实录》等统计[⑤]，明代277年间，共发生疫灾187次，灾害频率为67.51%。其中，1368—1400年33年间，发生疫灾2次，灾害频率为6.06%；1401—1450年50年间29次，灾害频率为58%；1451—1500年50年间34次，灾害频率为68%；1501—1550年50年间38次，灾害频率为76%；1551—1600年50年间37次，灾害频率为74%；1601—1644年44年间47次，灾害频率为106.82%。可见，明末44年间，不论疫灾次数还是年均发生频率都处于最高，而明初的33年则较低。从1368年至明末，疫灾的各项指标基本上是持续上升的，这表明疫灾在明代是逐渐严重的，至明末达到顶峰。疫灾频数随着时间的推移而呈增多趋势，不仅是明代独有的特点，也是我国秦至清末疫灾的总体趋势。[⑥] 其具体特征如下：

（1）疫灾的时空分布及特点。

从灾害发生的年内分布看，明代226次疫灾中，有84次没有明确的时间记

---

① 《明英宗实录》卷19“正统元年闰六月庚辰条”，台北：中央研究院历史语言研究所，1962年，第378页。

② 《明英宗实录》卷173“正统十三年十二月丙子条”，台北：中央研究院历史语言研究所，1962年，第3338页。

③ 《明孝宗实录》卷98“弘治八年三月己亥条”，台北：中央研究院历史语言研究所，1962年，第1796页。

④ （清）张廷玉等：《明史》卷28《五行一》，北京：中华书局，1974年，第438页。

⑤ 袁祖亮主编，邱云飞等著：《中国灾害通史·明代卷》，郑州：郑州大学出版社，2009年，第118～123页。

⑥ 杨俭等：《我国秦至清末的疫病灾害研究》，载《灾害学》，1994年第3期。

载，其余的 142 次均有详细的记载，大致统计见表 4 －1 －7：

表 4－1－7　明代疫灾年内分布表

季节	春季				夏季				秋季				冬季				不详
月份	1	2	3	春	4	5	6	夏	7	8	9	秋	10	11	12	冬	
灾次	7	10	9	12	11	15	7	12	14	9	7	6	8	4	5	6	84
百分比（%）	3.09	4.42	3.98	5.31	4.87	6.64	3.10	5.31	6.19	3.98	3.10	2.65	3.54	1.77	2.21	2.65	37.17
合计	38（16.81%）				45（19.91%）				36（15.93%）				23（10.18%）				84（37.17%）

通过上表可以看出，在时间分布上，按季节来说，夏季的疫灾最多，为 45 次，占总数的 19.91%；春季次之，为 38 次，占总数的 16.81%；秋季再次之，为 36 次，占总数的 15.93%；冬季最少，为 23 次，占总数的 10.18%。疫灾的四季分布虽然不同，但总体说来，差别不是很大。按月份来说，5 月的瘟疫最多，为 15 次，占总数的 6.64%；7 月次之，为 14 次，占总数的 6.19%；再次为 4 月 11 次，约占总数的 4.87%；2 月 10 次，约占总数的 4.42%。这 4 个月共计 50 次，约占总数的 22.12%，是疫灾的高发时期。

在空间分布上，明代浙江发生疫灾 26 次，山西 23 次，福建 21 次，北京 18 次，湖北、江西各 16 次，湖南 13 次，江苏 12 次，陕西 10 次，河南、山东、云南、贵州各 9 次，安徽 7 次，河北 6 次，广西 5 次，四川 3 次，甘肃、天津各 2 次，辽宁、重庆各 1 次，不详者 7 次。可见，按现代区划来说，明代的疫灾覆盖了 21 个省区市，这些地区基本上是明代当时的疆域范围。总体来说，南方的疫情比北方严重，当时南方的疫灾为 129 次，北方为 80 次。这主要是因为南方气候湿润，温度较高，易于细菌滋生。北方地区虽然在疫灾次数上少于南方，但北京、山西两地疫灾也较为突出。这是因为北京是明朝的首都，人口众多，而在人口聚集的地区比较容易形成瘟疫；山西在明代后期鼠疫暴发的情况比较严重，次数也比较多①，其疫灾也较为严重。

（2）疫灾的等级及危害。

我们根据疫灾的分布面积及危害程度，对明代疫灾进行初步分类，具体见表 4 －1 －8：

① 曹树基：《鼠疫流行与华北社会的变迁（1500—1644）》，载《历史研究》，1997 年第 1 期。

表 4-1-8 明代疫灾等级分类表

等级	主要表现	频次
微灾	灾区为 1~5 个府，记“疫”，无灾情记录	83
一般疫灾	灾区为 5~10 个府，有灾情后果；或某省，记“大疫”，无灾情记录	31
大疫灾	灾区为 1 个省或以上，有灾情记录；“大疫”，有死者，死者 5 000 人以下	31
特大疫灾	灾区 2 个省以上，灾情特别严重，死者 5 000 人以上，死者过半，牲畜多疫死	42

从上表可以看出，明代疫灾中，微灾和一般疫灾共 114 次，约占疫灾总数的 60.96%；而大疫灾、特大疫灾共计 73 次，约占疫灾总数的 39.04%。

明代疫灾最严重的危害是造成大量的人口死亡，其数量有时候达到惊人的地步。如永乐六年（1408）“正月，江西建昌、抚州，福建建宁、邵武自去年至是月，疫死者七万八千四百余人”①；永乐十七年（1419）“五月戊辰，福建建安县知县张华言：建宁、邵武、延平三府自永乐五年以来屡大疫，民死亡十七万四千六百余口”②。此外，有些疫灾并未明确记载具体死亡人数，但从史料描述中也可看出当时疫情之惨烈，如嘉靖十三年（1534）“春，瘟毒流行，死者十有八九”③；泰昌元年（1620）“十月，南京淮安疫，十人九病”④。在以农业为主的古代中国，人口作为劳动力在社会生产中起着无法替代的作用，疫灾造成人口的大量死亡，必然会造成劳动力的不足，造成大量土地的荒芜和闲置，如永乐九年（1411），“六月庚戌，巡按河南监察御史李伟言：磁州、武安等县，民疫死者三千五十余户，荒芜田土千三十八顷有奇”⑤，这种后果必然会阻碍当时社会生产的发展。

（四）明代地质灾害及其特征

1. 地震灾害及其特征

地质灾害包括地震、滑坡、泥石流、山崩、地坼等，其中尤以地震为重。邱

---

① （清）张廷玉等：《明史》卷 28《五行一》，北京：中华书局，1974 年，第 442 页。

② 《明太祖实录》卷 212“永乐十七年五月戊辰条”，台北：中央研究院历史语言研究所，1962 年，第 2139 页。

③ 王兴玉：《中国古代疫情年表（二）》，载《天津中医学院学报》，2003 年第 4 期。

④ 《明熹宗实录》卷 2“泰昌元年十月己未条”，台北：中央研究院历史语言研究所，1962 年，第 86 页。

⑤ 《明太祖实录》卷 116“永乐九年六月庚戌条”，台北：中央研究院历史语言研究所，1962 年，第 1480 页。

云飞等人据《明史》、《明实录》等统计[①]，明代 277 年间，共发生地震 1 159 次，约每年 4.18 次。其中，1368—1400 年 33 年间，发生地震 58 次，灾害频率为 175.76%；1401—1450 年 50 年间 87 次，灾害频率为 174%；1451—1500 年 50 年间 278 次，灾害频率为 556%；1501—1550 年 50 年间 343 次，灾害频率为 686%；1551—1600 年 50 年间 236 次，灾害频率为 472%；1601—1644 年 44 年间 157 次，灾害频率为 356.82%。可见，明代各阶段的地震指标都较高，发生频率都超过了每年 1 次。其中明初（1368—1450）83 年间相对较低；而明代中后期（1451—1644）的 194 年间相对较高，年均发生地震 3.5 次以上；其中（1501—1550）50 年间，发生地震 343 次之多，年均发生地震将近 7 次，频繁程度可见一斑。总之，明初 80 余年间，地震活动处于相对的平静期，这一时期发生的地震虽然也达到了 145 次之多，但仅占明代地震总数的 12.51%；明代中后期的 190 余年间是地震的高发期，这一时期发生的地震占到明代地震总数的 87.49%。其具体特征如下：

（1）地震的时间分布及特点。

从灾害发生的年内分布看，明代 1 184 次地震灾害中，除 8 次没有明确时间记载外，其余的 1 176 次均有详细的记载，大致统计见表 4-1-9：

表 4-1-9　明代地震灾害年内分布表

季节	春季				夏季				秋季			冬季				不详
月份	1	2	3	春	4	5	6	夏	7	8	9	10	11	12	冬	
灾次	92	136	114	1	96	92	94	0	93	95	116	94	75	77	1	8
百分比（%）	7.77	11.49	9.63	0.08	8.11	7.77	7.94	0	7.85	8.02	9.80	7.94	6.33	6.50	0.08	0.68
合计	343（28.97%）				282（23.82%）				304（25.67%）			247（20.86%）				8（0.68%）

由上表可以看出，明代地震的发生时间除 8 次季节和月份记载均不详外，按季节来说，发生于春季的最多，其次是秋季，再次是夏季，冬季最少。春、夏、秋、冬四季发生的地震占总次数的比例分别为 28.97%、23.82%、25.67%、20.86%。按月份来说，明代各月份发生的地震占总次数的比例分别为 1 月 7.77%；2 月 11.49%；3 月 9.63%；4 月 8.11%；5 月 7.77%；6 月 7.94%；7

① 袁祖亮主编，邱云飞等著：《中国灾害通史·明代卷》，郑州：郑州大学出版社，2009 年，第 103～108 页。

月7.85%；8月8.02%；9月9.80%；10月7.94%；11月6.33%；12月6.50%。通过以上分析可看出，明代地震的季节和月份分布虽存在一定的差距，但总体来讲，差别不大。以季节分布而言，各季节内发生的地震占总次数的百分比基本都在20%～30%之间。月份的分布特征基本也是如此，没有特别集中的月份。

（2）地震的空间分布规律。

地震是一种地域特征较为明显的自然灾害，大地震只发生在地壳活动很强烈的地区，特别是板块交界地带。在有地域记载的明代地震中，山西发生地震153次，江苏126次，甘肃118次，北京107次，宁夏107次，四川96次，河北87次，陕西79次，山东75次，福建、云南各59次，辽宁44次，河南43次，广东29次，广西28次，湖北27次，安徽23次，浙江17次，天津14次，贵州12次，江西10次，湖南6次，海南5次，上海、青海各4次，重庆2次，内蒙古1次，不详者4次。

总体来说，明代的地震主要分布在我国华北地震区、西北地震区、西南地震区、东南沿海地震区四个区域。华北地震区包括：辽宁、河北、河南、山东、内蒙古、山西、陕西、江苏、安徽等省区的全部或部分地区，这个区域又分为汾渭地堑带、燕山拗褶断裂带、太行山拗褶断裂带及从安徽霍山向北经山东西南、山东潍河断裂带、山东登莱海岸、跨渤海一直延伸至辽宁开原地区的地震带。西北地震区，就明代疆域而言，包括宁夏和甘肃两省区，虽然面积不大，却发生了219次地震，该区有宁夏贺兰山断裂带、宁夏南部和甘肃交界附近断裂带、甘肃武都折断带等地震带。西南地震区，就明代疆域而言，包括四川、重庆、云南、贵州四省市，共发生地震169次，该地区有四川南部断裂带、四川西部和北部地震带、云南东部湖地断裂带和云南西北湖地断裂带等地震带。明代东南沿海地震区主要集中在三个区域：福建泉州至广东汕头之间、广东雷州半岛及海南地区、上海及浙江沿海地区。这些地区自古以来就地震多发，现今也是地震的多发地区。

（3）地震灾害的等级及危害。

根据史料描述的灾害后果和受灾面积，将明代地震大致分为四个等级，见表4－1－10：

表 4-1-10 明代地震灾害等级分类表

等级	主要表现	频次
微震	1~5个州、府、县，只记“震”或“微震”或“山崩”，无灾害后果	854
一般震灾	5~10个州、府、县，无灾害后果，或草树摇，屋瓦坠，坏庐舍，有死伤者，有余震	205
大地震	5个州以上，或某省，大震，有声如雷，地裂水涌，江溢，庐舍多坏，死亡1~1 000	56
特大地震	2个省以上，或1省大震，山裂水涌，坏庐舍殆尽，死亡1 000人以上，或死者甚众	44

从上表可以看出，明代地震灾害以微震和一般地震为主，两者共计1 059次，约占地震总数的91.37%；大地震、特大地震100次，约占地震总数的8.63%。

地震是一种突发性自然灾害，其来势凶猛、危害极大：或造成城墙、民居等建筑物的破坏，如：洪武十一年（1378）“四月乙巳，宁夏卫地震，东北城垣崩三丈五尺，女墙崩一十九丈”[①]；正统十三年（1448）“九月丙戌，延安榆林庄塞地震，颓其城百二十丈”[②]；成化十三年（1477）“四月戊戌，甘肃地裂，又震，有声。榆林、凉州亦震。宁夏大震，声如雷。城垣崩坏者八十三处”[③] 等。或造成山崩滑坡、地面开裂，如正德四年（1509）“三月甲寅，辽东盖州卫城楼钟夜自鸣者三，山东大家峪山崩二处，约丈余，广宁中屯卫、大兴堡地陷，长四尺，阔三尺，深四丈有余”[④]；嘉靖五年（1526）“四月壬申，贵州安南卫地复震，歹苏屯等山崩，压官田二十亩，坏民舍”[⑤] 等。或造成人畜的大量死亡，如：嘉靖三十四年（1555）“十二月壬寅，山西、陕西、河南同时地震，声如雷。渭南、华州、朝邑、三原、蒲州等处尤甚。或地裂泉涌，中有鱼物，或城郭房屋，陷入地中，或平地突成山阜，或一日数震，或累日震不止。河、渭大泛，华岳、终南山鸣，河清数日。官吏、军民压死八十三万有奇”；天启二年（1622）“九月甲

① 《明太祖实录》卷118“洪武十一年四月乙巳条”，台北：中央研究院历史语言研究所，1962年，第1923页。

② 《明英宗实录》卷170“正统十三年九月丙戌条”，台北：中央研究院历史语言研究所，1962年，第3273页。

③ （清）张廷玉等：《明史》卷30《五行三》，北京：中华书局，1974年，第495页。

④ 《明武宗实录》卷48“正德四年三月甲寅条”，台北：中央研究院历史语言研究所，1962年，第1096页。

⑤ 《明世宗实录》卷63“嘉靖五年四月壬申条”，台北：中央研究院历史语言研究所，1962年，第1467页。

寅，平凉、隆德诸县，镇戎、平虏诸所，马刚、双峰诸堡，地震如翻，坏城垣七千九百余丈，屋宇万一千八百余区，压死男妇万二千余口”① 等。

2. 山崩、地陷灾害的时空特征

明代277年间，共发生山崩、地陷灾害100次，灾害频率为36.10%。其中，1368—1400年33年间，发生山崩、地陷灾害3次，灾害频率为9.09%；1401—1450年50年间4次，灾害频率为8%；1451—1500年50年间18次，灾害频率为36%；1501—1550年50年间31次，灾害频率为62%；1551—1600年50年间27次，灾害频率为54%；1601—1644年44年间17次，灾害频率为38.64%。可见，明代内部相较，1501—1600年100年间，发生山崩、地陷灾害较多，灾害频率为58%；而明初1368—1450年83年间较少，灾害频率为8.43%。其具体的时空特征见表4-1-11：

表4-1-11 明代山崩、地陷灾害年内分布表

季节	春季				夏季				秋季				冬季			不详
月份	1	2	3	春	4	5	6	夏	7	8	9	秋	10	11	12	
灾次	6	4	2	1	8	12	10	4	13	9	3	1	3	2	2	20
百分比（%）	6	4	2	1	8	12	10	4	13	9	3	1	3	2	2	20
合计	13（13%）				34（34%）				26（26%）				7（7%）			20（20%）

通过以上统计可看出：明代春季发生山崩、地陷灾害13次，夏季34次，秋季26次，冬季7次，不详者20次。夏季是山崩、地陷灾害的高发季节，占该时期山崩、地陷灾害总数的34%，而夏、秋两季共发生山崩、地陷灾害60次，约占总数的60%。从具体月份而言，又以5、6、7、8月为多，这4个月共计山崩、地陷灾害44次，占总数的44%。其地域分布方面，陕西15次，山东13次，广西10次，江西9次，福建、湖北各8次，云南6次，甘肃5次，山西、四川、广东各4次，贵州、浙江、江苏各3次，河北、河南各2次，宁夏、辽宁各1次，不详者2次。

① （清）张廷玉等：《明史》卷30《五行三》，北京：中华书局，1974年，第500、503、504页。

（五）明代气象灾害及其特征

1. 明代风灾的时空特征及危害

明代风灾的危害虽然不像水灾、旱灾等其他自然灾害那么严重，但通常来得突然、持续时间较短，让人措手不及。明代风灾按其发生和影响来看，可分为一般性风灾、台风灾害和龙卷风三类。邱云飞等人统计、研究，明代277年间，共发生风灾82次，约每3.38年1次。其中，1368—1400年33年间，发生风灾16次，灾害频率为48.48%；1401—1450年50年间11次，灾害频率为22%；1451—1500年50年间22次，灾害频率为44%；1501—1550年50年间16次，灾害频率为32%；1551—1600年50年间4次，灾害频率为8%；1601—1644年44年间13次，灾害频率为29.55%。可见，明代内部相较，1451—1500年50年间，发生风灾22次，灾害频率较高；而1551—1600年50年间，发生风灾4次，灾害频率相对较低。其具体的时空特征如下：

在时间方面，明代有时间记载的81次风灾，按季节来说，发生于秋季的最多，为25次，约占总数的30.49%；春季次之，为24次，约占总数的29.27%；夏季再次之，为23次，约占总数的28.05%；冬季最少，为9次，约占总数的10.98%。从季节上看，明代风灾的季节特征似乎不太明显，春、夏、秋三季发生的风灾次数相差不大，但在月份分布上形成了两个比较明显的时间区域：即5月至8月、12月至3月。在这两个时间区域内发生的风灾占到了总次数的90%以上。形成这种特征的原因是，5月至8月是沿海地区台风的多发期，而12月至3月则是当时北方地区多大风的季节，明代风灾的这种时间分布特征与其地理分布特征密切相关。其具体年内分布见表4－1－12：

表4－1－12 明代风灾年内分布表

季节	春季			夏季			秋季			冬季			不详
月份	1	2	3	4	5	6	7	8	9	10	11	12	
灾次	7	8	9	2	6	15	17	7	1	2	2	5	1
百分比（%）	8.54	9.76	10.98	2.44	7.32	18.29	20.73	8.54	1.22	2.44	2.44	6.10	1.22
合计	24（29.27%）			23（28.05%）			25（30.49%）			9（10.98%）			1（1.22%）

在地域分布上，明代82次风灾中，江苏发生了30次，北京10次，河北7次，山东、浙江各5次，福建、甘肃各4次，河南、陕西、上海、广东各2次，辽宁、天津、山西、四川、云南、广西各1次，不详者3次。可见，明代风灾虽

然分布比较广泛，但在大体上形成了两个比较集中的区域：一是东南沿海区域，这一区域包括今江苏、上海、浙江、福建、广东等省市，这一区域是台风的多发区，其风灾占到了总数的50%以上；二是北方多风区域，这一区域包括今北京、河北、天津、山西、陕西、甘肃等省市，其风灾占到了总数的30%以上。明代风灾的地理分布特征和其月份分布特征紧密相连：5月至8月是沿海地区台风的多发期，12月至3月则是北方地区多大风的季节，而风灾在地理分布上也恰好集中在东南沿海和北方多风区域。①

明代风灾的危害虽然不像水灾和旱灾那样严重，但亦不容忽视，它或损害庄稼，如：天顺三年（1459）“四月，顺天、河间、真定、保定、广平、济南连日烈风，麦苗尽败”；崇祯十五年（1642）“五月，保定、广平诸县怪风，麦禾俱伤”② 等。或毁坏房屋和树木，这是明代风灾最普遍的危害，如：正统九年（1444）“六月庚辰，雷、雨，大风拔树”③；景泰元年（1450）“三月壬子，是日，南京大风拔树”④；成化十九年（1483）“六月庚午，福建州府大风雨，坏官民庐舍二千余间”⑤；正德二年（1507）“闰正月癸亥，卢龙、迁安大风拔树毁屋。乙丑，大风坏奉天门右吻”等。或对人们生命安全造成危害，如：嘉靖五年（1526），“陕西屡发大风，卷掣庙宇、民居百数十家，了无踪迹”⑥；万历十九年（1591）“七月庚辰，松江、太阴等处飓风海啸，坍房害人”⑦ 等。

2. 明代雷电灾害的时空特征及危害

邱云飞等人统计、研究，明代277年间，共发生雷灾87次，约每3.2年1次。其中，1368—1400年33年间，发生雷灾4次，灾害频率为12.12%；1401—1450年50年间5次，灾害频率为10%；1451—1500年50年间17次，灾害频率为34%；1501—1550年50年间27次，灾害频率为54%；1551—1600年50年间15次，灾害频率为30%；1601—1644年44年间，发生19次，灾害频率

---

① 袁祖亮主编，邱云飞等著：《中国灾害通史·明代卷》，郑州：郑州大学出版社，2009年，第144~148页。

② （清）张廷玉等：《明史》卷30《五行三》，北京：中华书局，1974年，第489、491页。

③ 《明英宗实录》卷117“正统九年六月庚辰条”，台北：中央研究院历史语言研究所，1962年，第2358页。

④ 《明英宗实录》卷190“景泰元年三月壬子条”，台北：中央研究院历史语言研究所，1962年，第3904页。

⑤ 《明宪宗实录》卷241“成化十九年六月庚午条”，台北：中央研究院历史语言研究所，1962年，第4074页。

⑥ （清）张廷玉等：《明史》卷30《五行三》，北京：中华书局，1974年，第490页。

⑦ 《明神宗实录》卷238“万历十九年七月庚辰条”，台北：中央研究院历史语言研究所，1962年，第4415页。

为43.18%。可见，明代内部相较，1501—1550年50年间发生雷灾27次，灾害频率较高，为54%；而1401—1450年50年间发生5次，灾害频率为10%，相对较低。其具体的时空特征如下：

在时间分布方面，明代87次雷电灾害中，按季节来说，发生于夏季的最多，为53次，占总次数的60.92%；秋季次之，为21次，占总数的24.14%；冬季再次之，为8次，占总次数的9.20%；春季最少，为5次，占总次数的5.75%。从月份分布来看，明代雷电灾害集中分布于4月至7月这四个月内，其间发生雷电灾害70次，占总次数的80.46%以上。可见，夏、秋季节是雷电灾害的多发期，其具体年内分布情况见表4－1－13：

表4－1－13　明代雷灾年内分布表

季节	春季			夏季			秋季			冬季		
月份	1	2	3	4	5	6	7	8	9	10	11	12
灾次	2	2	1	11	20	22	17	4	0	4	1	3
百分比（%）	2.30	2.30	1.15	12.64	22.99	25.29	19.54	4.60	0	4.60	1.15	3.45
合计	5（5.75%）			53（60.92%）			21（24.14%）			8（9.20%）		

在地域分布方面，明代80余次雷电灾害中，33次发生在今北京，江苏25次，天津7次，河北4次，四川、福建各2次，山东、辽宁、山西、江西、青海、上海、云南、海南各1次，不详者6次。可见，明代雷电灾害分布比较广泛，但大体上形成了两个比较集中的区域：一是北京及周围地区；二是江苏地区。明代雷电灾害的这种地理分布特征主要与雷击灾害本身的特点有关。雷电本身并不是灾害，它必须作用于人本身或与人密切相关的物体上，才能称之为灾害。今江苏南京和北京是明代的两个统治中心，人口稠密、经济发达，一旦发生雷击灾害，损失严重，所以记载得较为详细。①

雷电灾害的发生，或毙伤人畜，如：正统八年（1443）“七月辛未，……大同巡警军至沙沟，风雷骤至，裂肤断指者二百余人”；弘治六年（1493）“闰五月丁未，蓟州大风雷，拔木偃禾，牛马有震死者”；嘉靖十五年（1536）“六月甲申，雷击南京西上门兽吻，震死男妇十余人”。或击毁建筑物、树木，如：天顺四年（1460）“六月癸丑，雷毁蓟州仓廒四”；弘治元年（1488）“五月丙子，

① 袁祖亮主编，邱云飞等著：《中国灾害通史·明代卷》，郑州：郑州大学出版社，2009年，第160～164页。

辰刻，南京震雷坏洪武门兽吻。巳刻，坏孝陵御道树”；正德元年（1506）“六月辛酉，雷击西中门柱脊，暴风折郊坛松柏，大祀殿及斋宫兽瓦多堕落者。丙子，南京暴风雨，雷震孝陵白土冈树”①。或引发火灾，明代建筑基本上还是以木结构为主，一旦雷击引发火灾，后果也十分严重，如：正德元年（1506）“秋七月辛丑夜，雷火毁东平守御千户所”②；正德十五年（1520）“二月丙戌，雷火毁直隶金山卫城楼及华亭县学魁星堂”③；万历四十四年（1616）“四月丙午，雷火焚税监张烨楼居……是日将午，风雨骤至，电火四发，霹雳从楼中出，三十余间顷刻立烬”④ 等。

3. 明代雹灾的时空特征及危害

邱云飞等人统计、研究，明代277年间，共发生雹灾243次，约每1.13年1次。其中，1368—1400年33年间，发生雹灾18次，灾害频率为54.55%；1401—1450年50年间27次，灾害频率为54%；1451—1500年50年间46次，灾害频率为92%；1501—1550年50年间71次，灾害频率为142%；1551—1600年50年间47次，灾害频率为94%；1601—1644年44年间，发生34次，灾害频率为77.27%。可见，明代内部相较，1501—1550年50年间，发生雹灾71次，灾害频率较高，为142%；而1368—1450年83年间，发生雹灾45次，灾害频率相对较低，为54.22%。其具体的时空特征如下：

在时间分布方面，明代的243次雹灾中，按季节来说，发生于夏季的最多，为153次，约占总数的62.96%；秋季次之，为45次，占总数的18.52%；春季再次之，为36次，占总数的14.81%；冬季最少，为7次，占总数的2.88%。从月份分布来看，明代雹灾集中分布于3月至7月这5个月内，达到了198次，占总数的81.48%。可见，夏、秋季节是雹灾的多发期。其具体年内分布见表4-1-14：

① （清）张廷玉等：《明史》卷28《五行一》，北京：中华书局，1974年，第433、434、435页。

② 《明武宗实录》卷15“正德元年秋七月辛丑条”，台北：中央研究院历史语言研究所，1962年，第477页。

③ 《明武宗实录》卷183“正德十五年二月丙戌条”，台北：中央研究院历史语言研究所，1962年，第3539页。

④ 《明神宗实录》卷544“万历四十四年四月丙午条”，台北：中央研究院历史语言研究所，1962年，第10326页。

表4-1-14 明代雹灾年内分布表

季节	春季				夏季				秋季				冬季			不详
月份	1	2	3	春	4	5	6	夏	7	8	9	秋	10	11	12	
灾次	1	10	24	1	55	58	39	1	22	12	9	2	4	1	2	2
百分比（%）	0.41	4.12	9.88	0.41	22.63	23.87	16.05	0.41	9.05	4.94	3.70	0.82	1.65	0.41	0.82	0.82
合计	36（14.81%）				153（62.96%）				45（18.52%）				7（2.88%）			2（0.82%）

在地域分布方面，明代240余次雹灾中，北京46次，河北44次，山西30次，甘肃25次，河南、江苏各16次，陕西15次，山东14次，安徽10次，江西6次，浙江、四川各5次，湖北、广东、贵州各4次，湖南、广西、云南各3次，天津、福建、海南各2次，辽宁、宁夏、重庆、青海各1次。可见，明代雹灾主要分布在今北方的北京、河北、山西、甘肃、河南等地，北方的雹灾明显多于南方。①

雹灾中雹块及降雹范围大小不等，造成的危害也不尽相同，总体而言，其危害有以下几个方面：第一，损伤庄稼，造成农作物的减产，这是雹灾最严重的危害，如：洪武十二年（1379）“五月己卯，凤阳府定远县雨雹，伤麦”②、永乐九年（1411）“户部言：淮安府沭阳县四月雨雹伤稼，计田五百三十九顷有奇”③等。第二，杀伤人畜，如，景泰五年（1454）“六月辛丑，镇守易州右佥都御史陈泰奏：六月初十日易州大方等社大风拔木，雨雹如碗大，伤稼一百二十余里，人马有被击死者”④；嘉靖三十六年（1557）“三月癸未，沂州雨雹，大如盂，小如鸡卵，平地尺余，径八十里，人畜伤损无算”；崇祯四年（1631）“五月，襄垣雨雹，大如伏牛盈丈，小如拳，毙人畜甚众”⑤ 等。第三，毁坏房屋城垣，如：成化二十一年（1485）“三月己丑夜，番禺、南海风雷大作，飞雹交下，坏民居万余，死者千余人”；弘治元年（1488）“三月壬申夜，融县雨雹，坏城楼

① 袁祖亮主编，邱云飞等著：《中国灾害通史·明代卷》，郑州：郑州大学出版社，2009年，第149～154页。

② 《明太祖实录》卷124“洪武十二年五月己卯条”，台北：中央研究院历史语言研究所，1962年，第1994页。

③ 《明太宗实录》卷116“永乐九年六月甲午条”，台北：中央研究院历史语言研究所，1962年，第1475页。

④ 《明英宗实录》卷242“景泰五年六月辛丑条”，台北：中央研究院历史语言研究所，1962年，第5270页。

⑤ （清）张廷玉等：《明史》卷28《五行一》，北京：中华书局，1974年，第431、433页。

垣及军民屋舍，死者四人”① 等。

4. 明代冷冻灾害的时空特征及危害

邱云飞等人统计、研究，明代277年间，共发生霜灾34次、雪灾29次、寒灾2次，共计65次，约每4.26年1次。其中，1368—1400年33年间，发生霜、雪、冻灾4次，灾害频率为12.12%；1401—1450年50年间7次，灾害频率为14%；1451—1500年50年间25次，灾害频率为50%；1501—1550年50年间15次，灾害频率为30%；1551—1600年50年间6次，灾害频率为12%；1601—1644年44年间8次，灾害频率为18.18%。可见，明代内部相较，1451—1500年50年间，发生霜、雪、冻灾25次，灾害频率较高，为50%；而1368—1450年83年间，发生霜、雪、冻灾11次，灾害频率相对较低，为13.25%。其具体的时空特征如下：

在时间分布方面，明代的68次冷冻灾害，按季节来说，发生于春季的最多，为21次，占总次数的30.88%；夏季次之，为20次，占总数的29.41%，但夏季主要集中在4月份，该月发生霜、雪、冻灾15次，占总数的22.06%；冬季再次之，为15次，占总次数的22.06%；秋季最少，为10次，占总次数的14.71%。从月份分布来看，明代霜、雪、冻灾集中在春末夏初的2、3、4月份之间，这3个月共发生霜、雪、冻灾30次，占总次数的44.12%以上。可见，春末夏初是霜、雪、冻灾的多发期。具体年内分布见表4-1-15：

表4-1-15 明代冷冻灾害年内分布表

季节	春季				夏季			秋季			冬季				不详
月份	1	2	3	春	4	5	6	7	8	9	10	11	12	冬	
灾次	4	6	9	2	15	2	3	2	5	3	3	5	4	3	2
百分比（%）	5.88	8.82	13.24	2.94	22.06	2.94	4.41	2.94	7.35	4.41	4.41	7.35	5.88	4.41	2.94
合计	21（30.88%）				20（29.41%）			10（14.71%）			15（22.06%）				2(2.94%)

在地域分布方面，明代有地域记载的70余次霜、雪、冻灾害中，北京10次，山西9次，江苏7次，河南、河北、陕西各6次，甘肃5次，安徽4次，山东3次，辽宁、浙江、湖北各2次，内蒙古、宁夏、青海、云南、贵州、广东、四川、湖南、江西各1次，不详者1次。可见，明代的霜、雪、冻灾害，主要分布在黄河以北的高纬度地区及西南、西北的高原地带。

① （清）张廷玉等：《明史》卷28《五行一》，北京：中华书局，1974年，第429页。

冷冻灾害的主要危害是影响庄稼、树木的生长，造成农作物的减产，如：洪武二十六年（1393）“四月丙申，榆社陨霜损麦”；景泰四年（1453）“凤阳八卫二三月雨雪不止，伤麦”；成化二年（1466）“四月乙巳，宣府陨霜杀青苗”；正德八年（1513）“四月乙巳，文登、莱阳陨霜杀稼。丙辰，杀谷”；万历五年（1577）“六月，苏、松连雨，寒如冬，伤稼”[①] 等。同时，严重的冷冻灾害还会造成人畜的伤亡，如：景泰四年（1453）“冬十一月戊辰至明年孟春，山东、河南、浙江、直隶、淮、徐大雪数尺，淮东之海冰四十余里，人畜冻死万计”；成化十三年（1477）“四月壬戌，开原大雨雪，畜多冻死”；弘治六年（1493）“十一月，郧阳大雪，至十二月壬戌夜，雷电大作，明日复震，后五日雪止，平地三尺余，人畜多冻死”；天启四年（1624）“八月戊戌，蓟州寒风杀人”[②] 等。

5. 明代沙尘灾害的时空分布特征及危害

据邱云飞等人统计、研究[③]，明代277年间，共发生沙尘灾害171次，约每1.62年1次。其中，1368—1400年33年间，无沙尘灾害记载；1401—1450年50年间1次，灾害频率为2%；1451—1500年50年间41次，灾害频率为82%；1501—1550年50年间39次，灾害频率为78%；1551—1600年50年间40次，灾害频率为80%；1601—1644年44年间50次，灾害频率为113.64%。可见，明初从1368年至1450年的83年间仅发生沙尘灾害1次，明代中后期1451—1644年的194年间是沙尘天气的高发期，有92个年份都有沙尘天气的分布，这一时期集中了此类天气的99%以上，特别是1601—1644年的44年间，发生频率和年均发生概率等各项指标都处于最高。其具体的时空特征如下：

在时间分布方面，明代的173次沙尘灾害中，按季节来说，发生于春季的最多，为120次，占总数的69.36%；夏季次之，为29次，占总数的16.76%；冬季再次之，为13次，占总数的7.51%；秋季最少，为9次，占总数的5.20%。夏季虽然有29次，但主要集中在夏初的四月份。从月份分布来看，明代沙尘灾害集中分布于1—4月这四个月内，其间发生沙尘灾害145次，占总次数的83.82%。可见，春季和春末夏初是沙尘灾害的多发期。具体年内分布见表4－1－16：

---

① （清）张廷玉等：《明史》卷28《五行一》，北京：中华书局，1974年，第426、427页。

② （清）张廷玉等：《明史》卷28《五行一》，北京：中华书局，1974年，第426、490页。

③ 袁祖亮主编，邱云飞等著：《中国灾害通史·明代卷》，郑州：郑州大学出版社，2009年，第136～139页。

表 4-1-16 明代沙尘灾害年内分布表

季节	春季			夏季			秋季			冬季			不详
月份	1	2	3	4	5	6	7	8	9	10	11	12	
灾次	28	44	48	25	4	0	1	3	5	3	3	7	2
百分比（%）	16.19	25.43	27.75	14.45	2.31	0	0.58	1.73	2.89	1.73	1.73	4.05	1.12
合计	120（69.36%）			29（16.76%）			9（5.20%）			13（7.51%）			2（1.12%）

在地域分布方面，明代170余次沙尘灾害中，北京146次，江苏6次，河南、湖北各3次，河北、山东、辽宁、宁夏、浙江各2次，陕西、甘肃、广东、云南各1次。可见，北京是明代沙尘天气最为集中的地区，占到总数的85%以上；黄河沿岸地区是明代沙尘天气次多的地区，这一地区共发生沙尘天气11次。总之，明代北方地区特别是今北京地区是沙尘天气的集中发生地区。

明代频繁的沙尘天气给当时人们的日常生活带来了严重影响，它或毁坏树木和庄稼，如：景泰七年（1456）二月己酉“未时，暴风从东北方起，拔木飞沙，至次日卯时息”[①]；成化二十年（1484）“三月己丑，广东南雄府大风扬沙拔木”[②] 等。或造成气象条件恶劣、房屋破坏，进而影响人们日常生活，如：万历三十八年（1610）“四月戊戌，崇阳风霾昼晦，至夜转烈，损官民屋木无算”；崇祯元年（1628）“正月癸亥，永年县昼晦，咫尺不辨人物”；崇祯十二年（1639）“二月壬申，浚县有黑黄云起，旋分为二。顷之四塞。狂风大作，黄埃涨天，间以青白气。五步之外，不辨人踪，至昏始定”[③] 等，如此低的能见度，人们的日常生产活动必然要被迫停止。

（六）明代火灾及其特征

据《中国火灾大典》统计，明代共发生火灾3 568次，其中因战争引起者603次，因匪患引起者156次，因倭寇引起者119次，因民变引起者402次，因兵变引起者29次，因放火引起者70次，因用火引起者57次，因吸烟、烧香焚纸、烟火爆竹引起者各1次，因自燃引起者20次，因雷击引起者138次，因地

---

① 《明英宗实录》卷263“景泰七年二月己酉条”，台北：中央研究院历史语言研究所，1962年，第5611页。

② 《明宪宗实录》卷250“成化二十年三月己丑条”，台北：中央研究院历史语言研究所，1962年，第4229页。

③ （清）张廷玉等：《明史》卷30《五行志三》，北京：中华书局，1974年，第492、512页。

震引起者8次，因怪火引起者33次，因爆炸引起者11次，因化学用品引起者3次，因明火引起者1次，因摩擦引起者1次，因其他原因者81次，原因不明者1 833次。① 可见，明代有因可查的火灾主要是由战争、匪患、倭寇、民变等人为原因造成的。属于自然灾害者，仅因自燃、雷击、地震所引起的166次火灾，其具体特征如下：

1. 火灾的时间分布及特点

明代277年间，共发生火灾166次，大约每1.67年1次，灾害频率约为59.93%。其中，1368—1400年33年间，发生火灾6次，灾害频率为18.18%；1401—1450年50年间7次，灾害频率为14%；1451—1500年50年间27次，灾害频率为54%；1501—1550年50年间40次，灾害频率为80%；1551—1600年50年间39次，灾害频率为78%；1601—1644年44年间47次，灾害频率为106.82%。可见，明初83年间，火灾频率相对较低；而明末90多年间，火灾频率较高。从火灾的年内分布来看，有时间记载的近150次火灾中，春季发生了22次，夏季85次，秋季31次，冬季10次，不详者18次。相对而言，夏、秋季火灾较多。从具体月份而看，4月19次，5月25次，6月36次，7月16次，这4个月共发生火灾96次，占该时期火灾总数的57.83%，是火灾的高发期。其具体分布见表4－1－17：

表4－1－17　明代火灾年内分布表

季节	春季				夏季				秋季				冬季			不详
月份	1	2	3	春	4	5	6	夏	7	8	9	秋	10	11	12	
灾次	5	7	7	3	19	25	36	5	16	8	5	2	3	2	5	18
百分比（%）	3.01	4.22	4.22	1.81	11.45	15.06	21.69	3.01	9.64	4.82	3.01	1.20	1.81	1.20	3.01	10.84
合计	22（13.25%）				85（51.20%）				31（18.67%）				10（6.02%）			18(10.84%)

2. 火灾的空间分布规律及危害

明代有地域记载的火灾中，江苏40次，北京39次，河北13次，福建12次，山西10次，浙江9次，上海、江西各6次，湖北5次，天津4次，辽宁3次，四川、广西、安徽、湖南、山东、广东各2次，宁夏、贵州、甘肃、河南、陕西、云南各1次，不详者1次。

① 《中国火灾大典》编辑委员会编：《中国火灾大典》，上海：上海科学技术出版社，1997年，第5785页。

火灾的危害和破坏性极大，大火可以烧毁房屋、官署、祠庙、殿宇等建筑物，给人们的财产造成严重损失，也对人群及牲畜的生命安全造成严重威胁，如：弘治八年（1495）三月戊子“镇东等堡跃火星如斗，毁官民仓廒，人马多毙”；弘治十一年（1498），“自春徂夏，贵州大火，毁官民房舍千八百所，死伤者六千余人”；弘治十二年（1499），六月甲辰，“夜阙里圣庙灾。十二月，建阳县书坊火，古今书板皆烬”；弘治十六年（1503），三月庚午，“辽东铁岭卫坠火如斗，丙子火起，烧房屋二千五百余间，死者百余人。四月戊午，宽河卫仓灾，毁米豆四万余石。九月戊寅，广宁卫城火，燔三百余家”[①] 等。而由雷电或地震引起的火灾，当与其他自然灾害并发时，造成的危害更为严重，如：洪武二十四年（1391）七月辛卯，“大风雨雷，江宁卫草场火”[②]；弘治十八年（1505）九月三十日夜，“（江山县）地震，大火，焚庐舍殆尽”；正德十一年（1516）六月戊午，“怀安城骤雨，雷大震，草场火”[③] 等。

二、明代自然灾害的主要特征

1. 明代自然灾害种类多、次数多、频度高、持续时间长，群发现象典型

明代主要的自然灾害有水、旱、虫、震、疫、沙尘、风、雹、雷击、霜、雪、冻、火等十余类，且发生次数较多。据统计，明代共发生自然灾害 4 490 次，平均每年 16. 2 次，其频繁程度之高可见一斑。同时，灾害发生及持续时间较长。许多水、旱等单种灾害往往持续数月之久；有的多种灾害前后相继、接连发生，形成连续 1 年以上的灾害。此外，明代各种灾害交织、群发现象突出。灾害群发的主要表现一是单种灾害的群发，即某种灾害的连发，如明代水灾最长的连发时间为 34 年（1501—1534），旱灾最长的连发时间也是 34 年（1467—1500），虫灾的最长连发时间为 13 年（1433—1445）等；二是多种灾害的群发，明代发生灾害最多的一年是洪熙元年（1425），共有 59 次自然灾害发生；而自然灾害发生种类最多的弘治六年（1493）有 11 种自然灾害发生，1443 年、1506 年、1618 年、1639 年、1643 年 5 个年份有 9 种自然灾害发生，而 1444 年、1454 年、1473 年、1489 年、1494 年、1495 年、1502 年、1513 年、1523 年、1606 年、1620 年、1624 年、1641 年这 13 个年份有 8 种自然灾害发生[④]，灾害群发现象严重。

---

① （清）张廷玉等：《明史》卷 29《五行志二》，北京：中华书局，1974 年，第 464 页。
② （明）谭迁：《国榷》卷 9“洪武二十四年七月辛卯条”，北京：中华书局，1958 年，第 722 页。
③ （明）谭迁：《国榷》卷 50“正德十一年六月戊午条”，北京：中华书局，1958 年，第 3107 页。
④ 袁祖亮主编，邱云飞等著：《中国灾害通史·明代卷》，郑州：郑州大学出版社，2009 年，第 33 页。

2. 明代自然灾害具有年际、年内分布不均的时间分布特征

在时间分布方面，明代自然灾害不论是在年际分布上，还是在年内分布方面，都存在着不均衡性，其阶段性分布具体特征见表4－1－18：

表4－1－18　明代自然灾害阶段分布表

时段 灾种	1368—1400 (33年)	1401—1450 (50年)	1451—1500 (50年)	1501—1550 (50年)	1551—1600 (50年)	1601—1644 (44年)
水灾	93	386	160	126	153	116
海潮	21	40	46	54	54	56
旱灾	32	152	241	152	80	71
蝗、虫灾	20	88	29	20	9	31
疫灾	2	29	34	38	37	47
地震	58	87	278	343	236	157
崩陷	3	4	18	31	27	17
风灾	16	11	22	16	4	13
雷电	4	5	17	27	15	19
雹灾	18	27	46	71	47	34
霜冻	4	7	25	15	6	8
沙尘	0	1	41	39	40	50
火灾	6	7	27	40	39	47
总计 (频次/年)	277 (8.39次/年)	844 (16.88次/年)	984 (19.68次/年)	972 (19.44次/年)	747 (14.94次/年)	666 (15.14次/年)

可见，大约以50年为尺度，1368—1400年33年间，发生各类自发灾害277次，约每年8.39次；1401—1450年50年间844次，约每年16.88次；1451—1500年50年间984次，约每年19.68次；1501—1550年50年间972次，约每年19.44次；1551—1600年50年间747次，约每年14.94次；1601—1644年44年间666次，约每年15.14次。可见，明代各阶段自然灾害年均频次都较高。其中，1451—1550年100年间，年均达到19次以上，年均灾害频次最高。相较而言，明末94年间，灾害频次较低，每年约15次；明初33年间，年均灾害频次最低，约每年8.43次，存在着年际分布的不平衡性。

年内分布方面，明代有月份和季节记载的各类灾害4 562次，不详者349次，共计4 911次。其中，夏季最多，共发生1 614次，约占总数的32.86%；

秋季次之，共1 393次，约占总数的28.36%；春季再次之，共943次，约占总数的19.20%；冬季最少，共612次，约占总数的12.46%。在具体的月份中，6月份592次，为各月份之最；7月份次之，共584次；5月份再次之，共464次；4月份378次，位居第四。这4个月共发生各类自然灾害2 018次，约占灾害总数的41.09%，是明代自然灾害的高发月份。而整个冬季，仅发生自然灾害612次，显然是自然灾害的低发时节。其具体分布见表4－1－19：

表4－1－19 明代自然灾害年内分布表

时间 灾种	春季				夏季				秋季				冬季				不详
	1	2	3	春	4	5	6	夏	7	8	9	秋	10	11	12	冬	
水灾	33	34	42	8	42	108	194	40	207	115	91	21	56	30	37	0	53
海潮	4	2	2	0	4	15	32	4	69	36	13	14	1	3	0	0	72
旱灾	34	48	49	51	72	77	94	107	78	56	67	54	58	35	29	11	83
蝗、虫灾	6	1	6	1	18	30	46	7	35	13	16	1	7	3	3	0	4
疫灾	7	10	9	12	11	15	7	12	14	9	7	6	8	4	5	6	84
地震	92	136	114	1	96	92	94	0	93	95	116	0	94	75	77	1	8
崩陷	6	4	2	1	8	12	10	4	13	9	3	1	3	2	2	0	20
风灾	7	8	9	0	2	6	15	0	17	7	1	0	2	2	5	0	1
雷电	2	2	1	0	11	20	22	0	17	4	0	0	4	1	3	0	0
雹灾	1	10	24	1	55	58	39	1	22	12	9	2	4	1	2	0	2
冷冻	4	6	9	2	15	2	3	0	2	5	3	0	3	5	4	3	2
沙尘	28	44	48	0	25	4	0	0	1	3	5	0	3	3	7	0	2
火灾	5	7	7	3	19	25	36	5	16	8	5	2	3	2	5	0	18
小计	229	312	322	80	378	464	592	180	584	372	336	101	246	166	179	21	349
合计	943（19.20%）				1 614（32.86%）				1 393（28.36%）				612（12.46%）				349（7.11%）

3. 明代自然灾害具有地域分布广、差异性大的空间分布特征

按现代行政区划来说，明代自然灾害分布广泛，涉及今27个省市，同时还存在着地域的差异性。从表4－1－20可以看出，江苏、北京、河北、山东、山西、河南、浙江等7个省市是明代自然灾害发生较多的地区，各省自然灾害均在300次以上。这7个省市共发生自然灾害3 539次，占明代自然灾害总数的

60.78%。安徽、陕西、甘肃、湖北、福建、四川、江西、天津、宁夏、湖南、上海、广东这12个省区市是明代自然灾害发生次多的地区，各省区市自然灾害均在300次以下，这12省区市共发生自然灾害1 947次，占明代自然灾害总数的33.45%。云南、辽宁、广西贵州、重庆、海南、青海、内蒙古等8省区市是明代自然灾害发生较少的地区，均在100次以下，这8省区市共发生自然灾害335次，占明代自然灾害总数的5.76%。明代自然灾害最严重的地区是今江苏、北京两地，其自然灾害均达700以上，分别占总数的12.51%和12.23%。总体来说，北方地区的灾情要比南方严重得多。之所以形成这种分布特征，一则因为南直隶（江苏）、北直隶（北京）地区是明代的两个统治中心，人口稠密、经济发达，一旦遭受灾害，则损失较大，因此灾害记载较为详细；二则因为北方地区的自然条件较南方差得多，南方在明代修建了许多水利工程以防御自然灾害，北方虽然在此方面也取得了显著的成就，但和南方相比还有一定差距。

表4-1-20　明代自然灾害地域分布表

灾种 / 地点	水灾	海潮	旱灾	蝗灾	疫灾	地震	崩陷	风灾	雷电	雹灾	霜冻	沙尘	火灾	合计	百分比（%）
江苏	256	36	133	38	12	126	3	30	25	16	7	6	40	728	12.51
北京	122	0	145	36	18	107	0	10	33	46	10	146	39	712	12.23
河北	187	0	134	62	6	87	2	7	4	44	6	2	13	554	9.52
山东	118	21	100	68	9	75	13	5	1	14	3	2	2	431	7.40
山西	19	0	123	19	23	153	4	1	1	30	9	0	10	392	6.73
河南	162	0	75	48	9	43	2	2	0	16	6	3	1	367	6.30
浙江	102	139	43	2	26	17	3	5	0	5	2	2	9	355	6.10
安徽	116	0	96	26	7	23	0	0	0	10	4	0	2	284	4.88
陕西	24	0	85	8	10	79	15	2	0	15	6	1	1	246	4.23
甘肃	8	0	45	3	2	118	5	4	0	25	5	1	1	217	3.73
湖北	60	0	65	2	16	27	8	0	0	4	2	3	5	192	3.30
福建	23	11	8	0	21	59	8	4	2	2	0	0	12	150	2.58
四川	10	0	18	0	3	96	4	1	2	5	1	0	2	142	2.44
江西	50	0	35	0	16	10	9	0	1	6	1	0	6	134	2.30
天津	43	0	34	22	2	14	0	1	7	2	0	0	4	129	2.22
宁夏	5	0	1	1	0	107	1	0	0	1	1	2	1	120	2.06

（续上表）

地点＼灾种	水灾	海潮	旱灾	蝗灾	疫灾	地震	崩陷	风灾	雷电	雹灾	霜冻	沙尘	火灾	合计	百分比（%）
湖南	29	0	60	2	13	6	0	0	0	3	1	0	2	116	1.99
上海	48	36	16	1	0	4	0	2	1	0	0	0	6	114	1.96
广东	28	27	5	0	0	29	4	2	0	4	1	1	2	103	1.77
云南	5	0	1	0	9	59	6	1	1	3	1	1	1	88	1.51
辽宁	18	0	9	4	1	44	1	1	1	1	2	2	3	87	1.49
广西	10	0	10	0	5	28	10	1	0	3	0	0	2	69	1.19
贵州	5	0	7	1	9	12	3	0	0	4	1	0	1	43	0.74
重庆	2	0	14	0	1	2	0	0	0	1	0	0	0	20	0.34
海南	3	1	0	0	0	5	0	0	1	2	0	0	0	12	0.21
青海	0	0	3	0	0	4	0	0	1	1	1	0	0	10	0.17
内蒙古	1	0	3	0	0	1	0	0	0	0	1	0	0	6	0.10
合计	1 454	271	1 268	343	218	1 335	101	79	81	263	71	172	165	5 821	

4. 明代自然灾害频发原因的多样性

气候变化与自然灾害。从元末明初开始，我国历史时期的气候变化进入了最为漫长的一个寒冷期，从元末明初至清末，历经500余年，其时间大致是1400年至1900年前后。这个寒冷期内并非一味的小冰期，中间存在着相对的冷暖变化交替，即明代的气候是在寒冷大背景下的一个动态变化的过程，这个变化过程虽不像大气候的冷暖变化那么剧烈，但也会引起气候的异常波动而导致灾害的发生。受气候波动影响最大的自然灾害莫过于水、旱灾害，一般认为气温下降是导致气候干旱的重要原因，而气温上升则是导致水灾的因素之一。气候学家认为，地球表面的平均温度如果下降3℃，大气中的水分将减少20%而导致严重旱灾。[①] 在明代，我国的水旱灾害阶段分布并不均衡，而是随着气候的变化而相对趋干或趋湿。总体看来，明代气候的干湿状况与气候的总体特征大体相符，大气候环境的变化是明代自然灾害发生的外部因素之一，但并不起着决定作用。此外，受灾地区的自然地质环境、地球内部的地质活动及各种灾害之间的相互影响与人为不当的农业生产活动、人为破坏森林生态、错误的救灾思想及战争等，都是引发自然灾害的重要因素。[②]

不当的农业生产活动与自然灾害。明初，政府颁布了一系列奖励垦荒的措施，并大规模地开展军屯、民屯，以期尽快恢复遭受长期战乱影响而凋残不堪的社会经济。洪武二十四年（1391）全国田地为三百八十七万四千七百四十六顷[③]，而到万历三十年（1602）翻了近两番，增至一千一百六十一万八千九百四十八顷[④]。起初，垦荒的积极作用是显而易见的，但过度的垦殖加之不当的耕作技术，导致土地的肥力下降，旱则赤地千里，潦则洪流万顷，或“荒沙漠漠，弥望丘墟”，或“一望葭苇无所用之”[⑤]，如正统至成化间，大量流民涌入鄂、豫、川、陕交界地区，偏僻山区一度出现“民庐相望，沿流稻畦高下鳞次”的景象。但好景不长，“时移事迁，威惠渐竭，加之天时灾沴之不常……（民乃）转徙相仍”[⑥]，到万历时，大面积土地已处于弃耕状态。不当的耕作方式造成水土流失，围湖造田加重了河流的水患灾害，如早在宋代，太湖民“围湖占江，而东南水利亦塞，于是十年中荒恒六七，而较其得，反不及于前人”[⑦]。到明代中叶，情况已十分严重，“土民利其膏腴，或堰而为田，或筑而为圃，上源之来者不衰，而下流之去者日滞，是以川泽浸淫，经冬不涸，围田沮洳，终岁不干，加以夏秋淫雨浃旬，山水横发，淹没田畴，漂沦庐舍固其所也，方弘治四年一涝

① 陈关龙、高帆：《明代农业自然灾害之透视》，载《中国农史》，1991年第4期。

② 袁祖亮主编，邱云飞等著：《中国灾害通史·明代卷》，郑州：郑州大学出版社，2009年，第173～184页。

③ 《明太祖实录》卷214“洪武二十四年十二月壬午条”，台北：中央研究院历史语言研究所，1962年，第3166页。

④ 《明神宗实录》卷379“万历三十年十二月丙辰条”，台北：中央研究院历史语言研究所，1962年，第7149页。

⑤ （明）张萱：《西园闻见录》卷34《户部三·开垦·前言》，续四库全书（1169），上海：上海古籍出版社，2002年，第68、69页。

⑥ （明）陈子龙选辑：《明经世文编》卷342《吴司马奏议·条陈民瘼疏》，北京：中华书局，1962年，第3662页。

⑦ （清）顾炎武著，陈垣校注：《日知录校注》卷10《治地》，合肥：安徽大学出版社，2007年，第569页。

如人初病，犹之可也，迨五年复涝，如病再发，已难支持”①。

人为破坏森林生态与自然灾害。森林既可调节气候、抵御风沙，又可蓄水保墒、抗旱防涝，是保护自然环境免遭破坏的天然屏障。森林一旦遭到破坏，可导致水土流失，引发洪涝灾害和土壤盐碱沙化，造成极为严重的危害。明代对森林的破坏相当严重，以北京周围为例，明初曾禁止在西山砍伐林木。仁宗“以京师人众，而荛薪往往取给千数百里外，命工部弛西山樵采之禁”②；怀柔县山场，“旧禁樵采”，宣宗因“输官薪炭，措办实难”，遂“弛禁以便民”③。同时，明王朝定都北京后，大兴土木，亦在长江流域大量采伐名贵大木。据统计，嘉靖三十六年（1557）至三十七年（1558），四川、湖广、贵州共采得楠和杉 11 280 株，15 712 根块，其中围逾一丈的大楠、杉达 2 000 多株，一丈四五尺围的大楠、杉也有 117 株。到万历时期，采办的数量更是惊人。万历二十四年（1596）采办的楠、杉等木达 5 600 根块，到万历三十六年则达 8 000 多株，24 601 根块，其中仅贵州一省便采办有楠、杉、柏木 12 298 根，这 4 年采办的皇木便达 44 913 根块。④ 植被的严重破坏，致使水土流失日趋严重，生态环境日趋恶化，增加了洪水为灾的可能，加剧了风沙等自然灾害的危害程度。

错误的救灾思想与自然灾害。黄河下游地区，黄河、淮河、运河交织在一起，情况复杂，河患频繁。而明代在治理黄河问题上恰恰采取了“挽黄保运”和“保护皇陵”的错误思想。明朝“建都于西北，而转漕于东南。运道自南而达北，黄河自西而趋东。非假黄河之支流，则运道浅涩而难行，但冲决过甚，则运道反被淤塞。利运道者莫大于黄河，害运道者亦莫大于黄河”⑤。运河是明代南粮北运的大动脉，事关京都食粮、朝廷财赋供应和政权巩固的国计。在治理黄河时，为保障运道通畅而力阻黄河改道北去，以防运道浅涩而漕运中断。同时防止黄河北决，冲淤山东境内的会通河和昭阳湖运道，这使得淮河流域多年饱受水患之苦。

“保护皇陵”是制约明代治河的另一思想。黄河夺淮入海，处于淮泗之间的泗州祖陵及凤阳皇陵常处于黄河水患的威胁下。保护皇陵成为明代中后期的重大

---

① （明）姚文灏《浙西水利书》卷下《叶给事廷缙请赈饥治水奏》，文津阁四库（191），北京：商务印书馆，2005 年，第 903 页。

② 《明仁宗实录》卷 2 上“永乐二十二年九月癸酉条”，台北：中央研究院历史语言研究所，1962 年，第 42 页。

③ 《明宣宗实录》卷 3“洪熙元年七月戊寅条”，台北：中央研究院历史语言研究所，1962 年，第 90 页。

④ 蓝勇：《明清时期的皇木采办》，载《历史研究》，1994 年第 6 期。

⑤ （明）陈子龙选辑：《明经世文编》卷 184《王司马奏疏·虑河患恤民穷以裨治道疏》，北京：中华书局，1962 年，第 1874 页。

政治问题，这严重制约了明代后期的治河政策。“夫漕之用河，河之梗漕，百年之前无有也。河稍南而遽以为伤地脉，虞祖陵，数十年以前无有也”，最终造成“今者绝河之中道，则河穷；又使之北避运，则河又穷；又使之南而远避祖陵，则河又益穷。河所由者，舍徐邳间三道安往哉？水穷则溢，何得不累岁决也”①。总之，由于护陵要确保黄河南流不能过远，保漕要求黄河要在不淤塞运道的前提下济运通漕，这一南一北的两大限制使治河陷入政治、经济两大问题的牵制之中，治河与治运、保漕紧密联系在一起，治河回旋余地狭小、腾挪空间不大，致使治河成效大打折扣。“护陵”原则很大程度上束缚了人们治河的能动性与客观性，不利于把握全局以获取较大利益，减少损失。另外，由于没有，也不太可能根治黄河泥沙问题，护陵的措施多是即时应对之策，疲于应付，鲜有科学的创新性工作，当潘季驯的“束水攻沙”有较大效果、运河新河开通基本解决陵寝安危时，明王朝已病入膏肓、回天乏力了。②

战争与自然灾害。在明代，北方少数民族始终威胁着北部边境，把农牧界线一直推至今陕北与内蒙古之间，草原开垦殆尽。而明政府对付北方少数民族的“防边良策”，即守边将士“遇秋深，率兵约日同出数百里外，纵火焚烧，使胡马无水草可恃。如此，则在我虽有一时之劳，而一冬坐卧可安矣”③。这“一冬之安”却要付出饿殍遍地的代价，对当地草原环境的破坏也是相当严重的。而明末农民大起义，历时近20年，转战大半个中国，交战双方为取得战争的胜利，不惜人为引发灾害。如：崇祯十五年（1642），李自成农民军第三次攻开封时，明军为抵挡农民军进攻，河南巡抚高名衡、开封推官黄澎等挖开黄河，以水代兵，造成人为的水灾，死亡人数达到数十万之多。同时，一场战争少则成百上千，多则上万人暴尸荒野，一旦尸体不能及时掩埋和清理，便会引起瘟疫。如崇祯九年（1636）五月，“贼首李自成，张天琳事榆林，总兵俞霄败绩于安定，死之。大疫”④ 等。

三、明代防灾、救灾措施

明代是我国古代自然灾害较为严重的时期，统治者也比较重视灾荒的救助，

---

① （明）陈子龙选辑：《明经世文编》卷491《徐文定公集四·漕河议》，北京：中华书局，1962年，第5426页。

② 吕天佑：《浅议明代中后期治理黄河的“两难”》，载《历史教学》，2001年第12期。

③ （清）顾炎武著，陈垣校注：《日知录校注》卷29《烧荒》，合肥：安徽大学出版社，2007年，第1664页。

④ 嘉庆《延安府志》卷6《大事表》，续四库全书（693），上海：上海古籍出版社，2002年，第329页。

在200多年的历史进程中，明代的救灾机构、救灾程序、防灾减灾措施、灾荒救助都趋于成熟，逐渐形成了较为完备的救灾制度。结合相关研究[①]概括如下：

（一）明代救灾管理机构与救灾程序

明代负责救灾的机构主要有三个层面：中央层面主要由户部负责；行省层面上由布政司主管民政和财政，兼管救灾，按察司虽主管司法和监察，但也参与布政司、都司会议，也经常参与灾害救治的事项；省级以下的府、州、县，主管当地一切事务，灾害发生时对百姓进行救灾是其本分所在。此外，巡抚和巡按御史，作为中央派遣到地方巡视的高级官员，有抚循、监察地方的职责，自然灾害发生时当然有义务奏闻并参与地方灾害的救治。明代救灾的程序主要有：

1. 报灾

报灾即受灾地区的地方官员将灾害的发生时间、受灾等级、损失状况等相关情况上报给中央政府。关于报灾时间，洪武元年（1368）八月下诏规定："凡水旱之处，不拘时限，可随时申报"[②]；弘治年间（1488—1505）始定时限为："夏灾不得过五月终，秋灾不得过九月终"[③]；万历九年（1581）又规定"地方凡遇灾伤重大，州县官亲诣勘明，……至于报灾之期，在腹里仍照旧例，夏灾限五月，秋灾限七月；沿边如延、宁、甘、固、宣、大、蓟、辽各处，夏灾改限七月内，秋灾改限十月内，俱须依期从实奏报。或报时有灾报后无灾；及报时灾重报后灾轻；报时灾轻报后灾重，巡按疏内明白实奏，不得执泥巡抚原疏，致灾民不沾实惠"[④]，对内地和边远地区的报灾时间进行了区别对待。关于灾伤等级，明代将灾伤分为两个等级：极灾和次灾，或称轻灾和重灾。一般而言，重灾为十至八分，轻灾为七至五分。而受灾民众大致划分为三等：一等曰极贫，二等曰次贫，三等曰稍贫，具体救灾中多对极贫和次贫者进行赈济。同时，明代政府针对匿灾不报或报灾不力的官员也有相应的处罚规定。

2. 勘灾

明代勘灾分两级，灾害发生后，当地地方官员先行勘灾，将灾伤情况上报户

---

① 袁祖亮主编，邱云飞等著：《中国灾害通史·明代卷》，郑州：郑州大学出版社，2009年；陈关龙：《论明代的备荒仓储制度》，载《求索》，1991年第5期；钟永宁：《明代预备仓述论》，载《学术研究》，1993年第1期；段自成：《明中后期社仓探析》，载《中国史研究》，1998年第2期；顾颖：《明代赈粮初识》，载《中国社会经济史研究》，1993年第4期；叶依能：《明代荒政述论》，载《中国农史》，1996年第4期；胡卫伟：《明初自然灾害与政府对策》，载《肇庆学院学报》，2005年第6期；赵昭：《论明代的民间赈济活动》，载《中州学刊》，2007年第2期等。

② （明）徐光启：《农政全书》卷44《备荒考中》，长沙：岳麓书社，2002年，第737页。

③ （清）张廷玉等：《明史》卷78《食货志二》，北京：中华书局，1974年，第1915页。

④ （清）乾隆官修：《续文献通考》卷32《赈恤》，杭州：浙江古籍出版社，2000年，第3125页。

部，然后再由户部派遣官员前往灾区核实。明代政府对勘灾过程有明确规定，《明会典》载："凡各处田禾遇有水旱灾伤，所在官司踏勘明白，具实奏闻。仍申合干上司，转达户部立案，具奏。差官前往灾所覆勘是实，将被灾人户姓名、田地顷亩、该征税粮，数目造册缴报本部立案，开写灾伤缘由具奏。"这一诏令明确规定了两级勘灾的程序，对勘灾的内容也作了具体要求，以便中央政府对灾伤情况有比较详细的了解，从而实施较为适当的救灾措施。

3. 形成救灾决议

户部官员勘灾归来之后，将灾情上报中央政府，由中央政府组织有关人员进行讨论，形成具体救灾方案。在明代，这个过程最常用的形式就是"廷议"。明代廷议的参加成员基本上是阁臣、六部、都察院、大理寺、通政司等九卿及有关人员，这些人多为朝廷要员。廷议的内容一般涉及哪个部门的职责就由哪个部门主持。其中，户部主管全国户口、土地和财政，灾荒救治也是其一项主要职责，因此有关救灾的重大事项由户部主持廷议。如嘉靖二年（1523）十一月，"大学士杨廷和等以直隶江北水灾异常，疏请集议赈救，并蠲一应岁派额办钱粮。上曰：'灾伤重大，联心恻然，其议所以拯救之。'于是户部集廷臣条陈救荒八事……疏人，上曰：'灾伤重大，国民困苦，存留起运粮米、岁办等项钱粮，尽予停免，其余事宜俱如拟。'仍差两京堂上官一员会同抚按严督所属，将前后动支银两设法赈济，使沾实惠"①，接下来即根据决议采用各种具体的救灾措施对受灾民众进行救济。

（二）明代防灾减灾措施

应对自然灾害的策略不仅有灾害发生时的及时救治，也有为减少灾害发生和降低灾害影响所采取的防灾减灾措施。明代的防灾措施主要有：

1. 仓储防灾

储备粮食以备荒的方法在先秦已有之，明代用于备荒的仓种有预备仓、济农仓、常平仓、义仓和社仓等。其中，前两者为明代首创，后三者在继承前代的基础上又有所发展，但变化不大。预备仓始设于明洪武初，《明会典》载："令天下县分，各立预备四仓。官为籴谷收贮，以备赈济，就择本地年高笃实民人管理"，同时命"户部运钞二百万贯。往各府州县，预备粮贮，每县于境内定为四所，于居民丛集处置仓"。预备仓粮的来源有内帑发钞、地方财政支出、社会捐输、罪犯罚赎等几种形式，其主要的赈济方式大致有赈粜、赈给、赈贷三种。济

① 《明世宗实录》卷33"嘉靖二年十一月庚寅条"，台北：中央研究院历史语言研究所，1962年，第851页。

农仓为宣德年间（1426—1435）周忱巡抚江南时所创，其初衷是解决江南赋重、民生艰难，且“兼并之家日盛，农作之民日耗，不得已而弃其本业，去为游手末作，以至膏胶之壤渐至荒芜，地利削而国赋亏”① 的问题，是周忱对江南重税地区进行赋税改革的一部分，其作用不止于备荒，也用于地方各项经费之调节。济农仓的存粮主要来源于地方政府征收的税粮，是支付解运及其他开支之后的剩余，另一部分存粮来自平籴与劝分。济农仓在赈灾活动中曾起到过良好的作用，但因管理上的弛废及周忱改革的税制难以维持，至万历时，改革原意尽失，济农仓也因失去了最重要的存粮来源而渐衰。

2. 工程技术防灾

工程技术防灾是指政府采取整治河道、兴修水利工程等措施减少水旱灾害的发生及减轻灾害的危害。明代政府也把兴修水利作为防灾减灾的一项重要措施，如刘大夏、徐有贞、潘季驯、宋礼、陈瑄等人对黄河及淮河进行了多次整治。在运河的治理方面，先后开凿了南阳新河和泇河，使运河的引水更加合理，河道的选择亦避开了险滩，改善了运河的航运条件，反映了当时治运工程技术的成就。在兴修农田水利工程方面，明朝自开国初就规定：“所在有司，民以水利条上者，即陈奏。越二十七年，特谕工部，陂塘湖堰可蓄泄以备旱潦者，皆因其地势修治之。乃分遣国子生及人材，遍诣天下，督修水利。”② 此后，太湖的多次治理与江南地区海塘的大规模修建，关中地区的引泉灌溉、凿井灌溉、挖池蓄水及小流域水利开发，长江中游地区陂塘的修筑、圩堤的修建、古代水利工程的修复，华南沿海地区海塘的修筑、山区及河流湍急地区陂、塘、堰、坝的修建等一系列工程举措如火如荼。从北直隶到华南沿海，从河西走廊到华东地区，从辽东边疆到云贵之地，都掀起了兴修水利的高潮，这些工程的修筑对当地农业的发展及应对自然灾害方面都起到了重要作用。

3. 发展农业防灾

农业经过数千年的发展，到明代已达到相当高的程度。一方面，当时的人们已注重农业综合、协调的长远发展，如：轮作复种制度方面，“凡高仰田，可棉可稻者，种棉二年，翻稻一年，即草根溃烂，上气肥厚，虫螟不去，多不得过三年，过则生虫”③，这既有利于土壤的改良，也有利于增加作物的产量；耕作技术方面，二年三作制在北方得到广泛推广，农田的耕作次数普遍增加，促进了土壤熟化和农作物的生长；而重视施肥、用毒药防治病虫害、发展生态立体农业、

---

① （清）陈梦雷编：《古今图书集成》卷100《食货典》，成都：巴蜀书社，1988年，第83225页。
② （清）张廷玉等：《明史》卷88《河渠六》，北京：中华书局，1974年，第2146页。
③ （明）徐光启：《农政全书》卷35《木棉》，长沙：岳麓书社，2002年，第562页。

实现动物养殖与农业生产的有机结合等，都有利于农作物的增收与病虫害的防治。另一方面，在灾害发生后，人们便紧急补种成熟期短、抗灾能力强的荞麦、晚玉米、晚高粱等作物，“北方地不宜麦禾者，乃种此（高粱）。尤宜下地，立秋后五日，虽水潦至一丈深不能坏之。但立秋前水至即坏，故北土筑堤二三尺以御暴水，但求堤防数日，即客水大至亦无害也”[①]。此外，明代还从境外引进了甘薯、玉米、马铃薯等产量高、生长期短、环境适应能力强的作物品种，在一定程度上保证了作物收成，增强了人们抵御自然灾害的能力。

（三）明代救灾措施

1. 蠲免与赈济

蠲免是历朝政府常用的救荒措施，明代蠲免包括赋税蠲免和徭役蠲免两种形式，“至若赋税蠲，有恩蠲，有灾蠲”[②]。其中灾蠲是在出现水旱等灾害时，政府颁布诏令蠲免粮税。“岁荒民饥，救死不赡，奚暇完租，不惟饥荒之恤而迫日而征之，民力必不支，不填沟中，则起而为盗”[③]，可见，蠲免粮税以解民困是统治者稳定统治的政策之一。但是，蠲免粮税的数额是按耕地面积和受灾程度确定的，其受益者为地主、自耕农等有田人家，最贫困的无地佃农却不能获得救助。徭役蠲免是通过免除受灾之民须服徭役的义务，舒民力以救灾。其蠲免的范围包括各类徭役、劳役、各种加派及杂税等。如宣德八年（1433）春夏间，畿内及河南、山东、山西大旱，受灾地区除获免当年夏税及往年逋负外，“其拖欠各色课程、盐课，并各衙门见坐派买办、采办诸色物料、颜料等项，及亏欠孳牧马、驴、牛、羊牲口，悉皆蠲免”[④]。可见，蠲免的内容丰富，是明代政府较为常用的一种救灾措施，但在大灾之年，民生艰难、政府赋税无几的情况下，其所起的实际效用并不大。

赈济也是明代救灾的常用措施，包括赈给和赈贷两种方式。赈给是无偿给予灾民物品或钱，以帮助其渡过难关的行为。赈给又分为赈物、赈钱两种。其中赈物中最常见的是赈粮和赈布帛。赈粮是最常见的赈给方式，这对于危在旦夕的灾民来说是最直接和最有效的；赈钱是由政府发给灾民救助金让其籴买粮食渡过灾荒，这一方法在洪武年间实行得较多。如洪武十年（1377），“命户部赈给黄州、

---

① （明）徐光启：《农政全书》卷25《树艺·谷部上》，长沙：岳麓书社，2002年，第390页。

② （清）张廷玉等：《明史》卷78《食货二》，北京：中华书局，1974年，第1909页。

③ 《荒政考》，见李文海、夏明方主编：《中国荒政全书》，北京：北京古籍出版社，2003年，第177页。

④ 《荒政考》，见李文海、夏明方主编：《中国荒政全书》，北京：北京古籍出版社，2003年，第178页。

常德、武昌三府并岳州、涌阳二州去岁被水灾户六千二百五十，户给钞一锭”[①]；洪武十七年（1384）苏州府昆山县民八十余户，有田六顷九十余亩为水所没，“诏除其租，仍给钞赈之”[②] 等。赈贷是指政府直接出资放贷，将粮食、钱币、种子、耕牛、农具等物品贷给灾民。同时，明代也通过政府干预促成民间转贷，以达到互助自救、共同发展生产、渡过难关，但都是以偿还为条件的。

2. 折输、缓征、带征和停征

折输是明政府在灾荒之年将民户应上缴的税粮折成银钱或其他物品，其目的有三：一是为确保税收，允许将税粮折成灾区有收的作物或物品；二是把粮食留在灾区用以维持灾民生计；三是消除民户交纳的税粮在运输途中的损耗，从而减轻赋税。缓征是灾荒来临时暂时停止即将征收或正在征收的税粮，如正统元年（1436）四月，直隶保定府清苑县旱、蝗，无收，人民艰难，逃移者众，粮草无从追征，“乞暂停止”，经户部核实后获准[③]。缓征的税粮一般得不到蠲免，而是推迟到丰年征收。带征是为避免丰年的赋税负担过重，缓征的税粮往往被分作几年征收。如嘉靖初，“南直隶苏、松、常三府大饥，岁赋诏缓征者计银三十八万两有奇，候两年后带征”；嘉靖四年（1525）二月，“巡按御史朱寔昌言：凶荒之余，方值一稔，即输办岁赋，犹恐难之，奈何遽责逋，重为民困。”户部认为“寔昌言是”，命“原定带征之数宜派为两分，岁征其一”[④]；遇灾时，带征税粮也可暂停征收，向后推延一年或数年。停征是在灾荒之年停止征收税粮或一些不急需的物品。停征的物品一般可以得到蠲免。总之，这类措施是政府针对灾区的实际情况而采取的一系列便民措施，这些措施基本上都形成于明初，反映了明初统治者以民为本的治国思想。

3. 以工代赈与安辑流民

以工代赈，是通过组织灾民进行劳动而给灾民发放报酬从而达到赈济灾民的目的，此法在春秋时期已有之。明代也十分重视用以工代赈来赈灾，所兴建的工程一般是地方上的农田水利或公益设施，有一举两得的效果。如弘治时，河决沛城、百姓流离，时任河南巡抚的孙需“乃役以筑堤而予以佣钱，趋者万计，堤

① 《明太祖实录》卷112“洪武十年五月癸卯条”，台北：中央研究院历史语言研究所，1962年，第1858页。

② 《明太祖实录》卷167“洪武十七年闰十月壬戌条”，台北：中央研究院历史语言研究所，1962年，第2563页。

③ 《明英宗实录》卷16“正统元年四月辛丑条”，台北：中央研究院历史语言研究所，1962年，第306页。

④ 《明世宗实录》卷48“嘉靖四年二月丙申条”，台北：中央研究院历史语言研究所，1962年，第1220、1221页。

成而饥民饱，公私便之”。流民安置方面，明初针对大量因战乱而流离失所的流民，一方面资助其还乡，另一方面准其在流徙地附籍，或迁至地广人稀处，官给耕牛、种子，令其垦荒耕种，并蠲租税，以防止灾后流民暴动的情况出现。明中期以后，由于灾荒严重，流民人数大大增加，明政府对安辑流民亦较为重视，在解决流民的生计以防社会动乱的同时，也给流民提供各种生产资料使其恢复农业生产。总之，这种给流民以蠲免赈济、解决灾民的生存问题及回籍后的后顾之忧，向灾民借贷耕牛种子、帮助灾民渡过生产上的难关、不误农时地恢复和发展农业生产的措施，对灾后社会的稳定起到了重要作用。

4. 劝分与养恤

劝分是国家在灾荒之年劝谕有力之家无偿赈济贫乏或减价出粜所积粮食以惠贫者的措施。明代政府也多次实行劝分，如弘治四年（1491），苏、淞大水，徽、宁等处旱灾。户部议准，军民有愿纳银入粟，量给散官冠带，或纪民于籍，建坊以表之①；正德十四年（1519），户部议准，江南地方水旱凶荒，令巡抚等官劝民输粟，量与褒奖等②。通过劝分鼓励富民出赈以缓解粮食短缺的现象，在一定程度上稳定了社会秩序。而养恤则包括收养遗弃、抚恤鳏寡孤独、施药、掩埋遗体、为贫困家庭赎还妻子等多种措施。但灾荒之年灾民数量往往十分庞大，仅靠政府力量是不够的，此种情况下，明代政府也较为注重调动各方面的社会力量来养恤灾民。如嘉靖八年（1529），“令灾伤地方凡军民等有能收养小儿者，每名日给米一升；埋尸一躯者，给银四分”③；嘉靖十年（1531）陕西饥，“动支官银、收买遗弃子女。州县设法收养。若民家有能自收养至二十口以上者，给与冠带”等，以上种种救灾举措都起到了十分重要的作用。

5. 调粟、驰禁与除盗宽刑

调粟也是历代救灾的重要举措，明代调粟主要包括移民就粟、移粟就民、平粜等几种具体措施，采取的途径有截留漕运、预支官俸、禁闭官俸、禁抑米价、鼓励通商等。这些措施，解决了灾民最关心的粮食问题，救灾效果明显。同时，对于在中国古代多被统治者霸占而普通老百姓无权开发利用的山川林泽，在灾荒之年也往往让利于民，帮助其渡过难关，即所谓驰禁制度。如洪武年间，山东

---

① 《明孝宗实录》卷57“弘治四年十一月庚寅条”，台北：中央研究院历史语言研究所，1962年，第1100页。

② 《明武宗实录》卷176“正德十四年七月丙午条”，台北：中央研究院历史语言研究所，1962年，第3419页。

③ （清）乾隆官修：《续文献通考》卷32，杭州：浙江古籍出版社，2000年，第3125页。

青、兖、登、莱、济南五府饥歉，太祖令免征其当年鱼课，“听民采鱼以济饥馑”[①]；正统时因旱涝相仍，“命山海至密云地方军民缺食者听采取湖山榛果、柴薪、鱼虾之类以自给，仍戒权势毋得专利”[②] 等。灾荒之后往往引起粮食短缺，此时驰禁以让利于民，不失为一种有效的救荒之法。

除盗、宽刑则是一种间接的救荒措施，是统治者在救济灾荒时，为了营造一个稳定的社会环境而采取的策略，往往会对其他救荒措施的实行起到一种必要的配合作用。除盗是对遭遇饥寒威胁而铤而走险的盗贼多劝慰少围剿的一种措施。如成化二十一年（1485）“正月，巡按山西监察御史周洪奏：翼城、垣曲等县饥民啸聚为盗，招抚不服，宜发兵捕之。上曰：‘民迫饥寒，联甚悯焉，其令镇守巡抚等官宣布朝廷宽宥之意，明示有司抚御之方，果有执迷不服，然后相机除剿’”[③] 等。宽刑则是在灾荒年份实行减宽刑罚的措施。如洪武二十四年（1391）“六月甲子，久旱录囚”[④]；宣德八年（1433）“六月乙酉，祷雨不应，作《闵旱诗》示群臣。辛丑，诏中外疏决罪囚”[⑤]；崇祯十四年（1641）“二月己酉，诏以时事多艰，灾异叠见，痛自刻责，停今岁行刑，诸犯俱减等论”[⑥] 等。

此外，随着明代社会经济的发展、地方经济实力的日益增强，民间自救在地方救灾中发挥着越来越重要的作用。其救灾措施包括捐赈、平粜、借贷、施粥、施药及掩埋遗体等，这些措施都起到了良好的救灾效果。同时，由于地方大族的经济实力毕竟有限，故民间救灾也存在着救灾地域有限及地域分布不平衡的缺陷。

---

① 《明太祖实录》卷207“洪武二十四年正月庚子条”，台北：中央研究院历史语言研究所，1962年，第3083页。

② 《明英宗实录》卷61“正统四年十一月丙午条”，台北：中央研究院历史语言研究所，1962年，第1159页。

③ （清）陆曾禹：《钦定康济录》卷3下，文渊阁四库全书（663），台北：台湾商务印书馆，1986年，第355页。

④ （清）张廷玉等：《明史》卷3《太祖纪三》，北京：中华书局，1974年，第48页。

⑤ （清）张廷玉等：《明史》卷9《宣帝纪》，北京：中华书局，1974年，第124页。

⑥ （清）张廷玉等：《明史》卷24《庄烈帝纪二》，北京：中华书局，1974年，第329页。

第二节　清代自然灾害与政府应对

一、清代自然灾害概况

（一）清代洪涝灾害及特征

洪涝灾害是清代最主要的自然灾害之一，朱凤祥据《清史稿》研究①，若按地次统计［即对同时期（同年、同季节或同月）分属于不同省区、相距甚远、自然区上没联系的灾害分别统计，对自然区域或行政区上相近的灾害则记作1次］，清朝入关后268年间，共发生洪涝灾害1 581次，约每年5.90次，灾害频率约为589.93%。其中，顺治18年间，发生洪涝灾害182次，约每年10.11次；康熙61年间，发生466次，约每年7.64次；雍正13年间，发生110次，约每年8.46次；乾隆60年间，发生327次，每年5.45次；嘉庆25年间，发生101次，每年4.04次；道光30年间，发生155次，约每年5.17次；咸丰11年间，发生44次，平均每年4次；同治13年间，发生71次，约每年5.46次；光绪34年间，发生117次，约每年3.44次；宣统3年间，发生8次，约每年2.67次。清代内部各帝相较，清前期顺治、康熙、雍正92年间，共发生水灾758次，平均每年约8.24次；清中期乾隆、嘉庆85年间，发生水灾428次，平均每年约5.04次；清后期91年间，发生水灾395次，平均每年约4.34次。可见，清前期水灾发生频率明显高于中后期。其具体特征如下：

1. 洪涝灾害的时间分布及特点

从灾害发生的年内分布看，按月份和季节综合计算（即同月或同季节发生在不同自然区、行政区的灾害，通计为1次），清代水灾共计1 248次，除137次没有明确时间记载外，其余的1 111次水灾史料均有详细的记载，大致统计见表4-2-1：

---

① 袁祖亮主编，朱凤祥著：《中国灾害通史·清代卷》，郑州：郑州大学出版社，2009年，第48~56页。

表 4－2－1　清代洪涝灾害年内分布表

季节	春季				夏季				秋季				冬季				不详
月份	1	2	3	春	4	5	6	夏	7	8	9	秋	10	11	12	冬	
灾次	27	39	48	36	73	155	230	33	196	103	35	65	24	18	18	11	137
百分比（%）	2.16	3.13	3.85	2.88	5.85	12.42	18.43	2.64	15.71	8.25	2.80	5.21	1.92	1.44	1.44	0.88	10.98
合计	150（12.02%）				491（39.34%）				399（31.97%）				71（5.69%）				137（10.98%）

通过以上统计可看出，夏、秋两季发生洪涝灾害 890 次，约占该时期水灾总数的 71.31%。水灾发生的主要原因是淫雨连绵、积涝成灾，或山洪暴发、江河决溢形成灾害。夏、秋两季湿热多雨，为江河水盛之时，故水灾多发生于此时。冬季共计发生水灾 71 次，约占总次数的 5.69%，是水灾的绝对低发季节。冬季干燥少雨、江河结冻，故水灾发生的几率小。发生于冬季的水灾多是因为气候变化导致雨雪过多所形成的。从具体的月份分布来看，6 月份最多，为 230 次；7 月份次之，为 196 次；5 月份再次之，为 155 次。这 3 个月共发生水灾 581 次，占总数的 46.55%，是清代水灾的高发月份。而 10、11、12 月份是清代水灾的低发月份，这 3 个月共计 60 次，仅占水灾总数的 4.81%。

2. 洪涝灾害的空间分布规律

在有地域记载的 1 700 余次洪涝灾害中，298 次发生在今山东，湖北 243 次、浙江 211 次、河北 185 次、江苏 172 次、广东 95 次、安徽 93 次、河南 89 次、江西 70 次、山西 57 次、陕西 50 次、广西 42 次、甘肃 33 次、上海 30 次、北京 26 次、天津 25 次、四川 14 次、贵州 11 次、云南 6 次、海南 6 次、湖南 6 次、福建 4 次、宁夏 3 次、辽宁 2 次、重庆 1 次。可见，清代水灾的空间分布有着较强的广域性和普遍性，全国大部分省区市均有水灾的记载。同时，清代水灾的空间分布还具有不均衡性、差异性的特点。有清一代，山东发生水灾最多，为 298 次；湖北、浙江、河北、江苏紧随其后，这 5 个省份共发生水灾 1 109 次，约占各省区市水灾总数的 62.58%，是清代水灾的多发地域。

山东是清代发生水灾最多的省份，约占各省市水灾总数的 16.82%，这与其特殊的自然地理位置及气候环境有关。山东位于黄河下游，境内河道纵横交错，黄河、黄河支河、运河等河流经常决口漫溢，尤其是 1855 年黄河铜瓦厢改道后，由于清政府忙于对内、对外战争，无暇顾及河务，山东黄河新河道几乎年年决溢，导致山东洪涝灾害频繁发生。而山东半岛为渤海、黄海所包围，沿海地区多雨、多风，海洋性灾害如台风、海溢、海啸、潮灾亦非常严重，这在一定程度上增加了山东水患发生的几率。以上各因素共同作用，导致山东水灾发生的频次居高不下。

3. 洪涝灾害的等级及危害

灾害等级是按受灾面积和灾害程度，对灾情进行的划分，是反映灾害强度的重要因素。我们根据史料对灾害的描述、灾害持续的时间、受灾面积、灾害的影响、人口死亡等因素为尺度，大致将清代洪涝灾害分为四个等级，见表 4－2－2：

表 4－2－2 清代洪涝灾害等级分类表

等级	主要表现	频次
微涝	1～5 个州、县，单月，仅记河溢、水、大雨，无灾情记载或害稼、坏庐舍	617
一般水灾	6～10 个州、县水，1～5 个州、县大水，单月，河徙、害稼，坏屋 1 000 家以下，死亡 1 000 人以下	336
大洪灾	11～20 个府、州、县水，或 1 个省大水，跨月、季，暴溢，人饥，米贵，坏屋 1 000～10 000 家，死亡 1 000～5 000 人	199
特大洪涝	20 个府以上，或跨省，跨月、季，暴溢，漂没殆尽，大饥，人相食，漂 10 000 家以上，死亡 5 000 人以上	96

从上表可以看出，清代洪涝灾害以微涝和一般水灾为主，两者共计 953 次，约占总数的 76.36%；大洪灾、特大洪涝共计 295 次，约占总数的 23.64%。

清代洪涝灾害的发生与历代水灾一样，也影响农作物生长、造成农业的减产；造成民居和桥梁等建筑物的损害及人群、牲畜伤亡；严重时亦会诱发饥荒、人口流亡等一系列社会问题。如：顺治十五年（1658）夏，“归州、峡江、宜昌、松滋、武昌、黄州、汉阳、安陆、公安、嵊县大水；宜城汉水溢，浮没民田；当阳水绝城堤，浮没田庐人畜无算；荆门州大水，漂没禾稼房舍甚多”①；康熙四十二年（1703）六月，“东明、定州霪雨三旬不止；沾化霪雨连日，漂没民舍无算；高苑霪雨六十日；昌邑、掖县霪雨害稼；高密霪雨弥月，禾稼尽没”②；顺治十年（1653），“六月乙卯，苏州大风雨，海溢，平地水深丈余，人多溺死”，“文登大雨三日，海啸，河水逆行，漂没庐舍，冲压田地二百五十余顷”；顺治十二年（1655）“正月，盐城海溢，人民溺死无算”；雍正二年（1724）“七月，泰州海水泛溢，漂没官民田八百余顷；南汇大风雨，海潮溢，

① 赵尔巽等：《清史稿》卷 40《灾异志一》，北京：中华书局，1976 年，第 1537 页。

② 赵尔巽等：《清史稿》卷 42《灾异志三》，北京：中华书局，1976 年，第 1578 页。

田庐盐场人畜尽没；海宁海潮溢，塘堤尽决；余姚海溢，漂没庐舍，溺死二千余人；海盐海水溢；太湖溢；定海大风海溢，漂没庐舍；镇海大风雨，海水溢”；乾隆十二年（1747）七月，“海宁潮溢；镇海潮大作，冲圮城垣；苏州飓风海溢；常熟、昭文大水，淹没田禾四千四百八十余顷，坏庐舍二万二千四百九十余间，溺死男女五十余人”，① 等等。

4. 海潮、海溢灾害及其时空特征

据《中国历代灾害性海潮史料》统计，清代268年间，发生海溢、灾害性海潮501次，大约每年1.87次。其中，顺治18年间，发生海潮、海溢44次，约每年2.44次；康熙61年间，发生海潮、海溢灾害115次，约每年1.89次；雍正13年间，发生33次，约每年1.98次；乾隆60年间，发生119次，每年1.98次；嘉庆25年间，发生31次，每年1.24次；道光30年间，发生70次，约每年2.33次；咸丰11年间，发生21次，平均每年1.91次；同治13年间，发生15次，约每年1.15次；光绪34年间，发生47次，约每年1.38次；宣统3年间，发生6次，每年2次。可见，雍正朝13年间，发生海潮、海溢灾害33次，约每年2.54次，灾害频率最高；其次为顺治朝，约每年2.44次；同治朝大约每年1.15次，灾害频率最低。其具体的时空特征见表4-2-3：

表4-2-3 清代海潮、海溢年内分布表

季节	春季				夏季				秋季				冬季				不详
月份	1	2	3	春	4	5	6	夏	7	8	9	秋	10	11	12	冬	
灾次	4	10	5	6	11	27	81	9	131	75	14	28	9	4	1	1	85
百分比（%）	0.80	2.00	1.00	1.20	2.20	5.39	16.17	1.80	26.15	14.97	2.79	5.59	1.80	0.80	0.20	0.20	16.97
合计	25（4.80%）				128（25.55%）				248（49.50%）				15（3.00%）				85（16.97%）

通过以上统计可看出，清代春季发生海潮、海溢25次，夏季128次，秋季248次，冬季15次，不详者85次。秋季是海潮、海溢灾害的高发季节，约占该时期海潮、海溢灾害总数的49.50%；夏、秋两季共发生海潮、海溢灾害376次，约占海潮、海溢灾害总数的75.05%。从具体月份而言，又以6、7、8月为多，这3个月共计海潮、海溢灾害287次，约占该时期海潮、海溢总数的

① 赵尔巽等：《清史稿》卷40《灾异志一》，北京：中华书局，1976年，第1536、1537、1543、1546页。

57.29%。其地域分布方面，浙江166次、江苏108次、上海75次、山东61次、广东47次、福建30次、海南5次、台湾4次、河北3次、辽宁2次。可见，江浙地区是该时期海潮、海溢灾害的主要发生区域。

（二）清代干旱灾害及其特征

干旱灾害是清代重要自然灾害之一，朱凤祥据《清史稿》研究①，按地次统计，清代268年间，共发生干旱灾害625次，约每年2.33次，灾害频率约为233.21%。其中，顺治18年间，发生干旱灾害42次，约每年2.33次；康熙61年间，发生201次，约每年3.30次；雍正13年间，发生28次，约每年2.24次；乾隆60年间，发生149次，约每年2.48次；嘉庆25年间，发生56次，约每年2.24次；道光30年间，发生62次，约每年2.07次；咸丰11年间，发生26次，约每年2.36次；同治13年间，发生25次，约每年1.92次；光绪34年间，发生35次，约每年1.03次；宣统3年间，发生1次，约每年0.33次。可见，清代内部各帝相较，清前期顺治、康熙、雍正92年间，共发生旱灾271次，约每年2.95次；清中期乾隆、嘉庆85年间，发生旱灾205次，约每年2.41次；清后期91年间，发生旱灾149次，约每年1.64次。可以看出，清前期旱灾的发生频率明显高于中后期。其具体特征如下：

1. 干旱灾害的时间分布及特点

从灾害发生的年内分布看，按月份和季节综合计算，清代干旱灾害共计677次，除23次没有明确的时间记载外，其余的654次旱灾均有详细的记载，大致统计见表4－2－4：

表4－2－4　清代干旱灾害年内分布表

季节	春季				夏季				秋季				冬季			不详
月份	1	2	3	春	4	5	6	夏	7	8	9	秋	10	11	冬	
灾次	8	24	31	84	44	72	76	85	68	46	31	65	5	4	11	23
百分比（%）	1.18	3.55	4.58	12.41	6.50	10.64	11.23	12.56	10.04	6.79	4.58	9.60	0.74	0.59	1.62	3.40
合计	147（21.71%）				277（40.92%）				210（31.02%）				20（2.95%）			23（3.40%）

① 袁祖亮主编，朱凤祥著：《中国灾害通史·清代卷》，郑州：郑州大学出版社，2009年，第77～85页。

通过以上统计可看出：夏季发生旱灾277次，约占该时期旱灾总数的40.92%；秋季210次，约占31.02%；春季147次，约占21.71%；冬季20次，约占2.95%。夏、秋两季共发生旱灾487次，约占该时期旱灾总数的71.94%。冬季阴冷干燥，难得出现高温天气，故发生旱灾的几率较小，冬季也因此成为四季中旱灾发生最少的季节。但有时秋季长期干旱无雨，持续到冬天，便形成了冬季的干旱，以致久旱成灾。比如，康熙四年（1665）"高密自三月至次年四月不雨，大旱"，同治四年（1865）"秋，麻城旱，高乡自冬至次年夏不雨"① 等。从具体的月份分布来看，6月份最多，为76次；5月份次之，为72次；7月份再次之，为68次。这3个月共发生旱灾216次，占旱灾总次数的31.91%，是清代旱灾发生的主要月份。而10、11月份是清代旱灾的低发月，这2个月的旱灾总计仅9次，仅约占旱灾总次数的1.33%。

2. 干旱灾害的空间分布规律

除去地域不详的记录，清代有地域记载的旱灾共计828次，分布在26个省区市。其中，山东148次，浙江121次，湖北115次，河北107次，江苏49次，广东48次，山西37次，甘肃36次，安徽29次，陕西28次，江西21次，广西16次，北京14次，河南12次，上海11次，天津6次，云南6次，海南5次，四川4次，贵州、辽宁、重庆各3次，宁夏、湖南各2次，福建、内蒙古各1次。可见，清代旱灾的空间分布有着较强的广域性和普遍性，全国大部分省市均有旱灾的记载。同时，由于各地气候、地形、地势、经济发生水平、人类活动及人口密度等因素的不同，清代旱灾的空间分布还具有不均衡性和差异性的特点。有清一代，山东发生旱灾最多，为148次；浙江、湖北、河北等省紧随其后，这四省共发生旱灾491次，约占各省市旱灾总数的59.30%，是清代旱灾的多发地域。

3. 干旱灾害的等级及危害

我们根据降水量偏少程度、受旱面积、持续时间、灾情描述、所引起的一系列社会问题等因素，将清代的旱灾大致分为四个等级，见表4－2－5：

---

① 赵尔巽等：《清史稿》卷43《灾异志四》，北京：中华书局，1976年，第1596、1607页。

表 4－2－5　清代干旱灾害等级分类表

等级	主要表现	频次
微旱	1～5 个州、县，1～3 个月，一季，旱，雩，大雩，不雨，未记灾害后果	387
一般旱灾	6～10 个州、县旱，1～5 个州、县大旱，4～6 个月，两季，大旱，旱甚，无雨雪，伤稼，井泉竭，引发蝗灾	155
大旱灾	11～20 个府、州、县旱，或 1 个省大旱，跨月、季，三季，大旱，河竭，久旱，大蝗，饥馑，谷贵，人有死者	116
特大旱灾	20 个府以上，或跨省大旱，跨月、季，10 个月以上，四季，赤地千里，大蝗，大饥，死者甚众，人相食	19

从上表可以看出，清代发生微旱 387 次，约占旱灾总数的 57.16%；一般旱灾 155 次，约占旱灾总数的 22.90%；大旱灾 116 次，约占旱灾总数的 17.13%；特大旱灾 19 次，约占旱灾总数的 2.81%。总之，清代旱灾以微旱和一般旱灾为主，特大旱灾的次数较少。

清代干旱灾害的发生，与历代旱灾一样，也影响农作物生长，造成农业的减产；严重的还会造成粮价暴涨、饥荒，引起人口流亡、卖儿鬻女乃至人相食等一系列社会问题。如：康熙六十年（1721），“春，兴宁、全州、安州、临安、登州、西安、延安、凤翔旱；怀柔自春不雨至五月，二麦无收；鹤庆春、秋旱；庆远府大旱，自正月至七月不雨，田禾今槁；桐庐自五月至七月不雨，禾尽枯；横州自六月至九月不雨；昌化、桐乡、海宁旱，河涸”；咸丰六年（1856），“宜城、安陆自夏徂秋不雨，树木多枯死”①；道光五年（1825），“（张琦）补馆陶，会久旱风霾，麦苗皆死，饥民聚掠”②；同治四年（1865）春，“蕲水大旱荒，民有鬻子女者”③；光绪三年（1877），“是岁，山、陕大旱，人相食”④，等等。

（三）清代生物灾害及其特征

1. 蝗灾、虫灾

朱凤祥据《清史稿》研究⑤，按地次统计，清代 268 年间，共发生蝗灾、虫灾 257 次，约每年 0.96 次，灾害频率约为 95.90%。其中，顺治 18 年间，发生

① 赵尔巽等：《清史稿》卷 43《灾异志四》，北京：中华书局，1976 年，第 1600、1606 页。

② 赵尔巽等：《清史稿》卷 478《循吏三·张琦传》，北京：中华书局，1977 年，第 13054 页。

③ 赵尔巽等：《清史稿》卷 43《灾异志四》，北京：中华书局，1976 年，第 1607 页。

④ 赵尔巽等：《清史稿》卷 23《德宗本纪一》，北京：中华书局，1976 年，第 861 页。

⑤ 袁祖亮主编，朱凤祥著：《中国灾害通史·清代卷》，郑州：郑州大学出版社，2009 年，第 86～90 页。

蝗灾、虫灾 20 次，约每年 1. 11 次；康熙 61 年间，发生 80 次，约每年 1. 31 次；雍正 13 年间，发生 6 次，约每年 0. 46 次；乾隆 60 年间，发生 69 次，每年 1. 15 次；嘉庆 25 年间，发生 6 次，每年 0. 24 次；道光 30 年间，发生 24 次，约每年 0. 8 次；咸丰 11 年间，发生 17 次，平均每年 1. 55 次；同治 13 年间，发生 6 次，约每年 0. 46 次；光绪 34 年间，发生 29 次，约每年 0. 85 次；宣统 3 年间无蝗灾记录。可见，清代内部各帝相较，咸丰朝蝗灾、虫灾最为严重，而嘉庆朝则是蝗灾、虫灾的低发时期。清前期顺治、康熙、雍正 92 年间，共发生蝗灾、虫灾 106 次，平均每年 1. 15 次；清中期乾隆、嘉庆 85 年间，发生蝗灾、虫灾 75 次，平均每年 0. 88 次；清后期 91 年间，发生蝗灾、虫灾 76 次，平均每年 0. 84 次。可见，清前期蝗灾、虫灾发生频率明显高于中后期。其具体特征如下：

（1）蝗灾、虫灾的时间分布及特点。

从灾害发生的年内分布看，按月份和季节综合计算，清代蝗灾、虫灾共计 248 次，除 27 次没有明确的时间记载外，其余的 221 次均有详细的记载，大致统计见表 4－2－6：

表 4－2－6　清代蝗灾、虫灾年内分布表

季节	春季				夏季				秋季				冬季			不详
月份	1	2	3	春	4	5	6	夏	7	8	9	秋	10	11	冬	
灾次	3	11	17	6	10	31	36	21	36	16	10	15	3	3	3	27
百分比（%）	1. 21	4. 44	6. 85	2. 42	4. 03	12. 5	14. 52	8. 47	14. 52	6. 45	4. 03	6. 05	1. 21	1. 21	1. 21	10. 89
合计	37（14. 92%）				98（39. 52%）				77（31. 05%）				9（3. 63%）			27（10. 89%）

通过以上统计可看出，按季节来说，夏季发生的蝗灾、虫灾最多，为 98 次，约占总数的 39. 52%；秋季次之，为 77 次，约占总数的 31. 05%；春季再次之，为 37 次，约占总数的 14. 92%；冬季最少，为 9 次，约占总数的 3. 63%。就具体月份而言，又以 5、6、7 月为高峰，这 3 个月共计蝗灾、虫灾 103 次，约占总数的 41. 53%。1 月、10 月、11 月均有 3 次蝗灾、虫灾，是虫灾发生相对较少的月份。总的来看，3 月至 9 月，气候比较温热，虫类易于滋生繁殖，虫灾发生频次高；反之，1 月、2 月、10 月、11 月、12 月，这些月份较为寒冷，虫类生长环境差，虫灾发生的频次就较低，即便发生于此时的虫灾，也多为气温变暖所导致。

（2）蝗灾、虫灾的空间分布规律。

按现代行政区划统计，除去灾发地不详的记载，清代蝗灾、虫灾所发地域涉及各省区市共计344次，分布在27个省区市。其中，山东78次，河北68次，湖北38次，江苏24次，安徽22次，浙江19次，山西18次，天津、陕西各11次，北京10次，江西、河南各8次，甘肃6次，广东4次，新疆、四川、上海、青海、宁夏、辽宁各2次，云南、内蒙古、湖南、黑龙江、海南、贵州、广西各1次。

山东、河北是清代蝗灾、虫灾的高发省份，两省共计发生虫灾146次，占各省区市总次数的42.44%。山东、河北都处于华北平原东部，且两省毗临紧连，说明这是一个虫灾高发的自然地带。湖北、江苏、安徽、浙江4个省共发生蝗灾、虫灾103次，占各省区市总数的29.94%，虫灾发生频次略低于山东、河北。这四省同处长江中下游地区，说明这是清代虫灾的第二个高发自然带。上海、宁夏、青海、四川、辽宁、新疆、云南、贵州、内蒙古、广西、海南、湖南、黑龙江等省区市，虽有虫灾发生的记录，但发生频次很低，最高为2次，多数为1次，这是清代蝗灾、虫灾发生频次较低的地区。

（3）蝗灾、虫灾的等级及危害。

根据清代蝗灾、虫灾的有关记载，结合《中国蝗灾史》的分类标准，将蝗灾、虫灾分为四类，见表4－2－7：

表4－2－7　清代蝗灾、虫灾等级分类表

等级＼特征	受灾区域大小	扩散区	收成影响	赋税影响	史料描述
一级	发生点分散	无	影响较小	影响较小	蝗
二级	1个或2个蝗区	无	影响不大	影响不大	蝗
三级	2个或以上蝗区	有	严重，收成在两成至五成	严重	大蝗
四级	全国各蝗区	有	严重，绝收或两成以下	严重	大蝗，国家赈恤

据以上标准，清代有一级蝗灾、虫灾115次，占总数的46.37%；二级蝗灾、虫灾87次，占总数的35.08%；三级蝗灾、虫灾32次，占总数的12.90%；四级蝗灾、虫灾14次，占总数的5.65%。可见，清代蝗灾、虫灾以一级和二级为主，两者多达202次，占总数的81.45%。

清代的蝗灾、虫灾造成的最主要危害是对农业的影响。如顺治四年（1647）七月，“太谷、祁县、徐沟、岢岚蝗；静乐飞蝗蔽天，食禾殆尽；定襄蝗，坠地尺许；吉州、武乡、陵州、辽州、大同蝗；广灵、潞安蝗；长治飞蝗蔽天，集树折枝；灵石飞蝗蔽天，杀稼殆尽”；康熙六年（1667）六月，“杭州大旱蝗；灵寿、高邑大旱，蝗，害稼”；康熙九年（1670）七月，“阳口大旱蝗，食稼殆尽”等。① 蝗灾还往往引起疫灾的发生，如光绪《归安县志》卷52载：康熙三十三年（1694），浙江归安“夏，旱，蠓灾，大疫”；道光《重修胶州志》卷35载：康熙四十三年（1704），山东胶州“秋，大疫。有蝇自北结阵而南，所止之处，疫即作，全家没，村落成墟，后投海死，潮出成堆”；光绪《桐乡县志》卷24载：康熙四十八年（1709），浙江桐乡“四月，霪雨，异虫害春花，民大疫，死者枕藉”；宣统《永绥厅志》卷1载：光绪十四年（1888）湖南永绥“秋八月，瘟疫大行，白日飞蛾浮水数万，饮水者立毙”等。可见，这种蝗灾与旱灾、疫灾并发的情况所造成的危害更大。

2. 疫灾

朱凤祥据《清史稿》研究②，按地次统计，清代268年间，共发生疫灾176次，大约每年0.66次，灾害频率约为65.67%。其中，顺治18年间，发生3次，灾害频率约为16.67%；康熙61年间，发生53次，灾害频率约为86.89%；雍正13年间，发生14次，灾害频率约为107.69%；乾隆60年间，发生28次，灾害频率约为46.67%；嘉庆25年间，发生15次，灾害频率为60%；道光30年间，发生31次，灾害频率约为103.33%；咸丰11年间，发生5次，灾害频率约为45.5%；同治13年间，发生22次，灾害频率约为169.23%；光绪34年间，发生1次，灾害频率约为2.94%；宣统3年间，发生4次，灾害频率约为133.3%。清代内部各帝相较，同治朝疫灾最为严重，而光绪朝是疫灾的低发时期。清前期顺治、康熙、雍正92年间，共发生疫灾70次，平均每年0.76次；清中期乾隆、嘉庆85年间，发生疫灾43次，平均每年0.51次；清后期91年间，发生疫灾63次，平均每年0.69次。可见，清前期疫灾发生频率高于中后期。其具体特征如下：

（1）疫灾的时空分布及特点。

从灾害发生的年内分布看，按月份和季节综合计算，清代疫灾共计173次，除11次没有明确的时间记载外，其余的162次均有详细的记载，大致统计见表4－2－8：

① 赵尔巽等：《清史稿》卷40《灾异志一》，北京：中华书局，1976年，第1510、1511页。

② 袁祖亮主编，朱凤祥著：《中国灾害通史·清代卷》，郑州：郑州大学出版社，2009年，第159～163页。

表 4－2－8　清代疫灾年内分布表

季节	春季				夏季				秋季				冬季				不详
月份	1	2	3	春	4	5	6	夏	7	8	9	秋	10	11	12	冬	
灾次	6	5	9	15	8	22	20	18	17	10	4	12	1	3	2	10	11
百分比（%）	3.47	2.89	5.20	8.67	4.62	12.72	11.56	10.40	9.83	5.78	2.31	6.94	0.58	1.73	1.16	5.78	6.36
合计	35（20.23%）				68（39.31%）				43（24.86%）				16（9.25%）				11（6.36%）

在时间分布上，通过以上统计可看出，按季节来说，夏季的疫灾最多，为68次，约占总数的39.31%；秋季次之，为43次，约占总数的24.86%；春季再次之，为35次，约占总数20.23%；冬季最少，为16次，约占总数的9.25%。按月份来说，5月的疫灾最多，为22次，约占总数的12.72%；6月次之，为20次，约占总数的11.56%；再次为7月17次，约占总数的9.83%，这3个月共计59次，约占总数的34.10%，是疫灾的高发时期。疫灾之所以多发生在夏、秋两季，特别是5、6、7月这3个高峰月份，主要是因为这个时节从气候因素上看，"暑湿"二气严重，适合细菌的滋生繁殖和疫病的传播，"夏、秋暑湿二气为病最伙"①。

在空间分布上，清代有地域记载的222次疫灾中，浙江34次，山东33次，湖北32次，河北27次，江苏16次，甘肃12次，陕西、安徽、上海各9次，山西8次，广东、河南各6次，江西5次，北京4次，广西3次，宁夏、海南各2次，云南、辽宁、黑龙江、吉林、台湾各1次。可见，清代疫灾在空间分布上有着不均衡性，浙江、山东、湖北、河北、江苏5个省是疫灾的高发省份，5个省共计疫灾142次，约占总数的63.96%。广西、宁夏、海南、云南、辽宁、黑龙江、吉林、台湾等省区疫灾发生频次较低，最高纪录为3次，多数为1次；这8个省区共计发生疫灾12次，仅约占总数的5.41%。各省疫灾发生频次有着相当大的差异。

（2）疫灾的等级及危害。

清代疫灾史料的信息量较少，我们根据疫灾的分布面积及造成的危害程度，对疫灾进行初步分类，具体见表4－2－9：

① （清）韩善征：《疟疾论》，见《中国医学大成》（四），北京：中医古籍出版社，1995年，第402页。

表4－2－9 清代疫灾等级分类表

等级	主要表现	频次
微灾	灾区为1～3个州、县疫，或1县大疫，无灾情记录	100
一般疫灾	灾区为3～5个州、县，或2个以上县大疫，有灾情后果；或某省大疫，无灾情记录	25
大疫灾	灾区为5～10个州、县，1个省或以上，大疫，死者5 000人以下	33
特大疫灾	2个省以上，灾情特别严重，死者5 000人以上，死者过半，不可无算，牲畜多疫死	15

据以上标准，清代有微灾疫灾100次，占总数的57.80%；一般疫灾25次，占总数的14.45%；大疫灾33次，占总数的19.08%；特大疫灾15次，占总数的8.67%。可见，清代疫灾以微灾和一般疫灾为主，两者多达125次，占总数的72.25%。

清代疫灾最严重的危害是造成人口的大量死亡，其数量有时候达到惊人的地步。如康熙四十二年（1703）八月，"文登大疫，民死几半"；康熙四十三年（1704）秋，"章丘大疫；东昌大疫；青州大疫；福山瘟疫，人死无算；昌乐疫，羌州、宁海大疫；潍县大疫"；道光元年（1821）八月，"乐亭大疫；青县时疫大作，至八月始止，死者不可胜计；清苑、定州瘟疫流行，病毙无数；滦州大疫；元氏、内丘、唐山、蠡县大疫；望都大疫；临榆疫；南宫、武强大疫；平乡大疫"等。① 在以农业为主的古代中国，人口作为劳动力在生产中起着无法替代的作用，疫灾造成人口的大量死亡，必然会造成劳动力的严重不足，从而影响社会生产的发展。

（四）清代地质灾害及其特征

1. 地震灾害及其特征

清代268年间，共发生地震522次，大约每年1.95次。其中，顺治18年间，发生地震58次，大约每年3.22次；康熙61年间，发生161次，约每年2.64次；雍正13年间，发生27次，约每年2.08次；乾隆60年间，发生100次，约每年1.67次；嘉庆25年间，发生38次，约每年1.52次；道光30年间，发生50次，约每年1.67次；咸丰11年间，发生32次，平均每年2.91次；同治13年间，发生13次，每年1次；光绪34年间，发生42次，约每年1.24次；宣统3年间，发生1次，大约每年0.33次。清代内部各帝相较，顺治朝地震频

① 赵尔巽等：《清史稿》卷40《灾异志一》，北京：中华书局，1976年，第1528、1530页。

率最高，而宣统朝相对较低。清前期顺治、康熙、雍正 92 年间，共发生地震 246 次，平均每年 2.67 次；清中期乾隆、嘉庆 85 年间，发生地震 138 次，平均每年 1.62 次；清后期 91 年间，发生地震 138 次，平均每年 1.52 次。可见，清前期地震发生频率明显高于中后期。其具体特征如下：

（1）地震的时间分布及特点。

从灾害发生的年内分布看，清代 538 次地震灾害中，除 2 次没有明确的时间记载外，其余的 536 次均有详细记载，大致统计见表 4－2－10：

表 4－2－10　清代地震年内分布表

季节	春季				夏季				秋季				冬季				不详
月份	1	2	3	春	4	5	6	夏	7	8	9	秋	10	11	12	冬	
灾次	47	34	44	3	47	40	48	1	41	41	58	4	53	46	28	1	2
百分比（%）	8.74	6.32	8.18	0.56	8.74	7.43	8.92	0.19	7.62	7.62	10.78	0.74	9.85	8.55	5.20	0.19	0.37
合计	128（23.79%）				136（25.28%）				144（26.77%）				128（23.79%）				2（0.37%）

由上表可以看出，按季节来说，夏、秋两季地震发生次数略高，冬、春两季相对稍低，但四季相差不大，这说明地震的发生并没有非常明显的季节性。从月份分布来看，除 12 月份地震次数较少外，其他月份地震发生次数虽多少不一，但差距也不大。

（2）地震灾害的空间分布规律。

在空间分布上，清代地震所涉及的 600 余个地区中，山东 73 次，浙江 67 次，湖北 61 次，河北 59 次，江苏 45 次，甘肃、山西各 41 次，北京 30 次，广东 29 次，安徽 26 次，广西 24 次，陕西 21 次，上海 18 次，四川 13 次，云南 9 次，江西、海南各 8 次，新疆 7 次，贵州 6 次，河南、宁夏各 5 次，青海 4 次，辽宁、天津、湖南各 3 次，重庆、台湾各 1 次。可见，清代地震的空间分布范围相当广泛，但各省区市之间有很大的差异，从重庆、台湾最低的 1 次，到山东最高的 73 次不等。山东、浙江、湖北、河北、江苏、甘肃、山西是清代地震的高发省份，7 个省份共计发生地震 387 次，约占地震总数的 63.34%。除此之外，北京、广东、安徽、广西、陕西 5 个省区市，地震发生的频率也较高，均在 20 次以上。其他省市区地震发生次数多少不一，但均未超过 18 次，是清代地震发生频次较低的地区。

（3）地震灾害的等级及危害。

根据史料的描述和灾区面积的大小，将清代地震大致分为四个等级，见表4－2－11：

表4－2－11 清代地震灾害等级分类表

等级	主要表现	次数
微震	1～5个府、州、县，只记“震”或“微震”或“山崩”，无灾害后果	384
一般地震	5～10个府、州、县，无灾害后果，或草树摇，屋瓦坠，坏庐舍，有死伤者，有余震	92
大地震	10个府、州以上，或某省，大震，有声如雷，江溢，庐舍多坏，死亡1～1 000人	33
特大地震	2个省以上，或1个省大震，山裂水涌，坏庐舍殆尽，死亡1 000人以上，或死者甚众	13

据以上标准，清代有微震384次，约占总数的73.56%；一般地震92次，占总数的17.62%；大地震33次，约占总数的6.32%；特大地震13次，约占总数的2.49%。从上表可以看出，清代地震灾害以微震和一般地震为主，两者共计476次，约占地震总数的91.19%。大地震、特大地震46次，约占地震总数的8.81%。

清代地震的发生，跟其他朝代的地震一样，也造成城墙、民居等建筑物的破坏；造成山崩滑坡，地面开裂；造成人畜的大量伤亡。如顺治十一年（1654），安徽、浙江、河北、陕西、甘肃、山东等地多次发生地震，其中“五月初八日，宝鸡、定远、沔县地震，坏屋压人。六月，兴安、安康、白河、紫阳、洵阳、兰州、巩昌、庆阳等处地震，声如雷，坏民舍，压死人畜甚众”；康熙十八年（1679）七月初九，直隶、山东等数十州县同时发生地震，其中“通州、三河、平谷、香河、武清、永清、宝坻、固安地大震，声响如奔车，如急雷，昼晦如夜，房舍倾倒，压毙男妇无算，地裂，涌黑水甚臭”；康熙四十三年（1704）七月十三日，陕西泾阳地震，“压毙人畜无数”；乾隆三年（1738）十一月，发生于陕西、山西两省的一次大地震，也造成了重大伤亡，“十一月二十四日，芮城、襄垣、安邑、安定、绥德州、天镇地震。二十五日，靖远、庆阳、宁夏、平罗、中卫地震如奋跃，土皆坟起，地裂数尺或盈丈，其气甚热，压毙五万余人”等。①

---

① 赵尔巽等：《清史稿》卷44《灾异志五》，北京：中华书局，1976年，第1631、1633～1635、1637页。

2. 山崩、地陷灾害的时空特征

清代268年间，共发生山崩、地陷灾害87次，大约每3.08年1次，灾害频率约为32.46%。其中，顺治18年间，发生山崩、地陷灾害9次，灾害频率为50%；康熙61年间，发生10次，灾害频率约为16.39%；雍正13年间，发生4次，灾害频率约为30.77%；乾隆60年间，发生12次，灾害频率为20%；嘉庆25年间，发生5次，灾害频率为20%；道光30年间，发生14次，灾害频率约为46.67%；咸丰11年间，发生6次，灾害频率约为54.55%；同治13年间，发生7次，灾害频率约为53.85%；光绪34年间，发生20次，灾害频率约为58.82%；宣统3年间，无山崩、地陷灾害记录。可见，清代内部各帝相较，除宣统朝没有记录外，光绪朝灾害频率最高。清前期顺治、康熙、雍正92年间，共发生山崩、地陷灾害23次，平均每年0.25次；清中期乾隆、嘉庆85年间，发生17次，平均每年0.2次；清后期91年间，发生47次，平均每年0.52次。可见，清后期山崩、地陷灾害发生频率明显高于前期及中期。其具体分布特征见表4－2－12：

表4－2－12　清代山崩、地陷年内分布表

季节	春季			夏季				秋季				冬季		不详
月份	1	2	3	4	5	6	夏	7	8	9	秋	11	12	
灾次	2	4	3	6	15	18	2	13	6	1	5	2	1	9
百分比（%）	2.30	4.60	3.45	6.90	17.24	20.69	2.30	14.94	6.90	1.15	5.75	2.30	1.15	10.34
合计	9（10.34%）			41（47.13%）				25（28.74%）				3（3.45%）		9（10.34%）

通过以上统计可以看出，清代春季发生山崩、地陷灾害9次，夏季41次，秋季25次，冬季3次，不详者9次。夏季是山崩、地陷灾害的高发季节，约占该时期山崩、地陷灾害总数的47.13%，而夏、秋两季共发生山崩、地陷灾害66次，约占总数的75.86%。从具体月份而言，又以5、6、7月为多，这3个月共计山崩、地陷灾害46次，约占总数的52.87%。

地域分布方面，陕西15次，甘肃13次，湖北11次，山东9次，四川5次，广西、福建、山西、江西各4次，河北、云南、青海各3次，浙江2次，广东、江苏、辽宁各1次，不详者4次。

（五）清代气象灾害及其特征

1. 清代风灾的时空特征及危害

朱凤祥等人据《清史稿》研究①，按地次统计，清代 268 年间，共发生风灾 429 次，大约每年 1. 60 次。其中，顺治 18 年间，发生风灾 30 次，约每年 1. 67 次；康熙 61 年间，发生 141 次，约每年 2. 31 次；雍正 13 年间，发生 23 次，约每年 1. 77 次；乾隆 60 年间，发生 96 次，每年 1. 6 次；嘉庆 25 年间，发生 30 次，每年 1. 2 次；道光 30 年间，发生 38 次，约每年 1. 27 次；咸丰 11 年间，发生 17 次，平均每年 1. 55 次；同治 13 年间，发生 27 次，约每年 2. 08 次；光绪 34 年间，发生 27 次，约每年 0. 79 次；宣统 3 年间，无风灾记录。清代内部各帝相较，除宣统朝无风灾记录外，康熙朝风灾最为严重，光绪朝是风灾低发期。清前期顺治、康熙、雍正 92 年间，共发生风灾 194 次，平均每年 2. 11 次；清中期乾隆、嘉庆 85 年间，发生风灾 126 次，平均每年 1. 48 次；清后期 91 年间，发生风灾 109 次，平均每年 1. 20 次。可见，清前期风灾发生频率较高，而清后期 91 年间风灾发生频率较低。其具体分布特征见表 4－2－13：

表 4－2－13　清代风灾年内分布表

季节	春季				夏季				秋季				冬季				不详
月份	1	2	3	春	4	5	6	夏	7	8	9	秋	10	11	12	冬	
灾次	22	50	36	6	43	53	74	2	70	37	5	9	5	3	4	2	8
百分比（%）	5. 13	11. 66	8. 39	1. 40	10. 02	12. 35	17. 25	0. 47	16. 32	8. 62	1. 17	2. 10	1. 17	0. 70	0. 93	0. 47	1. 86
合计	114（26. 57%）				172（40. 09%）				121（28. 21%）				14（3. 26%）				8（1. 86%）

在时间方面，清代有时间记载的 421 次风灾中，按季节来说，发生于夏季的最多，为 172 次，约占总数的 40. 09%；秋季次之，为 121 次，约占总数的 28. 21%；春季再次之，为 114 次，约占总数的 26. 57%；冬季最少，为 14 次，约占总次数的 3. 26%。从月份分布来看，6、7 月是清代风灾的绝对高发月份，这 2 个月共发生风灾 144 次，约占清代风灾总数 33. 57%。11 月、12 月是清代风灾的低发月份，这 2 个月共发生风灾 7 次，约占清代风灾总数的 1. 63%。12 个

---

① 袁祖亮主编，朱凤祥著：《中国灾害通史·清代卷》，郑州：郑州大学出版社，2009 年，第 122～126 页。

月份综合考察来看，从2月到8月，这7个月是风灾的多发、频发时期；9、10、11、12、1月，这5个月是风灾发生较少的月份。

在空间分布上，清代429次风灾所涉及的省区市共436次，其中山东107次，浙江、河北各60次，湖北40次，江苏35次，广东33次，山西20次，安徽14次，甘肃12次，陕西10次，广西、河南各8次，北京、四川各5次，上海4次，江西、天津、海南、宁夏各3次，云南2次，青海1次。清代风灾的空间分布呈现出明显的集中性，山东、浙江、河北、湖北、江苏、广东等地是清代风灾的高发省份，该6个省共发生风灾335次，约占总数的76.83%。这6个省为沿海或沿江省份，发生的风灾多为台风，有时会导致潮溢甚至海啸，使沿海地区人们的生命财产遭受巨大损失。山西、甘肃、陕西等省份风灾发生的频次也较高，这些地区处于西北黄土高原之上，风灾常与沙尘天气、尤其是沙尘暴联系在一起。

风灾的发生，首先会损伤庄稼、树木，摧毁民居、官署、城垣等建筑物。如咸丰七年（1857）“四月，清苑、望都大风拔木；六月，宁津大风伤禾稼”；康熙十一年（1672）七月，“琼州飓风大作，官署民房悉圮无存，毁城垣十五丈”；康熙二十八年（1689）五月，“恩县异风，损坏城楼，吹倒石坊”；康熙三十三年（1694）十月十六日，“邹平怪风，吹倒城垛六座”；乾隆四十八年（1783）六月二十四日，“吴川飓风大作，坏官署民房及城垣”，等等。[①] 风灾与其他灾害的复合发生，不但影响人们正常的生产生活，导致生态环境恶化，严重者还会伤及人畜性命。如顺治十年（1653），“八月，澄海飓风大作，舟吹陆地，屋飞空中，官署民房尽毁，压毙男妇不计其数”；康熙三十五年（1696），七月“二十三日，桐乡、石门、嘉兴、湖州飓风大作，民居倾覆，压伤人畜甚多”；康熙五十八年（1719）“八月十九日夜，揭阳飓风大作，风中如燐火，树木皆枯；澄海飓风大作，民房倾覆，压倒男妇无算”；康熙十四年（1675）“三月二十六日，冀州起异风，自巳至戌，黄霾蔽天，屋瓦皆飞”[②]；康熙三十七年（1698）“飓风大作，海潮越堤入，冲决海宁塘千六百余丈，海盐塘三百余丈”[③]，等等。

2. 清代雷电灾害的时空特征及危害

朱凤祥等人据《清史稿》研究[④]，清代268年间，共发生雷电灾害17次，

---

① 赵尔巽等：《清史稿》卷44《灾异志五》，北京：中华书局，1976年，第1614、1615、1618、1620页。

② 赵尔巽等：《清史稿》卷44《灾异志五》，北京：中华书局，1976年，第1613、1615、1616、1622页。

③ 赵尔巽等：《清史稿》卷128《河渠志三・海塘》，北京：中华书局，1976年，第3815页。

④ 袁祖亮主编，朱凤祥著：《中国灾害通史・清代卷》，郑州：郑州大学出版社，2009年，第207页。

大约每15.8年1次。其中，顺治18年间，发生雷电灾害5次，约每年0.28次；康熙61年间，发生5次，约每12.2年1次；乾隆60年间，发生3次，每20年1次；道光30年间，发生1次，每30年1次；同治13年间，发生2次，约每6.5年1次；光绪34年间，发生1次，每34年1次；其余各朝，无雷电灾记录。

在年内分布方面，春季发生雷电灾害6次，夏季4次，秋季4次，冬季3次。从具体月份而言，2、5、8月各3次，1月2次，3、4、9、10、11、12月各1次。在空间分布方面，3次发生在山东，广西、河北、江苏各2次，广东、浙江、安徽、贵州、江西、甘肃、上海各1次，不详者1次。

雷电灾害的发生，或毙伤人畜，如顺治三年（1646）“夏，阳城大雷，人有震死者”；顺治六年（1649）五月初九“石门大雷雨，安丘雷击二人”；顺治九年（1652）“二月二十六日，石门雷震死三人”，等等。[①] 或击毁树木及殿宇、寺庙等建筑物，如顺治七年（1650）“八月，河源雷震大成殿”；康熙十二年（1673）“十月，婺源雷震儒学檽星。十二月，雷震孔子庙戟门”；乾隆元年（1736）“三月，邢台雷震府学奎星楼”等。[②] 或引发火灾，如顺治三年（1646）“五月初一日，齐河雷火焚孔子庙”；康熙八年（1669）“二月十四夜，思州雷火起大成殿北角”；道光二十六年（1846）“五月二十五日，滕县雷火焚城南楼”，等等。[③]

3. 清代雹灾的时空特征及危害

朱凤祥等人据《清史稿》研究[④]，按地次统计，清代268年间，共发生雹灾338次，大约每年1.26次。其中，顺治18年间，发生雹灾44次，约每年2.44次；康熙61年间，发生60次，约每年0.98次；雍正13年间，发生28次，约每年2.15次；乾隆60年间，发生88次，约每年1.47次；嘉庆25年间，发生28次，约每年1.12次；道光30年间，发生34次，约每年1.13次；咸丰11年间，发生7次，平均每年0.64次；同治13年间，发生27次，约每年2.08次；光绪34年间，发生22次，约每年0.65次；宣统3年间，无雹灾记录。清代内部各帝相较，顺治朝雹灾最为严重，咸丰、光绪朝则是雹灾的低发时期。清前期顺治、康熙、雍正92年间，共发生雹灾132次，平均每年1.43次；清中期乾隆、嘉庆85年间，发生雹灾116次，平均每年1.36次；清后期91年间，发生雹灾90次，平均每年0.99次。可见，清前期雹灾发生频率较高，而清后期91

① 赵尔巽等：《清史稿》卷40《灾异志一》，北京：中华书局，1976年，第1504、1505页。

② 赵尔巽等：《清史稿》卷40《灾异志一》，北京：中华书局，1976年，第1504、1505、1507页。

③ 赵尔巽等：《清史稿》卷40《灾异志一》，北京：中华书局，1976年，第1504、1505、1508页。

④ 袁祖亮主编，朱凤祥著：《中国灾害通史·清代卷》，郑州：郑州大学出版社，2009年，第128~135页。

年间雹灾发生频率较低。其具体特征见表 4－2－14：

表 4－2－14　清代雹灾年内分布表

季节	春季				夏季				秋季				冬季				不详
月份	1	2	3	春	4	5	6	夏	7	8	9	秋	10	11	12	冬	
灾次	14	21	49	2	52	56	33	5	26	21	9	5	7	6	7	2	2
百分比（%）	4.42	6.62	15.46	0.63	16.40	17.67	10.41	1.58	8.20	6.62	2.84	1.58	2.21	1.89	2.21	0.63	0.63
合计	86（27.13%）				146（46.06%）				61（19.24%）				22（6.94%）				2（0.63%）

在时间分布方面，清代有时间记载的 315 次雹灾中，按季节来说，发生于夏季的最多，为 146 次，约占总数的 46.06%；春季次之，为 86 次，约占总数的 27.13%；秋季再次之，为 61 次，约占总数的 19.24%；冬季最少，为 22 次，约占总次数的 6.94%。从月份分布来看，3、4、5 月是清代雹灾的绝对高发月份，这 3 个月共发生雹灾 157 次，占清代雹灾总数 49.53%。10、11、12 月是清代雹灾的低发月份，这 3 个月共发生雹灾 20 次，占清代雹灾总数的 6.31%。可见，雹灾多发生于夏季或春、夏之交的季节。

在空间分布上，清代 317 次雹灾所涉及的省区市共 369 次，其中 58 次发生在湖北，河北 56 次，山东 45 次，山西 31 次，陕西 28 次，浙江 27 次，甘肃 21 次，广东 20 次，江西 16 次，江苏 13 次，广西 11 次，安徽 8 次，北京 7 次，贵州、云南各 5 次，河南 4 次，上海 3 次，四川、海南、重庆、湖南各 2 次，天津、宁夏、辽宁各 1 次。可见，清代雹灾的覆盖范围较为广泛，分布在今全国 24 个省区市之中。

雹灾造成的危害极大，不仅损伤庄稼，造成农作物的减产，还能毁坏房屋城垣、杀伤人畜。如顺治八年（1651），"二月十六日，顺德雨雹，大如斗，击毙牛马。五月，邱县大雨雹；汾西雨雹，大者如拳，小者如卵，牛畜皆伤，麦无遗茎"；顺治十年（1653）"四月四日，贵池雨雹，大如碗，屋瓦皆碎；武宁雨雹如石，杀鸟兽；崇阳雨雹，人畜树木多伤。五月，海宁雨雹，大如鸡卵，屋无存瓦，树无存枝；泾阳雨雹，大如拳；永寿雨雹，大如拳，小如卵，积地五寸，二日始消，大伤禾稼"；顺治十五年（1658）"闰三月朔，上虞、龙门大雨雹，倏忽高尺许，或如拳，有巨如石臼，至不能举，人畜多击死"；顺治十六年（1659），"九月，新河雨雹，伤数十人，至三月始消"，等等。①

① 赵尔巽等：《清史稿》卷 40《灾异志一》，北京：中华书局，1976 年，第 1494、1495 页。

4. 清代冷冻灾害的时空特征及危害

明清时期是学界公认的“小冰期”，而清代又是其中相对较寒冷的时期，故清代的霜冻灾害亦较为明显。朱凤祥等人据《清史稿》研究①，按地次统计，清代268年间，共发生霜冻灾害177次，大约每年0.66次。其中，顺治18年间，发生霜冻灾害16次，约每年0.89次；康熙61年间，发生71次，约每年1.16次；雍正13年间，发生7次，约每年0.54次；乾隆60年间，发生37次，约每年0.62次；嘉庆25年间，发生14次，每年0.56次；道光30年间，发生13次，约每年0.43次；咸丰11年间，发生7次，平均每年0.64次；同治13年间，发生7次，约每年0.54次；光绪34年间，发生5次，约每年0.15次；宣统3年间，无霜冻灾害记录。清代内部各帝相较，康熙朝霜冻灾害较为严重，光绪、宣统朝则是霜冻灾害的低发时期。清前期顺治、康熙、雍正92年间，共发生霜冻灾害94次，平均每年1.02次；清中期乾隆、嘉庆85年间，发生霜冻灾害51次，平均每年0.6次；清后期91年间，发生霜冻灾害32次，平均每年0.35次。可见，清前期霜冻灾害发生频率最高，而清后期91年间霜冻灾害发生频率较低。其具体特征见表4-2-15：

表4-2-15 清代冷冻灾害年内分布表

季节	春季				夏季				秋季				冬季				不详
月份	1	2	3	春	4	5	6	夏	7	8	9	秋	10	11	12	冬	
灾次	19	4	13	3	25	9	10	1	21	22	4	1	1	7	18	17	2
百分比（%）	10.73	2.26	7.34	1.69	14.12	5.08	5.65	0.60	11.86	12.43	2.26	0.60	0.60	3.95	10.17	9.60	1.13
合计	39（22.03%）				45（25.42%）				48（27.12%）				43（24.29%）				2（1.13%）

在时间分布方面，清代有时间记载的175次霜冻灾害中，按季节来说，夏、秋、冬三季差别不大。夏季的霜冻灾害主要发生在春、夏之交的4月份，该月发生霜冻灾害25次，占夏季霜冻总次数的一半以上。秋季的48次霜冻灾害中，有38次为霜灾，雪灾、冻灾仅10次，占秋季霜冻总次数的20.8%。从月份分布来看，清代霜冻灾害的分布极不均匀，4、8、7月份是清代霜冻灾害的高发月份，这3个月共发生霜冻灾害68次，约占灾害总数的38.4%。

① 袁祖亮主编，朱凤祥著：《中国灾害通史·清代卷》，郑州：郑州大学出版社，2009年，第137～143页。

在空间分布方面，清代177次霜冻灾害所涉及的省区市共205次，其中山东34次，河北28次，山西24次，浙江20次，湖北、江苏各16次，陕西15次，安徽、甘肃各12次，广东、上海各7次，河南4次，宁夏、青海各2次，江西、天津、贵州、云南、重庆、内蒙古各1次。可见，山东、河北、山西、浙江、湖北、江苏、陕西、安徽、甘肃等9个省份是清代霜冻灾害的高发地区，这9个省共计发生霜冻灾害177次，约占总次数的86.34%。其他11个省市共计发生霜冻灾害28次，仅占总数的13.64%。从自然地域来看，霜冻灾害高发的省份基本上都处在华北平原和长江中下游地区，这是霜冻灾害的两个高发自然地带。

霜冻灾害导致人畜冻伤、冻死，树木、庄稼冻坏，造成了比较严重的后果。比如，顺治九年（1652）“冬，武清大雪，人民冻馁；遵化州大雪，人畜多冻死”；顺治十年（1653）“冬，保安大雪匝月，人有冻死者；西宁大雪四十余日，人多冻死”；顺治十一年（1654）“冬，滦河大雪，冻死人畜无算”；康熙三年（1664）“三月，晋州骤寒，人有冻死者；莱阳雨奇寒，花木多冻死。十二月朔，玉田、邢台大寒，人有冻死者；解州、芮城大寒，益都、寿光、昌乐、安丘、诸城大寒，人多冻死；大冶大雪四十余日，民多冻馁；莱州奇寒，树冻折殆尽；石埭大雪连绵，深积数尺，至次年正月方消；南陵大雪深数尺，民多冻馁；茌平大雪，株木冻折”；乾隆十六年（1751）三月，“武强大雪，平地深尺许，人畜多冻死”，等等。① 其中康熙三年的两次雪冻灾害危害最大，今河北、山东、山西、湖北、安徽等省数十州县都有人冻死和冻馁的记载。

5. 清代沙尘灾害的时空分布特征

朱凤祥等人据《清史稿》研究②，按地次统计，清代268年间，共发生沙尘灾害84次，大约每年0.31次。其中，顺治18年间，发生沙尘灾害8次，约每年0.44次；康熙61年间，发生25次，约每年0.41次；雍正13年间，发生5次，约每年0.38次；乾隆60年间，发生18次，每年0.3次；嘉庆25年间，发生8次，每年0.32次；道光30年间，发生7次，约每年0.23次；咸丰11年间，发生5次，平均每年0.45次；同治13年间，发生6次，约每年0.46次；光绪34年间，发生2次，约每年0.06次；宣统3年间，无沙尘灾害记录。清代内部各帝相较，同治、咸丰朝沙尘灾害较为严重，光绪、宣统朝则是沙尘灾害的低发时期。清前期顺治、康熙、雍正92年间，共发生沙尘灾害38次，平均每年0.41次；清中期乾隆、嘉庆85年间，发生沙尘灾害26次，平均每年0.31次；

---

① 赵尔巽等：《清史稿》卷40《灾异志一》，北京：中华书局，1976年，第1488、1489页。

② 袁祖亮主编，朱凤祥著：《中国灾害通史·清代卷》，郑州：郑州大学出版社，2009年，第203、204页。

清后期91年间，发生沙尘灾害20次，平均每年0.22次。可见，清前期沙尘灾害发生频率最高，而清后期91年间沙尘灾害发生频率较低。其具体特征见表4－2－16：

表4－2－16 清代沙尘灾害年内分布表

季节	春季				夏季				秋季				冬季			
月份	1	2	3	春	4	5	6	夏	7	8	9	秋	10	11	12	冬
灾次	10	22	14	6	11	2	4	1	5	2	3	1	0	2	0	1
百分比（%）	11.90	26.19	16.67	7.14	13.10	2.38	4.76	1.19	5.95	2.38	3.57	1.19	0	2.38	0	1.19
合计	52（61.90%）				18（21.43%）				11（13.10%）				3（3.57%）			

在时间分布方面，清代84次沙尘灾害在四季均有发生，但各季的发生频次不同。其中春季是沙尘灾害的绝对高发期，52次沙尘灾害占了总数的61.9%；冬季是沙尘灾害的低发季节，仅出现过3次，占总数的3.57%；夏季18次，占总数的21.43%，是清代沙尘灾害的第二多发季节；秋季11次，占总数的13.10%，是沙尘灾害相对低发的季节。从月份分布来看，清代沙尘灾害主要集中在1—4月，这4个月共出现沙尘灾害57次，占灾害总数的67.86%。其中2月份发生沙尘灾害22次，占灾害总数的26.19%，是沙尘灾害的绝对高发月。

在空间分布方面，清代84次沙尘灾害所涉及的省市共87次。其中河北37次，山东26次，山西6次，陕西5次，湖北4次，浙江3次，江苏2次，甘肃、河南、重庆、天津各1次。可以看出，河北和山东是清代沙尘灾害的绝对高发省份，2个省份共计出现沙尘灾害63次，占总次数的72.41%；山西和陕西共计出现沙尘灾害11次，占总次数的12.64%，是清代沙尘灾害的第二高发地带；河北、山东、山西、陕西4个省份共74次，占总次数的85.06%。可见，华北平原和黄土高原是清代沙尘灾害的主要分布地带。其他地区虽也有沙尘灾害出现，但几率很小；江南地区除了浙江，更是极少出现沙尘灾害。

（六）清代火灾及其特征

据《中国火灾大典》统计，清代共发生火灾12 333次，其中因战争引起者2 487次，因匪患引起者601次，因倭寇引起者1次，因民变引起者336次，因兵变引起者28次，因放火引起者329次，因用火引起者2 164次，因玩火引起者23次，因吸烟引起者103次，因烧香焚纸引起者89次，因烟火爆竹引起者60

次，因自燃引起者32次，因雷击引起者67次，因地震引起者11次，因怪火引起者71次，因爆炸引起者84次，因电器引起者4次，因焊割引起者7次，因烘烤引起者55次，因熬炼引起者27次，因化学用品运贮引起者3次，因明火引起者4次，因撞击引起者7次，因摩擦引起者3次，其他原因引起者149次，原因不明者5 588次。① 可见，清代有因可查的火灾主要是战争、匪患、民变、用火、放火等人为原因造成的；属于自然灾害者，即因自燃、雷击、地震所引起的110次火灾，其具体特征如下：

1. 火灾的时间分布及特点

清代268年间，共发生火灾110次，大约每2.4年1次，灾害频率约为41.04%。其中，顺治18年间，发生火灾7次，灾害频率约为38.89%；康熙61年间，发生17次，灾害频率约为27.87%；雍正13年间，发生1次，灾害频率约为7.69%；乾隆60年间，发生19次，灾害频率约为31.67%；嘉庆25年间，发生5次，灾害频率为20%；道光30年间，发生4次，灾害频率约为13.33%；咸丰11年间，发生3次，灾害频率约为27.27%；同治13年间，发生13次，灾害频率为100%；光绪34年间，发生36次，灾害频率约为105.88%；宣统3年间，发生5次，灾害频率约为166.67%。可见，清代内部各帝相较，同治、光绪、宣统三朝50年间火灾频率较高。从火灾的年内分布来看，有时间记载的近100次火灾中，春季发生了17次，夏季48次，秋季22次，冬季10次，相对而言，夏、秋季火灾较多。从具体月份来看，4月13次，5月14次，6月18次，7月10次，这4个月共发生火灾55次，占该时期火灾的50%，是火灾的高发期。其具体分布见表4-2-17：

表4-2-17　清代火灾年内分布表

季节	春季				夏季				秋季				冬季			不详
月份	1	2	3	春	4	5	6	夏	7	8	9	秋	11	12	冬	
灾次	4	4	7	2	13	14	18	3	10	4	7	1	6	3	1	13
百分比（%）	3.64	3.64	6.36	1.82	11.82	12.73	16.36	2.73	9.09	3.64	6.36	0.91	5.45	2.73	0.91	11.82
合计	17（15.45%）				48（43.64%）				22（20%）				10（9.09%）			13（11.82%）

① 《中国火灾大典》编辑委员会编：《中国火灾大典》，上海：上海科学技术出版社，1997年，第5785页。

2. 火灾的空间分布规律及危害

清代有地域记载的火灾中，四川11次，福建10次，山西9次，河北、山东各8次，江西、上海各7次，湖北6次，江苏、浙江、北京、广西、广东各5次，云南3次，宁夏、天津、河南、陕西、贵州各2次，台湾、安徽、海南、新疆、甘肃、辽宁各1次。可见，由于火灾发生原因的特殊性，其覆盖的范围相当广泛。火灾的危害性和破坏性极大，大火可以烧毁房屋、官署、祠庙、殿宇等建筑物，给人民群众的财产造成严重损失，如康熙七年（1668）八月，“宣化城内火，焚千余家，次日城外又焚百余家”；康熙二十年（1681）八月，“济宁州大堂火，温州火，燎民舍五千余间，九月，永嘉城中大火，燎民舍千余间”；雍正五年（1727）十二月，“北流民舍火，延烧县署，案牍皆尽”；乾隆十年（1745），“二月庚午，泰安县署火，延烧百余家”等。火灾在造成财产损失的同时，也对人畜的生命安全造成严重威胁，如康熙元年（1662）十月，“兴国火起自大西门，延烧城中，至大东门，男妇死者以千计”；康熙五年（1666）二月，“钟祥火，毁数百家，延及府署，焚死人畜甚多”；同治六年（1867）三月，“江夏火药局灾，毙者以千计”等。①

由雷电或地震引起的火灾，与其他自然灾害并发，造成的危害亦较为严重，如《历年记·续记》卷4载：“康熙三十四年（1695）四月，初六、七、八三日大雨、地震，房屋坍倒，压死多人。既而地中出火，烧死人畜、树木、房屋、什物无算”；乾隆四十九年（1784）三月，“（漕船）在新建县鄱阳湖地方，陡遇风暴，雷电交作，烧毁漕船十七只，装运漕米一万七千六百六十四石五斗零，并烧毙淹没男妇大小共三十一名口”②；乾隆五十一年（1786）五月，“地大震，簸荡移二三刻，城市乡村，田水上岸，屋脊皆坼。炉城为甚，碉房尽倒，因而火发，延烧殆尽”③；光绪十一年（1885）五月十六日夜，“归顺天忽雨，霹雳一声，有天火随雷而下，延烧民房”；光绪二十九年（1903）四月初十，“雷电交作，燃及火药，致轰倒房屋数间，并击破棺木数十具”④，等等。

二、清代自然灾害的主要特征

1. 自然灾害多发、群发频率高、地域分布广、成灾面积大

清代是我国古代自然灾害的多发期，在1644—1911年的268年间，无一年

---

① 赵尔巽等：《清史稿》卷41《灾异志二》，北京：中华书局，1976年，第1563~1569页。

② 《清高宗实录》卷1202“乾隆四十九年闰三月戊午条”，北京：中华书局，1986年，第73页。

③ （清）陈松龄纂修：咸丰《天全州志》卷8《祥异》，见《中国地方志·历史文献专辑·灾异志》（78），北京：学苑出版社，2010年，第392、393页。

④ 《申报》，光绪二十九年（1903）四月二十一日。

无灾害发生。其中，按地次统计，清代共发生自然灾害 4 904 次，约每年 18.30 次。按月份和季节统计，清代共发生自然灾害 4 606 次，约每年 17.19 次，其频发程度可见一斑。在频发的同时，清代自然灾害多发、群发的特征也较为明显。清代 268 年间，5 种自然灾害齐发的年份有 229 个，约占总年数的 85.45%；6 种自然灾害齐发的年份有 178 个，约占总年数的 66.42%；7 种自然灾害齐发的年份有 113 个，约占总年数的 42.16%；8 种自然灾害齐发的年份有 42 个，约占总年数的 15.67%；9 种自然灾害齐发的年份有 6 个。总之，清代是一个多灾多难的朝代，268 年中每年至少发生 2 种以上自然灾害，其多发、群发、连发的程度达到了令人触目惊心的程度。①

清代自然灾害在多发、频发的同时，其地域分布也十分广泛。清代各种自然灾害所涉及的 5 588 个地次，分布在今 23 个省、4 个直辖市、4 个自治区中，但今西藏自治区、香港特别行政区和澳门特别行政区自然灾害的记录较少，覆盖了清代疆域内各省区市。其具体分布见表 4－2－18：

表 4－2－18　清代自然灾害地域分布表

灾种 地点	水灾	海潮	旱灾	蝗灾	疫灾	地震	崩陷	风灾	雷电	雹灾	霜冻	沙尘	火灾	合计
山东	298	61	148	78	33	73	9	107	3	45	34	26	8	923
浙江	211	166	121	19	34	67	2	60	1	27	20	3	5	736
河北	185	3	107	68	27	59	3	60	2	56	28	37	8	643
湖北	243	0	115	38	32	61	11	40	0	58	16	4	6	624
江苏	172	108	49	24	16	45	1	35	2	13	16	2	5	488
广东	95	47	48	4	6	29	1	33	1	20	7	0	5	296
山西	57	0	37	18	8	41	4	20	0	31	24	5	9	254
安徽	93	0	29	22	9	26	0	14	1	8	12	0	1	215
陕西	50	0	28	11	9	21	15	10	0	28	15	6	2	195
甘肃	33	0	36	6	12	41	13	12	1	21	12	1	1	189
上海	30	75	11	2	9	18	0	4	1	3	7	0	7	167
江西	70	0	21	8	5	8	4	3	1	16	1	0	7	144
河南	89	0	12	8	6	5	0	8	0	4	4	1	2	139
广西	42	0	16	1	3	24	4	8	2	11	0	0	5	116
北京	26	0	14	10	4	30	0	5	0	7	0	0	5	101

① 袁祖亮主编，朱凤祥著：《中国灾害通史·清代卷》，郑州：郑州大学出版社，2009 年，第 231～243 页。

（续上表）

灾种 地点	水灾	海潮	旱灾	蝗灾	疫灾	地震	崩陷	风灾	雷电	雹灾	霜冻	沙尘	火灾	合计
四川	14	0	4	2	0	13	5	5	0	2	0	0	11	56
天津	25	0	6	11	0	3	0	3	0	1	1	1	2	53
福建	4	30	1	0	0	0	4	0	0	0	0	0	10	49
云南	6	0	6	1	1	9	3	2	0	5	1	0	3	37
海南	6	5	5	1	2	8	0	3	0	2	0	0	1	33
贵州	11	0	3	1	0	6	0	0	1	5	1	0	2	30
宁夏	3	0	2	2	2	5	0	3	0	1	2	0	2	22
辽宁	2	2	3	2	1	3	1	0	0	1	0	0	1	16
湖南	6	0	2	1	0	3	0	0	0	2	0	0	0	14
青海	0	0	0	2	0	4	3	1	0	0	2	0	0	12
重庆	1	0	3	0	0	3	0	0	0	2	1	1	0	11
新疆	0	0	0	2	0	7	0	0	0	0	0	0	1	10
台湾	0	4	0	0	1	3	0	0	0	0	0	0	1	9
内蒙古	0	0	1	1	0	0	0	0	0	0	1	0	0	3
黑龙江	0	0	0	1	1	0	0	0	0	0	0	0	0	2
吉林	0	0	0	0	1	0	0	0	0	0	0	0	0	1
合计	1 772	501	828	344	222	615	83	436	16	369	205	87	110	5 588

清代自然灾害在广泛分布的同时，也存在着地域的差异性。从上表可以看出，山东、浙江、河北、湖北、江苏、广东、山西、安徽等省份是清代自然灾害发生较多的地区，各省自然灾害的发生总和均在200次以上。这8个省共发生自然灾害4 179次，占清代总次数的74.79%。黑龙江、吉林、辽宁、福建、湖南、重庆、贵州、海南、台湾、宁夏、新疆、青海、云南、内蒙古这14个省区市是清代自然灾害发生较少的地区，各省自然灾害总和均50次以下，这14个省区市共发生自然灾害249次，约占灾害总数的4.46%。而北京、天津、陕西、河南、上海、江西、四川、广西、甘肃等省区市，自然灾害均在50次以上、200次以下，其共发生自然灾害1 160次，约占灾害总数的20.79%。这9个省区市中，自然灾害的次数差别也较大，陕西、甘肃、上海的灾发次数较高。

清代自然灾害地域分布不均，是各地气候地质条件的较大差异所造成的。江河流经的省份，洪涝灾害严重，水灾发生的频次总是高于其他省份；沿海地带如河北、山东、江苏、浙江、广东等省份的风灾频次明显高于他省；而沿海地区潮溢、海溢、海啸等海洋性灾害的发生，又无疑增加了这些省份水灾发生的频次。地震主要是由于地球不断运动和变化，逐渐积累了巨大的能量，这些能量在地壳某些脆弱地带造成岩石突然发生破裂，或者引发原有断层的错动。地震绝大部分发生在地壳中，与地质构造有着极为密切的关系。由于地质构造、地表形势的差异，我国的地震活动主要分布在5个地区的23条地震带上。因此，处在地震带上的省区地震发生的次数绝对高于其他省区。此外，各地人口分布、经济开发和经济发展水平的差异也是导致自然灾害区域分布不均的一个重要因素。经济开发状况和经济发展水平的高低与人口密度紧密相连。自然灾害只有发生在人类生存的地方，才能对人类的生命、财产构成灾害，才能称之为灾害。人口稠密之区、经济富庶之地，遭受同等自然灾害所造成的人口伤亡、经济损失也就比较严重，也容易被官私文书所记载。①

2. 自然灾害的时间分布特征

在时间分布方面，清代自然灾害不论是在年际分布上，还是在年内分布方面，都存在着不均衡性，其具体特征见表4－2－19：

表4－2－19　清代自然灾害朝代分布表

朝代 灾种	顺治 （18）	康熙 （61）	雍正 （13）	乾隆 （60）	嘉庆 （25）	道光 （30）	咸丰 （11）	同治 （13）	光绪 （34）	宣统 （3）
水灾	182	466	110	327	101	155	44	71	117	8
海潮	44	115	33	119	31	70	21	15	47	6
旱灾	42	201	28	149	56	62	26	25	35	1
蝗灾	20	80	6	69	6	24	17	6	29	0
疫灾	3	53	14	28	15	31	5	22	1	4
地震	58	161	27	100	38	50	32	13	42	1
崩陷	9	10	4	12	5	14	6	7	20	0
风灾	30	141	23	96	30	38	17	27	27	0
雷电	5	5	0	3	0	1	0	2	1	0
雹灾	44	60	28	88	28	34	7	27	22	0
霜冻	16	71	7	37	14	13	7	7	5	0
沙尘	8	25	5	18	8	7	5	6	2	0
火灾	7	17	1	19	5	4	3	13	36	5
总计	468	1 405	286	1 065	337	503	190	241	384	25
频次	26 次/年	23.03 次/年	22 次/年	17.75 次/年	13.48 次/年	16.77 次/年	17.27 次/年	18.54 次/年	11.29 次/年	8.33 次/年

① 袁祖亮主编，朱凤祥著：《中国灾害通史·清代卷》，郑州：郑州大学出版社，2009年，第235、236页。

从上表可以看出，顺治18年间，发生各类自然灾害468次，约每年26次；康熙61年间，发生1 405次，约每年23.03次；雍正13年间，发生286次，约每年22次；乾隆60年间，发生1 065次，约每年17.75次；嘉庆25年间，发生337次，约每年13.48次；道光30年间，发生503次，约每年16.77次；咸丰11年间，发生190次，平均每年17.27次；同治13年间，发生241次，约每年18.54次；光绪34年间，发生384次，约每年11.29次；宣统3年间，发生25次，约每年8.33次。可见，清前期顺治、康熙、雍正92年间，共发自然灾害2 159次，平均每年23.47次；清中期乾隆、嘉庆85年间，发生1 402次，平均每年16.49次；清后期91年间，发生1 343次，平均每年14.76次。清代内部各帝相较，清代前期灾害较中后期严重，其中顺治朝最为严重，康熙、雍正朝次之，而光绪、宣统两朝灾害相对最轻。其年内分布情况见表4-2-20：

表4-2-20 清代自然灾害年内分布表

时间	春季				夏季				秋季				冬季				不详
灾种	1	2	3	春	4	5	6	夏	7	8	9	秋	10	11	12	冬	
水灾	27	39	48	36	73	155	230	33	196	103	35	65	24	18	18	11	137
海溢	4	10	5	6	11	27	81	9	131	75	14	28	9	4	1	1	85
旱灾	8	24	31	84	44	72	76	85	68	46	31	65	5	4	0	11	23
蝗、虫灾	3	11	17	6	10	31	36	21	36	16	10	15	3	3	0	3	27
疫灾	6	5	9	15	8	22	20	18	17	10	4	12	1	3	2	10	11
地震	47	34	44	3	47	40	48	1	41	41	58	4	53	46	28	1	2
崩陷	2	4	3	0	6	15	18	2	13	6	1	5	0	2	1	0	9
风灾	22	50	36	6	43	53	74	2	70	37	5	9	5	3	4	2	8
雷电	2	3	1	0	1	3	0	0	0	3	1	0	1	1	1	0	0
雹灾	14	21	49	2	52	56	33	5	26	21	9	5	7	6	7	2	2
冷冻灾	19	4	13	3	25	9	10	1	21	22	4	1	1	7	18	17	2
沙尘	10	22	14	6	11	2	4	1	5	2	3	1	0	2	0	1	0
火灾	4	4	7	2	13	14	18	3	10	4	7	1	0	6	3	1	13
总计	168	231	277	169	344	499	648	181	634	386	182	211	109	105	83	60	319
合计	845（18.35%）				1 672（36.30%）				1 413（30.68%）				357（7.75%）				319（6.93%）

由上表可见，清代有月份和季节记载的各类灾害4 287次，不详者319次，

共计4 606次。其中，夏季最多，共发生1 672次，约占总数的36.30%；秋季次之，共1 413次，约占总数的30.68%；春季再次之，共845次，约占总数的18.35%；冬季最少，共357次，约占总数的7.75%。在具体的月份中，6月份648次，是各月之最；7月份次之，共634次；5月份再次之，共499次；8月份386次，位居第四。这4个月共发生各类自然灾害2 167次，约占灾害总数的47.05%，是清代自然灾害的高发月份。而整个冬季仅发生了357次自然灾害，显然是自然灾害的低发时节。

3. 特大灾害多，持续时间长，后果严重

与前代相比，清代自然灾害另一个突出的特点是多次发生特大自然灾害，而且往往持续时间长，造成大量的人口伤亡和重大经济损失，其影响经久难消，严重阻碍了清代社会经济的发展。在清代，水灾、旱灾、蝗灾、疫灾、地震等5种基本灾害类型中，持续时间长、破坏力强、造成人口死亡、物价上涨，甚至饥荒、流民、人相食等严重社会问题的大灾、特大灾害共计570次，约每年2.13次。这类灾害所造成的危害极大，如道光时“国初以来，承平日久，海内殷富，为旷古所罕有……至道光癸未（1823）大水，元气顿耗，然犹勉强枝梧者十年，逮癸巳（1833）大水而后，无岁不荒”①；而光绪三年（1877）和光绪四年（1878）的“丁戊奇荒”，使山西、河南、陕西、直隶、山东、甘肃、江苏、安徽、四川、辽宁等省都受到了不同程度的打击和破坏。在大旱的同时，不少地方转旱为涝，其间又多伴有瘟疫流行。“丁戊奇荒”中，各地受到旱灾及饥荒严重影响的居民人数，据估计为1.6亿~2亿，约占当时全国人口的一半；直接死于饥荒和疫病的人数，至少在1 000万左右，其中重灾区的死亡率在半数以上，有的地区甚至高达95%；从重灾区逃往外地的灾民不下于2 000万人。② 除此之外，诸如风灾、雹灾、霜冻灾害以及火灾等灾种中，也不乏破坏性强、后果严重的大灾发生。

4. 自然灾害成因的多样性

历史时期气候寒冷期的交替，通常是以上百年的时间为标尺。有清一代268年，我国气候状况出现过两次大的波动。自然科学工作者通过对我国历史时期气候变迁的研究，认为17世纪是一个“气候恶化期”，期间气候异常寒冷，大的自然灾害尤其是气候灾害不断出现。竺可祯先生也认为“我国最冷的期间是17世纪，特别是以公元1650—1700年最冷”。许多研究表明，17世纪是三千年来中国和北半球气候最为恶劣的时期，在此期间，欧洲处于现代小冰期的盛期，挪

---

① 赵尔巽等：《清史稿》卷121《食货志二》，北京：中华书局，1976年，第3540页。

② 李文海等：《中国近代十大灾荒》，上海：上海人民出版社，1994年，第98页。

威雪线是五千年来的最低值。全球平均气温比20世纪50年代低2℃左右。在清代两个寒冷期内，各种自然灾害频率增大，在17世纪最为寒冷的时期，水、旱、地震等重大自然灾害尤其是气候灾害频繁发生。17世纪100年间共出现39个旱年、27个涝年，正常年份仅34年。1637—1641年的连年大旱，是我国近500年来最严重的旱灾；1653—1697年的44年间，东部七大流域有6次大洪水泛滥；1668—1695年的27年间，华北发生3次8级、2次7级和3次6级地震，3次8级地震分别是1668年山东郯城8.5级地震、1679年河北三河8级地震和1695年山西临汾8级地震，这是两千年来华北地区震灾最重的时期。长白山火山近1 000年来的三次喷发（1597、1688、1702）也都发生在这个时段。此外，山体滑坡、山崩、蝗虫、瘟疫、大风沙、饥荒等灾害也十分严重，几乎连年不断。① 此外，自然灾害的发生还与地质活动、地形地貌等自然因素有关。

人类活动也对自然灾害的发生及其危害程度带来影响，比如，人类对森林、植被和草原的过度砍伐与破坏等造成土地荒漠化，人类活动对地球表面环境的污染，战争所导致的人类自然生存环境的破坏，政治的腐败以及统治者对人民利益的藐视，等等，都加重了自然灾害的发生。清代，中国人口数量呈现出突破性增长，增长速度和增长率达到古代历史最高峰。乾隆初年，人口达到1亿，乾隆末年增长到3亿，鸦片战争时期增长到4亿。由于人口增长超过了当时的生产力发展水平和土地资源的承受能力，人均地亩数大幅度降低，从顺治十八年（1661）的7.18亩，猛降到咸丰元年（1851）的1.74亩，致使人、地矛盾异常突出。在巨大的人口压力下，大规模的山地垦殖、围湖造田成为扩大可耕地面积的手段之一。开荒垦殖、围湖造田的情况，在中国历史上历代皆有，但有清一代其规模之大、对生态破坏之严重，都远远超过前代。康熙二十八年（1689）至乾隆十一年（1746）近60年间，仅湖南就修围垸63处，平均每年挽筑1处。围堤共长96 382丈，为清代以前历代总和的5倍。② 而“（道光时）洞庭湖，非三十年前之洞庭也，是以容纳无地，故近年江水之为患也甚矣”③。

战争也是加重清代自然灾害的重要原因。战争本身就是灾害，是比“天灾”更为残酷的“人祸”。一方面，自然灾害可能会引起饥民暴动乃至农民战争；而特大饥荒出现后，如果政府的救济不力，灾荒也会演变为人民反抗统治者的契机，进而引发大规模的农民起义。晚清时期，太平天国运动、义和团运动等大规

---

① 袁祖亮主编，朱凤祥著：《中国灾害通史·清代卷》，郑州：郑州大学出版社，2009年，第268、269页；徐好民：《地壳运动与灾异群发》，载《灾害学》，1988年第1期。

② 杨程鹏：《清朝前期（1644—1839）湖南灾荒频仍的社会原因探析》，载《西北农林科技大学学报（社会科学版）》，2007年第2期。

③ （清）俞昌烈：《楚北水利堤防纪要》卷1《洞庭湖记》，武汉：湖北人民出版社，1999年，第52页。

模的农民运动，无一例外都有灾荒发生的背景。另一方面，长期的大规模的战争还会引发水旱、瘟疫等自然灾害，与战争一起对人类社会造成更大的破坏，“军中大疫”、“士卒多病”的记载比比皆是。

此外，自然灾害发生后，由于吏治腐败，政府有限的救济资源大部分被各级贪官所侵吞而无法惠及灾民，使得政府防灾、救灾能力大大降低，这无疑增加了自然灾害发生的几率和严重程度。而晚清在内外战争不断、荒政渐废、国家经济实力下降的情况下，吏治腐败的弊端所带来的危害更为严重。如“南河岁费五、六百万金，然实用之工程者，什不及一，余悉以供官吏之挥霍。河帅宴客，一席所需，恒毙三四驼，五十余豚，鹅掌、猴脑无数。食一豆腐，亦需费数百金，他可知已。骄奢淫逸，一至于此，而于工程方略，无讲求之者”①；《见闻琐录》亦载：“自来国家发河工银，河督去十之一，河道、河厅、师爷、书办、胥役以次亦各去十之二。银百两，经层层侵剥，仅有二十余两，为买料给工费。”② 这使得山东自黄河铜瓦厢决口到1912年的56年间，“共决口263次，平均每年决口4.7次，相当于改道前的16倍，决口之频繁确是惊人”③。可见，战争与吏治腐败对自然灾害的影响极大。

三、清代防灾、救灾措施

清代自然灾害频仍，统治者较为重视救灾工作，在救灾实践中形成了一套较为完善的救灾制度。无论是救灾程序的制度化、救灾机构的设置、灾害的预防、灾害的应急救助还是灾后的社会重建，在该时期都已较为成熟。据相关研究④，概括如下：

（一）清代救灾的基本程序

清代救灾的基本程序非常明确，即报灾、勘灾、审户、发赈、查赈等，这几个互为关联的步骤各有具体规定，主办官员和协从人员分工协作，职责划分相当

---

① 黄鸿寿编：《清史纪事本末》卷45《咸丰时政》，北京：北京图书馆出版社，2003年，第309页。

② （清）欧阳昱：《见闻琐录》，长沙：岳麓书社，1986年，第91页。

③ 袁长极等：《清代山东水旱自然灾害》，载《山东史志资料》，1982年第二辑，第168～170页。

④ 袁祖亮主编，朱凤祥著：《中国灾害通史·清代卷》，郑州：郑州大学出版社，2009年，第293～328页；倪玉平：《水旱灾害与清代政府行为》，载《南京社会科学》，2002年第6期；倪玉平：《试论清代的荒政》，载《东方论丛》，2002年第4期；陈桦：《清代防灾减灾的政策与措施》，载《清史研究》，2004年第3期；卜凤贤等：《明清时期减灾政策与救灾制度》，载《中国减灾》，2007年第11期；吴滔：《清代江南社区赈济与地方社会》，载《中国社会科学》，2001年第4期；周琼：《清代审户程序研究》，见周琼、高建国主编：《中国西南地区灾荒与社会变迁·第七届中国灾害史国际学术研讨会论文集》，昆明：云南大学出版社，2010年，等等。

清晰。

1. 报灾

地方遭受水、旱等灾害后，州、县官吏将灾情及时上奏，称为报灾。报灾是政府统筹规划的原始依据，是开展救灾工作的第一步。地方被灾后，只有将灾情及时上报，政府尽快制订救济方案，才能尽量减少灾害造成的损失。如康熙所言："救荒之道，以速为贵，倘赈济稍缓，迟误时日，则流离死伤者必多，虽有赈贷，亦无济矣。"① 嘉庆《大清会典》亦载："凡地方有灾者，必速以闻。"为保证灾害信息传达的及时性，清代对报灾期限做了严格的规定。顺治十年（1653）清政府规定，报灾期限"夏灾限六月终，秋灾限九月终"；地方官在上奏灾情的同时，还要"查核轻重分数，题请蠲豁"。② 顺治十七年（1660）四月，又进一步明确规定："直省灾伤先以情形入奏，夏灾限六月，秋灾限七月。州县迟报逾一月内者罚俸六月；一月外者降一级，二月外者二级，均调用；三月外者革职；抚、司、道官以州县报道日起限，逾限，议亦如之。"③ 至雍正六年（1728）又最终确定："其勘报限期，州县官扣除程限，定限四十日；上司官以州县报道日为始，定限五日，统于四十五日内题报，如逾议处。"④ 这样，报灾日期限定，既避免了因报灾期限过短，地方官害怕逾期而匿灾不报，也防止了因报灾期限过长而无法及时救济灾民的情况。同时，还在法律上规定，对不能及时报灾的官吏予以惩处，为政府及时统筹救灾事宜、尽快恢复社会生产提供了保证。

2. 勘灾

地方发生灾情，皇上见报后立即降旨地方，由督抚委派官员迅速准确地查勘田亩受灾面积、受灾程度，确定成灾分数，限期奏闻，称为勘灾。勘灾是政府确定救灾方案的依据，因此，清政府对勘灾工作要求非常严格、具体。地方官吏完成勘查工作后，要将勘灾结果汇总造册，迅速上报于省，省督抚接报后在5日内奏请蠲赈。勘灾之前，州县官员先让百姓自报受灾情况，如姓名、受灾田亩、所处位置等，经核对后作为勘灾底册交勘灾人员核查。勘灾初以州县为单位，乾隆二十二年（1757），准侍郎裘曰修奏请，改为以村庄为单位，按地亩受灾程度确定灾分。由于勘灾点变小，遇到受灾面较大而勘灾人员又少，难以按时完成勘灾

---

① 《清圣祖实录》卷121"康熙二十四年七月癸酉条"，北京：中华书局，1985年，第281页。

② 《清世祖实录》卷79"顺治十年十一月辛亥条"，北京：中华书局，1985年，第623页。

③ （清）乾隆官修：《清文献通考》卷46《国用考八·赈恤》，杭州：浙江古籍出版社，2000年，第5289页。

④ （清）刘坤一著，中科院历史研究所校点：《刘坤一遗集》，北京：中华书局，1959年，第2767页。

任务时，勘灾官员可由皇帝特批，延长其勘灾期限。勘灾时，各级官员都要随时报告灾情；户部接到各地报灾题请后，还要派员复勘；有时皇帝也派心腹暗中调查，以防不实。复勘属实，勘灾结果便可作为蠲免依据。为配合勘灾的正常进行，清代还对勘灾不实及随意删减灾分的地方官吏给予严惩。

3. 审户

审户是指核实灾民户口，依照田亩受灾轻重、屋舍及畜具损伤情况等划分受灾等级，一般分为极贫、次贫两个等级。区分极贫、次贫的大体标准是：田亩被灾，产微力薄，家无存粮或房倾业废，孤寡老弱，朝不保夕者为极贫；田虽被灾，存贮未尽，有微业尚可经营为次贫；次贫以下，还有“又次贫”一级。清代规定，饥口以16岁为限区分大、小口，16岁以上为大口，16岁以下至能行走者为小口，再小者不准入册。清初，各地审户列等不一，江南等省例分三等，贵州等省例不分等。雍正七年（1729）始定，审户一律分为两等，但实际上江南等省依照本地的具体情况，仍按三等划分。乾隆七年（1742），进一步规定“山西、湖广、贵州不分极贫或次贫；山东、陕西只分极贫次贫，皆按月给赈。江南和浙江原分极贫、次贫、又次贫，凡被灾待赈，每至数千户。分为极贫、次贫易于察验，至又次贫与次贫相去无几，不便酌减赈恤。且分析多端，未免耽延滋扰。应只分为极贫次贫，其又次贫宜从删省”①。

对于审户人员，清代要求甚严，规定必须亲入灾民人家，面验口数，逐户计口勘察；确核后，将应赈者按极次贫、大小口当面填写入册，不入赈者以朱笔注于册旁。审户之人，要发赈票，赈票一律登造两联，一联发给灾民作为领赈依据，一联留底以备核查，复查无误后，始能放赈。复查一般由受灾地区府、道大员亲自参与；若遇灾伤异常，还须由该督抚轻骑简从，亲往踏勘。对不能按章办事的各级审户官员，清代也制定了相应的处罚措施。《大清律例》规定，凡管内有灾，有司不即受理申报、检踏，以及本管上司不委官复踏者，各杖八十；官吏不行亲诣田所，不用心从实检踏，任凭里甲等蒙混供报，或通同作弊者，各杖一百罢职不叙；检踏不实误差十亩至二十亩者，笞二十；误差二十亩罪加一等，杖至八十止。② 但在实际操作中，一则受灾等级、灾情严重程度在尺度上不易把握，二则常常受到人为因素的干扰，因此审户难度往往非常大。

4. 发赈

发赈即发仓赈济。发赈在审户的基础上进行，即按照赈票所列数目将赈米或

---

① （清）乾隆官修：《清文献通考》卷46《国用考八·赈恤》，杭州：浙江古籍出版社，2000年，第5292页。

② （清）姚雨芗辑：《大清律例会通新纂》卷8《户律·田宅》，台北：文海出版社，1964年，第939、940页。

赈银发放到灾民手中。赈米或赈银之多寡依照审户列等按户付给，对“朝不保夕”的极贫灾户，无论大小、口数多寡，都要全赈；对次贫者，老幼、妇女全赈，少壮、丁男则不准给赈；残废无力营生的，与老人、小孩一体给赈。针对发赈时在州县本城设厂，四乡分于适中处设厂，若乡厂相距较远，可多设一二厂进行发放。针对发赈时容易出现短少克扣的弊病，清政府规定发赈时有司官员必须亲临监督，不得假手胥役、里甲。每日放赈完毕，必须登记造册，以备上级抽查。另外，为避免散赈过程中胥吏中饱私囊和奸民扰乱，同时也为了便于百姓监督，乾隆四年（1739）规定，“凡遇赈，有司官将被灾分数、赈恤款目，预期宣示，以晓愚民；如有奸民借端要挟者，论如法”①。这些规定，在一定程度上抑制了经办官员的舞弊行为，基本上保证了赈济粮款及时发放到灾民手中，保证了发赈过程的正常进行。但是，遇到不法督抚及州、县官吏，致使灾民应得赈济银粮无法得到的情况也时有发生。

5. 查赈

查赈是指对办赈工作的监察和核查，以防止地方官奏报不实或者侵吞赈济银粮。为保证赈济能够真正惠及灾民，赈济结束后，常派朝廷要员赴灾区查勘办理结果。查勘内容主要是审查被灾田亩呈报是否属实、被灾分数和审户等级划分是否合理、被灾民众有无流徙、办赈官员有无侵蚀行为等。清代对查赈后认为办理赈务有功者一般都予以奖励，对于有突出表现者还会作为其政绩予以加官晋爵。清代对地方官办赈效果的划分标准为：能“实心抚恤，舆情爱戴，并能捐资惠及穷黎者为最；其于赈务经理得宜，灾民均受实惠者次之；其循分办理，并无贻误者又次之”②。对办赈官员的舞弊行为、特别是侵吞赈济银粮的官员处罚也非常严厉，情节恶劣者往往给以处决或者革职的严惩；属下犯案，上司官也会因失察罪受到革职等重罚。总的来说，虽然清代整个赈灾程序看似非常完善，在实际救灾过程中也起到了一定的作用，但由于交通和通信条件的限制、救灾程序繁琐、救灾制度的僵化，地方官完全没有灵活自主的权力，使得赈济行动大都错过了赈灾的最佳时机，这成为看似完备的清代荒政的最大缺陷。再加之救灾过程中滋生出来的诸如匿灾不报、报灾不实等各种舞弊行为，也使清代荒政所起的实际效果大打折扣。③

① （清）乾隆官修：《清文献通考》卷46《国用考八·赈恤》，杭州：浙江古籍出版社，2000年，第5291页。

② 《清仁宗实录》卷98“嘉庆七年五月庚辰条”，北京：中华书局，1986年，第311页。

③ 袁祖亮主编，朱凤祥著：《中国灾害通史·清代卷》，郑州：郑州大学出版社，2009年，第293～300页。

（二）清代防灾减灾措施

1. 官仓贮粮，防灾备荒

清朝建立不久即着手恢复、设立仓储，并逐步建立起比较完善的仓储制度。清代官仓承袭历代旧制，主要以常平仓为主，另有京通仓、营仓、旗仓、水次仓、内仓等。在备荒防灾中发挥最大功用的是常平仓。“常平仓谷，乃民命所关，实地方第一紧要之政。”① 清代规定，“由省会至府、州、县，俱建常平仓，或兼设裕备仓”②，用备赈灾、借贷、平粜之需，并通过采买、捐纳、截漕等方式充足常平仓的粮食储备，为防灾救灾提供充足的物质保障。同时，为保障仓储体系的良好运转，从仓官的任用及职责划分、仓谷的存贮及散放使用，到日常的仓储管理办法等每个环节都有严密的制度加以约束，并有相应的法令法规作保障。如：若因为仓廒渗漏、木植不坚、砖瓦破碎等原因致积谷受损，则追究地方主管之责。康熙四十三年（1704），“议定州县仓谷霉烂者，革职留任，限一年赔完复职；逾年不完，解任；三年外不完，定罪，著落家产追赔”；雍正四年（1726），户部覆准：“州县仓廒不修，致米谷霉烂者，照侵蚀科断，并将亏空各州县解任”，“其谷令自行催还，限以一年，逾限者治罪”。③ 在仓储管理上，清政府还制定了严厉的官员失职惩处条例，基本保证了仓储体制的良好运行，对清代官仓储粮的正常使用、尤其是在灾荒救济方面起到了法律监督的作用。

2. 民间储粮、社仓、义仓等仓储备荒

社仓是传统社会备荒仓储体系的重要组成部分。清代社仓始建于康熙十八年（1679），该年户部题准：“乡村立社仓，市镇立义仓，公举本乡之人，出陈易新。春日借贷，秋收偿还，每石取息一斗，岁底州县将数目呈详上司报部。”④ 雍正时对社仓建设也高度重视，雍正三年（1725），颁行“社仓五事”，使社仓的管理规范化、制度化。官府调拨、民间捐输是社仓粮食的主要来源方式，其主要用于借贷和平粜，可以起到扶贫济弱、赈济灾民的作用，在一定程度上减轻了常平仓的压力，弥补了政府赈灾力量的不足。但是，“听民自理”的社仓管理制度本身存在着仓谷借还难、劝捐输纳难、管理任人难等诸多问题，使清代社仓逐渐走向衰落。义仓是与社仓性质相似的民间备荒仓储，与社仓不同的是，义仓中粮米、银两并贮，而且较少官府介入。义仓粮米主要来源于民间捐输，其用途和

---

① （清）席裕福编：《清政典类纂》卷153《仓库十三·积储》，台北：文海出版社，1983年，第2084页。

② 赵尔巽等：《清史稿》卷121《食货二·赋役仓库》，北京：中华书局，1976年，第3553页。

③ 赵尔巽等：《清史稿》卷121《食货二·赋役仓库》，北京：中华书局，1976年，第3556页。

④ 赵尔巽等：《清史稿》卷121《食货二·赋役仓库》，北京：中华书局，1976年，第3559页。

社仓之谷相同，在正常年景下，加息出借、春借秋还，或用于救助孤寡贫病；遇有灾荒，则用于赈济本地灾民。

3. 兴修水利，重视农桑

农业是传统中国的立国之本，地方水利建设作为关系农业发展和广大人民群众生命安全的重大战略问题而备受重视。所以，清代对黄河沿岸和沿江各省的水利建设也较为重视。在黄河及其支流，多次浚通河道、兴修渠堰，如乾隆五十年(1785)，浚贾鲁、惠济河，修宁夏汉延、唐来、大清、惠农四渠；乾隆五十一年（1786)，山东商人捐资浚盐河，并与东阿、长清、齐河、历城建闸八等。在长江中下游的江浙等富庶之地，主要是通过修筑海塘来防御潮涌和水害，发展农业生产。自唐、宋以来，江、浙海塘屡有修建，至清代已颇具规模。清代海塘和以前最大的不同在于“易土塘为石塘，更民修为官修”。海塘的兴建，在清代历朝均有之，如康熙五十七年（1718)，浙江巡抚朱轼亲自主持海宁县海塘的修建时“下用木柜，外筑坦水，再开浚备塘河以防泛溢”。此项工程历时两年之久，耗资15万两白银，筑塘950丈，坦水石坝3 097丈。清代海塘建设方面大规模的“易土塘为石塘”，降低了海溢、潮溢所造成的危害，促进了当地农田水利事业的发展，使“滨海生灵，始获乐利”①。

（三）清代救灾措施

1. 蠲免与赈济

蠲免就是按照受灾的程度对灾民应纳赋税进行部分或全部免除，是历代救荒的基本措施，也是清代救荒的重要措施。如顺治三年（1646）“以江西频年旱涝，其今年漕米之未兑运者罢免之；直隶成安等七县水，湖广兴国等十州县旱，免今年田租”②。蠲免数量初无定制，至顺治十年（1653）制定被灾分数，将全部额赋分为十分，按田亩受灾分数酌免，“被灾八分至十分，免十之三；五分至七分，免二；四分免一”；康熙十七年（1678)，因政府开支巨大，取消四、五分灾情的蠲免，“六分免十之一，七分以上免二，九分以上免三”；雍正六年(1728)“又改十分者免其七，九分免六，八分免四，七分免二，六分免一。然灾情重者，率全行蠲免”③。蠲免有的免当年应征钱粮，有的免历年灾欠钱粮，有时蠲免范围多达数省200个州县，如康熙七年（1668)，“免奉天、直隶、江

① 赵尔巽等:《清史稿》卷128《河渠志三·海塘》，北京：中华书局，1976年，第3815页。

② （清）乾隆官修:《清文献通考》卷45《国用考七·蠲贷》，杭州：浙江古籍出版社，2000年，第5275页。

③ 赵尔巽等:《清史稿》卷121《食货志二》，北京：中华书局，1976年，第3552页。

南、山东、河南、浙江、陕西、甘肃等省二百十六州县灾赋有差”；康熙九年（1670），“免河南、湖广、汉南、福建、广东、云南等省二百五十三州县卫灾赋有差”等。[①] 而康熙二年（1663）六月，“诏免顺治五年以前逋赋”[②] 则是对以往灾欠钱粮的蠲免。与蠲免相关的措施还有缓征。缓征即将应征钱粮暂缓征收，于以后年份带征完纳。被灾分数不足五分按不成灾计，照例不予蠲免，但一般都予以缓征。

赈济是用钱粮救济灾民，帮助灾民渡过难关。开赈时，地方官及监赈官员分赴灾所，直接向灾民发放米谷或银两。清代前期顺治、康熙两朝，对被灾饥民所给赈米赈银及赈期并无定制，一般视灾情而定。如康熙三十年（1691），“赈直隶十四州县灾民，每大口日给米四合，小口二合”；康熙四十二年（1703），“赈安徽凤阳属亳州等州县饥民，大口日给五合，小口只合”；康熙五十三年（1714），因上年民歉收，予以赈济，“每大口日给米三合，小口二合”等。[③] 乾隆七年（1742）规定了赈济期限和赈济类别，赈济分正赈、大赈、展赈等。正赈：地方凡遇水、旱，即行抚恤，不论成灾分数，不分极贫、次贫，概赈1月。大赈：待勘灾、审户之后，依照被灾等级延长赈济月数。被灾等级最高即十分者，极贫可加赈4月，次贫加赈3月。又规定，“若地方积欠抑或灾出非常”，允许将极贫加赈5~6个月甚至7~8个月，次贫加赈3~4个月或5~6个月。展赈：大赈完毕后，灾民生计仍然艰难，或次年青黄不接之际，灾民力不能支，可临时奏请再加赈济1~3个月不等。如乾隆二十八年（1763）诏曰：“前因直属去秋被水，当此青黄不接之际，犹恐拮据，已降旨将被灾六分以上，及被灾五分者，概予加赈、展赈一月。”[④] 为了防止州县官吏在蠲免、赈济时徇私舞弊、侵吞蠲赋，清政府也制定了相应的处罚措施，基本上保证了赈蠲工作的正常进行。

2. 调粟与抚恤

调粟即通过粮食调拨来救济灾民，有移粟就民和移民就粟两种方式。此外，平粜、截漕平粜、采买、拨运也是清代常用的调粟方法。平粜所用粮米，既有京仓之粮，也有直省之米。这些粮米都是在常年低价收购库存，在荒年粮食短缺时，以平价出售或无偿地用于赈济。比如，康熙三十四年（1695）九月，“诏顺

① 赵尔巽等：《清史稿》卷6《圣祖本纪一》，北京：中华书局，1976年，第176、180页。

② 赵尔巽等：《清史稿》卷6《圣祖本纪一》，北京：中华书局，1976年，第170页。

③ （清）乾隆官修：《清文献通考》卷46《国用考八·赈恤》，杭州：浙江古籍出版社，2000年，第5290页。

④ （清）乾隆官修：《清文献通考》卷46《国用考八·赈恤》，杭州：浙江古籍出版社，2000年，第5292、5293页。

天、保定、河间、永平四府水潦伤稼，免明年地丁钱粮，仍运米四万石前往平粜”① 等。截漕平粜，即截留相关省份相当数量的漕米粮以分发灾区平粜，如康熙三十八年（1699）三月，“截漕粮十万石，发高邮、宝应等十二州县平粜”；康熙四十七年（1708）正月，“诏截留湖广、江西漕粮四十万石，留于江南六府平粜”等。② 采买就是责令灾区相邻省份买米，以运送灾区平粜，如康熙七年（1668），“杭州、嘉兴、湖州、绍兴四府被水，民饥，（范）承谟出布政使库银八万，籴湖广平粜，最贫者得附老弱例，肩盐给朝夕，全活甚众”③。拨运是指由政府统一安排，将通仓之米发运灾区以减价出粜，或调他省之米救济灾区平粜。总之，清代调粟既有临灾调拨，又有预先调运，调粟数额巨大、济域广泛，不仅使广大灾民得到了实惠，而且对各直省粮食盈亏及粮食价格起到了互补和平抑作用。因此，它不但成为一种有效的救灾手段，也成为国家非常重要的宏观经济调控措施。

抚恤是指对灾害中死亡人口发放抚恤费，对房屋倒塌的发给修房费，使灾民重建家园，以尽快恢复正常生产、生活秩序的一种救济措施。由于各地经济发展水平不同，起初对抚恤并无定制，只是命令各直省依本地情况自行规定，至乾隆四十一年（1776），始将各省的抚恤标准大致统一：坍塌房屋者，每间瓦房给修房费一两五钱左右；每间草房给八钱左右；压毙人口每大口银一两左右，小口减半；压伤不论大小每口赈银五钱。抚恤作为赈济措施的补充，扩大了政府的施赈范围，对灾民重置家园、恢复生产具有一定的作用。

3. 工赈与安辑

工赈即灾荒之年由官府出资兴办工程，日给银米，以招募灾民。工赈作为一种救助饥民的特殊形式，在先秦就已经出现，后来作为一种救灾措施被历代统治者采用。我国古代以工代赈主要用于灾后的工程修复建设，特别是水利工程建设。在清朝中后期，各河频繁决口，堵修决口、挑浚河道是常见的以工代赈工程。如嘉庆六年（1801）永定河决口，“命侍郎那彦宝、高杞分驻堵筑，并疏浚下游，集民夫五万余治之”④；嘉庆十六年（1811）七月，“江南李家楼河决”，安徽十余州县遭水灾，进行以工代赈；同年，“以畿辅灾歉，命修筑任丘等州县长堤，并雄县叠道，以工代赈”⑤ 等。除了堵修决口、挑浚河道，清代以工代赈的主要工程还有兴修水利、修筑城工等。清政府在这方面的开支极大，仅据

---

① 赵尔巽等:《清史稿》卷7《圣祖本纪二》，北京：中华书局，1976年，第242页。
② 赵尔巽等:《清史稿》卷8《圣祖本纪三》，北京：中华书局，1976年，第272页。
③ 赵尔巽等:《清史稿》卷252《范承谟传》，北京：中华书局，1977年，第9723页。
④ 赵尔巽等:《清史稿》卷128《河渠志三》，北京：中华书局，1976年，第3812页。
⑤ 赵尔巽等:《清史稿》卷129《河渠志四》，北京：中华书局，1976年，第3836页。

《清史稿·食货志》所记载的大型河工开支12项中，花费白银就高达1.24亿两，平均每项开支为1 000万两。以工代赈让有劳动能力者通过参加救灾施工的形式获得赈济钱粮，是一种官民两便的荒政举措，但在实际操作中也有承办官员侵蚀、靡费国帑、懈怠敷衍、扰累百姓的情况，这在一定程度上影响了工赈政策的实际效果。

清代的安辑，主要是沿用明朝的措施，以留养和资送回籍为主。“留养”指地方官府收留外来流民以供养，一般都让其度过冬季，主要对象是老弱残疾之人，如光绪二年（1876），“淮北荐饥，流民就食扬州，（刘）瑞芬筑圩城外，构棚分宿，计口授食，所全活六万余人”①。政府为了减轻负担，还极力劝谕富户量力收养流民，对收养周济外来流民较多者，赏以花红旗匾甚至赐以顶戴，以示鼓励；对流入地广人稀之处，长久居住下来的则成为本地编户，如康熙二十九年（1690），朝廷议准：流离四川民户，情愿居住垦荒者，将地亩永给为业。乾隆六年（1741）又议定为：流民愿在当地入籍者，“准其保结，给照编入”；不愿入籍但又一时无法回原籍者，“暂作另户编甲，陆续给照回籍”。② 这不但可以促进当地经济的开发，对各地人口分布不均的状况也起到了自然调节作用。

“资送”是为保证春耕生产，至开春以后，让收养的流民返回原籍，令其复业，主要是针对身强力壮者。资送制未开之前，一般由流民自行返乡；但流民离家远近不同，路遥者往往无力返乡。在这种情况下，随辅以资送之制，即由官府发放盘费，同时委官护送，地方官逐程出具收结，直至转送回籍。中途患病者，令地方官留养医治，病愈再行转送。关于资送路费，乾隆前，一般每口每程给银六分；乾隆初年，每口改为每日给制钱二十文，小口减半。但实际上，各省并未统一执行，均自行酌量办理。留养和资送相互配合使用，没有必然的时间和人群界限，但一般是先留养而后资送。“留养资送”制度，从理论上说，对稳定社会秩序以及灾民重回故里以恢复生产有促进作用，但在实际操作中，却存在种种弊端。如有些灾民屡次冒领路费，有时甚至出现“以流徙为得计”而故意舞弊之事。乾隆初，安徽凤、颍之民，“遇灾留一二人在家领赈，余又潜往邻境。俗谓在家领赈为大粮，在外留养为小粮，沿途资送为行粮，至有一家领三粮者”③，后来这种制度逐渐被废除。

4. 借贷与灾后重建

借贷是指政府向灾民出借生活、生产物品，以助灾民及时恢复农产。贷借物

---

① 赵尔巽等：《清史稿》卷446《刘瑞芬传》，北京：中华书局，1977年，第12487页。

② 《清高宗实录》卷137“乾隆六年二月条”，北京：中华书局，1985年，第977页。

③ 赵尔巽等：《清史稿》卷308《潘思榘传》，北京：中华书局，1977年，第10590页。

品一般是秋成缴还，还贷时还有丰年加息、灾年减息、免息的规定。清代借贷的物品主要是口粮、粮种以及耕牛，有时也直接贷以银两，让灾民自行购物。粮食来源主要是常平仓、社仓存谷，其次是截潜粮，银钱主要源于国家库银。如康熙三十九年（1700），“归德属永城、虞城、夏邑三县被灾地亩至一万七千余顷，出粜常平、义、社仓谷，借给贫民牛种，全活甚众”[①]；道光三年（1823）正月，“贷浙江海盐、长兴二县旱灾，陕西留坝等十一厅州县雹灾、水灾，甘肃静宁等十七州县地震灾，两淮板浦等九场水灾，河南武涉等三县，黑龙江齐齐哈尔、墨尔根城旗丁水灾籽种粮石”；道光四年（1824）正月，“贷河南武涉等十二县上年水灾籽种口粮仓谷”，同年九月，“贷江苏瓜州营被灾兵丁银米，陕西安定等县水灾雹灾仓谷”等。[②] 可见，借贷作为一种救荒措施，对恢复灾民生产、促进灾民自救具有较大作用，但这必须建立在国家银粮充裕和吏治清廉的基础上。道光以后，由于国家财力下降，加之政治腐败、贪贿成风，借贷制度也产生了诸多弊端，一些地方官吏借出贷之名却不实贷，最后银粮落入私囊者的情况比比皆是。

灾后田地荒芜、农耕废弃，不仅影响农民生计和国税收入，而且危及社会安定和政权巩固。因此，灾后重建，也是政府的一项重要任务。统治者对此也较为重视，如乾隆七年（1742）十二月，谕曰：“江南水灾地亩涸出，耕种刻不容缓。疆吏其劝灾民爱护田牛，或给赀饲养，毋得以细事置之。”[③] 其中，安置流民，借贷口粮、种籽和耕牛，组织灾民抢种抢收，帮助灾民搭房建屋，重建重点文物古迹，帮助灾民选择作物品种及时补种等都是灾后重建的重要内容。如乾隆二十六年（1761）正月，“贷甘肃渊泉等三县农民豌豆籽种，令试种”[④]；乾隆五十年（1785）六月，福建等地久旱，于是政府大力推广红薯，乾隆帝为此特派大臣富勒从河南“即将番薯藤种多行采取，并开明如何栽种浇灌之法，由驿路快传至福建，转饬被旱各属，晓谕民人，依法栽种”[⑤] 等。清代农作物种植结构发生了较大变化，原来各地较为单一的作物种植逐渐呈现出多元化趋势。比如长江流域玉米、番薯等杂粮的推广，江北地区棉纺织的推广，蚕桑业在全国各地的推广等，打破了居民原有的食物结构，不但使粮食作物和经济作物的搭配渐趋合理，同时也给灾后农业生产的补救提供了更多的选择余地。

---

① 赵尔巽等：《清史稿》卷276《徐潮传》，北京：中华书局，1977年，第10070页。

② 赵尔巽等：《清史稿》卷17《宣宗本纪一》，北京：中华书局，1976年，第628～632页。

③ 赵尔巽等：《清史稿》卷10《高宗本纪一》，北京：中华书局，1976年，第374页。

④ 赵尔巽等：《清史稿》卷12《高宗本纪三》，北京：中华书局，1976年，第455页。

⑤ 《清高宗实录》卷1232“乾隆五十五年六月上庚寅条”，北京：中华书局，1986年，第548页。

5. 组织民间自救

清朝统治者在充分发挥政府对灾荒掌控能力的同时，也往往鼓励和提倡民间自救，主要有宗族赈济、民间义赈、富民济贫等几种形式。

①宗族赈济，即在危难之际家族内部之间的互援互济。宗族本位，是古代中国地方基层社会得以稳固的基础；以宗族为本位，培养了家族内部成员同甘共苦、互助互济、共渡难关的精神。灾害发生后，宗族内部亦互相救济，如《湖州府志》卷77载：顺治年间，归安人沈燕卿“散家财以活乡之饿者，姻党皆赖之以济”；光绪《峄县志》载：道光十三年（1833）春，山东峄县饥，褚明升“出粟以活族人，收买幼子女千数人，后悉召其父母还之”。另，李自华据光绪《婺源县志》统计，从清初到咸丰朝218年间，婺源县共有235位族绅对46次灾荒进行了救济，救济手段有平粜、赈济、施粥、借贷、补还积谷等，其中赈济和施粥均为无偿施予，使众多族人临灾受惠。[①] 宗族赈济的范围虽然不大，但能使部分灾民暂时挨过难关，成为政府救济的前援和基础，这在一定程度上缓解了政府的救济压力，是民间灾荒自救的重要组成部分。

②民间义赈。清代有不少官督民办性质的慈善机构，如普济堂、养济院、育婴堂、栖留所、工艺局等，这些机构的主要功能是养恤贫苦孤残，而栖留所则专门收养逃荒乞食的流民。早在顺治时期，清政府就在京师五城建造栖留所收养流民。灾荒年景，栖留所亦成为逃难灾民的栖身之地。清代民间赈济的突出特点是商人积极参与荒政事务。商人足迹遍布全国各地，一旦家乡遭遇灾害，他们常施善举以助灾民。如乾隆十一年（1746）九月，“淮商众商程可正等以今岁河湖盛涨，公捐银二十万两”；乾隆十八年（1753）秋，“通泰淮三属被水，两淮商人捐银三十万两”等。晚清时期，民间义赈发展至顶峰。如在江南地区，乾隆以前，以社区为单位的赈济已广泛存在，只是官方介入较多；嘉道时期，随着国家荒政体系的逐渐衰败，社区赈济民间化的倾向越来越显著，由地方力量倡导的“小社区”赈济活动不断兴起，并担负起重要责任。咸丰以后，社区赈济向多元化发展，由城镇组织的赈济活动开始占主导地位。社区赈济在江南地区长期存在，一个极重要的原因即在于它能够与地方社会各种资源相互融合。[②]

③富民济贫。前面所说的宗族赈济和由绅商发起的民间义赈，都具有富民济贫的性质，这里所谓富民济贫是指地方大户的施赈行为。如康熙九年（1670），江南常州大水，知府骆钟麟“发仓廪，劝富人出粟赈，民无荒亡”[③]；康熙十八

---

① 李自华：《清代婺源的水旱灾害与地方社会自救》，载《农业考古》，2003年第1期。

② 吴滔：《清代江南地区社区赈济发展简况》，载《中国农史》，2001年第1期。

③ 赵尔巽等：《清史稿》卷476《骆钟麟传》，北京：中华书局，1977年，第12981页。

年（1679），高邮地区发生旱灾，继而大水，高邮湖漫溢，第二年复遭水灾，高邮知州白登明一面奏请朝廷蠲赈，同时，“劝富民分食，全活无算”[①]；乾隆三十四年（1769），安徽太平大水，知府沈善富“坐浴盆经行村落，得赈者五十万口”，“当涂官圩决，密劝富家出粜，禁转掠，使各村自保”[②]等。也有一些富户在灾荒之年会主动向乡民施以善行，如嘉庆《如皋县志》载：乾隆二十一年（1756）江苏如皋县大饥，汤秉忠一方面“尽出所储粟助赈，人多仿效，踊跃捐输，石庄嗷嗷数千人皆得全活”；另一方面“涉江买谷平粜，沿江数十村，赖此不为沟中瘠”，其救济灾民无数。同时，政府也极力劝谕富户量力收养外来流民，对“有能存恤周济者，该地方官酌量轻重，赏给花红旗匾。最优者，详请题达，给以顶戴，以示鼓励”[③]。这种富民济贫的行为虽然惠及的人群有限，但也解决了部分灾民的困难，是民间赈济的另一个重要的组成部分。

① 赵尔巽等：《清史稿》卷476《白登明传》，北京：中华书局，1977年，第12969页。
② 赵尔巽等：《清史稿》卷336《沈善富传》，北京：中华书局，1977年，第11041页。
③ 《清世宗实录》卷108“雍正九年七月乙酉条”，北京：中华书局，1985年，第439页。

第五章　民国时期自然灾害与政府应对

第一节　民国时期自然灾害概况

一、民国时期自然灾害概况

民国时期（1912—1948），特别是20世纪二三十年代的自然灾害，具有无年无灾、持续不断；无地不灾、灾民众多；多灾并发、纵横交错的特点。[①] 夏明方据《近代中国灾荒纪年》、《近代中国灾荒纪年续编（1919—1949）》、《各省灾情概况》（国民政府赈务处1929年）、《申报年鉴（1933、1934、1935）》、《中国经济年鉴（1935年续编）》、《中国地震目录》等资料统计，1912—1948年的37年间，全国各地（不包括今新疆、西藏和内蒙古自治区）总共有16 698县次（旗、设治局）发生一种或数种灾害，年均约451县次。按民国时期县级行政区划的最高数计算，每年约有1/4的国土笼罩在自然灾害的阴霾之下。其极值年份如1928年、1929年，竟分别高达1 029和1 051个县，几占全国县数之半。可见，该时期自然灾害十分严重。其具体统计见表5－1－1[②]：

---

① 张喜顺等：《民国时期灾荒探析》，载《贵州文史丛刊》，2004年第1期。

② 夏明方：《民国时期自然灾害与乡村社会》，北京：中华书局，2000年，第34、35页。

表 5-1-1 1912—1948 年间各省区历年受灾县数统计表

地区 \ 灾种		水	旱	虫	风	雹	冷	震	疫	其他	分计
黄河流域	河北	752	350	338	10	118	21	14	22	29	1 510
	山东	462	341	125	12	46	11	48	14	1	812
	河南	681	858	226	101	142	55	3	80	1	1 782
	山西	355	444	68	7	84	35	6	55	3	1 050
	陕西	346	569	162	216	333	284	31	99	14	1 233
	甘肃	81	311	22	13	170	23	161	24	12	760
小计		2 677	2 873	941	359	893	429	263	294	60	7 147
长江中下游地区	江苏	272	142	167	30	10	0	8	79	2	560
	浙江	394	129	63	53	5	0	0	69	0	709
	安徽	430	350	168	21	16	0	2	29	0	835
	江西	464	229	119	11	0	0	1	44	0	832
	湖北	454	442	101	41	3	2	3	45	21	1 010
	湖南	772	417	121	18	9	9	2	29	15	1 199
小计		2 786	1 709	739	174	43	11	16	295	38	5 145
西南地区	四川	502	834	6	4	34	1	73	35	1	1 289
	贵州	112	154	1	1	29	0	7	1	33	602
	云南	131	51	1	1	7	47	83	2	12	552
小计		745	1 039	8	6	70	48	163	38	46	2 443
华南地区	广西	249	174	0	8	1	1	1	9	0	494
	广东	459	36	21	65	5	1	10	16	4	712
	福建	176	60	1	34	0	0	28	86	0	357
小计		884	270	22	107	6	2	39	111	4	1 563
东北地区		316	44	9	0	20	1	5	29	0	400
总计		7 408	5 935	1 719	646	1 032	491	486	767	148	16 698

（注：1. 表中的“分计”为某省区某年受灾县数之和，无论灾种多少，均以1县计算，而非受灾县数之和；各类型受灾县数是指有明确记载的各该灾型的县数或按史料中出现的县名总计。

2. 凡出现“豫东”“豫西”字样的，以1县计入；凡“七八十县”、“数十县”的，分别按75县、30县计入。）

可见，在所有灾害中，最严重的莫过于水旱两灾，蝗灾则为第三大灾害。据《民国时期自然灾害与乡村社会》附录对各灾种受灾县数的统计，分述如下：

1. 民国时期的水灾

民国时期共发生水灾 7 408 县次，平均每年 200. 22 县次。其中 1912—1927 年军阀混战时期发生 2 566 县次，平均每年 160. 38 县次；1928—1936 年国民政府时期发生 2 816 县次，平均每年 312. 89 县次；1937—1948 年抗日战争、内战时期发生 2 026 县次，平均每年 168. 83 县次。可见，相较而言，1928—1936 的 9 年间，水灾情况较为严重，而 1912—1927 年间水灾情况相对较轻。这与军阀混战时期、抗日战争时期和内战时期全国局势混乱、灾害统计与管理比较欠缺、史料记载相对较少，而国民政府统治期间战争相对较少、史料记载较为充分的客观因素有关。水灾的地域分布方面，湖南 772 县次、河北 752 县次、河南 681 县次、四川 502 县次、江西 464 县次、山东 462 县次、广东 459 县次、湖北 454 县次、安徽 430 县次、浙江 394 县次、山西 355 县次、陕西 346 县次、江苏 272 县次、广西 249 县次、福建 176 县次、云南 131 县次、贵州 112 县次、甘肃 81 县次、东三省 316 县次。可见，水灾不仅分布广，且南北水灾都很严重，黄河流域与长江中下游地区的水灾县次相差不大。

民国时期的水灾多、分布广，造成的危害极其严重。《中国历史大洪水》所选取的 1482 年以来“量级大，灾情重，对国民经济有较大影响的”全国有代表性的 91 次水灾中，发生在本时期的就有 15 次，其严重程度可见一斑。以 1931 年江淮大水为例，各省沿江县乡灾区，田地中淹水最深时的平均深度（英尺）：湖南 11. 7、皖南 11. 5、湖北 10. 2、苏南 8. 6、江西 7. 1，这 5 个地区平均深度为 9. 82 英尺；平均房屋不能居住的天数（天）：皖南 62、江西 58. 8、湖北 55. 7、苏南 55. 6、湖南 52. 5，平均为 57 天之久。各项损失：计被淹作物、房屋、役畜、农具、存谷、燃料、家具、家畜、秣草等 9 种，总数达 20 亿元（含淮河流域）；每户平均损失 457 元，当时普通农家，年收入平均不过 300 元，各户损失相当于年收入的 1. 5 倍。死亡人口不计其数，仅湖北、湖南、江苏、安徽、江西、浙江、河南、山东等 8 个重灾区的死亡人口就高达 422 499 人。离村人口几占灾区总人口的 40%，他们或迁移到家乡附近的圩堤和山坡上，或逃到县城、外县，或大都会。外逃的灾民中有 1/3 找到了工作，1/5 沿街乞讨，其他的人下落不明。①

2. 民国时期的旱灾

民国时期共发生旱灾 5 935 县次，平均每年 160. 41 县次。其中 1912—1927

① 李文海等：《中国近代十大灾荒》，上海：上海人民出版社，1994 年，第 222、230 页。

年军阀混战时期发生1 433县次，平均每年89.56县次；1928—1936年国民政府时期发生2 817县次，平均每年313县次；1937—1948年抗日战争、内战时期发生1 685县次，平均每年140.42县次。可见，相较而言，1928—1936的9年间，旱灾情况较为严重，而1912—1927年旱灾情况相对较轻，这亦与史料记载的详略有关。其地域分布方面，河南858县次，四川834县次，陕西569县次，山西444县次，湖北442县次，湖南417县次，河北、安徽各350县次，山东341县次，甘肃311县次，江西229县次，广西174县次，贵州154县次，江苏142县次，浙江129县次，福建60县次，云南51县次，广东36县次，东三省44县次。可见，华北、西北的旱灾较为严重，长江中下游地区与西南地区次之，华南地区旱情较轻。

民国时期的旱灾十分严重，该时期全国年度受旱县数在100~200之间的有9年，200个县以上的有12年。其中，危害范围大、持续时间较长的跨省区特大旱灾至少有7次。[①] 如1920年，河北、山东、河南、陕西、山西这华北5个省份，自春至冬，亢旱异常。东起海岱，西达关陇，南包襄淮，北抵京畿，约占全国1/4面积的地域天干地燥、淀涸河竭、禾苗枯槁、飞蝗继起，各省合计被灾317个县，灾民至少有3 000万人，死亡数十万。1942年大旱，河南自春至秋烈日当空、田地拆裂、风蝗雹灾交相侵袭，旱情以豫西为最；豫东10余县又黄泛为灾，全省饥民1 000万，饿殍遍野；鄂西、鄂北灾民在70万以上。1943年大旱灾，山东重灾区如同沙漠，水草不生，济南、德州鬻人肉于市；山西部分县属旱蝗交错，饥民载道；广东于上年被涝后春荒秋旱，全省大饥，因天灾疫病死亡者为50万人以上。[②]

3. 民国时期的蝗灾

民国时期共发生蝗灾1 719县次，平均每年46.46县次。其中1912—1927年间军阀混战时期发生325县次，平均每年20.31县次；1928—1936年国民政府时期发生973县次，平均每年108.11县次；1937—1948年抗日战争、内战时期发生421县次，平均每年35.08县次。可见，相较而言，1928—1936的9年间，蝗灾较为严重，而1912—1927年间蝗灾情况相对较轻，这与史料记载的详略有关。其地域分布方面，河北338县次，河南226县次，安徽168县次，江苏167县次，陕西162县次，山东125县次，湖南121县次，江西119县次，湖北101县次，山西68县次，浙江63县次，甘肃22县次，广东21县次，四川6县次，贵州、云南、福建各1县次，东三省9县次。可见，蝗灾主要分布在黄河中下游平

① 夏明方：《民国时期自然灾害与乡村社会》，北京：中华书局，2000年，第41页。
② 李文海等：《中国近代十大灾荒》，上海：上海人民出版社，1994年，第335、336、347页。

原及江淮地区，长江中下游地区次之，其他地区较少。

民国时期各地战火不断，加速了对环境的破坏，也为蝗虫的生存提供了新条件，缩短了蝗灾的发生周期，形成了蝗灾与社会生活之间的恶性循环。[①] 如：1920 年京兆各县蝗灾严重，京畿及铁路沿线被灾省区的灾民蜂拥而至，“或为有意远行，或竟就食不去，沿途络绎，所致成群”，“近畿饥民，多至二千万，沿途乞食，火车滞行”。[②] 灾民“始犹采摘树叶，掺杂粗粮以为食；继则剥掘草根树皮，和秕糠以为生；近则草根树皮搜掘殆尽，耕牛牲畜屠鬻无遗，遂至典卖儿女，青年女子不过十数元，不及岁者仅值二、三元。又其甚者，或因出外逃荒，将幼儿抛弃，或因饥饿不能出门户，合家投缳自尽”[③]。1924 年贵州省因各县蝗灾，粮价日涨，江口斗米价涨至票钱百三四十千文；镇宁斗谷售银四元五六角；仁怀斗米约需钱十六七千文。[④] 1944 年山西 17 县惨遭蝗灾，“最厉害的田陇间积蝗 4、5 寸，秋禾蚀尽，民食无着，饥民达 173 000 多人”[⑤]。可见，蝗灾的频发造成了经济系统的紊乱，使百姓流离失所、无以为继。

4. 民国时期的疫灾

民国时期共发生疫灾 767 县次，平均每年 20.73 县次。其中 1912—1927 年军阀混战时期发生 88 县次，平均每年 5.5 县次；1928—1936 年国民政府时期发生 429 县次，平均每年 47.67 县次；1937—1948 年抗日战争、内战时期发生 250 县次，平均每年 20.83 县次。可见，相较而言，1928—1936 的 9 年间，疫灾较为严重，而 1912—1927 年间疫情相对较轻，这与史料记载的详略有关。其地域分布方面，陕西 99 县次，福建 86 县次，河南 80 县次，江苏 79 县次，浙江 69 县次，山西 55 县次，湖北 45 县次，江西 44 县次，四川 35 县次，安徽、湖南各 29 县次，甘肃 24 县次，广东 16 县次，山东 14 县次，广西 9 县次，云南 2 县次，贵州 1 县次，东三省 29 县次。可见，疫灾分布的地域特征不甚明显，黄河流域、长江中下游地区相对较多，但差别不大，西南、华南、东北地区相对较少。

民国时期水旱灾害、战争和医疗卫生条件的落后是造成疫灾的主要原因。该时期疫灾种类多样，疫死率高，具有一定的时间性和地域性。[⑥] 疫灾发生后最主要的危害仍是人口的大量死亡。如：1912—1917 年间，新疆和田疫灾死亡人数高达 100 000 人；1918 年云南洱源、个旧、兰坪疫灾死亡 14 000 人；1919 年云

---

① 赵艳萍：《民国时期蝗灾与社会应对》，广州：世界图书出版公司，2010 年，第 42 页。

② 《申报》，1920 年 9 月 11 日。

③ 内务部印行《赈务通告》，第 6 期《公牍》，1920 年 12 月 25 日，第 37 ~ 39 页。

④ 姚世鸿：《贵州蝗虫的危害与防治》，载《贵州科学》，2005 年第 1 期。

⑤ 《新华日报》，1944 年 9 月 1 日。

⑥ 孙语圣：《民国时期的疫灾与防治述论》，载《民国档案》，2005 年第 2 期。

南永胜因疫死亡 10 000 人；1942 年贵州因疫死亡 75 000 人[①]；1936 年"苏北淮阴、泗阳等县瘟疫流行，黑热病，达二千余万人"[②]；1940 年陕北、庆阳等边区，"夏秋灾情奇重，瘟死二千二百零五人"；1944 年开春以来，"延安川口、柳林、金盆等地区发生霍乱，五月已蔓延至河庄、丰富等区，病势极为猖獗，病死者已达五百人，其中约半数是最近半月（五月前半月）中得病死亡的"等。[③]

5. 民国时期的地震

民国时期共发生地震 486 县次，平均每年 13.14 县次。其中 1912—1927 年间的军阀混战时期发生 259 县次，平均每年 16.19 县次；1928—1936 年间的国民政府时期发生 119 县次，平均每年 13.22 县次；1937—1948 年的抗日战争、内战时期发生 108 县次，平均每年 9 县次。可见，相较而言，1912—1927 年间地震灾害较为频繁，而 1937—1948 年间相对较少。其地域分布方面，甘肃 161 县次，云南 83 县次，四川 73 县次，山东 48 县次，陕西 31 县次，福建 28 县次，河北 14 县次，广东 10 县次，江苏 8 县次，贵州 7 县次，山西 6 县次，河南、湖北各 3 县次，安徽、湖南各 2 县次，江西、广西各 1 县次，东三省 5 县次。可见，地震主要分布在西北地区和西南地区，华北地区次之，而长江中下游地区、华南地区、东北地区相对较少。

民国时期的地震强度也较大。据统计，近代 110 年内，中国共发生 7 级以上地震 64 次，该时期就有 35 次；造成千人以上死亡的地震 27 次，该时期即有 17 次。1920 年海原地震、1927 年甘肃古浪地震、1931 年新疆富蕴地震的震级均在里氏 8 级以上。[④] 1920 年 12 月 16 日夜，海原县发生 8.5 级大地震，烈度 12 度，海原、固原等 4 个城山崩地陷，人口死亡 20 余万，破坏区达 6 省 130 县市，有感面积 12 省 106 县市，其他地区还发生强震 10 次。1927 年黄海中、云南、青海、新疆、黑龙江、甘肃、台湾共发生 10 次强烈地震，其中 5 月 23 日发生于甘肃古浪的 8 级地震，使古浪、武威死亡 4 万余人，甘肃、青海两省 20 余县遭到破坏。1933 年 8 月 25 日，四川茂县叠溪镇发生 7.5 级地震，烈度 10 度，使 60 多个集镇村寨全部覆灭，6 000 余人死亡，近百里沦为废墟，其他各地则发生强震 5 次。[⑤]

6. 民国时期的气象灾害

民国时期共发生气象灾害 2 169 县次，平均每年 58.62 县次。其中，风灾

---

① 陈玉琼、高建国：《中国历史上死亡一万人以上的重大气候灾害的时间特征》，载《大自然探索》，1984 年第 4 期。

② 邓拓：《中国救荒史》，北京：北京出版社，1998 年，第 50 页。

③ 袁林：《西北灾荒史》，兰州：甘肃人民出版社，1994 年，第 1526、1527 页。

④ 张家诚主编：《地学基本数据手册》，北京：海洋出版社，1986 年，第 196 ~ 207 页。

⑤ 李文海等：《中国近代十大灾荒》，上海：上海人民出版社，1994 年，第 336、339、343 页。

646 县次，雹灾 1 032 县次，冷冻灾害 491 县次。1912—1927 年军阀混战时期发生气象灾害 426 县次，平均每年 26. 63 县次。其中，风灾 137 县次，平均每年 8. 56 县次；雹灾 265 县次，平均每年 16. 56 县次；冷冻灾害 24 县次，平均每年 1. 5 县次。1928—1936 年国民政府时期发生气象灾害 1 084 县次，平均每年 120. 44 县次。其中，风灾 257 县次，平均每年 28. 56 县次；雹灾 555 县次，平均每年 61. 67 县次；冷冻灾害 272 县次，平均每年 30. 22 县次。1937—1948 年抗日战争、内战时期发生气象灾害 659 县次，平均每年 54. 92 县次。其中，风灾 252 县次，平均每年 21 县次；雹灾 212 县次，平均每年 17. 67 县次；冷冻灾害 195 县次，平均每年 16. 25 县次。可见，相较而言，1928—1936 的 9 年间，气象灾害较为严重，而 1912—1927 年间气象灾害相对较轻，这与史料记载的详略有关。

在地域分布方面，646 县次风灾中，陕西 216 县次，河南 101 县次，广东 65 县次，浙江 53 县次，湖北 41 县次，福建 34 县次，江苏 30 县次，安徽 21 县次，湖南 18 县次，甘肃 13 县次，山东 12 县次，江西 11 县次，河北 10 县次，广西 8 县次，山西 7 县次，四川 4 县次，贵州、云南各 1 县次。可见，风灾以西北地区和华北地区为多，华南地区、长江中下游地区次之，西南地区、东北地区相对较少。1 033 次雹灾中，陕西 333 县次，甘肃 170 县次，河南 142 县次，河北 118 县次，山西 84 县次，山东 46 县次，四川 34 县次，贵州 29 县次，安徽 16 县次，江苏 10 县次，湖南 9 县次，云南 7 县次，浙江、广东各 5 县次，湖北 3 县次，广西 1 县次，东三省 21 县次。可见，雹灾以西北地区、华北地区、西南地区为多，长江中下游地区次之，东北地区、华南地区相对较少。491 次冷冻灾害中，陕西 284 县次，河南 55 县次，云南 47 县次，山西 35 县次，甘肃 23 县次，河北 21 县次，山东 11 县次，湖南 9 县次，湖北 2 县次，四川、广西、广东、东三省各 1 县次。可见，冷冻灾害以华北、西北地区最为严重，西南地区次之，而长江中下游地区、华南地区相对较轻。

气象灾害的发生，极易造成农作物的歉收及财物的损坏，如 1922 年 9 月，“武昌、汉口等处飓风，江水泛溢。汕头飓风，海水高出堤岸丈余，全区房屋悉被冲没，死伤人数万”；1932 年“晋、豫、陕等省均霜雹，灾情达数十县，晋尤重，五县损害甚巨”；1933 年“陕、豫、晋、甘等省冰雹风霜，被灾达一百余县。晋省太原附近冰雹，大如卵，毁损农物甚重”；1937 年“豫省孟津、鄢陵、洛阳等县，风，麦苗被害，秋收无望，损毁房屋无数，灾民达三十余万人”，等等。严重者亦可造成人员的伤亡、灾民的流亡，如 1934 年 7 月“粤大风，倒塌无算，拔木沉舟，又十二省八十九县风霜灾，安徽旱，饥饿死者，不下数千人，逃亡数百户"[1]；1922年8月10日《申报》载："汕头风灾，人口飘失达于二万之众，损失财产估计约在三千万以上，无家可归者约数千人，受伤而亟须看护救济者亦不下数千人。"可见，气象灾害对人们的生命、财产安全均有较大的危害。

7. 民国时期的火灾

据《中国火灾大典》统计，民国时期（1912年至1949年9月）共发生火灾10 684次，其中因战争引起者1 083次，因匪患引起者504次，因倭寇引起者8次，因民变引起者39次，因兵变引起者47次，因放火引起者580次，因用火引起者2 646次，因玩火引起者71次，因吸烟引起者205次，因烧香焚纸引起者110次，因烟火爆竹引起者49次，因自燃引起者45次，因雷击引起者9次，因地震引起者7次，因怪火引起者26次，因爆炸引起者162次，因电器引起者273次，因焊割引起者3次，因烘烤引起者77次，因熬炼引起者37次，因化学用品运贮引起者32次，因明火引起者2次，因撞击引起者8次，因摩擦引起者5次，其他原因引起者315次，原因不明者4 341次。[2] 可见，民国时期有因可查的火灾主要是战争、匪患、民变、用火、放火等人为原因造成的。属于自然灾害者，即因自燃、雷击、地震所引起的87次火灾，大约每年2. 29次。

民国时期有地域记载的火灾中，浙江16次，上海11次，江苏7次，广东、黑龙江、辽宁各6次，云南、贵州各5次，安徽、四川各4次，吉林、重庆、河北各3次，湖南、江西各2次，甘肃、内蒙古、天津、台湾各1次。可见，由于火灾发生原因的各异性，其覆盖的范围相当广泛。火灾的危害性和破坏性极大，大火可烧毁房屋、官署、祠庙、殿宇等建筑物，也可对人畜的生命安全造成严重威胁，给人民群众的财产造成严重损失。如：《滇东地震调查资料年表》载"民国二年冬月二十四日晚十一时，龙武地震。大蓬苴地方的一家房子被震倒，引起火灾，烧死三人"；《云南省各县赈灾资料》亦载"民国二年冬月，县署惨遭大地震，继以泉涌，更遭祝融，室庐荡然，被灾人户达二千七百余户之多"；"民国二十二年八月二十五日隆昌地震，最烈时，县西狮子坪一带地面上曾喷出火光，焚烧民房六所，就中邱、杨、刘三姓猪、牛、家具全部焚毁，受损失甚大"[3]；"民国二十四年四月二十一日，台湾全岛及澎湖岛于斯晨六时零二分及六时二十七分，发生两次强烈地震，导致清水街大火"[4]。

---

① 邓拓：《中国救荒史》，北京：北京出版社，1998年，第45、48、49、50页。

② 《中国火灾大典》编辑委员会编：《中国火灾大典》，上海：上海科学技术出版社，1997年，第5785页。

③ 《新新闻报》，1933年9月7日。

④ 《大公报》，1935年4月22日。

二、民国时期自然灾害的基本特征

民国时期自然灾害众多，受灾地域广大，灾情严重，其基本特征可归纳如下：

1. 年年有灾，连年不断

从民国时期的灾荒统计资料看，该时期无年不灾。1912 年湘等 6 个省水灾。1913 年鄂等 9 个省水灾，豫等 4 个省旱灾，台等 3 个省震灾。1914 年粤等 11 个省水灾，川等 3 个省旱灾，苏等 2 个省虫灾。1915 年湘等 12 个省水灾，藏等 4 个省区震灾，川旱灾。1916 年淮河、运河、长江中下游水灾，豫等 3 个省旱灾，台、藏震灾。1917 年冀等 7 个省水灾，长江流域及青等 5 个省震灾。1918 年湘等 9 个省水灾，台等 5 个省震灾。1919 年皖等 10 个省水灾，滇、川旱灾，台等 4 个省震灾。1920 年陕等 6 个省旱灾，陕、甘震灾。1921 年豫等 8 个省水灾，川震灾。1922 年苏等 4 个省水灾，湘旱灾，粤风灾。1923 年水灾遍及 12 个省。1924 年粤等 12 个省水灾，冀等 6 个省虫灾。1925 年黄河堤溃 2 000 方里被灾，冀等 3 个省虫灾，川疫灾。1926 年东北等 5 个省旱灾，皖、鲁水灾。1927 年长江下游及甘省水灾，鲁等 5 个省旱灾。1928 年全国大旱，重者冀等 13 个省。1929 年陕等 8 个省受灾，苏等 8 个省虫灾。1930 年陕等 11 个省水、旱、虫灾。1931 年江淮大水灾，苏等 8 个省最重。1932 年豫等 6 个省旱灾，吉等 12 个省水灾。1933 年黄河大洪灾，豫等 10 个省受灾，陕等 10 个省旱灾。1934 年鄂等 11 个省水灾。1935 年鄂、闽等 17 个省水灾，冀等 12 个省旱灾。1936 年青等 9 个省旱灾。1937 年皖等 10 个省旱灾。1938 年豫等 3 个省及淮河流域水灾。1939 年冀等 4 个省水、旱、虫灾，鄂旱灾。1940 年黄河溃口，豫等省水灾，陕、鄂等省旱灾。1941 年豫等 4 个省旱灾。1942 年黄河洪水，皖等 5 个省受灾，豫陕及华北虫、雹灾，川、鄂旱灾。1943 年湘、鄂水灾，浙虫灾。1944 年湘等数省水灾，川、鄂等省旱灾。1945 年鄂等数省水灾。1946 年湘等 19 个省水灾。1947 年冀等数省旱灾、虫灾，鄂等数省水灾。1948 年湘等数省水灾。1949 年全国各地水灾，华东、华北内的 5 个省灾最重。总之，民国时期年年有灾，接连不断。①

2. 区域分布广泛，地区差异明显

民国时期的灾荒少则数省、多则十几个省至 20 个省。1928—1930 年有 20 个省同时受旱灾影响，1931 年的江淮大水灾遍及全国 16 个省区。据不完全统计，1928 年全国水旱灾害达 21 个省 1 093 个县又 4 个市，有灾民 7 000 万以上，

① 吴德华：《试论民国时期的灾荒》，载《武汉大学学报（社会科学版）》，1992 年第 3 期。

占当时中国人口总数的1/6。① 1929年陕、甘等7个省大旱，灾民达3 400万人。1931年江淮水灾，灾民达1亿人，被淹县290个，被淹农田25 500万亩。② 1933年的灾荒遍及20余省，灾民达1亿人。北部黄河大水灾达9个省；中部长江流域的湘等7个省的水灾等也很严重；南方5个省也有水、旱、虫等灾。③ 可见，民国时期几乎每个省区都发生过不同类型、不同程度的自然灾害，灾害成为全国性问题，具有全国性的大灾荒有增多的趋势。

民国时期灾害的区域差异也十分明显。灾害的区域性是指灾害发生范围的局限性，从空间分布上看，任何一种灾害发生和影响的范围都是有限的。中国地域辽阔，不同地区有不同的主要自然灾害及其组合类型。东北地区的主要自然灾害有洪涝、低温、病虫害、鼠疫、地震、森林火灾等；华北地区的主要自然灾害有洪涝、干旱、地震、蝗灾、鼠疫、农作物病虫害等；西北地区的主要自然灾害是干旱、洪涝、地震、蝗灾和病虫害；长江中下游地区主要是洪涝、干旱和沿海地带风暴、海啸等，1915年、1923年、1931年、1935年长江中下游地区都曾发生大规模的洪涝灾害。同时，灾害具有明显的季节性差异，夏季是暴发期，特别是与气候有关的灾害更是如此。④

3. 灾害频发，多灾并发

民国时期的自然灾害不仅类型多，而且发生频繁，年年有灾。同时，灾害的群发现象严重，其中尤以水灾、旱灾、蝗灾、地震等4种灾害为重。仅1912—1937年的26年间，水灾年年有之，全国各流域发生过的特大与大洪水16次。旱灾方面，1926—1937年的12年间，旱灾面积达到或超过10个省的有9次，是旱灾集中暴发的时期。蝗灾方面，1912—1937年的26年间，几乎无年不蝗。仅1928—1936年间，有6年遍及6个省以上的蝗灾，有2年达11个省，危害及于河北、江苏、山东、安徽、河南、浙江、江西、陕西、辽宁、湖北、四川、湖南、山西、广东，影响范围极广。地震方面，民国时期是一个地震活跃期，1920—1933年的14年间，发生了7次造成万人以上死亡的地震，平均每2年1次，灾情严重。⑤

一种灾害的发生亦可诱发其他灾害。如旱灾、水灾接连发生，大多诱发了蝗灾的暴发。以河南为例，参考河南各年旱涝情况，可见在1927—1928年、

---

① 冯和法编：《中国农村经济资料》，上海：上海黎明书局，1933年，第139页。

② 邓拓：《中国救荒史》，北京：北京出版社，1998年，第47页。

③ 陈晖：《1933年的中国农业灾荒》，见千家驹编：《中国农村经济论文集》，上海：中华书局，1936年，第221页。

④ 杨琪：《民国时期的减灾研究（1912—1937）》，济南：齐鲁书社，2009年，第37页。

⑤ 杨琪：《民国时期的减灾研究（1912—1937）》，济南：齐鲁书社，2009年，第38~40页。

1932—1934年、1936年、1942—1945年为蝗灾高发期，1932—1934年为水灾年，其余三年时间段都发生了严重的旱情。1928—1930年与1942—1945年是异常干旱年，全省各地普遍患蝗。① 1929年“安阳、武安、汲县、内黄、临漳、林县、睿县、汤阴、辉县、淇县等各处，……旱魃为虐，蝗蝻遍野。……再则为豫东开（封）、归（德）、陈（留）、许（昌）、郑（州）各属，……十六、七、八三年，雨未沾足，蝗复为灾”②，旱蝗相关度明显。旱蝗继起，民不聊生，死者甚重，处理不及时，极易发生瘟疫。1919年山东济宁，“旱蝗灾，冬疫”，“临邑县大旱。六月初八日，飞蝗蔽日，自东北来，田禾食尽。闰七月，遍地飞蝗，满坑盈沟，两月不绝……饥饿洊臻，瘟疫传染，死亡无数”。③

在同一年中，多种灾害并发是常见的现象。如1926年东北二省发生20年一遇大旱灾；皖、鄂、鲁等省又发生几十年未有之大水灾；广东发生大风灾，以上灾荒又带来大饥荒。又如1935年，长江、黄河泛滥，鄂、湘、赣、皖、冀、鲁、豫、苏8个省被灾64 904 496公里，灾民达2 000多万人；东北水灾达23个县；冀、赣、苏、豫、鄂、浙、闽、晋、皖、陕、湘等省又有旱、虫灾；此外，还有成都地震和一些地方的疫、风、雹灾。同一省内，水旱、虫、雹等灾害纵横交错的现象亦常有之。如陕西，几乎无时无刻不在各种灾荒之中。据国民政府赈务委员会的报告，1933年陕西有旱灾14个县、霜灾31个县、风灾38个县、雹灾44个县、水灾44个县、疫灾1个县、鼠灾1个县。又如1933年河南有风、雹、旱、霜、蝗、水等6种灾害，其中旱灾27个县、蝗灾27个县、风灾8个县、雹灾22个县、霜灾5个县、水灾24个县。④

第二节 民国时期自然灾害的成因及影响

灾害是由于自然变异、人为因素或自然变异与人为因素相结合所引发的对人类生命、财产和人类生存发展环境造成破坏损失的现象或过程。灾害是自然变异的结果，也是人为因素的结果。⑤ 民国时期灾害众多，发生频率之高、地域之广，在中国历史上也较为罕见。该时期灾荒的频发并不是偶然的，而是有着复杂的自然因素和深刻的社会原因，在当时造成了极为严重的影响。

---

① 赵艳萍：《民国时期蝗灾与社会应对》，广州：世界图书出版公司，2010年，第31页。

② 河南省振务会编：《河南各县灾情状况》，河南省振务会，1929年。

③ 魏光兴、孙昭民：《山东省自然灾害史》，北京：地震出版社，2000年，第129页。

④ 张喜顺等：《民国时期灾荒探析》，载《贵州文史丛刊》，2004年第1期。

⑤ 马宗晋等：《灾害学导论》，长沙：湖南人民出版社，1998年，第63页。

一、民国时期自然灾害的成因

1. 自然因素与灾害的发生

民国30余年间，无年无灾，尤以洪涝、干旱、蝗虫等自然灾害为最，这与我国受不稳定的季风影响有直接关系。受季风气候影响，我国年、月降水变化大。夏季风与冬季风在我国交替推进与对峙，夏季盛行东南风，由海洋带来的暖湿气流形成高温多雨的天气；冬季基本是西北、东北风，在大陆性气候的作用下，寒冷干燥，气温和降水年际变化较大。以江淮地区为例。该地年平均降水量很大，风调雨顺的话，适宜农作物的种植，但如果6、7月份梅雨季节冷暖气流不在此交汇，就会发生旱灾；如果交汇时间过长，又会发生水灾。遇上台风，还会引发暴雨，形成灾害性天气。更为严重的是年、月降水变化率大，降水多集中在夏季几个月，更容易造成洪灾；反之，如果降水过少便发生旱灾。1931年江淮水灾就是由于东北寒流势力过强，东南暖湿气流弱，使江南梅雨反常，由每年7月中旬结束延至7月下旬，造成降水集中而引发的。[①] 据统计，1931年7月份的雨日：九江为19天，雨量为404.8毫米；安庆为17天，雨量为691.9毫米；南京为23天，雨量为618.3毫米；镇江为22天，雨量为602.6毫米；上海为21天，雨量为344.8毫米；嘉兴为19天，雨量为349.5毫米，均较标准雨量平均数多1.5倍以上。[②]

地形对灾害的影响方面，以河北为例。河北省因位于黄河下游以北而得名，西靠山麓，东临渤海，总的地形概貌是西北高、东南低，西部、北部多为高原山地，中部和东南部为广大的平原区，这种地形特征极易使河北暴雨成灾。夏季，季风携海洋温湿气流登陆，穿过低洼平原区，抵达太行山、燕山迎风坡时，气流被迫抬升，遇冷凝结，形成降雨。一旦大雨连降数日，就会引起山洪暴发，雨水顺山坡涌向平原区，造成平原区的各河中下游水量猛涨，加之下游排水不畅，洪水就会冲决河堤或漫溢而出，造成严重水灾。河北水灾大多由此而生。此外，河流的分布也影响着灾害的发生。河北河流众多，全省长度在10公里以上的河流约300条，分属于海河、滦河、辽河和内陆河四大水系。其中海河是最大水系，在全省18.77万平方公里的土地上，海河流域占12.46万平方公里。它汇集了燕山山脉和太行山地的来水，在中游汇成五大支流，即永定河，大清河，子牙河，南、北运河。到了下游，则归并为一条宽度很窄的入海河道——海河干流。这种

① 杨琪：《民国时期的减灾研究（1912—1937）》，济南：齐鲁书社，2009年，第56页。

② 《长江流域1931年7月雨量特多之原因》，见竺可桢：《竺可桢文集》，北京：科学出版社，1979年，第133页。

典型的扇状分布特征极易使河水泛滥成灾。因为每逢雨季，上游来水太多，下游泄水能力较小，河水只能漫溢泛滥。①

2. 社会乏力，无力救灾

民国时期，战争频繁，社会混乱不安，为应付巨大的军费开支，各届政府都赤字严重。北洋军阀政府在可资参考的5年中，仅1914年盈40万元，其余1913、1916、1919、1925年平均每年亏23.8%。国民党政府的财政赤字更为严重，1927—1936年平均年亏30.88%，1937—1945年平均年亏78.1%，战后的1946—1948年6月平均年亏72.5%。为弥补巨大的财政赤字，民国时期各政府的主要办法是对内加紧搜刮、对外大举借债。税收普遍成倍增加（如四川的田赋1931年比1912年增加上千倍，且预征30年以上），苛捐杂税多如牛毛，达100多种。大借内债，如北洋政府1912—1926年就借了7.2亿元，国民党政府仅中央1927—1931年就借了10亿余元，1937—1944年借150亿元和3.2亿美元。大肆搜刮黄金白银，仅1935年“币制改革”搜刮白银最少3亿元，1948年发行金圆券的“币制改革”，仅3个月就搜刮金、银、外币1.9亿美元，占国内存量近20%。举借外债，北洋军阀1912—1926年借债近10亿元；国民党政府1937—1945年借11亿余美元，抗战胜利后借款借物共计51亿余美元。对人民的搜刮使得民穷财尽，根本无力抗灾；对外借债又大量出卖民族利益，使国家惨遭掠夺而更加贫困。民国时期的财政支出，主要是用于军费和还债。1913年、1914年、1916年、1919年和1925年5年年均军费为39%，还债32%，其他29%。1927—1936年军费年均45.8%，最高年份达87%，还债年均29%。1946—1948年7月军费年均约占61%。庞大的军费和债务开支，使政府无力进行经济建设，更无力防灾、救灾，也不愿意花大力气防灾、救灾。②

3. 频繁的战争加重或制造灾荒

民国时期，新旧军阀混战、反动统治阶级对人民的战争和帝国主义侵华战争连年不断，1916—1924年战区年均达7个省；1925—1930年战区年均增至14个省左右，日本侵华战争和战后国民党发动的内战更大。战争除了用去大部分财政、大肆搜刮军费抓丁拉夫，造成社会不稳定、土匪蜂起，引起大批难民、造成大饥荒外，还人为地制造了灾害。如1933年四川各军阀混战，挖毁都江堰，使10余个县受灾；1938年6月国民党为阻滞日军进攻武汉，决开花园口等地黄河

① 刘玉梅：《民国时期河北水灾频发的原因探析》，载《河北工程大学学报（社会科学版）》，2010年第2期。

② 数据来源于杨荫溥：《民国财政史》，北京：中国财政经济出版社，1985年，第3、43、102、172、22、61、149、213、15、153、205、13、70、173页。

大堤，使豫、皖、苏三省5万余平方公里尽成泽国，1 250万人受灾，死89万人，千里沃野成为灾害不止的“黄泛区”达9年之久，使淮河、洪泽湖以及里下河地区因黄水的侵袭，连年遭灾；1939年华北暴雨成灾，日军却挖开各河大堤，使116余县受灾，淹没耕地5 000多万亩，灾民达300余万；1943年9月，日军掘断冀南运河大堤，使30余个县被灾；1942年河南饱受水、旱、蝗灾，国民党驻军汤恩伯部又敲诈勒索、奸淫掳掠无所不为，使河南灾上加灾，成为水、旱、蝗、汤四大灾。而战争造成的工农业、资源、生态、生产力的破坏，对灾害的影响则更加深远。① 战争破坏了社会与自然之间的和谐生态链以及天人合一的生态秩序结构，一方面增加了诱发自然灾害的风险，另一方面降低了社会的防灾、抗灾与救灾能力；同时，20世纪二三十年代风雨如磐的时局，使得战争与灾荒的因果链更加错综复杂，如1931年江淮水灾与“九一八”和“一·二八”日军侵华事件紧密关联，外敌入侵更使中国陷入兵连祸结的沉危境地。②

4. 植被惨遭破坏与水利工程的失修

植被，特别是森林，有涵养水源、保持水土、调节气候、净化大气和防治水、旱、风、沙等自然灾害的巨大作用。我国自然条件十分有利于森林的生长，但是解放前森林遭到极大破坏，到解放初期，全国森林覆盖率下降到7.9%。加之我国森林覆盖分布不均，特别是甘、宁、青、新和藏中西部土地面积占全国一半以上，森林面积却不足6 000万亩，覆盖率不足1%，这种植被状况是发生水、旱等灾害的重要原因之一。植被破坏、水土流失、泥沙淤塞，造成河床抬高，一遇暴雨洪水，堤易溃决而泛滥成灾。同时，民国时期一些水利设施也被废弛而未修复，如被称为“塞上江南”的宁夏灌区和内蒙古河套灌区，到国民党时期已是渠道失修、渠系混乱、乱灌无排。宁夏灌区到处是积水，成湖达72个，大片肥沃土地成为沼泽、盐碱地，水、旱灾荒连年迭起。河套灌区也大部分淤塞，亦因无人整修而引发灾荒。长江中下游的许多湖泊也不断淤积，面积变小，水深变浅，调节作用日趋减弱；同时由于沉积作用，荆江河段“地上河”的悬差越来越大，而荆江大堤单薄矮小，鼠穴獾洞比比皆是，一遇暴雨洪水即溃堤成灾。水利工程的失修加之森林植被的破坏、水土流失的加重、河床的抬高等诸多因素，都增加了灾害发生的可能性。③

5. 吏治腐败，加重了灾害的危害程度

民国时期，北洋政府和南京政府虽采取了一定措施进行救济，但由于救荒制

① 张喜顺等：《民国时期灾荒探析》，载《贵州文史丛刊》，2004年第1期。

② 孔祥成等：《试论民国时期的战争与灾荒》，载《延安大学学报（社会科学版）》，2007年第5期。

③ 吴德华：《试论民国时期的灾荒》，载《武汉大学学报（社会科学版）》，1992年第3期。

度不完善、中央财政支持力度不够、地方政府财政困窘、各级官吏贪污腐败、灾民得不到及时救济，救助效果往往大打折扣，加重了灾害后果。如扣留赈粮：1928—1930 年河南大旱期间，“豫灾民，厄运重重，赈粮车既被扣留，投生路又遇阻。灾民在郑州集合者尚有万余人”①，“豫省频年灾馑，至今益剧……人民荡析离居，逃死无所……唯一出路只在就食自安。钧限制出境，乞邻之行既所不许，赴辽之举亦终止，赈粮商粮囤积各站，霉变生芽，属会呼吁再三，力竭声嘶，终无车辆输运灾区，是则豫民求食地方生路已断，坐困乡里死期盖迫，近来无衣无食者遍于各地，惨呼哀号之声彻夜不绝”②。在这种情况下，如邓县黄剑峰、南阳县冯青甫和王怡风、汝南刘东光和陈靓尧等公务人员倒卖公粮和贪赃枉法的事情亦时有发生。

截留赈款、以权谋私、侵吞赈款的事情亦时有发生。1933 年河南大水，而水灾发生前用于抢险的专款早已被负责河防的贪官污吏们据为己有，水灾发生后百姓只能流离失所。“近日河水暴涨，抢险需款孔多，豫河务所存防险款若干，亟为一般人士所注意，记者为明了抢险费真相起见，昨举以询诸防务局人员。据谈，该局长陈汝在任内，仅接收前任移交抢险费结存洋 1 250 元。”因河防公款或被贪污或被挥霍，最终导致了灾害的发生。1942 年，自春至秋，河南旱魃肆虐、赤地千里。秋后，水、旱、蝗、风、雹等灾又交相侵袭，灾民达千余万。面对如此严重的灾荒，中央政府迫于舆论压力，拨出 2 亿元作为灾荒救济款。同时，给河南省政府下达了减轻赋税的命令。结果，救济款送到河南已是次年 3 月，且中央政府所拨 2 亿元救济款实际仅有 8 000 万元。就是这些钱也被当地官员存入银行，让它生息增值，同时又为怎样最有效地使用这笔钱而争吵不休，真正发挥的实际救灾作用无几。在一些地区，救济款分配给闹饥荒的村庄，地方官员还要从中扣除农民所欠税款，农民实际所得甚少。可见，政府的腐败、官员的贪赃枉法、治水经费的挪用等人为因素，也是造成灾害频发或加重灾害危害的重要因素之一。③

二、民国时期自然灾害的影响

民国时期的各个政府也曾认识到灾害对民族的生存及对其统治的严重威胁，采取了一些防灾、救灾措施，但救灾不力，往往是每灾必荒，造成极严重的后果。

---

① 《顺天时报》，1929 年 11 月 18 日。

② 《解放日报》，1943 年 7 月 30 日。

③ 阎秋凤：《民国时期河南自然灾害原因探析》，载《河南理工大学学报（社会科学版）》，2007 年第 3 期。

1. 灾民遍地，人口大量死亡或逃亡

连年灾荒面前，灾民生活极其悲惨。“草根树皮、橡子野菜、油渣、石曲等罗掘殆尽”①，“逃生无路，水藻捞尽，草根掘尽，树皮剥尽……合室自杀”②，以石面果腹得病死亡，借贷无门而全家服毒自杀，卖妻儿子女，抢食人肉，幼子“伏啮母尸”③，“户鲜盖藏，途有饿殍，哀鸿遍于村原”，到处是耕牛绝迹、村落鸡犬无声的惨景，当时的报刊记载比比皆是。1938 年上海《大晚报》记载北平华洋义赈会会董克拉克对西北灾区的报告中说：“遍地灾民载道，死亡日增，遗弃儿童，侹瘠待毙，甚至人相屠食，惨不忍睹”，“曾见一饥民饿毙倒地后，方将气绝，即有无数饥民操刀拥至，争割其肉，归以煮食”。饥寒交迫而得不到救济的灾民成千上万惨死。据统计，1920—1936 年因灾死亡达 1 853. 3 万人，年均 122. 3 万人④。1929—1932 年由于天灾人祸饿死者仅陕、晋、豫、甘、鲁、贵、川 7 个省就达 1 770 万人。此种情况下，不愿坐以待毙的灾民，亦有大部分走上了逃荒的道路。

民国时期自然灾害之后的逃荒潮此起彼伏，随着灾害的日趋频繁，流民的数量与规模呈现出增长之势。大的流民潮有：1920 年，北五省大旱，流入奉天的灾民“已有十数万人”，从河南内乡县逃往湖北的也有 37 500 余口；1925 年，湖北旱灾，“现需急赈者百万人，其中就食他处者 20 万人”；1927 年，山东灾民 1 000 万，“其中三百万已赴外省就食，或在本省内寻觅生路”；1928 年，陕西灾民 5 655 200 口，“冻馁而死者已 20 余万人，流离各处者约百余万人，介乎民匪之间者 60 余万人”；河南省“至 11 月 1 日止，由各村避难本省各县或外县之灾民约计 300 万人”；1929 年，西北四省“流亡转徙者 400 万人”；1930 年春，河南无县无灾，豫西灾民群集开封、洛阳、郑州等地，计“数十万”；1932 年，江苏、安徽、陕西、山西、河南等 19 个省迁移 754 031 户，按每户约 6. 07 人计算，合计 4 576 968 人；1934 年，安徽“47 个县有 500 多万饥民流移乞讨”⑤；1931 年，江淮流域湘、鄂、赣、皖、苏、豫 131 个县灾民 25 394 400 人，其中流离人

---

① 《申报》，1930 年 1 月 9 日。

② 《中央日报》，1935 年 4 月 2 日。

③ 章有义主编：《中国近代农业史资料》（第三辑），北京：生活 · 读书 · 新知三联书店，1957 年，第 806 页。

④ 章有义主编：《中国近代农业史资料》（第三辑），北京：生活 · 读书 · 新知三联书店，1957 年，第 613 页。

⑤ 李文海等：《近代中国灾荒纪年续编》，长沙：湖南教育出版社，1993 年，第 5、13、135、170、199、203、231、273、347、412 页。

口10 157 760人，举家迁徙者7 872 264人，单身迁移者2 285 496人；[①] 1935年江西鄱阳湖各县洪水决堤，“数十万饥民涕泣逃荒”[②]。据统计，仅东北移民中，1912—1923年就约有360万人；1924—1930年移民人数更是急剧增长，总计达500万人。[③] 大量灾民的死亡或逃亡，给农业生产造成了严重损失，使社会动荡不安。

2. 农业惨遭破坏，经济损失巨大

由于遭受灾害直接破坏和灾后农村经济的破产，灾民无力投资农业生产，导致粮食歉收，造成作物减产甚至绝产。如1931年江淮大水灾，受灾最重者就有8个省，8个省的年产量占平均年景的比例分别是：稻米占38%，高粱、小米占29%，棉花占24%。[④] 1932年、1933年黄河水灾，造成的损失亦非常巨大。“1934年旱灾，使江苏、安徽之稻损失占全数之半，河北、陕西之小米，安徽、浙江之棉花，损失亦在百分之四五十。去岁黄河又告水灾，山东及江苏粮食损失特重，农产大减。”[⑤] 1935年，全国被水旱农田面积约132 345 000市亩，损失农作物数量在943 000万市担以上。据统计，全国几种主要粮食作物（稻、小麦、高粱、谷子等）的产量，1931—1937年比1924—1929年下降了13.9%。频繁严重的自然灾害也给农业造成了巨大的直接损失，据不完全统计，1924年闽等12个省的水灾仅财产损失即1.2亿（银）元。1925年冀等6个省虫灾，财产损失也达1 300万（银）元。1931年江淮水灾损失估计在50亿（银）元以上，仅农产品损失即达4亿余（银）元。1933年仅黄河缺口，损失高达2亿余（银）元。1934年水、旱、虫灾的14个省损失达10亿（银）元。1935年长江、黄河泛滥，8个省财产损失4亿余（银）元。[⑥]

灾荒严重地危害着农村的社会生产力，使劳动力、耕牛等数量锐减。1928—1929年旱灾肆虐期间，陕西37个县，除有90余万人死亡外，离土者约为10万人，“凡是没有饿死的人，都是尽可能地跑到都市里求活。……西安是省会，榆林是陕北繁盛之区，所以灾荒中这两处的人口特别多”[⑦]；1927—1929年，山东大旱，移入东三省的人数分别为1 016 723人、938 472人、1 046 291人，相当

---

① 金陵大学农学院农业经济系编：《中华民国二十年水灾区域之经济调查》，载《金陵学报》，1931年第2卷第1期。

② 《大公报》，1935年7月26日。

③ 石方：《中国人口迁移史稿》，哈尔滨：黑龙江人民出版社，1990年，第410、411页。

④ 邓拓：《中国救荒史》，北京：北京出版社，1998年，第181页。

⑤ 吴华宝：《中国之农业生产》，见方显廷编辑：《中国经济研究》（上），北京：商务印书馆，1938年，第162页。

⑥ 吴德华：《试论民国时期的灾荒》，载《武汉大学学报（社会科学版）》，1992年第3期。

⑦ 冯和法编：《中国农村经济资料》，上海：上海黎明书局，1933年，第777页。

于1923年342 038人的2.97、2.74、3.06倍。[①] 农村劳动力的锐减，尤其是青壮年劳动力的丧失，不但削弱了农村的生产力、降低了作物产量，也导致了耕地的大片荒芜，加剧了农村的贫困与凋敝。灾荒在造成劳动力减少的同时，也造成了耕牛的锐减。1931年江淮灾荒使得平均每个农户损失水牛0.23头、黄牛0.13头、驴0.08头、骡0.01头。作为水稻主要耕畜的水牛损失67.6%，黄牛损失一半。全部131个县共计损失耕畜195万头。到1931年11月，缺少役畜200万头。[②]

灾荒还造成了土地大量荒芜。耕地废弃，农作物种植面积日减。据国民党土地委员会对14个省89个县的调查，从1923—1933年荒废的耕地已占原耕地面积的10.64%，而新垦地仅占8.9%。[③] 1931年陕西19个县荒地平均占总面积的70%。素来灌溉便利、物产丰富的渭河南岸，自1928年大灾之后土地便大量荒芜，到1933年5月仅有16万亩。国民政府主席林森在视察陕西后感叹到“汽车直驰40分钟之时间，而不见地面青苗”，即使受灾较微之地带，播种“亦只十之二、三”[④]。据国民党政府1929年、1931年调查，21个省567个县有荒地1 300余万亩。[⑤] 劳动力的减少、耕牛的减少、土地的荒芜等因素，都不同程度地影响了农村经济的发展，增加了灾荒的严重程度，造成了人与自然、灾荒间的恶性循环。

3. 城市设施、工商业活动惨遭破坏

民国时期的主要城市大都集中在东南沿海和长江中下游地区，受到水旱灾害的威胁也较为严重。如1911年，武汉、南京、福建、天津、长春都先后被淹，南京市内被淹达十之六七，行人绝迹，商店关闭。1915年，武汉、昆明、广州均被水淹。这些大城市集中了当时中国绝大部分的社会财富，灾害对其造成的损失较大。1931年江淮水灾，武汉三镇被水达一个月之久，16.3万余户被淹，受害人口78万余人[⑥]，工厂商店全部停业的时间长达50多天，经济损失难以计数，仅市内本国银行在货物押款上的损失就有240万两[⑦]。城市是金融机构的集中地，1934年水旱灾害相继袭来，各大城市的钱庄业都以惊人的速度衰落。上

---

① 何廉：《东三省之内地移民研究》，载《经济统计季刊》，1932年第1卷第2期。

② 金陵大学农学院农业经济系编：《中华民国二十年水灾区域之经济调查》，载《金陵学报》，1931年第2卷第1期。

③ 章有义主编：《中国近代农业史资料》（第三辑），北京：生活·读书·新知三联书店，1957年，第909页。

④ 《大公报》，1933年3月15日。

⑤ 苑声：《我国垦荒事业的失败原因》，载《中国经济》，第5卷第5期。

⑥ 《申报》，1931年8月31日。

⑦ 李文海等：《中国近代十大灾荒》，上海：上海人民出版社，1994年，第211页。

海向来钱庄繁盛，本有数百之家，经此打击，仅剩百余家；南京钱庄原有六七十家，1934 年仅剩 28 家；镇江原有 30 余家，1934 年仅剩 5 家；苏州的 50 余家钱庄也仅剩下 17 家。[①] 西北地区由于旱灾的困扰，城市经济也受到了沉重打击，20 世纪 20 年代末的旱灾使“内蒙古最富饶的贸易中心之一”的萨拉齐到处充满了饥荒与死亡。[②] 许多城市因灾荒失去了昔日的繁荣。

灾害在影响城市商业发展的同时，也造成了工业减产及基础设施的破坏。如 1934 年水旱交加的年份，上海各工业部门的开工率均不足：纺纱为 60%，制帽、水泥、针织业为 70%，制罐、染织业为 60%，油漆、印刷、电气具为 55%，搪瓷铁器、火柴、热水瓶、玻璃为 50%，毛织物、制油业为 45%，陶瓷业为 40%，橡胶业、造船业为 35%，铁工业为 25%，生丝业为 20%[③]，没有一个能维持原有的开工率，严重影响了工业生产。同时，灾害也毁坏了许多基础设施，首当其冲的是水利工程，如堤防、水渠等。其次是交通道路，如 1917 年的水灾使京汉、京奉、津浦铁路中断；1930 年东北水灾，使北宁路昌黎至新民段中断；1931 年武汉被淹，使南北铁路中断；1932 年东北水灾，哈尔滨不仅市内交通断绝，通往东南西北的铁路也全部中断，北满铁路被严重破坏，冲毁铁路近一百处，达 2 万米，冲毁桥梁 70 余座；1939 年河北等地水灾，摧毁京山等 8 条铁路共 160 公里、铁路桥 49 座、公路 565 公里、公路桥 137 座。

4. 阶级矛盾激化，社会冲突不断

频繁发生的严重灾荒，不仅使农民大批死亡、逃亡，农业破产，终日在饥饿和死亡线上挣扎，也进一步加强了反动统治阶级的压迫与掠夺，群众的反抗斗争此起彼伏，阶级矛盾激化，社会冲突频繁。灾荒下破产的农民，要么“坐以待毙”，要么“铤而走险”，群起而抢米。20 世纪 30 年代抢粮抢米、抗捐抗税风潮不断。据统计，1922—1931 年，全国共发生民众反抗斗争 197 起，其中因天灾引起的为 62 起，约占总数的 32%。[④] 据中国经济情报统计，1934 年抢米吃大户的风潮蔓延到 7 个省 38 个县，共 64 起，其中浙江 13 个县 28 起，江苏 11 个县 19 起，安徽 4 个县 4 起，四川 5 个县 5 起，广东 2 个县 2 起，陕西 1 个县 3 起。[⑤] 另据统计，1934 年仅 7 月和 8 月，江、浙、豫、皖四省发生的抢米风潮，见于报端的就有 20 余次。1936 年、1937 年四川发生严重的旱灾时，据不完全统计，

---

① 中国经济情报社编：《1934 年中国经济年报》（第一辑），上海：上海生活书店，1935 年，第 186 页。

② ［美］斯诺编，王恩光等译：《斯诺眼中的中国》，北京：中国学术出版社，1982 年，第 36、37 页。

③ 中国经济情报社编：《1934 年中国经济年报》（第一辑），上海：上海生活书店，1935 年，第 105 页。

④ 朱汉国主编：《中国社会通史》（民国卷），太原：山西教育出版社，1996 年，第 519 页。

⑤ 中国经济情报社编：《1934 年中国经济年报》（第一辑），上海：上海生活书店，1935 年，第 159 页。

有16个县发生了灾民“夺人之食”事件。[①] 而1947年抢米风潮席卷国民党统治区的40余座城市。频繁的抢米夺食运动，增加了社会的不稳定因素，使社会更加动荡不安。

“贫穷，总是土匪长期存在的潜在背景，而饥饿又是通向不法之途的强大动力”[②]，抢米风潮之外，许多灾民还被迫走上为匪之路。1928—1930年各省在持续几年大旱后，饥民“求草根树皮而不可得”，大批挣扎在死亡线上的灾民奔向绿林，铤而走险，形成了一个匪患高峰期。陕西、甘肃、河南成为著名的盗匪横行地区。各省旱荒兼遭匪祸的地区，甘肃有47个县、陕西有22个县、绥远有14个县、河南有近60个县、河北有80个县（含兵灾）、山西有18个县。[③] 灾民四处逃亡遭到当局的驱赶，经常与军警发生冲突。如1934年8月，江苏栗阳1万余饥民流亡到无锡、南京，被当局阻止；同年，河南西华2 000名灾民乘车前往武汉逃生，与铁路当局发生冲突；1935年，湖北各地万余灾民逃往武汉谋生，被军警驱赶，发生冲突；1936年，江苏泗阳修河工数千人与军队发生大规模的冲突。灾民的反抗斗争与其他农民的反抗斗争相结合，声势越来越大，到1948年以后，发展成为国民党统治区内“反内战、反饥饿、反迫害”运动的组成部分，成为加速国民党政权覆灭的一股强大力量。

第三节　民国时期防灾、救灾措施

民国时期灾荒频发，为救济灾荒，北洋政府和南京国民政府在传统荒政的基础上，吸收外来的救灾制度与经验，在救灾程序、措施、财政、管理等制度方面逐步完善，建立了适应近代社会需要的新型灾荒救济制度，推动了近代中国灾荒

① 益坚编：《四川旱荒特辑》，重庆：中国银行出版社，1937年，第105~116页。

② ［英］贝思飞著，徐有感等译，卜文等校：《民国时期的土匪》，上海：上海人民出版社，2010年，第27页。

③ 李文海等：《中国近代十大灾荒》，上海：上海人民出版社，1994年，第194、195页。

救济活动的法制化。据相关研究[①]，将民国时期防灾救灾的程序、措施、特点、启示等内容概括如下。

一、民国时期救灾的基本程序

民国时期救灾的基本程序非常明确，有报灾、勘灾、查赈、放赈等几个互为关联的环节，主办官员和协从人员分工协作，职责划分较为明确。

1. 报灾

报灾是政府了解灾情、实施救灾的第一道程序。国民政府对此有详细规定，“旱虫各灾由渐而成，应由县局长随时履勘，至迟不得逾十日，风、雹、水灾及他项急灾应立时履勘，至迟不得逾三日。履勘后先将被灾大概情形分报该管省政府及民政厅、财政厅察核”。因季节差别及灾害程度的不同，报灾期限也有所差异，“夏灾限立秋前一日，秋灾限立冬前一日为止，但临时急变因而成灾者不在此限，气候较迟之区域，亦得酌量展限”。若一地数次遭灾，报灾可以延期，具体办法是“除旱虫各灾由渐而成亦仍依限勘报外，其他各项续灾距原报灾情之日未过十五日者，位于正限内勘报，不准展限，若已过初灾勘报正限之后续被重灾，准另起勘报”[②]。对报灾期限的严格规定，在一定程度上督促了官员履行其职责，保证了救灾活动的及时进行。

2. 勘灾

勘灾即地方官吏查勘核实受灾程度，确定成灾分数，为救灾提供实际的数据。其具体程序如下：先由灾地政府初报，“民、财两厅据报后，立即会派委员会同县市复勘，将被灾地亩分数电厅，转呈省府核定，令饬遵办，并由县、市、局遵照核定被灾地亩分数，造具县、区、村地亩应行蠲缓数目清册，连同印委勘结及简明表，报由财政厅核明，咨同民政厅会报省政府，分咨内政、财政两部，

---

① 蔡勤禹：《国家社会与弱势群体：民国时期的社会救济（1927—1949）》，天津：天津人民出版社，2003年；杨琪：《民国时期的减灾研究（1912—1937）》，济南：齐鲁书社，2009年；刘五书：《论民国时期的以工代赈救荒》，载《史学月刊》，1997年第2期；周秋光：《民国北京政府时期中国红十字会的慈善救护与赈济活动》，载《近代史研究》，2000年第6期；张明爱、蔡勤禹：《民国时期政府救灾制度论析》，载《东方论坛》，2003年第2期；岳宗福：《民国时期的灾荒救济立法》，载《山东工商学院学报》，2006年第3期；刘颖：《略论民国时期青海社会救济》，载《和田师范专科学校学报》，2009年第6期；孔祥成：《民国时期救灾组织的自律机制研究——以1931年江淮大水为例》，载《齐鲁学刊》，2010年第4期；钟启顺：《民国时期湖南救灾及其成效》，载《湖南工程学院学报》，2010年第3期；贾惠珍：《略论民国时期甘肃民间社会对灾荒的救济》，载《齐齐哈尔师范高等专科学校学报》，2010年第5期；迟子华：《近代灾荒赈济的几个侧面》，载《广州大学学报（社会科学版）》，2010年第11期；孔祥成：《民国时期政府救灾的粮食调控政策及措施——以1931年江淮大水为例》，载《中国社会经济史研究》，2011年第2期。

② 《勘报灾歉条例》第二、四、九条，见《中华民国法规大全》（一），上海：商务印书馆，1936年，第800页。

核转行政院呈请国民政府备案”。[①] 国民政府将被灾分数划为二等十分：受灾五分至十分者为被灾，五分以下为不成灾。成灾予以蠲免田赋，勘不成灾则根据损失程度予以缓征。

3. 查赈

查赈即核实灾民户口，划分受灾等级，发给赈票，以备赈灾。查赈是一项十分烦琐而又至关重要的程序。其先视各户被灾轻重，复审其居处器用、牛具之有无存弃，以别受灾等级。若所查门户确合赈灾标准，即当门添给赈票，不合标准者即严加剔除。赈票是领受救灾物品的依据，查赈员根据目下所见，填具不同内容以别受赈等级。一般填“易”字表示一户有1～3口不能谋生者；“仁”字代表有4～5口不能谋生者；“成”字为家有6口以上不能谋生者；家无一人谋生，仅余衰老、幼、弱、孕、产、病、废或一妇而抚数孩者，可照例酌加填字。[②]

4. 放赈

放赈是按照赈票所列数字，将米、银、衣等财物发放给灾民的过程，这是办赈救灾的最后一道程序，是在查赈的基础上按户或按人头发给。散放之前，由查赈长会同县赈务分会布告赈票字号所代表的银数或粮数，使灾民周知。放赈是一项繁重的工作，灾民众多，若要不遗不滥，需要放赈人员认真负责。为规范放赈人员的行为，国民政府及地方政府还专门制定放赈规则，督促放赈人员切实执行。[③]

二、民国时期防灾减灾措施

1. 灾害的科学研究与监测

灾害的科学研究与监测是从技术层面防御自然灾害的侵害，是从根本上减轻自然灾害的保障。民国时期在灾害的科学研究与灾害的监测方面都取得了较大进步，出现了一批从事灾害科学研究的科学家，在天文、气象、地质、地震、水利等学科都取得了突破性进展。一系列专业研究所、学会纷纷组建起来，如农商部地质研究所、地质调查所、中国地理学会、中国气象学会、中国水利学会，“中央研究院”所属的地质、气象研究所等，这些研究机构聚集了大量国内科技精英，他们潜心从事相关学科的研究，定期召开学术会议进行学术交流，出版学术专刊；一批气象、地质、水利等方面的科学著作相继出版，为减灾、防灾提供了

① 《勘报灾歉条例》第五条，见《中华民国法规大全》（一），上海：商务印书馆，1936年，第800页。

② 《振务月刊》（四川），1937年8月，第65～68页。

③ 蔡勤禹：《国家社会与弱势群体：民国时期的社会救济（1927—1949）》，天津：天津人民出版社，2003年，第122～125页。

科学依据；同时，高等院校也陆续设立了地质、水利等专业，培养科技人才。1917年北京大学恢复地质专业招生，此后，一些著名大学相继设立地质专业，到1936年，国内各大学毕业的地质系学生达到264人。[①] 1915年南京河海水利专科学校成立，这是中国第一所水利类高等教育学府，1924年更名为河海工科大学。总之，民国时期灾害科学研究者的大量涌现及相关研究机构的建立，推动了灾害研究的深入。他们大体上弄清了中国主要自然灾害的成因、发生和分布规律，提出了防灾的方法，有的研究成果被直接用于减灾实践中。

灾害监测是减灾的重要措施，而气象台的建设是开展近代气象事业的基础。1913年蒋丙然等筹建气象科，开始气象观测，日测气温、气压、湿度各3次，立簿记载。1914年向国外购买气象仪器后，每日观测增加到四次，观测内容扩充到气压、气温、风、雨量、云量、云类、最高最低气温和湿度等。1915年，随着观测设备的不断充实，实现了24小时监测，可以每日对外发布两次天气预报，观测工作步入了正轨。后来由于政局动荡，观测工作至1925年被迫停顿。至20世纪30年代，国内的气象观测机构开始不断增加，有12个省在省政府或建设、农林、水利厅下设立省级气象部门并设立了少数的测候所，气象台站的建设开始深入到西北，甚至边缘的西藏地区。在地震监测方面，1928年政府开始在北京西山建立地震观测台。1930年中国第一个地震观测台——鹫峰地震观测台正式建立，这个观测台引进了当时世界上最先进的地震观测仪器，其所记录到的数据“受到世界学界的重视”[②]。此外，长江、黄河、海河、淮河、珠江等主要大江大河上都不同程度地建立了水文监测网，开始对河流流量、水位、含沙量、蒸发量等多种因素进行综合监测与研究。民国时期各种监测站、点的建立，为灾害的预防作出了重大贡献。

2. 仓储备荒与新式农业仓库建设

中国的仓储制度一向十分发达，历代均有不同的创设，其中常平仓、义仓、社仓制度最为完善，在救灾恤贫、调节粮食余缺、防止饥荒等方面都发挥了重要作用。但清末民初以来，天灾人祸，仓政废弛，原有仓储荡然无存。故1928年民国政府内政部颁布了《义仓管理规则》，1931年又制定了《各地方仓储管理规则》，此后经过一个时期的整理和整顿，各地的仓储陆续恢复积谷、积款，传统的仓储备荒制度又重新确立。旧式的仓储是建立在自给自足的自然经济之上，但

---

① 于洸：《北京大学地质学系早期史考》，见王鸿祯主编：《中国地质事业早期史》，北京：北京大学出版社，1990年，第104页。

② 秦馨菱：《中国自建的第一个地震台——鹫峰地震台》，见王鸿祯主编：《中国地质事业早期史》，北京：北京大学出版社，1990年，第64页。

随着资本主义的侵入及民国时期交通状况的改善，农产品渐趋商品化，仓储的来源无法得到保障，旧有的仓储制度已难以发挥调节粮食余缺的作用，有人便开始呼吁发展新式仓储。

农本局编《中国仓储问题》载，“此种新式仓储，除为粮食之聚敛外，兼有资金周转之功用，使农民于收获后，可以不必急于出售农产，只需送入新式仓储，即可为款项之通融。同时新式仓储有加工之设备、代运代销之机关，使农民减少劳力，节省运销费用，且免除市场中间人之剥削”。新式仓储制度得到各省的积极响应，江苏、山东、浙江、安徽、湖南等省份先后建立起农业仓库。1936年9月，实业部联合国内银行成立农本局，筹设农业仓库成为其中心工作之一。农业仓库作为一种有效的农产流通与资金融通手段，对调节粮食余缺、促进农村繁荣起到了重要作用。

3. 农田水利事业的开展

农田水利建设是农业生产发展的保障。民国政府颁布了一系列法令，鼓励农田水利事业的发展，农田水利建设取得了较大成效。如20世纪30年代，在郑国渠旧址张家山峡口处修建拦河坝，左岸修建了三孔进水闸。该坝为低重力坝型，高9.2米，坝顶溢流，1932年完成一期工程，1935年6月支渠建成，命名为泾惠渠，灌溉面积59万亩，灌溉区包括泾阳、三原、高陵、临潼、醴泉5个县，是民国年间建成的最大的农田水利工程。① 此后洛惠河、渭惠河、梅惠渠、黑惠渠、涝惠渠、沣惠渠、醴泉泔惠渠、汉惠渠、褒惠渠、湑惠渠等水利工程的修建，使陕西农田水利条件得到明显改善。1934年11月动工兴建的宁夏云亭渠，渠长70公里，灌溉面积达20万亩。1935年10月动工修建的甘肃洮惠渠，建成后灌溉面积达3万余亩。此外，北方的井灌、凿井、凿泉得到进一步发展，仅山西一省就有渠灌溉者74个县，共有渠103处，共长14 128公里，灌溉面积2 457 737公亩；凿井3 095口，自流井59口，共有灌溉面积57 989公亩。② 太湖流域机电排灌的应用代表了民国农田水利事业发展的新方向，其可灌可排，增加了耕地面积，提高了农田产量。以上种种措施，都提高了农业抵御灾害的能力，增加了粮食产量。

4. 大规模的江河治理与修防

民国时期对江河的治理也较为重视，从1913年起，先后建立了中央和主要江河的专职水利管理机构。20世纪30年代，开始了对主要江河有计划、有组织

---

① 水利水电科学研究院：《中国水利史稿》（下册），北京：水利电力出版社，1989年，第424页。

② 李仪祉：《十年来的中国水利建设》，见《近代中国史料丛刊续编》（第九辑总第82号），台北：文海出版社，第345页。

的科学治理和开发利用；制订了《江淮水利施工计划书》、《顺直河道治本计划》、《永定河治本计划》等工程方案，对淮河、海河、永定河、黄河、长江、珠江等大江大河进行了治理。江河修防方面，1931 年江淮水灾之后，国民政府以工代赈，对长江淮河沿岸的江堤进行修筑，完成了堵口、加固、增高的任务。新修堤防达到了与 20 年洪水最高水位齐高或高于半尺的水平。1933 年黄河大水之后，沿岸大堤毁坏严重，1935 年 3 月 28 日，豫、冀、鲁三省河务局长与经济委员会、三省主管部门共同制定了加固三省黄河大堤的办法，将埽坝一律改建成石坝，并对堤岸进行了加宽、加固，沿堤植树。1934 年长江大汛之后，1935 年对荆江、汉江大堤进行了加固、修复。由于政局的动乱、物资的匮乏及科技水平的限制，虽未能从根本上解决大江大河的水患问题，但这些工程措施也在一定程度上增强了抗灾能力，减少了灾害的发生。

三、民国时期的救灾措施

“救荒之法”的赈灾措施繁多，有蠲缓、正赈、加赈、补赈、施粥、施放棉衣、医药、掩埋尸体、坍房修葺、借发籽种、收养耕牛、购粮平粜、以工代赈；有赈济（赈谷、赈款、工赈、贷赈）、调粟（移民就粟、移粟就民、平粜）、养恤（施粥、居养、赎子）、仓储（义仓、常平仓、正仓、太仓）等。[①] 这些“救荒之法”在民国时期均有之，其中尤以赈恤、蠲缓、工赈、农赈等为主。

1. 赈恤

赈恤是常见的赈灾措施，其内容有施粥、施放棉衣、医药等，但最主要的还是赈粮、赈款、赈物三种，这是帮助灾民渡过灾难的直接保障。灾害发生后，当局便组织赈灾，筹集赈灾粮款，按受灾程度发放救灾物资。如据 1931 年国民政府《救济水灾委员会报告书》记载：1931 年江淮大水，“各省分配振麦振粉数量各不同，如南京……无论老幼，每日一律给馒首二枚，合粉半斤；皖北则每人给麦粉自八斤至七十斤；河南则成年人二十斤，幼童十斤”；“皖中、皖南联合救灾委员会所散放之赈款，凡二十六县，平均每人得款二角七分，成年人所得为孩童之二倍……湖南则成年人各给洋一元，幼童五角。山东则每人发给一元以上…… 河南则成年人一律各给二元，幼童半之”。[②] 据 1935 年《中国经济年鉴续编》载：“1934 年救济黄河大水灾时每大口放粮 20 斤，每小口放粮 10 斤，豫、鲁、冀三省共发放红粮、绿豆等粮食 390 多万斤，另发放急赈票款每大口 1

① 李文海、周源：《灾荒与饥馑》，北京：高等教育出版社，1991 年，第 293 ~ 305 页。
② 邓拓：《中国救荒史》，北京：北京出版社，1998 年，第 274、276 页。

元，每小口5角”[①]；1938年黄河花园口决口，赈济委员会立即先拨50 000元赶办急赈，后由行政院核定救济费50万元[②]；1939年冀、鲁、豫、晋4个省水灾，赈济委员会拨款320万元，并各派专员前往查放，计分配河北150万元、河南89.5万元、山东37.5万元、山西35万元。[③]

2. 蠲缓

蠲缓即减免或缓交田赋钱粮，是最常见的“救荒之法”，也是灾害保障体系中必不可少的一环。蠲免需先估定被灾分数，继而根据被灾分数确定蠲免数额。民国时期蠲缓的实例较多，如1935年河北全省遭受不同程度灾害，国民政府乃下令对该省蠲缓赋税，卢龙县吴家庄遭灾严重，田地“永远不能垦复”，该村该年钱粮全部蠲免，概不计征；1936年6月，山东新泰、博兴、高青等县禾苗遭灾，国民政府下令减免三县田赋；1937年四川遭灾，重灾26个县，次重灾46个县，轻灾60个县，灾民3 000万人，于是，川府向灾民免粮共约600万元，同年5月至8月这4个月内，各县停征粮税；1942年四川理藩县发生旱灾，“有些灾民则以寻食山菌度日，至于野菜草根为食者各乡皆有”，“全县粮食收数即似有二成，恐不待粮食成熟即已家食已空”，该县政府亦请求减免本县征粮，救济灾民。[④] 蠲缓措施的施行，有助于灾后重建、稳定人心，也有助于对流民潮的调节与控制。但蠲缓政策在执行中多偏离法令，使灾民难受蠲缓之惠，徇私舞弊、勘报迟缓、隐报灾荒等官僚腐败、违法乱纪行为，影响了救灾的实际效果。

3. 工赈

工赈即“以工代赈”，是一种通过兴办工程募集灾民而实现赈灾的灾害保障模式，也是近代常见的灾荒赈济措施。民国历届政府均十分重视以工代赈措施的实施，包括疏浚河道、铺设公路、开挖水渠、植树造林、兴办实业等内容。如1931年夏，以江淮地区为中心，发生了百年罕见的全国性大水灾。长江及其主要支流，如金沙江、沱江、岷江、涪江、乌江、汉水、洞庭湖水系都阳水系，以及淮河、运河、钱塘江、闽江、珠江等，都发生了大洪水。16个省受灾，40余万人丧生。国民政府及中国华洋义赈救济会，在受灾最重的鄂、湘、皖、苏、赣、浙、豫、鲁这8个省中，除急赈、农赈外，以工代赈，救济灾民。“决定将扬子江及淮、运两流域各堤坝修葺改筑，两者并施，所有工役悉用灾民充任，隐

---

① 曹幸穗等：《民国时期的农业》，南京：《江苏文史资料》编辑部，1993年，第301页。

② 李文海等：《中国近代十大灾荒》，上海：上海人民出版社，1994年，第199页。

③ 秦孝仪主编：《革命文献》（第97辑），台北：裕台公司，1983年，第412页。

④ 蔡勤禹：《国家社会与弱势群体：民国时期的社会救济（1927—1949）》，天津：天津人民出版社，2003年，第136、137页。

寓以工代赈之意，俾堤圩坚固。”[①] 1938 年黄河花园口决堤后，黄河水灾救济委员会组织河南黄河防泛工赈委员会实行以工代赈，修筑防泛新堤 316 公里；安徽组织淮域工赈委员会，沿溃水所至之处，以工代赈，修筑堤长 13 015 公里。[②] 根据《华洋义赈会史略》记载，华洋义赈会以工赈灾的形式募集灾民开浚西北泾惠、民生等渠多条；在豫、鲁凿井 5 727 口；浚河 973 华里；修筑江河堤防 2 910 华里，修筑新旧公路 11 188 华里，包括著名的西（安）兰（州）公路。[③] 总体来看，工赈“事关实惠，款不虚糜，防患恤灾”，有一举两得之效。

4. 农赈

农赈，也称“农贷”，是一种通过借贷的方式向灾民提供口粮、种子、生产工具等生活生产要素，帮助灾民恢复生产的灾害保障模式，也是近代常见的灾荒赈济措施。民国时期，农赈由 1921 年成立的中国华洋义赈救灾总会首先创设。时值华北五省旱灾，该会感到单纯施赈钱物对于恢复生产并无多少裨益，乃组织农业合作社举办农赈，收取少额利息以使受赈对象有一定的责任心而从事积极的生产建设，此后，农赈即成为该会主要业务之一。[④] 据 1933 年 10 月份统计，安徽省合作社放款大都用于农事方面，其中买牲口占 30. 59%，买农具占 26. 44%，买种子占 15. 44%，买肥料占 12. 60%，四项合计占 85. 07%。江西省方面，买种子占 9. 84%，买肥料占 23. 96%，买农具占 11. 42%，买牲口占 17. 32%，四项合计占 62. 54%。[⑤] 1934 年安徽、湖南旱灾，华洋义赈会由设在两省的事务所或分会办理农赈。安徽建立了互助社 768 个，社员有 31 600 余人，贷款 142 400 余元。农民用贷款购买种籽的占 90%，其余则用于购买肥料、农具、耕牛等。湖南建立了 727 个互助社，有社员 56 000 余人，贷款 332 000 余元。[⑥] 农赈的实施，有利于灾民恢复生产，也培养农民的合作精神，训练了农民的组织能力，促进了农村合作事业的发展。

5. 慈善团体及民间社会的互助共济

民国时期，在官赈废弛、灾荒连年不断的情况下，慈善机构的义赈活动应运而生。慈善义赈真正作为一种社会力量在赈灾中发挥作用，还是从 1920 年华北赈灾开始的。这次旱灾使直隶、山东、河南、山西、陕西等省的 1 000 余万人受灾，全国各地的中外义赈团体在北京国际统一救灾总会的领导下，开展义赈活

---

① 邓拓：《中国救荒史》，北京：北京出版社，1998 年，第 279 页。
② 李文海等：《中国近代十大灾荒》，上海：上海人民出版社，1994 年，第 259、260 页。
③ 曹幸穗等：《民国时期的农业》，南京：《江苏文史资料》编辑部，1993 年，第 300 页。
④ 曹幸穗等：《民国时期的农业》，南京：《江苏文史资料》编辑部，1993 年，第 299 页。
⑤ 中国华洋义赈救灾总会编：《十年合作事业大事记》，1933 年，第 30、33 页。
⑥ 王武科：《中国之农赈》，上海：商务印书馆，1936 年，第 25～31 页。

动。从1920年12月至1921年8月，各华洋义赈团体共支出赈款15 230 787元，救济灾民7 731 611人。至1921年11月赈灾结束，尚余赈款208万元，后将北京国际统一救灾总会改组为中国华洋义赈救灾总会。该会后来在筑路、治河、修渠、掘井、赈农等方面均起到了重要作用。其他慈善机构，如中国红十字会在民国北京政府时期（1912—1927），对1913年的“癸丑兵灾”、张家口兵灾，1914年的山东兵灾、皖豫两省兵灾，1916年的护国战事兵灾以及其他各地各种兵灾的救赈；对水灾、旱灾、风灾、震灾、火灾、疫灾、荒灾等各种自然灾害的救赈及平时开展的治病防疫和施医赠药等公共卫生活动[①]，也起到了较好的社会效果。此外，贫民教育、送诊施药、江船救生、流水义渡、收埋浮尸、厝室义冢、施送寒衣、施送饥米、施送路茶、恤孤救寡、济老助残等，也是慈善团体的经常性活动，无数的贫民在善风中获得求生的动力。

民间自助方面，由于社会公共保障制度的空缺，一家有难，亲友、邻里相助之俗在民国农村仍然风行。如乡民贫穷，每遇婚丧嫁娶，所费巨大，小农之家一时难以负担，便互相出力，组织“面会”，入会者以本村或邻村之人为多，也有扩大及数村者，所需面食由入会之家分摊。像这种互助组织，还有金融类的各种钱会，生产类的青苗会、鱼会、制糖会、坝堰会，消费类的月饼会、油糖会、葬亲会，保险类的福寿会、白带子会，防卫类的联庄会、守牛会等，不一而足。乡村这种从情义出发，自发自愿、不付报酬的互利互助活动，解决了乡民生产、生活的困难，有利于灾民共渡难关。城市的互助活动多注重同乡之谊及地缘关系，具有较强的自觉性和组织性，往往通过成立共济会、益友社、同乡会、消费合作社及职业帮派的形式来实现互助互救。[②]

总之，民国时期对灾害的救治活动，实现了由传统荒政向现代减灾的转变，包括了防、抗、救与重建等多个环节、多种要素，形成了赈灾体系的新格局，体现了以政府为主导，社会广泛参与，救灾专业化、层次化、多样化的特点。同时，民国政府试图将减灾制度化、法治化，将现代技术应用到减灾过程中，使减灾趋于科学化的做法，具有现代减灾的特征，是值得肯定的。[③] 同时，用于防灾的资金非常有限，限制了抵御灾荒的能力；乡民普遍贫苦，承受灾荒能力十分脆弱；20世纪30年代复兴农村的计划和努力，随着日本侵略而中止，其所取得的成果也在战争中化为乌有。另外，救灾制度也未得到有效实施，对灾民或麻木不

---

① 周秋光：《民国北京政府时期中国红十字会的慈善救护与赈济活动》，载《近代史研究》，2000年第6期。

② 蔡勤禹：《国家社会与弱势群体：民国时期的社会救济（1927—1949）》，天津：天津人民出版社，2003年，第224、237页。

③ 杨琪：《民国时期的减灾研究（1912—1937）》，济南：齐鲁书社，2009年，第238页。

仁或敷衍塞责的渎职行为大量存在。有些办赈人员从中侵蚀挪用，影响了救灾的实际效果，使实际效能与理想之间存在着较大差距。①

① 张明爱、蔡勤禹：《民国时期政府救灾制度论析》，载《东方论坛》，2003 年第 2 期。

第六章　自然灾害时空特征与区域分论

自然灾害有其各自的时空分布特征。时间方面，在年际分布上具有频发期与稀少期相间的周期性，在年内分布上存在着季节乃至月份的不平衡性；在空间分布上呈现出区域的差异性。同时，在不同区域内，各灾种所占的比例亦不相同，各区域内的主要灾害类型各异。为更全面地了解各种自然灾害的时空分布规律，掌握我国不同区域内所面临的主要自然灾害，以便更好地为现今的救灾、减灾、防灾工作服务，现将我国历代各灾种的时空特征、各自然区域内主要的自然灾害类型论述如下。

第一节　各灾种时空特征分论

一、洪涝灾害

1. 洪涝灾害

洪涝灾害是我国古代乃至现今发生次数最多、危害最为严重的自然灾害。据统计，我国历史时期有季节和月份记载的洪涝灾害达 4 014 次[①]。其中，先秦时期 12 次；秦汉 441 年间 91 次，灾害频率为 20. 63%；魏晋南北朝 370 年间 207 次，灾害频率为 55. 95%；隋唐五代 372 年间 367 次，灾害频率为 98. 66%；宋辽金 320 年间 590 次，灾害频率为 184. 38%；元代 90 年间 578 次，灾害频率为 642. 22%；明代 277 年间 1 058 次，灾害频率为 381. 95%；清代 268 年间 1 111 次，灾害频率为 414. 55%。可见，元代水灾发生的频率较高，平均每年 6 次以上。若排除史料记载愈来愈详的因素，则我国历史上水灾有越来越严重的趋势。在年内分布上，春季 434 次，约占 10. 81%；夏季 1 582 次，约占 39. 41%；秋季 1 685 次，约占 41. 98%；冬季 340 次，约占 8. 47%。可见，秋、夏两季是洪涝灾害的主要发生期，共计 3 267 次，约占总数的 81. 39%。从具体月份来看，6

① 本节各灾种时间、空间分布次数统计，均来源于本书二、三、四章的相关论述。为统计方便，本章所论历史时期、历代均截至清代（1911 年）。

月752次、7月743次、5月478次、8月438次，这4个月共计2 411次，约占总数的60.06%，是洪涝灾害的主要发生月份。而11、12、1、2月等几个月份较少，是洪涝灾害的稀发期。其具体的年内分布情况见表6－1－1：

表6－1－1　历代洪涝灾害年内分布表

季节 朝代	春季				夏季				秋季				冬季				合计
	1	2	3	春	4	5	6	夏	7	8	9	秋	10	11	12	冬	
先秦	0	0	0	0	0	0	0	1	0	0	0	10	0	0	0	1	12
秦汉	0	1	4	1	3	10	13	13	10	5	7	16	4	1	3	0	91
魏晋	4	6	8	1	12	30	41	11	31	23	15	6	4	3	11	1	207
隋唐	1	9	9	4	11	23	50	29	60	56	32	63	12	2	3	3	367
宋代	8	19	19	8	37	79	102	15	115	81	37	33	22	9	4	2	590
元代	22	25	17	1	30	73	122	2	124	55	34	12	28	17	16	0	578
明代	33	34	42	8	42	108	194	40	207	115	91	21	56	30	37	0	1 058
清代	27	39	48	36	73	155	230	33	196	103	35	65	24	18	18	11	1 111
小计	95	133	147	59	208	478	752	144	743	438	251	226	150	80	92	18	4 014
总计	434（10.81%）				1 582（39.41%）				1 685（41.98%）				340（8.47%）				

（注：上表中魏晋代指魏晋南北朝时期；隋唐代指隋唐五代时期；宋代代指宋辽金时期，以下各表同。）

空间分布方面，我国历史时期有地域记载的洪涝灾害高达6 135次。其中，先秦时期40次；秦汉441年间61次，灾害频率为13.83%；魏晋南北朝370年间306次，灾害频率为82.70%；隋唐五代372年间533次，灾害频率为143.28%；宋辽金320年间976次，灾害频率为305%；元代90年间993次，灾害频率为1 103.33%；明代277年间1 454次，灾害频率为524.91%；清代268年间1 772次，灾害频率为661.19%。可见，元明清时期洪涝灾害的频次较高。具体的地域分布方面，河北、江苏、河南、山东、浙江等5个省的洪涝灾害次数均在500次以上，共计3 955次，约占总数的64.47%，是洪涝灾害最重要的发生区域。湖北、安徽、江西、陕西、广东、山西、湖南、福建等8个省的洪涝灾害均在100次以上，共计1 788次，约占总数的29.14%，是洪涝灾害的主要发生地带。四川、甘肃、广西、辽宁、内蒙古、贵州、吉林、宁夏、云南、黑龙江等10个省区的洪涝灾害均在100次以下，共计392次，约占总数的6.39%，是洪涝灾害发生较少的地区。其具体的空间分布情况见表6－1－2：

表 6－1－2　历代洪涝灾害空间分布表

朝代 地点	先秦	秦汉	魏晋南北朝	隋唐五代	宋辽金	元代	明代	清代	合计	百分比（%）
河北①	4	6	25	53	63	196	352	236	935	15.24
江苏	1	3	121	51	99	98	304	202	879	14.33
河南	16	28	40	125	162	118	162	89	740	12.06
山东	11	8	27	56	57	144	118	298	719	11.72
浙江	0	0	20	28	224	97	102	211	682	11.12
湖北	3	5	21	29	50	45	60	243	456	7.43
安徽	0	1	14	42	69	44	116	93	379	6.18
江西	0	0	3	11	46	37	50	70	217	3.54
陕西	1	5	9	77	29	13	24	50	208	3.39
广东	0	0	3	2	16	26	31	101	179	2.92
山西	4	2	9	15	7	26	19	57	139	2.27
湖南	0	0	6	15	13	38	29	6	107	1.74
福建	0	0	0	6	51	19	23	4	103	1.68
四川	0	2	3	11	49	5	12	15	97	1.58
甘肃	0	1	1	6	21	13	8	33	83	1.35
广西	0	0	0	0	7	13	10	42	72	1.17
辽宁	0	0	3	1	1	28	18	2	53	0.86
内蒙古	0	0	0	3	7	10	1	0	21	0.34
贵州	0	0	0	2	0	0	5	11	18	0.29
吉林	0	0	0	0	3	10	0	0	13	0.21
宁夏	0	0	1	0	0	4	5	3	13	0.21
云南	0	0	0	0	0	1	5	6	12	0.20
黑龙江	0	0	0	0	2	8	0	0	10	0.16
合计	40	61	306	533	976	993	1 454	1 772	6 135	
频次/年		0.14 次/年	0.83 次/年	1.43 次/年	3.05 次/年	11.03 次/年	5.25 次/年	6.61 次/年		

① 有的灾害地点难以确定，为统计方便，将北京、天津统计在河北内，重庆统计在四川内，上海统计在江苏内，海南统计在广东内，下同。

2. 海潮、海溢灾害

我国有延绵数千里的海岸线，海潮、海溢灾害也是我们面临的一重要自然灾害。据统计，我国历史上有季节或月份记载的海潮、海溢灾害757次，其中，先秦两汉时期6次；魏晋南北朝370年间20次，灾害频率为5.41%；隋唐五代372年间15次，灾害频率为4.03%；宋辽金320年间64次，灾害频率为20%；元代90年间37次，灾害频率为41.11%；明代277年间199次，灾害频率为71.84%；清代268年间416次，灾害频率为155.22%。在年内分布方面，春季45次，约占总数的5.94%；夏季219次，约占总数的28.93%；秋季455次，约占总数的60.11%；冬季38次，约占总数的5.02%。可见，秋季是海潮、海溢的绝对高发季节，而春、冬季较少。在具体月份分布方面，6月134次，7月239次，8月137次，这3个月共计510次，约占总数的67.37%，是海潮、海溢灾害的高发月份。其具体年内分布情况见表6－1－3：

表6－1－3　历代海潮、海溢灾害年内分布表

季节 朝代	春季				夏季				秋季				冬季				合计
	1	2	3	春	4	5	6	夏	7	8	9	秋	10	11	12	冬	
先秦两汉	0	1	0	0	0	2	1	0	1	1	0	0	0	0	0	0	6
魏晋南北朝	0	3	2	0	0	0	3	0	3	3	0	0	1	0	5	0	20
隋唐五代	0	0	0	0	0	0	3	0	6	4	2	0	0	0	0	0	15
宋辽金	0	2	0	0	3	5	9	1	19	9	4	3	4	2	2	1	64
元代	2	1	1	0	2	2	5	0	10	9	1	0	1	2	1	0	37
明代	4	2	2	0	4	15	32	4	69	36	13	14	1	3	0	0	199
清代	4	10	5	6	11	27	81	9	131	75	14	28	9	4	1	1	416
小计	10	19	10	6	20	51	134	14	239	137	34	45	16	11	9	2	757
总计	45（5.94%）				219（28.93%）				455（60.11%）				38（5.02%）				

空间分布方面，有地域记载的958次海潮、海溢灾害中，浙江、江苏两地共发生606次，约占总数的63.26%，是海潮、海溢灾害的最主要发生地；上海、山东、广东三地共发生300次，约占总数的31.32%，是海潮、海溢灾害的次要发生区域；福建、台湾、河北、辽宁等地，共发生52次，约占总数的5.43%，是海潮、海溢灾害发生较少的地域。其具体的地域分布情况见表6－1－4：

表6－1－4　历代海潮、海溢灾害空间分布表

朝代 / 地点	先秦两汉	魏晋南北朝	隋唐五代	宋辽金	元代	明代	清代	合计	百分比（%）
浙江	0	10	15	61	36	139	166	427	44.57
江苏	1	6	4	13	11	36	108	179	18.68
上海	0	0	0	0	0	36	75	111	11.59
山东	6	3	6	2	0	21	61	99	10.33
广东	0	0	1	5	4	28	52	90	9.39
福建	0	0	1	1	0	11	30	43	4.49
台湾	0	0	0	0	0	0	4	4	0.42
河北	0	0	0	0	0	0	3	3	0.31
辽宁	0	0	0	0	0	0	2	2	0.21
合计	7	19	27	82	51	271	501	958	

二、干旱灾害

干旱灾害也是我国历史上次数较多、危害严重的自然灾害之一。据统计，我国历史上有季节和月份记载的干旱灾害共计2 513次。其中，先秦时期31次；秦汉441年间98次，灾害频率为22.22%；魏晋南北朝370年间204次，灾害频率为55.14%；隋唐五代372年间178次，灾害频率为47.85%；宋辽金320年间240次，灾害频率为75%；元代90年间188次，灾害频率为208.89%；明代277年间920次，灾害频率为332.13%；清代268年间654次，灾害频率为244.03%。可见，元、明两朝的旱灾较为严重。就具体的年内分布而言，春季523次，约占总数的20.81%；夏季1 054次，约占总数的41.94%；秋季683次，约占总数27.18%；冬季253次，约占总数的10.07%。其中仅记作“春”的225次，记作“夏”的323次，记作“秋”的202次，记作“冬”的69次，共计819次，约占总数的32.59%。就具体月份而言，6月263次，约占总数的10.47%；5月259次，约占总数的10.31%；7月215次，约占总数的8.56%；4月209次，约占总数的8.32%。这4个月份共计946次，约占总数的37.64%，是旱灾的高发时节。可以看出，春夏之交、夏季及夏秋之交是旱灾的多发时期。其具体的年内分布情况见表6－1－5：

表 6－1－5　历代旱灾年内分布表

季节 朝代	春季				夏季				秋季				冬季				合计
	1	2	3	春	4	5	6	夏	7	8	9	秋	10	11	12	冬	
先秦	0	0	0	4	0	0	0	3	0	0	0	23	0	0	0	1	31
秦汉	1	4	4	10	15	11	7	28	4	3	2	5	1	0	0	3	98
魏晋	7	13	16	8	27	33	23	16	23	6	8	7	2	3	2	10	204
隋唐	5	2	5	29	13	14	12	31	11	5	2	19	6	2	3	19	178
宋代	6	5	10	37	25	28	21	43	11	6	4	25	0	3	2	14	240
元代	5	8	13	2	13	24	30	10	20	16	14	4	7	13	9	0	188
明代	34	48	49	51	72	77	94	107	78	56	67	54	58	35	29	11	920
清代	8	24	31	84	44	72	76	85	68	46	31	65	5	4	0	11	654
小计	66	104	128	225	209	259	263	323	215	138	128	202	79	60	45	69	2 513
合计	523（20.81%）				1 054（41.94%）				683（27.18%）				253（10.07%）				

地域分布方面，我国历史时期有地域记载的干旱灾害共计 3 458 次。其中，先秦时期 64 次；秦汉 441 年间 42 次，灾害频率为 9.52%；魏晋南北朝 370 年间 222 次，灾害频率为 60%；隋唐五代 372 年间 235 次，灾害频率为 63.17%；宋辽金 320 年间 507 次，灾害频率为 158.44%；元代 90 年间 292 次，灾害频率为 324.44%；明代 277 年间 1 268 次，灾害频率为 457.76%；清代 268 年间 828 次，灾害频率为 308.96%。可见，元、明、清时期年均干旱灾害次数较多，而汉晋时期较少，这与史料记载的翔实等因素有关。在具体的地域分布方面，旱灾次数较多的依次为：河北 565 次，约占总数的 16.34%；江苏 399 次，约占总数的 11.54%；山东 360 次，约占总数的 10.41%；河南 330 次，约占总数的 9.54%；陕西 270 次，约占总数的 7.81%；浙江 269 次，约占总数的 7.78%。这 6 个省的旱灾均在 250 以上，共计 2 193 次，约占总数的 63.42%，是旱灾的主要发生地区。山西、湖北、安徽、甘肃、湖南、江西、广东、四川等 8 个省的旱灾均在 50 次以上，250 次以下，共计 1 076 次，约占总数的 31.12%，是干旱灾害发生的次要区域。内蒙古、福建、广西、辽宁、贵州、宁夏、云南、黑龙江、吉林、青海等 10 个省区的干旱灾害均在 50 次以下，共计 172 次，约占灾害总数的 4.97%，是我国历史时期干旱灾害的稀发地区。其具体的地域分布情况见表 6－1－6：

表6-1-6 历代旱灾空间分布表

朝代 地点	先秦	秦汉	魏晋南北朝	隋唐五代	宋辽金	元代	明代	清代	合计	百分比(%)
河北	1	2	22	14	42	44	313	127	565	16.34
江苏	1	3	80	26	62	18	149	60	399	11.54
山东	34	5	6	15	19	33	100	148	360	10.41
河南	11	18	35	31	114	34	75	12	330	9.54
陕西	6	3	29	60	44	15	85	28	270	7.81
浙江	0	2	6	11	72	14	43	121	269	7.78
山西	11	4	18	16	16	23	123	37	248	7.17
湖北	0	1	6	10	30	17	65	115	244	7.06
安徽	0	1	4	17	21	17	96	29	185	5.35
甘肃	0	1	5	6	5	11	45	36	109	3.15
湖南	0	0	2	3	19	11	60	2	97	2.81
江西	0	0	0	7	2	7	35	21	72	2.08
四川	0	0	1	8	23	0	32	7	71	2.05
广东	0	0	0	2	0	7	5	53	67	1.94
内蒙古	0	2	3	3	12	12	3	1	36	1.04
福建	0	0	0	2	22	1	8	1	34	0.98
广西	0	0	0	0	0	7	10	16	33	0.95
辽宁	0	0	2	2	1	10	9	3	27	0.78
贵州	0	0	0	1	0	0	7	3	11	0.32
宁夏	0	0	3	0	2	3	1	2	11	0.32
云南	0	0	0	1	0	2	1	6	10	0.29
黑龙江	0	0	0	0	1	3	0	0	4	0.12
吉林	0	0	0	0	0	3	0	0	3	0.09
青海	0	0	0	0	0	0	3	0	3	0.09
合计	64	42	222	235	507	292	1 268	828	3 458	

三、生物灾害

1. 蝗灾、虫灾

生物灾害与水灾、旱灾并称为影响古代农业的三大自然灾害，对古代社会影响重大。我国历史上有季节和月份记载的蝗灾、虫灾962次。其中，先秦17次；秦汉441年间50次，灾害频率为11.34%；魏晋南北朝370年间55次，灾害频率为14.86%；隋唐五代372年间63次，灾害频率为16.94%；宋辽金320年间187次，灾害频率为58.44%；元代90年间176次，灾害频率为195.56%；明代277年间193次，灾害频率为69.68%；清代268年间221次，灾害频率为82.46%。可见，相较而言，元代的蝗灾、虫灾年均发生频次较高。在年内分布方面，春季发生蝗灾、虫灾80次，约占总数的8.32%；夏季468次，约占总数的48.65%；秋季374次，约占总数的38.88%；冬季40次，约占总数的4.16%。夏、秋两季共计842次，约占总数的87.53%，是蝗灾、虫灾的高发时节。具体月份分布而言，6月184次，约占总数的19.13%；7月155次，约占总数的16.11%；5月131次，约占总数的13.62%；8月84次，约占总数的8.73%。这4个月共计554次，约占总数的57.59%，是蝗灾、虫灾的多发季节。其具体的年内分布情况见表6-1-7：

表6-1-7 历代蝗灾、虫灾年内分布表

季节 朝代	春季				夏季				秋季				冬季				合计
	1	2	3	春	4	5	6	夏	7	8	9	秋	10	11	12	冬	
先秦	0	0	0	0	0	0	0	0	0	0	0	13	0	0	0	4	17
秦汉	0	1	4	0	5	6	7	8	2	3	2	10	0	0	1	1	50
魏晋	0	1	3	0	5	8	7	7	7	7	2	5	3	0	0	0	55
隋唐	0	0	0	4	1	6	10	8	5	8	2	17	0	1	1	0	63
宋代	0	2	3	0	9	22	29	27	38	19	10	26	1	0	1	0	187
元代	0	5	5	1	26	28	49	1	32	18	3	3	1	1	3	0	176
明代	6	1	6	1	18	30	46	7	35	13	16	1	7	3	3	0	193
清代	3	11	17	6	10	31	36	21	36	16	10	15	3	3	0	3	221
小计	9	21	38	12	74	131	184	79	155	84	45	90	15	8	9	8	962
合计	80（8.32%）				468（48.65%）				374（38.88%）				40（4.16%）				

我国历史时期有地域记载的蝗灾、虫灾共1 628次。其中，先秦时期20次；

秦汉441年间42次，灾害频率为9.52%；魏晋南北朝370年间102次，灾害频率为27.57%；隋唐五代372年间169次，灾害频率为45.43%；宋辽金320年间323次，灾害频率为100.94%；元代90年间285次，灾害频率为316.67%；明代277年间343次，灾害频率为123.83%；清代268年间344次，灾害频率为128.36%。可见，元代蝗灾、虫灾发生的频次较高。在具体的地域分布方面，河北379次，约占总数的23.28%；山东328次，约占总数的20.15%；河南244次，约占总数的14.99%；江苏141次，约占总数的8.66%；安徽107次，约占总数的6.57%。这5个省共计1 199次，约占总数的73.65%，是蝗灾、虫灾的绝对高发地带。陕西、山西、浙江、湖北、甘肃5个省的蝗灾、虫灾均在20次以上，100次以下，这5个省共计324次，约占总数的19.90%，是灾害的次要发生地区。辽宁、江西、湖南、内蒙古、四川、福建、广西、广东、贵州、宁夏、新疆、青海、黑龙江、吉林、云南等省区的蝗灾、虫灾均在20次以下，共计105次，约占总数的6.45%，是蝗灾、虫灾发生较少的地区。其具体的空间分布情况见表6-1-8：

表6-1-8 历代蝗灾、虫灾空间分布表

朝代 / 地点	先秦	秦汉	魏晋南北朝	隋唐五代	宋辽金	元代	明代	清代	合计	百分比（%）
河北	0	4	15	20	59	72	120	89	379	23.28
山东	16	5	22	28	55	56	68	78	328	20.15
河南	1	20	14	28	65	60	48	8	244	14.99
江苏	0	1	12	13	30	20	39	26	141	8.66
安徽	0	1	5	7	27	19	26	22	107	6.57
陕西	3	3	9	29	19	11	8	11	93	5.71
山西	0	0	6	17	9	12	19	18	81	4.98
浙江	0	1	2	3	35	3	2	19	65	3.99
湖北	0	0	0	5	4	7	2	38	56	3.44
甘肃	0	2	9	4	1	4	3	6	29	1.78
辽宁	0	0	2	0	3	6	4	2	17	1.04
江西	0	0	2	3	2	2	0	8	17	1.04
湖南	0	0	1	1	4	6	2	1	15	0.92
内蒙古	0	5	1	1	2	2	0	1	12	0.74
四川	0	0	2	5	0	0	0	2	9	0.55

（续上表）

朝代 地点	先秦	秦汉	魏晋南北朝	隋唐五代	宋辽金	元代	明代	清代	合计	百分比（%）
福建	0	0	0	4	4	0	0	0	8	0.49
广西	0	0	0	0	2	3	0	1	6	0.37
广东	0	0	0	0	0	0	0	5	5	0.31
贵州	0	0	0	0	0	1	1	1	3	0.18
宁夏	0	0	0	0	0	0	1	2	3	0.18
新疆	0	0	0	0	0	1	0	2	3	0.18
青海	0	0	0	1	0	0	0	2	3	0.18
黑龙江	0	0	0	0	1	0	0	1	2	0.12
吉林	0	0	0	0	1	0	0	0	1	0.06
云南	0	0	0	0	0	0	0	1	1	0.06
合计	20	42	102	169	323	285	343	344	1 628	

2. 疫灾

据统计，我国历史时期有月份和季节记载的疫灾共509次。其中，先秦时期3次；秦汉441年间42次，灾害频率为9.52%；魏晋南北朝370年间62次，灾害频率为16.76%；隋唐五代372年间32次，灾害频率为8.60%；宋辽金320年间33次，灾害频率为10.31%；元代90年间33次，灾害频率为36.67%；明代277年间142次，灾害频率为51.26%；清代268年间162次，灾害频率为60.45%。可见，明清时期的疫灾频度较高，同时魏晋南北朝也是一个疫灾频发的时期。在年内分布方面，春季133次，约占总数的26.13%；夏季193次，约占总数的37.92%；秋季107次，约占总数的21.02%；冬季76次，约占总数的14.93%。可见，夏季的疫灾频率相对较高，而春、秋、冬季相差不大，其季节性分布特征不是很明显。在具体的月份分布方面，5月52次，6月44次，4月41次，这3个月份相对较高，其他月份均在15次以上，也没有明显的时间分布特征。在其具体的年内分布情况见表6－1－9：

表 6－1－9　历代疫灾年内分布表

季节/朝代	春季				夏季				秋季				冬季				合计
	1	2	3	春	4	5	6	夏	7	8	9	秋	10	11	12	冬	
先秦	0	0	0	0	0	0	0	1	0	0	0	0	0	0	0	2	3
秦汉	5	2	4	3	3	3	1	3	0	1	1	4	3	2	1	6	42
魏晋南北朝	3	3	4	7	11	4	3	4	5	3	1	2	3	5	3	1	62
隋唐五代	1	1	2	3	2	1	7	9	1	0	2	0	1	0	0	2	32
宋辽金	1	2	4	6	3	6	3	5	1	0	0	1	0	0	0	1	33
元代	2	2	2	3	3	1	3	4	0	4	1	1	1	1	5	0	33
明代	7	10	9	12	11	15	7	12	14	9	7	6	8	4	5	6	142
清代	6	5	9	15	8	22	20	18	17	10	4	12	1	3	2	10	162
小计	25	25	34	49	41	52	44	56	38	27	16	26	17	15	16	28	509
总计（%）	133（26.13%）				193（37.92%）				107（21.02%）				76（14.93%）				

我国历史上有地域记载的疫灾共计769次，其中先秦时期11次；秦汉441年间48次，灾害频率为10.88%；魏晋南北朝370年间99次，灾害频率为26.76%；隋唐五代372年间67次，灾害频率为18.01%；宋辽金320年间49次，灾害频率为15.31%；元代90年间55次，灾害频率为61.11%；明代277年间218次，灾害频率为78.70%；清代268年间222次，灾害频率为82.84%。可见，元明清时期疫灾频率相对较高。在其具体的地域分布方面，浙江98次，约占总数的12.74%；江苏87次，约占总数的11.31%；河南75次，约占总数的9.75%；河北73次，约占总数的9.49%；山东66次，约占总数的8.58%；湖北58次，约占总数的7.54%，这6个省共计457次，约占总数的59.43%，是疫灾的绝对高发地区。山西、陕西、安徽、江西、湖南、福建、甘肃等7个省的疫灾均在50次以下，20次以上。这7个省共计229次，约占总数的29.78%，是疫灾发生较多的地区。四川、广西、云南、广东、贵州、宁夏、内蒙古、辽宁、黑龙江、吉林、台湾、青海、西藏等13省区的疫灾均在20次以下。这13个省区共发生疫灾83次，约占总数的10.79%，是疫灾发生较少的地区。其具体的空间分布情况见表6－1－10：

表 6-1-10　历代疫灾空间分布表

朝代 地点	先秦	秦汉	魏晋南北朝	隋唐五代	宋辽金	元代	明代	清代	合计	百分比(%)
浙江	0	2	4	7	20	5	26	34	98	12.74
江苏	1	3	30	10	2	4	12	25	87	11.31
河南	2	19	20	5	8	6	9	6	75	9.75
河北	2	1	3	1	1	8	26	31	73	9.49
山东	2	3	5	3	0	11	9	33	66	8.58
湖北	0	2	4	2	0	2	16	32	58	7.54
山西	0	1	7	4	0	3	23	8	46	5.98
陕西	4	2	10	7	1	2	10	9	45	5.85
安徽	0	3	4	6	4	1	7	9	34	4.42
江西	0	0	1	2	3	1	16	5	28	3.64
湖南	0	4	2	3	4	2	13	0	28	3.64
福建	0	0	0	4	0	0	21	0	25	3.25
甘肃	0	1	3	2	1	2	2	12	23	2.99
四川	0	1	4	4	5	1	4	0	19	2.47
广西	0	3	0	1	0	2	5	3	14	1.82
云南	0	0	1	2	0	1	9	1	14	1.82
广东	0	0	0	1	0	2	0	8	11	1.43
贵州	0	0	0	0	0	1	9	0	10	1.30
宁夏	0	0	0	2	0	0	0	2	4	0.52
内蒙古	0	3	0	0	0	1	0	0	4	0.52
辽宁	0	0	0	0	0	0	1	1	2	0.26
黑龙江	0	0	0	0	0	0	0	1	1	0.13
吉林	0	0	0	0	0	0	0	1	1	0.13
台湾	0	0	0	0	0	0	0	1	1	0.13
青海	0	0	1	0	0	0	0	0	1	0.13
西藏	0	0	0	1	0	0	0	0	1	0.13
合计	11	48	99	67	49	55	218	222	769	

四、地质灾害

1. 地震灾害

我国是世界上地震多发的国家之一，地震基本烈度6度和6度以上的地区占全国土地面积的60%。据统计，我国历史上有月份和季节记载的地震达2 418次。其中，先秦两汉时期114[①]次；魏晋南北朝370年间190次，灾害频率为51.35%；隋唐五代372年间100次，灾害频率为26.88%；宋辽金320年间143次，灾害频率为44.69%；元代90年间159次，灾害频率为176.67%；明代277年间1 176次，灾害频率为424.55%；清代268年间536次，灾害频率为200%。可见明代是地震灾害的高发时期。在具体的年内分布方面，春季651次，约占总数的26.92%；夏季608次，约占总数的25.14%；秋季611次，约占总数的25.27%；冬季548次，约占总数的22.66%。可见，各季的地震灾害相差不大，其季节分布特征不甚明显。在具体的月份分布方面，每月大都在200次左右，亦无明显的时间分布特征。其具体的年内分布情况见表6－1－11：

表6－1－11 历代地震灾害年内分布表

季节	春季				夏季				秋季				冬季				合计
朝代	1	2	3	春	4	5	6	夏	7	8	9	秋	10	11	12	冬	
先秦两汉	7	18	7	2	14	4	10	1	6	1	11	2	7	10	11	3	114
魏晋	24	19	11	1	23	19	16	1	15	10	8	0	15	13	14	1	190
隋唐	8	12	6	0	12	10	6	0	8	6	3	1	9	12	7	0	100
宋代	11	11	9	1	5	18	12	0	16	10	13	1	12	10	14	0	143
元代	9	14	9	1	12	10	17	0	18	24	10	0	8	9	18	0	159
明代	92	136	114	1	96	92	94	0	93	95	116	0	94	75	77	1	1 176
清代	47	34	44	3	47	40	48	1	41	41	58	4	53	46	28	1	536
小计	198	244	200	9	209	193	203	3	197	187	219	8	198	175	169	6	2 418
合计	651（26.92%）				608（25.14%）				611（25.27%）				548（22.66%）				

地域分布方面，我国历史上有地域记载的地震灾害共计2 673次。其中，先

① 王元林、孟昭锋：《先秦两汉时期地质灾害的时空分布及政府应对》，载《陕西师范大学学报（哲学社会科学版）》，2011年第3期。

秦两汉 97 次；魏晋南北朝 370 年间 194 次，灾害频率为 52. 43%；隋唐五代 372 年间 100 次，灾害频率为 26. 88%；宋辽金 320 年间 170 次，灾害频率为 53. 13%；元代 90 年间 162 次，灾害频率为 180%；明代 277 年间 1 335 次，灾害频率为 481. 95%；清代 268 年间 615 次，灾害频率为 229. 48%。可见，明清时期地震发生的频次相对较高，是地震的多发时期。在具体的地域分布方面，河北 369 次，约占总数的 13. 80%；山西 294 次，约占总数的 11. 00%；江苏 271 次，约占总数的 10. 14%；甘肃 237 次，约占总数的 8. 87%；山东 191 次，约占总数的 7. 15%；陕西 180 次，约占总数的 6. 73%；河南 147 次，约占总数的 5. 49%；四川 146 次，约占总数的 5. 46%。这 8 个省共发生地震灾害 1 835 次，约占总数的 68. 65%，是我国古代地震灾害的主要发生地区。宁夏、浙江、湖北、广东、福建、云南、辽宁、安徽、广西等 9 个省区的地震灾害，均在 140 次以下，50 次以上。这 9 个省区共发生地震 743 次，约占地震总数的 27. 80%，是地震灾害发生较多的地区。江西、贵州、湖南、吉林、青海、新疆、内蒙古、黑龙江、台湾等省区的地震均在 30 次以下，这 9 个省区共发生地震 95 次，约占总数的 3. 55%，是地震灾害发生较少的地区。其具体的地域分布情况见表 6 - 1 - 12：

表 6 - 1 - 12　历代地震灾害空间分布表

朝代 地点	先秦两汉	魏晋南北朝	隋唐五代	宋辽金	元代	明代	清代	合计	百分比（%）
河北	2	5	5	32	25	208	92	369	13. 80
山西	4	28	19	21	28	153	41	294	11. 00
江苏	2	65	4	4	3	130	63	271	10. 14
甘肃	12	27	7	9	23	118	41	237	8. 87
山东	13	10	1	6	13	75	73	191	7. 15
陕西	17	7	37	10	9	79	21	180	6. 73
河南	34	25	11	23	6	43	5	147	5. 50
四川	2	5	4	20	1	98	16	146	5. 46
宁夏	0	0	3	5	4	107	5	124	4. 64
浙江	0	2	4	23	6	17	67	119	4. 45
湖北	1	5	1	1	3	27	61	99	3. 70
广东	0	1	0	3	5	34	37	80	2. 99
福建	0	1	1	5	8	59	0	74	2. 77

（续上表）

朝代 地点	先秦两汉	魏晋南北朝	隋唐五代	宋辽金	元代	明代	清代	合计	百分比（%）
云南	1	0	0	0	2	59	9	71	2.66
辽宁	1	3	0	0	9	44	3	60	2.24
安徽	0	2	2	1	6	23	26	60	2.24
广西	0	1	0	1	2	28	24	56	2.10
江西	0	4	0	0	4	10	8	26	0.97
贵州	0	0	0	0	1	12	6	19	0.71
湖南	1	3	0	1	0	6	3	14	0.52
吉林	7	0	0	1	0	0	0	8	0.30
青海	0	0	0	0	0	4	4	8	0.30
新疆	0	0	0	0	0	0	7	7	0.26
内蒙古	0	0	1	1	4	1	0	7	0.26
黑龙江	0	0	0	3	0	0	0	3	0.11
台湾	0	0	0	0	0	0	3	3	0.11
合计	97	194	100	170	162	1 335	615	2 673	

2. 山崩、地陷灾害

据统计，我国历史上有季节和月份记载的山崩、地陷灾害355次。其中先秦两汉时期55次；魏晋南北朝370年间42次，灾害频率为11.35%；隋唐五代372年间24次，灾害频率为6.45%；宋辽金320年间19次，灾害频率为5.94%；元代90年间57次，灾害频率为63.33%；明代277年间80次，灾害频率为28.88%；清代268年间78次，灾害频率为29.10%。可见，相较而言，元明清时期山崩、地陷灾害发生的频率高。在具体的年内分布方面，春季58次，约占总数的16.34%；夏季147次，约占总数的41.41%；秋季112次，约占总数的31.55%；冬季38次，约占总数的10.70%。可见，夏、秋两季共发生259次，约占总数的72.96%，是山崩、地陷灾害的多发季节。在具体的月份分布方面，6月63次，7月61次，5月50次，8月28次，4月26次。这5个月共发生山崩、地陷灾害228次，约占总数的64.23%，是山崩、地陷灾害的高发时期。其具体的年内分布情况见表6－1－13：

表 6 - 1 - 13　历代山崩、地陷灾害年内分布表

季节 朝代	春季				夏季				秋季				冬季				合计
	1	2	3	春	4	5	6	夏	7	8	9	秋	10	11	12	冬	
先秦两汉	5	7	2	0	4	5	15	1	7	0	4	1	1	1	2	0	55
魏晋南北朝	1	5	5	0	3	6	2	1	5	5	2	1	1	4	0	1	42
隋唐五代	2	1	0	0	4	1	3	0	6	0	0	1	3	1	2	0	24
宋辽金	1	1	0	0	0	3	3	0	5	1	2	1	0	0	2	0	19
元代	1	2	3	0	1	8	12	0	12	7	1	0	4	3	3	0	57
明代	6	4	2	1	8	12	10	4	13	9	3	1	3	2	2	0	80
清代	2	4	3	0	6	15	18	2	13	6	1	5	0	2	1	0	78
小计	18	24	15	1	26	50	63	8	61	28	13	10	12	13	12	1	355
总计	58（16.34%）				147（41.41%）				112（31.55%）				38（10.70%）				

地域分布方面，我们历史上有地域记载的山崩、地陷灾害共计 417 次。其中，先秦两汉时期 67 次；魏晋南北朝 370 年间 55 次，灾害频率为 14.86%；隋唐五代 372 年间 28 次，灾害频率为 7.53%；宋辽金 320 年间 24 次，灾害频率为 7.5%；元代 90 年间 59 次，灾害频率为 65.56%；明代 277 年间 101 次，灾害频率为 36.46%；清代 268 年间 83 次，灾害频率为 30.97%。可见，元朝山崩、地陷灾害发生的频率较高。在具体的地域分布方面，陕西 69 次，约占总数的 16.55%；甘肃 58 次，约占总数的 13.91%；山东 41 次，约占总数的 9.83%；山西 31 次，约占总数的 7.43%；四川 27 次，约占总数的 6.47%；河南 26 次，约占总数的 6.24%；湖北 26 次，约占总数的 6.24%。这 7 省共发生 278 次，约占总数的 66.67%，是山崩、地陷灾害的高发地区。江西、广西、浙江、福建、云南等 5 个省区的山崩、地陷灾害均在 20 次以下，10 次以上。这 5 个省区共发生了 85 次，约占总数的 20.38%，是山崩、地陷灾害的次要发生地区。河北、江苏、安徽、广东、湖南、青海、贵州、宁夏、辽宁、内蒙古等 10 个省区的山崩、地陷灾害均在 10 次以下，共发生了 54 次，约占总数的 12.95%，是山崩、地陷灾害发生的稀少地区。其具体的地域分布情况见表 6 - 1 - 14：

表 6－1－14 历代山崩、地陷灾害空间分布表

地点＼朝代	先秦两汉	魏晋南北朝	隋唐五代	宋辽金	元代	明代	清代	合计	百分比（%）
陕西	12	7	14	3	3	15	15	69	16.55
甘肃	8	7	1	4	20	5	13	58	13.91
山东	6	6	0	2	5	13	9	41	9.83
山西	10	7	2	1	3	4	4	31	7.43
四川	8	4	3	2	1	4	5	27	6.47
河南	12	7	4	1	0	2	0	26	6.24
湖北	1	4	0	1	1	8	11	26	6.24
江西	1	3	0	0	3	9	4	20	4.80
广西	0	0	1	1	4	10	4	20	4.80
浙江	1	1	0	6	5	3	2	18	4.32
福建	0	0	0	1	3	8	4	16	3.84
云南	0	2	0	0	0	6	3	11	2.64
河北	2	1	0	0	1	2	3	9	2.16
江苏	2	1	0	0	1	3	1	8	1.92
安徽	1	2	1	0	4	0	0	8	1.92
广东	0	1	0	0	2	4	1	8	1.92
湖南	0	2	1	2	2	0	0	7	1.68
青海	1	0	1	0	0	0	3	5	1.20
贵州	0	0	0	0	0	3	0	3	0.72
宁夏	1	0	0	0	1	1	0	3	0.72
辽宁	0	0	0	0	0	1	1	2	0.48
内蒙古	1	0	0	0	0	0	0	1	0.24
合计	67	55	28	24	59	101	83	417	

五、气象灾害

1. 风灾

据统计，我国历史上有月份和季节记载的风灾有 924 次。其中，先秦时期 4 次；秦汉 441 年间 34 次，灾害频率为 7.71%；魏晋南北朝 370 年间 143 次，灾

害频率为38.65%；隋唐五代372年间96次，灾害频率为25.81%；宋辽金320年间123次，灾害频率为38.44%；元代90年间22次，灾害频率为24.44%；明代277年间81次，灾害频率为29.24%；清代268年间421次，灾害频率为157.09%。可见，相较而言，清代风灾发生频率较高。在具体的年内分布方面，春季232次，约占总数的25.11%；夏季355次，约占总数的38.42%；秋季247次，约占总数的26.73%；冬季90次，约占总数的9.74%。可见，夏季是风灾的多发季节。就具体月份而言，6月151次，7月129次，5月111次，4月86次。这4个月共计477次，约占总数的51.62%。其具体的年内分布情况见表6－1－15：

表6－1－15　历代风灾年内分布表

季节/朝代	春季				夏季				秋季				冬季				合计
	1	2	3	春	4	5	6	夏	7	8	9	秋	10	11	12	冬	
先秦	0	0	0	1	0	0	0	1	0	0	0	1	0	0	0	1	4
秦汉	2	0	3	2	7	5	6	2	3	1	0	0	1	0	1	1	34
魏晋南北朝	10	11	16	0	14	19	18	1	14	10	6	3	8	9	3	1	143
隋唐五代	4	1	9	1	10	17	21	1	9	4	4	0	2	5	7	1	96
宋辽金	12	12	6	0	9	7	14	0	11	15	7	4	9	10	6	1	123
元代	2	1	1	0	1	4	3	0	5	4	0	0	0	0	1	0	22
明代	7	8	9	0	2	6	15	0	17	7	1	0	2	2	5	0	81
清代	22	50	36	6	43	53	74	2	70	37	5	9	5	3	4	2	421
小计	59	83	80	10	86	111	151	7	129	78	23	17	27	29	27	7	924
总计	232（25.11%）				355（38.42%）				247（26.73%）				90（9.74%）				

在地域分布方面，我国历史时期有地域记载的风灾共计943次。其中，先秦时期3次；秦汉441年间25次，灾害频率为5.67%；魏晋南北朝370年间168次，灾害频率为45.41%；隋唐五代372年间76次，灾害频率为20.43%；宋辽金320年间120次，灾害频率为37.5%；元代90年间36次，灾害频率为40%；明代277年间79次，灾害频率为28.52%；清代268年间436次，灾害频率为162.69%。可见，相较而言，清代的风灾频率较高。在具体的地域分布方面，江苏168次，约占灾害总数的17.82%；山东133次，约占灾害总数的14.10%；河北124次，约占灾害总数的13.15%；浙江118次，约占灾害总数的12.51%；河南100次，约占灾害总数的10.60%。这5个省共发生风灾643次，约占总数

的68.19%，是风灾的高发地区。陕西、广东、湖北、山西、甘肃、安徽、广西等7个省区的风灾均在60次以下，15次以上。这7个省区共计风灾253次，约占风灾总数的26.83%，是风灾发生较多的地区。福建、四川、内蒙古、辽宁、江西、云南、宁夏、湖南、贵州、青海等10个省区的风灾均在15次以下。这10个省区共发生风灾47次，约占风灾总数的4.98%，是风灾发生的稀少地区，其具体的地域分布情况见表6－1－16：

表6－1－16　历代风灾空间分布表

朝代／地点	先秦	秦汉	魏晋南北朝	隋唐五代	宋辽金	元代	明代	清代	合计	百分比（%）
江苏	0	5	75	7	10	0	32	39	168	17.82
山东	0	0	10	5	5	1	5	107	133	14.10
河北	0	2	15	6	5	10	18	68	124	13.15
浙江	0	0	3	4	45	1	5	60	118	12.51
河南	1	13	31	16	22	7	2	8	100	10.60
陕西	1	2	7	27	3	8	2	10	60	6.36
广东	0	0	0	1	9	0	2	36	48	5.09
湖北	0	0	2	1	4	0	0	40	47	4.98
山西	0	1	12	3	0	0	1	20	37	3.92
甘肃	1	1	6	2	0	1	4	12	27	2.86
安徽	0	1	2	1	1	0	0	14	19	2.01
广西	0	0	0	1	4	1	1	8	15	1.59
福建	0	0	0	0	7	0	4	0	11	1.17
四川	0	0	3	0	1	0	1	5	10	1.06
内蒙古	0	0	2	0	2	2	0	0	6	0.64
辽宁	0	0	0	0	0	4	1	0	5	0.53
江西	0	0	0	0	2	0	0	3	5	0.53
云南	0	0	0	0	0	1	1	2	4	0.42
宁夏	0	0	0	0	0	0	0	3	3	0.32
湖南	0	0	0	1	0	0	0	0	1	0.11
贵州	0	0	0	1	0	0	0	0	1	0.11
青海	0	0	0	0	0	0	0	1	1	0.11
合计	3	25	168	76	120	36	79	436	943	

2. 雹灾

我国历史上有月份和季节记载的雹灾共计985次。其中，先秦时期5次；秦汉441年间31次，灾害频率为7.03%；魏晋南北朝370年间78次，灾害频率为21.08%；隋唐五代372年间48次，灾害频率为12.90%；宋辽金320年间131次，灾害频率为40.94%；元代90年间136次，灾害频率为151.11%；明代277年间241次，灾害频率为87.00%；清代268年间315次，灾害频率为117.54%。可见，元朝、清朝的雹灾发生频次相对较高。在具体的年内分布方面，春季201次，约占总数的20.41%；夏季514次，约占总数的52.18%；秋季209次，约占总数的21.22%；冬季61次，约占总数的6.19%。可见，夏季是雹灾的主要发生季节。就具体月份而言，5月189次，4月177次，6月135次，7月102次。这4个月共计雹灾603次，约占雹灾总数的61.22%，是雹灾的主要发生月份。其具体的年内分布见表6－1－17：

表6－1－17　历代雹灾年内分布表

季节／朝代	春季				夏季				秋季				冬季				合计
	1	2	3	春	4	5	6	夏	7	8	9	秋	10	11	12	冬	
先秦	0	0	0	0	0	0	0	1	0	0	0	1	0	0	0	3	5
秦汉	0	0	1	0	7	5	6	2	2	1	0	1	2	0	3	1	31
魏晋南北朝	1	2	6	1	18	14	13	0	8	5	3	1	5	0	1	0	78
隋唐五代	3	3	1	0	6	12	6	3	3	2	1	5	1	0	2	0	48
宋辽金	9	28	13	0	20	16	9	0	16	3	5	1	6	1	4	0	131
元代	0	6	5	0	19	28	29	1	25	16	4	0	0	0	3	0	136
明代	1	10	24	1	55	58	39	1	22	12	9	2	4	1	2	0	241
清代	14	21	49	2	52	56	33	5	26	21	9	5	7	6	7	2	315
小计	28	70	99	4	177	189	135	13	102	60	31	16	25	8	22	6	985
总计	201（20.41%）				514（52.18%）				209（21.22%）				61（6.19%）				

在地域分布方面，我国历史上有地域分布记载的雹灾共有1 043次。其中，先秦时期5次；秦汉441年间26次，灾害频率为5.90%；魏晋南北朝370年间90次，灾害频率为24.32%；隋唐五代372年间47次，灾害频率为12.63%；宋辽金320年间67次，灾害频率为20.94%；元代90年间176次，灾害频率为195.56%；明代277年间263次，灾害频率为94.95%；清代268年间369次，灾害频率为137.69%。可见，元代、清代是雹灾频次较高的时期。

在具体的地域分布方面，河北218次，约占总数的20.90%；山西109次，约占总数的10.45%；山东103次，约占总数的9.88%；陕西93次，约占总数的8.92%；河南90次，约占总数的8.63%。这5个省共发生雹灾613次，约占总数的58.77%，是雹灾的最主要发生地区。江苏、甘肃、湖北、浙江、广东等5个省的雹灾均在90次以下，30次以上。这5个省共发生雹灾293次，约占总数的28.09%，是雹灾的次要发生地区。安徽、江西、广西、四川、贵州、内蒙古、辽宁、云南、湖南、福建、黑龙江、吉林、宁夏、青海等14个省区的雹灾均在30次以下。这14个省区共发生雹灾137次，约占总数的13.14%，是雹灾发生的稀少地区。其具体的地域分布情况见表6－1－18：

表6－1－18 历代雹灾空间分布表

朝代 地点	先秦	秦汉	魏晋南北朝	隋唐五代	宋辽金	元代	明代	清代	合计	百分比（%）
河北	0	4	10	5	7	36	92	64	218	20.90
山西	0	2	11	0	4	31	30	31	109	10.45
山东	3	0	12	5	2	22	14	45	103	9.88
陕西	1	4	2	22	6	15	15	28	93	8.92
河南	0	12	14	11	15	18	16	4	90	8.63
江苏	0	2	33	2	9	3	16	16	81	7.77
甘肃	0	0	4	1	2	14	25	21	67	6.42
湖北	1	0	1	1	0	1	4	58	66	6.33
浙江	0	0	1	0	15	1	5	27	49	4.70
广东	0	0	0	0	0	2	6	22	30	2.88
安徽	0	2	1	0	2	3	10	8	26	2.49
江西	0	0	0	0	0	2	6	16	24	2.30
广西	0	0	0	0	0	0	3	11	14	1.34
四川	0	0	1	0	1	0	6	4	12	1.15
贵州	0	0	0	0	0	3	4	5	12	1.15
内蒙古	0	0	0	0	2	10	0	0	12	1.15
辽宁	0	0	0	0	0	9	1	1	11	1.05
云南	0	0	0	0	0	0	3	5	8	0.77
湖南	0	0	0	0	0	0	3	2	5	0.48
福建	0	0	0	0	2	0	2	0	4	0.38
黑龙江	0	0	0	0	0	3	0	0	3	0.29

（续上表）

朝代 地点	先秦	秦汉	魏晋南北朝	隋唐五代	宋辽金	元代	明代	清代	合计	百分比（%）
吉林	0	0	0	0	0	3	0	0	3	0.29
宁夏	0	0	0	0	0	0	1	1	2	0.19
青海	0	0	0	0	0	0	1	0	1	0.10
合计	5	26	90	47	67	176	263	369	1 043	

3. 冷冻灾害

我国历史上有月份和季节记载的冷冻灾害共计 608 次。其中，先秦时期 7 次；秦汉 441 年间 40 次，灾害频率为 9.07%；魏晋南北朝 370 年间 113 次，灾害频率为 30.54%；隋唐五代 372 年间 83 次，灾害频率为 22.31%；宋辽金 320 年间 56 次，灾害频率为 17.5%；元代 90 年间 68 次，灾害频率为 75.56%；明代 277 年间 66 次，灾害频率为 23.83%；清代 268 年间 175 次，灾害频率为 65.30%。可见，元代和清代的冷冻灾害频率相对较高。在具体的年内分布方面，春季 185 次，约占总数的 30.43%；夏季 135 次，约占总数的 22.20%；秋季 150 次，约占总数的 24.67%；冬季 138 次，约占总数的 22.70%。可见，除春季稍多外，其余三季相差不大，夏季的冷冻灾害则主要发生在夏初的 4 月份，该月发生冷冻灾害 76 次，占夏季冷冻灾害总数的 56.30%。就具体月份而言，3 月 80 次，4 月 76 次，8 月 59 次，1 月 53 次，这 4 个月共计 268 次，约占总数的 44.08%，是冷冻灾害的高发时节。可见，春季、春夏之交、秋冬季节都是冷冻灾害发生的重要时期，其具体的年内分布情况见表 6－1－19：

表 6－1－19 历代冷冻灾害年内分布表

季节 朝代	春季				夏季				秋季				冬季				合计
	1	2	3	春	4	5	6	夏	7	8	9	秋	10	11	12	冬	
先秦	0	0	0	1	0	0	0	1	0	0	0	2	0	0	0	3	7
秦汉	4	1	6	4	5	0	3	2	0	1	0	3	2	2	1	6	40
魏晋南北朝	6	9	18	0	16	6	6	0	10	10	7	0	7	4	11	3	113
隋唐五代	13	6	9	3	4	1	2	0	3	6	4	6	7	1	10	8	83
宋辽金	6	8	10	1	4	3	1	1	3	5	4	0	1	4	3	2	56
元代	1	4	15	0	7	6	2	0	11	10	6	1	0	4	1	0	68
明代	4	6	9	2	15	2	3	0	2	5	3	0	3	5	4	3	66

（续上表）

朝代＼季节	春季				夏季				秋季				冬季				合计
	1	2	3	春	4	5	6	夏	7	8	9	秋	10	11	12	冬	
清代	19	4	13	3	25	9	10	1	21	22	4	1	1	7	18	17	175
小计	53	38	80	14	76	27	27	5	50	59	28	13	21	27	48	42	608
总计	185（30.43%）				135（22.20%）				150（24.67%）				138（22.70%）				

在地域分布方面，我国历史上有地域记载的冷冻灾害共计693次。其中，先秦时期10次；秦汉441年间19次，灾害频率为4.31%；魏晋南北朝370年间140次，灾害频率为37.84%；隋唐五代372年间92次，灾害频率为24.73%；宋辽金320年间63次，灾害频率为19.69%；元代90年间93次，灾害频率为103.33%；明代277年间71次，灾害频率为25.63%；清代268年间205次，灾害频率为76.49%。可见，元代与清代的冷冻灾害频次较高，同时魏晋南北朝也是冷冻灾害的高发时期。在具体的地域分布方面，河北89次，约占灾害总数的12.84%；陕西84次，约占灾害总数的12.12%；江苏82次，约占灾害总数的11.83%；山东81次，约占灾害总数的11.69%；山西72次，约占灾害总数的10.39%；河南61次，约占灾害总数的8.80%。这6个省共发生冷冻灾害469次，约占总数的67.68%，是冷冻灾害的主要发生地区。浙江、甘肃、内蒙古、安徽、湖北、辽宁等6个省区的冷冻灾害均在50次以下，10次以上。这6个省区共发生冷冻灾害181次，约占总数的26.12%，是冷冻灾害的次要发生地区。宁夏、广东、四川、湖南、青海、江西、云南、黑龙江、贵州、新疆、吉林等11个省区的冷冻灾害均在10次以下，这11个省区共发生冷冻灾害43次，约占总数的6.20%，是冷冻灾害发生的稀少地区。其具体的地域分布情况见表6－1－20：

表6－1－20　历代冷冻灾害空间分布表

地点＼朝代	先秦	秦汉	魏晋南北朝	隋唐五代	宋辽金	元代	明代	清代	合计	百分比（%）
河北	2	1	16	7	2	16	16	29	89	12.84
陕西	3	2	12	27	9	10	6	15	84	12.12
江苏	0	1	37	11	2	1	7	23	82	11.83
山东	4	2	16	5	4	13	3	34	81	11.69
山西	0	3	18	6	2	10	9	24	72	10.39
河南	0	5	12	10	15	9	6	4	61	8.80

（续上表）

朝代 地点	先秦	秦汉	魏晋南北朝	隋唐五代	宋辽金	元代	明代	清代	合计	百分比（%）
浙江	0	0	1	7	11	1	2	20	42	6.06
甘肃	0	0	14	3	2	6	5	12	42	6.06
内蒙古	0	3	8	3	7	13	1	1	36	5.19
安徽	0	0	1	3	4	1	4	12	25	3.61
湖北	1	0	2	1	0	0	2	16	22	3.17
辽宁	0	1	1	3	0	7	2	0	14	2.02
宁夏	0	0	0	1	2	3	1	2	9	1.30
广东	0	0	0	0	0	0	1	7	8	1.15
四川	0	0	2	1	0	0	1	1	5	0.72
湖南	0	0	0	0	2	1	1	0	4	0.58
青海	0	0	0	1	0	0	1	2	4	0.58
江西	0	0	0	0	0	1	1	1	3	0.43
云南	0	0	0	1	0	0	1	1	3	0.43
黑龙江	0	0	0	0	1	1	0	0	2	0.29
贵州	0	0	0	0	0	0	1	1	2	0.29
新疆	0	1	0	1	0	0	0	0	2	0.29
吉林	0	0	0	1	0	0	0	0	1	0.14
合计	10	19	140	92	63	93	71	205	693	

4. 沙尘灾害

我国历史时期有月份和季节记载的沙尘灾害399次。其中，魏晋南北朝370年间34次，灾害频率为9.19%；隋唐五代372年间24次，灾害频率为6.45%；宋辽金320年间76次，灾害频率为23.75%；元代90年间10次，灾害频率为11.11%；明代277年间171次，灾害频率为61.73%；清代268年间84次，灾害频率为31.34%。可见，相较而言，明清时期的沙尘灾害较为严重。在年内分布方面，春季247次，约占总数的61.90%；夏季68次，约占总数的17.04%；秋季30次，约占总数的7.52%；冬季54次，约占总数的13.53%。可见，春季是沙尘灾害发生的最主要时节。就具体月份而言，3月96次，2月89次，1月56次，4月49次。这4个月共计290次，约占总数的72.68%。可见，春季及春夏之交是沙尘灾害的高发时期，其具体的年内分布情况见表6－1－21：

表 6－1－21 历代沙尘灾害年内分布表

季节 / 朝代	春季				夏季				秋季				冬季				合计
	1	2	3	春	4	5	6	夏	7	8	9	秋	10	11	12	冬	
魏晋南北朝	8	4	1	0	0	0	0	0	2	2	2	0	8	6	1	0	34
隋唐五代	1	5	7	0	3	2	1	0	1	0	0	0	2	1	1	0	24
宋辽金	9	12	22	0	8	3	2	0	0	0	3	0	5	5	7	0	76
元代	0	2	4	0	2	0	0	0	0	0	0	0	1	0	1	0	10
明代	28	44	48	0	25	4	0	0	1	3	5	0	3	3	7	0	171
清代	10	22	14	6	11	2	4	1	5	2	3	1	0	2	0	1	84
小计	56	89	96	6	49	11	7	1	9	7	13	1	19	17	17	1	399
总计	247（61.90%）				68（17.04%）				30（7.52%）				54（13.53%）				

在地域分布方面，我国历史上有地域记载的沙尘灾害共计 319 次。其中，魏晋南北朝 370 年间 36 次，灾害频率为 9.73%；隋唐五代 372 年间 10 次，灾害频率为 2.69%；宋辽金 320 年间 8 次，灾害频率为 2.5%；元代 90 年间 6 次，灾害频率为 6.67%；明代 277 年间 172 次，灾害频率为 62.09%；清代 268 年间 87 次，灾害频率为 32.46%。可见，明代是沙尘灾害发生频率较高的时期。在具体的地域分布方面，由于北京是明清时期的都城所在地，其沙尘灾害记载较多，共发生沙尘灾害 193 次，约占总数的 60.50%，是沙尘灾害的最主要发生地区。山东、江苏、河南、陕西、山西等省份的沙尘灾害均在 10 次以上，共计 99 次，约占总数的 31.03%，是沙尘灾害发生较多的地区。湖北、浙江、甘肃、辽宁、江西、宁夏、内蒙古、安徽、重庆、广东、云南的沙尘灾害均在 10 次以下，共计 27 次，约占灾害总数的 8.46%，是沙尘灾害发生较少的地区。其具体的地域分布情况见表 6－1－22：

表 6－1－22 历代沙尘灾害空间分布表

朝代 / 地点	魏晋南北朝	隋唐五代	宋辽金	元代	明代	清代	合计	百分比（%）
河北	0	1	5	1	148	38	193	60.50
山东	0	1	0	0	2	26	29	9.09
江苏	19	1	0	0	6	2	28	8.78
河南	9	2	2	1	3	1	18	5.64
陕西	3	4	0	0	1	6	14	4.39
山西	3	0	0	2	0	5	10	3.13

（续上表）

朝代 地点	魏晋南北朝	隋唐五代	宋辽金	元代	明代	清代	合计	百分比（%）
湖北	0	0	0	0	3	4	7	2.19
浙江	0	0	0	0	2	3	5	1.57
甘肃	1	0	0	0	1	1	3	0.94
辽宁	0	0	0	0	2	0	2	0.63
江西	0	0	0	2	0	0	2	0.63
宁夏	0	0	0	0	2	0	2	0.63
内蒙古	1	0	1	0	0	0	2	0.62
安徽	0	1	0	0	0	0	1	0.31
重庆	0	0	0	0	0	1	1	0.31
广东	0	0	0	0	1	0	1	0.31
云南	0	0	0	0	1	0	1	0.31
合计	36	10	8	6	172	87	319	

六、火灾

我国历史时期有月份和季节记载的火灾共计664次。其中，先秦时期14次；秦汉441年间74次，灾害频率为16.78%；魏晋南北朝370年间42次，灾害频率为11.35%；隋唐五代372年间71次，灾害频率为19.09%；宋辽金320年间217次，灾害频率为67.81%；元代90年间1次，灾害频率为1.11%；明代277年间148次，灾害频率为53.43%；清代268年间97次，灾害频率为36.19%。可见，宋辽金及明清时期的火灾发生频率较高。在具体的年内分布方面，春季161次，约占总数的24.25%；夏季262次，约占总数的39.46%；秋季136次，约占总数的20.48%；冬季105次，约占总数的15.81%。可见，夏季是火灾的主要发生季节。在具体的月份分布方面，6月88次，4月77次，5月76次，8月、2月各55次，这5个月共发生火灾351次，约占总数的52.86%。可见，春夏之交、夏季及夏秋之交是火灾的高发时节。其具体的年内分布情况见表6－1－23：

表 6－1－23 历代火灾年内分布表

季节 朝代	春季				夏季				秋季				冬季				合计
	1	2	3	春	4	5	6	夏	7	8	9	秋	10	11	12	冬	
先秦	0	0	0	2	0	0	0	10	0	0	0	1	0	0	0	1	14
秦汉	11	6	3	1	9	9	7	0	9	6	1	0	2	2	8	0	74
魏晋南北朝	4	4	12	1	4	3	2	0	4	1	0	0	1	2	4	0	42
隋唐五代	7	6	6	1	8	5	7	2	3	4	2	1	4	7	7	1	71
宋辽金	14	28	14	2	24	20	17	1	13	20	17	1	8	17	17	4	217
元代	0	0	0	0	0	0	1	0	0	0	0	0	0	0	0	0	1
明代	5	7	7	3	19	25	36	5	16	8	5	2	3	2	5	0	148
清代	4	4	7	2	13	14	18	3	10	4	7	1	0	6	3	1	97
小计	45	55	49	12	77	76	88	21	55	43	32	6	18	36	44	7	664
总计	161（24.25%）				262（39.46%）				136（20.48%）				105（15.81%）				

在地域分布方面，我国历史时期有地域记载的火灾共计770次。其中，先秦时期16次；秦汉441年间76次，灾害频率为17.23%；魏晋南北朝370年间51次，灾害频率为13.78%；隋唐五代372年间88次，灾害频率为23.66%；宋辽金320年间260次，灾害频率为81.25%；元代90年间4次，灾害频率为4.44%；明代277年间165次，灾害频率为59.57%；清代268年间110次，灾害频率为41.04%。可见，宋辽金、明清时期的火灾发生频次较高。在具体的地域分布方面，河南116次，约占总数的15.06%；江苏115次，约占总数的14.94%；河北97次，约占总数的12.60%；浙江88次，约占总数的11.43%；陕西67次，约占总数的8.70%。这5个省共发生火灾483次，约占总数的62.73%，是火灾的最主要发生地区。福建、江西、湖北、山西、四川、山东、湖南、安徽等8个省的火灾均在50次以下，20次以上。这8个省共发生火灾228次，约占总数的29.61%，是火灾发生的次要地区。广西、广东、辽宁、甘肃、云南、内蒙古、贵州、宁夏、黑龙江、吉林、台湾、新疆、青海等13个省区的火灾均在20次以下。这13个省区共发生火灾59次，约占灾害总数的7.66%，是火灾发生较少的地区。其具体的地域分布情况见表6－1－24：

表6－1－24　历代火灾空间分布表

朝代 地点	先秦	秦汉	魏晋南北朝	隋唐五代	宋辽金	元代	明代	清代	合计	百分比（%）
河南	6	37	8	12	50	0	1	2	116	15.06
江苏	0	0	19	16	21	1	46	12	115	14.94
河北	0	4	6	5	9	2	56	15	97	12.60
浙江	0	0	1	4	69	0	9	5	88	11.43
陕西	1	30	0	26	7	0	1	2	67	8.70
福建	0	0	0	1	13	0	12	10	36	4.68
江西	0	0	2	9	12	0	6	7	36	4.68
湖北	0	0	7	3	13	0	5	6	34	4.42
山西	1	0	5	1	4	1	10	9	31	4.03
四川	0	0	1	1	12	0	2	11	27	3.51
山东	8	1	0	2	2	0	2	8	23	2.99
湖南	0	1	0	4	14	0	2	0	21	2.73
安徽	0	0	1	1	15	0	2	1	20	2.60
广西	0	0	0	0	7	0	2	5	14	1.82
广东	0	0	0	1	2	0	2	6	11	1.43
辽宁	0	2	0	0	1	0	3	1	7	0.91
甘肃	0	1	1	1	2	0	1	1	7	0.91
云南	0	0	0	0	1	0	1	3	5	0.65
内蒙古	0	0	0	0	4	0	0	0	4	0.52
贵州	0	0	0	0	0	0	1	2	3	0.39
宁夏	0	0	0	0	0	0	1	2	3	0.39
黑龙江	0	0	0	0	1	0	0	0	1	0.13
吉林	0	0	0	0	1	0	0	0	1	0.13
台湾	0	0	0	0	0	0	0	1	1	0.13
新疆	0	0	0	0	0	0	0	1	1	0.13
青海	0	0	0	1	0	0	0	0	1	0.13
合计	16	76	51	88	260	4	165	110	770	

第二节 各区域自然灾害分论

由于不同地区灾害记载的详略不同，故对各灾种在全国地域分布情况的分析具有较大的局限性。相较而言，同一区域内部各灾种之间则有一定的可比性，通过对比可以更好地掌握各灾区内的主要灾害类型，明确各灾区的防灾重点，对现今的防灾工作有一定的借鉴意义。本节将以《中国自然地理纲要》与《中国灾害地理》两书①为主，对我国历史时期各自然区的灾害情况作一概括。

一、东北区

东北区位于我国东北角纬度最高的部分，北、东、东南三面至国境，西隔大兴安岭与内蒙古呼伦贝尔高原相接。大兴安岭北段是一条比较明显的自然界线，这条界线与干燥度 1.2 等值线相合，大致自根河河口向东南经海拉尔与喜桂图旗（牙克石）之间，再向南止于阿尔山。其南界不甚明显，约自阿尔山起，向东沿洮儿河谷、乌兰浩特南下，与活动积温 3 200℃等值线相符，循彰武、法库、铁岭、抚顺一线，再向东南延伸经宽甸至鸭绿江边。在行政区域上，东北区包括黑龙江省的全部、吉林省的绝大部分、辽宁省的北部以及内蒙古自治区的东北部，内部可分为大兴安岭北部、小兴安岭及东部山地、松嫩平原 3 个亚区。为统计方便，我们将黑龙江、吉林、辽宁 3 个省作为东北区，对其历史时期的自然灾害情况作以论述。

该区山环水绕，形如盆地，包括松嫩平原、三江平原、辽河平原和兴安—长白山山地，多属于中温带湿润、亚湿润气候，最北部为寒温带湿润气候。本区是我国最寒冷的三大区域之一，因田野中无越冬作物，故冬季农业冷冻灾害不多，而夏季低温却给农业造成了较大威胁，夏季低温与冻土灾害突出。此外，根据灾害成因类型组合和灾情严重程度的差异，本灾害区又可分为兴安长白山灾区、松嫩平原灾区、三江平原灾区及辽河平原灾区等亚区。各亚区的主要灾害类型各异：兴安长白山灾区中，大兴安岭地区是我国唯一连片的寒温带针叶林区，又是该区主要的永冻土分布区，是森林火灾和冻土灾害的主要发生地；小兴安岭与长白山地区，以温带针阔混交林为主，森林资源保存量比大兴安岭地区少，森林火

① 任美锷主编：《中国自然地理纲要》，北京：商务印书馆，2004 年；韩渊丰等主编：《中国灾害地理》，西安：陕西师范大学出版社，1993 年。

灾亦较轻，但长白山区常出现山洪灾害；松嫩平原地区干旱与洪涝灾害交替出现，其中松嫩平原西部风、旱灾害较多，而东部则洪涝灾害较多；三江平原灾区中，东部平原地区地面低洼多沼泽，洪涝灾害突出，而西部则因地势较高，十年九旱，旱灾较为严重。辽宁丘陵、平原地区也是洪涝灾害较多的地区。①

据统计，历史时期东北区共发生各类自然灾害259次②。其中，水灾76次，约占总数的29.34%；地震71次，约占总数的27.41%；旱灾34次，约占总数的13.13%。这3种灾害是东北区最严重的自然灾害，共计181次，约占总数的69.88%。蝗灾、虫灾20次，约占总数的7.72%；冷冻灾害17次，约占总数的6.56%；雹灾17次，约占总数的6.56%。这3种灾害共计54次，约占总数的20.85%，是东北区较为严重的自然灾害。火灾9次，约占总数的3.47%；风灾5次，约占总数的1.93%；疫灾4次，约占总数的1.54%；沙尘灾害2次，约占总数的0.77%；海潮、海溢灾害2次，约占总数的0.77%；山崩地陷灾害2次，约占总数的0.77%。这6种灾害是东北区发生较少的自然灾害，共计24次，约占总数的9.27%。历史时期自然灾害的记载有一定局限性，以上统计不能完全反映该区自然灾害的全貌，但亦在一定程度上揭示了该区的自然灾害情况。各灾种情况见表6-2-1：

表6-2-1　东北区自然灾害统计表

灾种／地点	水灾	海潮	旱灾	蝗灾	疫灾	地震	崩陷	风灾	雹灾	冷冻	沙尘	火灾	合计
黑龙江	10	0	4	2	1	3	0	0	3	2	0	1	26
吉林	13	0	3	1	1	8	0	0	3	1	0	1	31
辽宁	53	2	27	17	2	60	2	5	11	14	2	7	202
合计	76	2	34	20	4	71	2	5	17	17	2	9	259
百分比（%）	29.34	0.77	13.13	7.72	1.54	27.41	0.77	1.93	6.56	6.56	0.77	3.47	

该地区的洪涝灾害有由春季气温回升而引起的凌汛和由夏季降水集中而引起的洪涝。该区大部分地区3月下旬至4月气温开始回升到0℃以上，例如，哈尔滨3月平均气温-4.8℃，而4月为6℃；长春3月为-3.5℃，而4月为6.7℃。所以3月下旬至4月下旬各河流开始解冻，大江河干流也自南向北先后解冻，江

① 韩渊丰等主编：《中国灾害地理》，西安：陕西师范大学出版社，1993年，第49~56页。

② 本节各灾种次数统计，均来源于本书二、三、四章的相关论述。

面上出现5~7天的流冰。这些冰块在窄道、河弯、浅滩处堆积成冰坝，从而雍高水位成凌汛，对沿江城镇、村庄、交通线等造成损害。本区夏季有夏季风输送的水汽，有温带气旋和热带气旋北上的影响，降水的水汽来源和动力条件具备，则暴雨洪水沿河泛滥，并汇集于盆地中的低洼地区，造成较为严重的灾害。由于历史记载原因，虽然该区地震次数亦相对较多，但强震不是很多，并不是全国的重震区，地震也不是该区主要的地理灾害。

本区干旱灾害以春旱最为频繁，几乎年年有之。本区西部春旱最多，发生频率约为70%，严重影响了春耕及作物的生长。同时，本区是我国第四大风高值区，仅次于青藏高原、中蒙边境和新疆西北部、东南沿海和岛屿等地。而且大风多出现在春季，多由东北低压的发展引起，盆谷地形的狭管效应给予强化，危害极大。

东北区是我国重要的林区，森林火灾既是本区地理灾害的特点之一，又是主要的灾害类型。森林火灾的原因有雷击起火、林区泥炭发酵自燃、滚石产生的火花、地被物自燃等自然火源，又有人类用火不慎和生产过程中产生火花等人为火源。据大兴安岭牙克石林区1962—1980年的统计，雷击引起的火灾约占总数的24.55%；机车跑火引起的约占31.18%；生产跑火引起的约占15.53%；生活跑火引起的约占9.97%；其他原因引起的约占6.32%；外来火引起的约占1.12%；原因不明者约占11.24%。[①] 可见，人为火源是引起该区森林火灾的主要原因，造成的危害极大。加之本区还是我国低温、冷冻灾害区之一，天寒地冻，单位时间内林木的生长量不多，大火对森林造成的毁灭性损失更是不可估量。此外，普遍存在的永久性冻土和季节性冻土对建筑物、交通线等造成危害，成为该区开发的一大瓶颈。天寒地冻，积温较少，不利于作物的生长，尤其是夏季的低温，一方面使作物生长延迟，同时又使初霜来得较早，从而使农业遭遇灾害性减产。

二、华北区

华北区约位于北纬32°~42°之间，大部分位于我国东部暖温带。北部大致沿3 000℃活动积温等值线与东北区、内蒙区相接；西部在黄河青铜峡至乌鞘岭一带与西北区相接，自乌鞘岭以南沿祁连山东麓、洮河以西至白龙江；南以秦岭北麓、伏牛山、淮河与华中区为界；东至渤海和黄海。其又可分为辽东半岛与胶东半岛、华北平原、黄土高原3个亚区。为统计方便，我们将河北、北京、天津、山东、山西、陕西、河南作为华北区。

本区灾害类型多样、灾情严重，是我国多灾多难的区域，各个亚区内的灾害

---

① 张养才等编著：《中国农业气象灾害概论》，北京：气象出版社，1991年，第504页。

类型亦有所不同。黄淮灾区灾害类型多样，旱涝频发，灾情严重，又可分为豫东—鲁西平原旱涝与盐碱灾害小区、皖北—苏北重涝灾小区、山东丘陵水土流失与海洋性灾害小区等3个小区。黄土高原灾害区是我国著名的水土流失区，边缘断裂带发育，地质灾害频发，又可分为：晋陕高原灾区，该区旱灾较为严重，是当地发展农业和工业生产甚至生活用水的最大威胁，且水土流失严重，是酿成黄河水患的根源；汾渭平原灾区，该区地震活跃，历史上曾多次发生过大震、强震，多次造成毁灭性灾难，旱灾频率也较高，对农业威胁较大，其冬旱、春旱较普遍，但危害小，而伏旱严重，威胁大，常使玉米、谷子发生“卡脖旱”，造成严重减产甚至绝收。

据统计，历史时期华北区共发生各类自然灾害9 455次。其中，水灾2 741次，约占总数的28.99%；旱灾1 773次，约占总数的18.75%；地震1 181次，约占总数的12.49%；蝗灾、虫灾1 125次，约占总数的11.90%。这4种灾害是华北区最严重的自然灾害，共计6 820次，约占总数的72.13%。雹灾613次，约占总数的6.48%；风灾454次，约占总数的4.80%；冷冻灾害387次，约占总数的4.09%。这3种灾害共计1 454次，约占总数的15.38%，是华北区较为严重的自然灾害。火灾334次，约占总数的3.53%；疫灾305次，约占总数的3.23%；沙尘灾害264次，约占总数的2.79%；山崩、地陷灾害176次，约占总数的1.86%；海潮、海溢灾害102次，约占总数的1.08%。这5种灾害共计1 181次，约占总数的12.49%，是华北区发生较少的自然灾害。各灾种具体分布情况见表6－2－2：

表6－2－2　华北区自然灾害统计表

灾种 地点	水灾	海潮	旱灾	蝗灾	疫灾	地震	崩陷	风灾	雹灾	冷冻	沙尘	火灾	合计
河北	719	3	366	300	49	215	9	105	162	78	41	44	2 091
北京	148	0	159	46	22	137	0	15	53	10	151	47	788
天津	68	0	40	33	2	17	0	4	3	1	1	6	175
山东	719	99	360	328	66	191	41	133	103	81	29	23	2 173
山西	139	0	248	81	46	294	31	37	109	72	10	31	1 098
陕西	208	0	270	93	45	180	69	60	93	84	14	67	1 183
河南	740	0	330	244	75	147	26	100	90	61	18	116	1 947
合计	2 741	102	1 773	1 125	305	1 181	176	454	613	387	264	334	9 455
百分比（%）	28.99	1.08	18.75	11.90	3.23	12.49	1.86	4.80	6.48	4.09	2.79	3.53	

该地区灾害类型多样，水、旱、蝗、疫、风、霜、雹、雪、水土流失、地震、滑坡、泥石流等各种灾害均有之。其中，黄土高原地区干旱与地震灾情严重。历史上，我国死亡人数最多的10次大灾害中，本区占有5次，分别是：1303年9月17日，山西洪洞、赵城一带发生大地震，死亡47.5万人；1556年1月23日，陕西华县大地震，陕西、山西、河南、甘肃、宁夏5个省区受灾，死亡83万人；1876—1878年，陕西、山西、河南、河北、山东、北京、天津等地发生旱灾，饥饿死亡1 300万人；1920年，陕西、山西、河南、河北、山东等地发生旱灾，饥饿死亡47.5万人；1928—1930年，陕西一带发生旱灾，饥饿死亡250万人。同时，该地区也是全国水土流失最严重的地区。黄土高原水土流失面积约40万平方公里，其中严重流失面积约11万平方公里，年平均侵蚀模数达4 600吨/平方公里。严重的水土流失使地表更加破碎，土地更加贫瘠，影响了农业生产，也淤塞了河床，增加了水患威胁。黄河每年输沙量的99%来源于本区，华北平原的黄河水患与本区严重水土流失有直接关系。

华北地区洪涝灾害也较为严重。黄淮地区以平原地形为主，其中多洼地，易积水成涝，加之黄河在此多次泛滥，使黄淮平原屡遭洗劫。本区的洪涝灾害多发生在7、8月份的降水高峰期。从整个黄淮海平原来看，近500年来发生洪涝灾害的几率为32%～36%。而黄土高原地区的洪涝灾害多与暴雨有关，特大暴雨常导致人口密集的河谷地带发生洪涝灾害，给工、农业生产造成很大损失。同时，黄淮海地区是我国蝗灾、虫灾最集中的地区。蝗灾发生与旱涝有关，特别是在干旱或先涝后旱的情况下极易发生。

黄土高原地区的连阴雨也较为严重，其持续时间长、范围大，主要集中在秦巴山区、渭河流域及晋南地区。本区连阴雨主要集中在5—10月，约占全年连阴雨总次数的80%以上，以秋季连阴为主。此外，该地区地表破碎，植被覆盖率低，径流容易汇聚成洪水。河流泥沙淤积，排洪不畅，易导致决堤泛滥，这都是造成该地区洪涝灾害的重要原因。

华北地区风灾、雹灾、冷冻等气象灾害也较为严重。干热风是指小麦开花灌浆期内出现的高温低湿并伴有一定风力的灾害性天气。它影响小麦淀粉的形成，造成子粒瘦秕、千粒重降低、产量下降甚至植株青枯。黄淮地区干热风发生次数较多，但危害最严重的为冀中、冀南、鲁西、豫北和豫中等地，由此向沿海和淮河流域逐渐减轻。黄土高原的干热风对冬小麦的影响也较大，其发生时间一般在5月中旬到6月中旬，关中、晋南较早，陕北和晋北较晚。在地域分布上，山西南部运城、临汾盆地干热风灾害最为严重，出现次数多，持续时间长，平均每年出现干热风约 4 次。

黄淮地区的霜冻分春霜和秋霜，春霜危害较大，受害农作物是冬小麦、棉花等，秋霜则对晚秋作物有一定的影响。冰雹则年年有之，多出现在春末夏初。黄土高原的春霜主要发生在晋南、渭河流域的冬小麦产区，常在小麦拔节期间出现 -5 ~ 1℃的严重冻灾，损伤或破坏作物细胞组织，甚至使原生质干凅死亡。秋霜主要发生在黄土高原的北部和山地，它常使成熟的农作物发生冻害而减产，灾情也较严重。黄土高原地区也是全国多雹地区之一，具有雹粒大、范围广、灾情重的特点。雹灾范围，南迄秦岭山地，北到长城一带，东自太行山，西到陇西高原。其总体规律是北部多于南部，山地多于平原、盆地。雹灾的出现，常伴有雷暴、大风和暴雨，对农业的危害极大，有时亦对人畜的生命安全造成威胁。此外，渤海、黄海北部的风暴潮和海冰，黄土高原中南部地区的滑坡、泥石流、山崩、地陷等地质灾害也多有发生。①

三、华中区

华中区大致位于秦岭和南岭之间，西起青藏高原东侧，东迄于海，约在北纬 24° ~ 34°、东经 103° ~ 123°之间，主要包括长江中下游流域和浙闽地区。其范围相当于我国亚热带，北与华北区接壤；南至南岭山地南麓，大致从福州以南经广州和南宁以北，至于百色附近。在地形上以四川盆地及其下方的长江为主轴，自南北向河谷方向倾斜，并逐级由西向东降低。除秦岭大巴山地和贵州高原外，低山丘陵与盆地平原相间分布。该区可分为江汉、秦岭亚区和江南、南岭亚区 2 个亚区，又可分为四川盆地、贵州高原、秦巴山地等 8 个小区。为统计方便，我们将江苏、安徽、浙江、上海、福建、江西、湖北、湖南、四川、重庆、贵州等省市作为华中区。

据统计，历史时期华中区共发生各类自然灾害 8 117 次。其中，水灾 2 938 次，约占总数的 36.20%；旱灾 1 382 次，约占总数的 17.03%；地震 828 次，约占总数的 10.20%。这 3 种灾害共计 5 148 次，约占总数的 63.42%，是华中区最严重的自然灾害。海潮、海溢灾害 760 次，约占总数的 9.36%；蝗灾、虫灾 421 次，约占总数的 5.19%；疫灾 387 次，约占总数的 4.77%；风灾 380 次，约占总数的 4.68%；火灾 380 次，约占总数的 4.68%。这 5 种灾害共计 2 328 次，约占总数的 28.68%，是华中区较为严重的自然灾害。雹灾 279 次，约占总数的 3.44%；冷冻灾害 185 次，约占总数的 2.28%；山崩、地陷灾害 133 次，约占总数

① 韩渊丰等主编：《中国灾害地理》，西安：陕西师范大学出版社，1993 年，第 151 ~ 167 页。

的1.64%；沙尘灾害44次，约占总数的0.54%。这4种灾害共计641次，约占总数的7.90%，是华中区发生较少的自然灾害。其具体分布情况见表6-2-3：

表6-2-3 华中区自然灾害统计表

灾种 地点	水灾	海潮	旱灾	蝗灾	疫灾	地震	崩陷	风灾	雹灾	冷冻	沙尘	火灾	合计
江苏	801	179	372	138	78	249	8	162	78	75	28	101	2 269
安徽	379	0	185	107	34	60	8	19	26	25	1	20	864
上海	78	111	27	3	9	22	0	6	3	7	0	14	280
浙江	682	427	269	65	98	119	18	118	49	42	5	88	1 980
福建	103	43	34	8	25	74	16	11	4	0	0	36	354
江西	217	0	72	17	28	26	20	5	24	3	2	36	450
湖北	456	0	244	56	58	99	26	47	66	22	7	34	1 115
湖南	107	0	97	15	28	14	7	1	5	4	0	21	299
四川	94	0	54	9	18	141	27	10	9	4	0	27	393
重庆	3	0	17	0	1	5	0	0	3	1	1	0	31
贵州	18	0	11	3	10	19	3	1	12	2	0	3	82
合计	2 938	760	1 382	421	387	828	133	380	279	185	44	380	8 117
百分比（%）	36.20	9.36	17.03	5.19	4.77	10.20	1.64	4.68	3.44	2.28	0.54	4.68	

历史时期华中区内自然灾害类型多样，各亚区内主要灾害类型各异。沪杭甬平原灾区，即上海市、江苏省南部、浙江省北部，该亚区地势低平，江、河、湖、海交互作用密切。春夏之交的梅雨、夏秋季节的热带风暴与台风，给本区带来了充沛的降水，使洪涝灾害多成为本区最突出的特点。本区的台风与热带风暴登陆次数虽不如两广沿海灾区多，台风暴潮水位也不如雷州半岛东岸高，但台风灾害的严重性却不亚于两广沿海灾区。风暴潮灾害主要危及沿海地区，低平的长江三角洲和喇叭形的杭州湾均是我国著名的风暴潮灾害多发区、重灾区。滨海地区易遭受海水入侵，土壤盐碱化也较为严重。此外，本区冲积层上城市成群，过量抽取地下水使土层压实引起地面沉降，如1921—1965年间上海市区普遍降1.6米，中心最大沉降量2.63米，影响范围400平方公里。地面的沉降增加了洪涝灾害的威胁，其与海平面上升综合作用，对该区造成了更大的危害。

闽浙丘陵灾区包括浙江省杭州市以南地区和福建全省。区内山地、丘陵起伏，山间多丘陵性盆地，沿海则有一系列河口平原。该区洪涝、干旱灾害频繁。闽江流域的洪涝灾害与锋面暴雨有关，沿海地区的洪涝多与台风暴雨有关。干旱灾害的发生频率仅次于洪涝灾害，且多发生于盛夏季节（伏旱），其中以夏秋连旱危害最大。旱灾的地区分布上，南北有所差异。浙江境内以金衢盆地旱灾最多，危害最大，沿海平原则次之；而福建的山间盆地面积较小，旱情以沿海平原最为突出，其中闽东南沿海平原尤甚。此外，受台风影响，本区沿海风灾较为严重，对渔业和航运影响较大。同时，本区多丘陵山地、多暴雨的环境，使滑坡和水土流失现象也较为严重。

湘赣皖丘陵灾区位于长江沿岸平原以南，南岭以北，贵州高原以东，武夷山以西，包括湖南、江西境内的丘陵和低山，以及安徽南部丘陵。本区旱涝频繁，伏旱较为突出。干旱主要是发生在7月上旬的伏旱和8—10月的秋旱，个别年份也出现春旱。夏秋季节本区雨季结束，而此时正是农作物繁茂生长、需水量多的时期。降水减少，加之天气炎热、蒸发大，旱灾极易发生。其中，江西境内的丘陵以夏秋干旱出现最频繁、危害最大。此外，本区还是我国最严重的红土流失区，湘赣2个省红土流失面积781.8万公顷，占2个省面积的20%左右。赣南是江西省红土流失最严重的地区，流失面积占全区山丘总面积的37%，占全江西省流失面积的1/3。红土流失既使土地贫瘠，又使河流的排泄能力降低，使旱涝灾害增多。

长江沿岸平原与淮阳山地灾区，即宜昌以东、镇江以西的长江沿岸平原和淮阳山地。区内平原约占35%，岗地缓丘约占45%，低山丘陵约占20%。本区地势低洼，汛期河湖水面普遍高出地面5~6米甚至10米，有些地面还低于河床或湖底，平原上的农田、城镇几乎全要依靠堤防保护。由于暴雨多，上游洪水向本区汇流量大，区内部分径流排泄能力有限，使本区成为我国洪涝灾害多发的地区之一。一般年份，本区早春3月就开始出现阴雨天气，6月中旬梅雨期开始。在梅雨期的20天左右时间里，锋面气旋活跃，常出现大范围暴雨。7月中旬前后，梅雨期结束，副热带高压脊影响本区，晴空酷暑。从7月梅雨结束至10月，是本区伏旱和秋旱时期。气候的变化，使本区常出现先涝后旱的灾害季节变化。水旱灾害交替为患，加重了救灾、减灾的难度。此外，暖湿的亚热带气候，广布的湖滩、草洲为钉螺滋生提供了条件，使本区成为全国最严重的血吸虫病流行区。大水灾、旱灾之后，也宜于霍乱、疟疾的蔓延，从而发生流行性瘟疫。

四川盆地灾区，位于长江沿岸平原与淮阳山地灾区的西部，主体属于四川东部，是一完整而典型的盆地。本区属中亚热带湿润气候，气象性灾害突出，旱涝频繁，类型多样。干旱是四川盆地最常见且危害较大的气象灾害，6月中旬锋面气旋雨带在长江中下游建立，原四川盆地东部处于这条雨带的西端，降水量增多。盆地中部和西部很少受这一雨带影响，加之西北或北方来的冷空气进入盆地时，因越山下沉增温，不易兴云致雨，使盆地西部和中部降水稀少而发生夏旱。7月上中旬，雨带北移，太平洋副热带高压影响盆地东部，加上由南方气流越过大娄山引起焚风效应，导致气温高、降雨少，产生伏旱。盆地北部和西部处于副热带高压脊边缘，冷暖气流交汇，形成大量降水，故盛夏东旱西涝。四川盆地大部分地区降雨量在1 000毫米以上，且多暴雨，加之地面坡度较大，紫红色砂、泥、页岩极易风化和剥蚀等因素，使该区水土流失较为严重。而大巴山区、长江三峡河谷地带，盆地内华蓥山、龙泉山等地区，遇暴雨则容易引发滑坡、泥石流灾害。

贵州高原灾区的范围大致与贵州省界一致，其地壳比较稳定，地震强度较弱，但地势较高，地表起伏大，又处于东南季风与西南季风的交错带，气象灾害较为严重，旱灾与凌冻突出。贵州的旱灾包括春旱、夏旱两种。春旱出现在3—5月，夏旱出现在6—8月，而夏旱较春旱更为严重，历史上的灾荒多由旱灾引起。夏旱以贵州省东部和中部出现频率较高，由东往西，夏旱逐渐减轻；春旱大致发生在大方经平坝、平塘到荔波一线以西、以南的贵州西部地区。由大雨或暴雨引起的洪涝灾害主要集中在黔西南、东南及西北部等多暴雨区，一般都发生在5—7月。伴随着强风、大雨甚至暴雨，冰雹灾害也时有发生，主要集中在4、5月份。这两个月正是夏收作物即将成熟、收获和秋季作物播种出苗的时期，此时的雹灾对农业的危害极大。冰雹随地形高度的增加而加重，海拔1 600 ~ 1 700米是冰雹最易出现地区，贵州西部的安顺、六盘水地区冰雹灾害出现较多。在贵州西部以及中部海拔较高的山地地区，自云中降下的小雨滴易在地面和物体上冻结为冰层，发生冻雨灾害。此外，本区以山地、高原为主的自然环境，加之降水突发性强、乱伐森林、毁林开荒、陡坡垦殖等其他因素，使滑坡和泥石流、崩塌、水土流失等灾害也较为严重。

秦巴山地灾区北界秦岭山地北缘，南界大巴山、岷山南缘，东界豫西山地北侧，西接青藏高原灾区。在地质构造上，是一个掀升的断块，北坡是大断层崖，形势雄伟，短而陡，河流的下切强烈，形成秦岭“七十二峪”；南坡则坡度较缓，多山间盆地，为秦岭山地的重要农业中心。在公路、铁路建成以前，南北交通主要循北坡的河流峡谷，越过山脊以达汉中，异常险峻难行。特殊的地质构造与自然环境，使白龙江和西汉水的中下游，嘉陵江、汉江两岸及宝成、襄渝铁路沿线等地成为滑坡和泥石流的高发地带。其中，白龙江舟曲至临江之间长约100公里的沿江两岸，有泥石流沟1 000多条，几乎大小沟谷皆有泥石流。秦巴地区山高、谷深、坡陡、降水多、强度大的自然特点，使本区极易暴发山洪灾害，河谷平原地区的农田、村庄、城镇常被洪水冲毁，危害极大。

四、华南区

华南区包括大陆和岛屿两部分，大陆部分包括广东、广西和福建的南部，岛屿部分包括台湾、海南岛和南海诸岛。北界大致从广西百色以北，循右江北岸至南宁以北，经梧州以南，沿西江北岸至广州、汕头以北，这段界线大致与北回归线相符。该区又可分为两广、闽南及台湾亚区，雷州、海南亚区，南海诸岛亚区3个亚区及台湾与澎湖小区、桂南盆地小区、海南岛小区等5个小区。为统计方便，我们将广东、广西、海南、台湾作为华南区。

据统计，华南区共发生各类自然灾害791次。其中，水灾251次，约占总数的31.73%；地震139次，约占总数的17.57%；旱灾100次，约占总数的12.64%；海潮、海溢灾害94次，约占总数的11.88%。这4种灾害共计584次，约占总数的73.83%，是该地区最严重的自然灾害。风灾63次，约占总数的7.96%；雹灾44次，约占总数的5.56%；山崩、地陷灾害28次，约占总数的3.54%；疫灾26次，约占总数的3.29%；火灾26次，约占总数的3.29%。这5种灾害共计187次，约占总数的23.64%，是该地区较为严重的自然灾害。蝗灾、虫灾11次，约占总数的1.39%；冷冻灾害8次，约占总数的1.01%；沙尘灾害1次，约占总数的0.13%。这3种自然灾害共计20次，约占总数的2.53%，是华南区发生较少的自然灾害。其具体分布情况见表6-2-4：

表6-2-4　华南区自然灾害统计表

灾种 地点	水灾	海潮	旱灾	蝗灾	疫灾	地震	崩陷	风灾	雹灾	冷冻	沙尘	火灾	合计
广东	170	84	62	4	9	67	8	45	26	8	1	10	494
广西	72	0	33	6	14	56	20	15	14	0	0	14	244
海南	9	6	5	1	2	13	0	3	4	0	0	1	44
台湾	0	4	0	0	1	3	0	0	0	0	0	1	9
合计	251	94	100	11	26	139	28	63	44	8	1	26	791
百分比（%）	31.73	11.88	12.64	1.39	3.29	17.57	3.54	7.96	5.56	1.01	0.13	3.29	

华南区各亚区之间主要灾害类型不同，其中两广沿海灾区包括广东省全境和广西壮族自治区十万大山、六万大山以南区域，境内地表多山地丘陵，气候高温多雨、多台风。该地区与热带风暴与台风有关的自然灾害严重，洪涝、风暴潮等灾害突出。内部相较而言，珠江口和粤东沿海热带风暴与台风及其并发的风暴潮、洪涝等灾害严重，而粤西沿海、广西沿海灾情相对较轻。该区雨季汛期长，

洪涝区域集中，从4月开始至9—10月才结束，包括4—6月前汛期的副热带高压北侧的西风带降水（也有台风参与）和7—9月台风汛期的热带辐合带等热带天气系统的降水。不同性质气候带导致的长汛期加之诸多江河汇流于近海河口地带，既易造成各支流洪峰相会，又易造成海潮顶托洪泄不畅，导致珠江三角洲平原洪涝灾害频发的局面。此外，本区也存在旱灾、寒灾、地震、水土流失等隐患。如寒灾方面，每年2—3月份准静止锋造成的低温阴雨天气；每年9月下旬至10月中旬，冷空气南下造成的低温、干燥、大风天气；冬季冷锋前的大风、降温和静止锋的持久阴寒天气；冬季偶然出现的寒潮天气等，都会对本区的农业、交通、通信造成危害。

海南及南海诸岛灾区，包括海南省的全部及东沙群岛。本区热带风暴潮及台风灾害严重，不仅造成人畜伤亡和经济损失，使海上交通、港口作业、海滨浴场、出海捕捞等社会生产生活停止，灾害过后人们还要修复房屋、补种农作物、修复桥梁、堤坝等，经历一个长短不一的灾后恢复过程。据统计，1980—1990年间，海南岛因台风造成的经济损失约43亿元，平均每年损失约4亿元，而同期地方财政收入仅36亿元，可见其致灾程度之严重。由于降水年内分配不均，海南岛多春旱，乃至连季长旱。从干旱的地域分布看，岛西南沿海降水量少，最易受旱。但随着工业的发展，城市化趋势的出现，海南岛不少城镇也遇到了供水不足问题。南海诸岛除热带风暴和台风之外，淡水不足、干旱已成为海岛开发的一大障碍。因旱灾而引发的蝗灾、虫灾也较为严重，使海南岛成为我国典型的热带稀树草原蝗区。① 此外，热带气候环境下的海南岛，每年清明节前后冷空气活动频繁，称“清明风”，低温会导致不实粒和空粒率增加，造成农作物减产。

广西丘陵灾区包括除南部沿海钦州地区以外的广西全部。地貌上以丘陵为主，山地分布于北部和西部边缘，平原分布于河流两岸和岩溶盆地，面积狭小。区内石灰岩广布，是著名的喀斯特地貌分布区。本区气象灾害严重，以旱灾为主，洪涝常见，春秋有低温。旱灾是本区最主要的灾害，对农业及人们的日常生活影响极大。而洪涝主要由暴雨引起，一般出现在5—9月，以7月出现的频率最高，河谷平原常受其害。低温灾害主要有倒春寒和寒露风。每年早稻插秧期间的倒春寒，易造成烂秧、烂种，既延误了早稻的收获，又拖延了晚稻的插秧季节。每年9月下旬至10月下旬的寒露风，则易使晚稻减产。在春夏之交，南宁、百色、河池等部分地区几乎年年出现冰雹灾害。此外，石灰岩分布区土层薄，不利于植物生长，森林覆盖率低，加之地形崎岖、坡度陡，使得水土流失现象较为严重。而桂东南、桂东北的花岗岩风化壳地带，崩塌、滑坡、泥石流灾害较为

① 陈永林编著：《中国主要蝗虫及蝗灾的生态学治理》，北京：科学出版社，2007年，第71页。

严重。

台湾既坐落在亚洲大陆板块与太平洋板块的交界带上，又处于西太平洋热带气旋活动的要冲，是我国沿海灾害带中特征明显的区域。台湾处于环太平洋地震带中，无论是地震发生频度、强度，还是地震所造成的损失程度，都是我国震灾危害最重的地区。同时，台湾面临太平洋，位于台风和热带风暴西北移动之要冲，也是我国台风灾害较为严重的地区，其频度和强度仅次于广东省而居第二位。这两种灾害不仅频度大、强度高，而且在空间上发生很普遍，是全区性灾害。其内部各亚区相比，台湾东部沿海、北部、南部岛屿所在的山地地区，地震、台风、崩塌、滑坡、泥石流、水土流失等灾害发生频度高、强度大，但造成的损失较小；而台西平原灾区，人口稠密，经济发达，台风、风暴潮、洪涝、地震等灾害亦有一定的强度和频度，灾情比山地灾害区严重。

五、西北区

西北区包括新疆维吾尔自治区、内蒙古自治区的西部，甘肃河西走廊以西及青海祁连山地和柴达木盆地。该区又可分为北疆亚区，天山山地亚区，南疆亚区，阿拉善、河西亚区，祁连山亚区和柴达木盆地亚区6个亚区。为统计方便，我们将宁夏、甘肃、新疆划为西北区。

据统计，西北区共发生各类自然灾害875次。其中，地震368次，约占总数的42.06%；旱灾120次，约占总数的13.71%；水灾96次，约占总数的10.97%。这3种灾害共计584次，约占总数的66.74%，是西北区最严重的自然灾害。雹灾69次，约占总数的7.89%；山崩、地陷灾害61次，约占总数的6.97%；冷冻灾害53次，约占总数的6.06%。这3种灾害共计183次，约占总数的20.91%，是西北区较为严重的自然灾害。蝗灾、虫灾35次，约占总数的4%；风灾30次，约占总数的3.43%；疫灾27次，约占总数的3.09%；火灾11次，约占总数的1.26%；沙尘灾害5次，约占总数的0.57%。这5种自然灾害共计108次，约占总数的12.34%，是西北区发生较少的自然灾害。其具体分布情况见表6－2－5：

表6－2－5 西北区自然灾害统计表

灾种 地点	水灾	海潮	旱灾	蝗灾	疫灾	地震	崩陷	风灾	雹灾	冷冻	沙尘	火灾	合计
宁夏	13	0	11	3	4	124	3	3	2	9	2	3	177
甘肃	83	0	109	29	23	237	58	27	67	42	3	7	685
新疆	0	0	0	3	0	7	0	0	0	2	0	1	13
合计	96	0	120	35	27	368	61	30	69	53	5	11	875
百分比（%）	10.97	0	13.71	4	3.09	42.06	6.97	3.43	7.89	6.06	0.57	1.26	

西北区各亚区内主要灾害类型各异。新疆盆地灾害区包括塔里木、准噶尔、吐鲁番、哈密盆地等，该亚区是温带内陆盆地环境，在大气降水稀少的干旱背景下，暖季农牧业干旱多与虫害并发；冷季大风、寒冻同行，西风带强劲的西风及倒灌南疆的东风常卷扬尘沙成灾，缺水是本区灾害的根源。干旱常并发虫灾，这里的虫灾有蚜虫、蝗虫、叶螨等，使蒙新高原区成为亚洲飞蝗主要分布地。在干旱条件下，害虫常常通过增大食量去获取水分，因而加重了对植物的危害。源于外缘的高山洪水、夏季降水、春季冰雪骤融、山上冰川湖溃决也会使该地区遭遇山洪之灾。洪水危害中心区为准噶尔盆地南部边缘和塔里木盆地北部、西部边缘。若以上两种因素同时出现，则可能出现大洪灾。山洪灾害的暴发，常诱发泥石流灾害，不仅危害山谷中的工矿企业、交通运输路线，还危害盆地边缘的交通线和绿洲农业。

新疆山地灾区包括我国境内的阿尔泰山、天山、帕米尔高原和伊犁河谷等地。山地和盆地交接处，是地质上的构造块体交接处，多断裂带，地震活动频繁且强度较大。本区地震多发生在山区，特别是靠近盆地的前山带。前山带是新疆矿山和部分工厂的分布地带，且与绿洲带相近，所以，地震灾害不仅对前山带造成重大损失，也使绿洲带面临巨大损害。由于新疆主要城镇大多分布在山地与盆地的交界地带，所以包括乌鲁木齐在内的全疆75%的城镇都曾遭受过烈度7度以上的地震破坏，危害极其严重。山区中的地震、暴雨、冰雪骤融或冰川湖溃决，常诱发滑坡、泥石流灾害。此外，山上大量积雪块体突然失稳沿坡向下崩落称为雪崩。它可掩没公路，阻断交通；也会摧毁车辆和建筑物，阻塞河道，冲毁公路。山上雪灾的另一表现是风吹雪，它使能见度极差，阻挡视线，使车辆无法正常运行，妨碍公路交通，甚至阻断交通。

六、其他地区

1. 青藏区

青藏区包括青藏大高原，在行政区划上，包括西藏自治区全部、青海省的大部分地区、四川省的西北部、甘肃省的西南角及新疆维吾尔自治区的南缘。该区又可分为川西、藏东分隔高原亚区，东部高原亚区，藏北高原亚区，阿里高原亚区，藏南谷地与喜马拉雅山高山亚区5个亚区。我们将青海、西藏两地作为青藏区。该区共发生各类自然灾害28次，其中地震8次，约占总数的28.57%；山崩、地陷灾害5次，约占总数的17.86%；冷冻灾害4次，约占总数的14.29%；旱灾3次，约占总数的10.71%；蝗灾3次，约占总数的10.71%；疫灾2次，约占总数的7.14%；风灾1次，约占总数的3.57%；雹灾1次，约占总数的3.57%；火灾1次，约占总数的3.57%。可见，地质灾害是该区最严重的自然灾害。

青藏区平均海拔4 500米以上，是世界上最大的高原。气候以空气稀薄、太阳辐射强、气温低、日较差大、大风多为主要特点。本区内的主要灾害类型有雪灾、干旱、大风、冰雹、地震、泥石流、鼠、虫、毒草等。区内各亚区内灾害主要类型各异：青海东部灾区包括海北藏族自治区、西宁市、海东市、海南藏族自治州、黄南藏族自治州，是青藏高原人口密度最大的区域，大风、草原沙化、草场退化是该亚区畜牧业发展的最大威胁；柴达木灾区降水少、风力强、地表多风沙地貌和盐湖，风沙灾害是本亚区突出的特点，其对畜牧业生产、交通、工业发展均有严重影响；青南藏北高原灾区，是青藏高原的主体，行政区划上属青海省果洛藏族自治州，玉树藏族自治州，海西蒙古族藏族自治州（南片）和西藏自治区那曲地区、阿里地区的大部分地区，该亚区以雪灾和地震为最大特点，其中又以雪灾损失最大；藏南谷地灾害区以藏南谷地为核心，行政区划上属西藏自治区拉萨市、山南地区、日喀则地区和昌都地区西南部、阿里地区西南部。本区属谷地地形，地表水较多，是西藏自治区重要的农牧业区，也是气象性灾害类型较多的地区，雪灾、冻灾、旱灾、涝灾多发。同时，地震、泥石流灾害也较为频繁。

2. 西南区

西南区位于青藏高原东南，贵州高原以西，几乎包括云南省的全部和四川省的西南部一角。北起北纬28°左右，约自西昌以北，经九龙、木里至中近；东界自大凉山，向南经雷波、昭通、会泽、宣武、北盘江西部，至富宁附近；西面与南面至国界。该区又可分为云南高原亚区、横断山脉亚区、滇南山间盆地亚区3个亚区。我们将云南作为西南区。该区共发生自然灾害140次，其中地震71次，约占总数的50.71%；疫灾14次，约占总数的10%；水灾12次，约占总数的8.57%；山崩、地陷灾害11次，约占总数的7.86%；旱灾10次，约占总数的7.14%；雹灾8次，约占总数的5.71%；火灾5次，约占总数的3.57%；风灾4次，约占总数的2.86%；冷冻灾害3次，约占总数的2.14%；蝗虫、虫灾1次，约占总数的0.71%；沙尘灾害1次，约占总数的0.71%。可见，地质灾害是该区最严重的自然灾害。

西南区主要在横断山区和云南高原，地处我国第一级地形阶梯和第二级地形阶梯的交接处，地势起伏大，高差悬殊，属高原气候区域东部湿润气候、亚热带湿润—亚湿润气候以及南部河谷中的热带湿润气候。自然景观的垂直分异与南北差异呈复杂的组合。本区内地质灾害多发，且呈现出同步叠加、带状分布的特征，灾害分布广、危害大。各亚区内主要灾害类型各异：横断山地灾区位于四川盆地西部、云南高原西部和西藏最东部，这里山高谷深、岭谷大致成南北向并列，处于印度洋板块与欧亚板块挤压碰撞带的北东边缘，故本区新构造运动十分强烈，地震、滑坡、崩塌、泥石流等地质灾害频度高、分布广，但因人口较稀、经济欠发达，一般造成的危害反比东部小；川西高原还是仅次于藏北高原的全国多雹区之一，北部高原的色达、石渠一线，川西的冕宁、折多山区等地都是我国著名的重雹区，这些地区多为牧区，农业区较少，一次强冰雹可使牲畜损失数千头，乃至上万头，并使夏熟作物受损。

云南高原灾区在云南省点苍山和哀牢山以东区域，相当于云南高原的范围，该区气象灾害和地震灾害都占有相当的比重。其中，旱灾是云南高原最主要的自然灾害。除昆明、玉溪一带和滇东北属于一般干旱地区外，其余大部分地区都属于多旱区，春旱或冬春连旱几乎年年都有。造成云南高原干旱的原因之一是南支西风环流的影响。冬半年（11—5月）由于南支西风气流下沉，途经阿拉伯至印巴等干暖地区而来，下层空气暖而干燥，天气晴朗多、降水少、湿度小，从而形成了春、冬多干旱的局面。当南支西风气流北退，西南季风建立，雨季才开始。如果南支西风迟退，西南季风迟来，雨季也就迟来，就会导致春夏连旱而造成大灾。霜冻、低温、洪涝、冰雹灾害在该地区也较常见。影响云南的冷空气主要由东北部的四川盆地进入，从川南经昭通地区和贵州西部南下，影响东川、曲靖、文山等地。如有冷空气补充，又会西移影响滇中和滇南地区，每年平均有5次左右。势力较强的冷空气则从整个滇北进入，影响整个云南。洪涝灾害则与暴雨、地形、植被覆盖度、河流状况等因素有关。此外，云南高原地处我国南北地震带南段的东部，地震、滑坡、泥石流等地质灾害也较为频繁。

3. 内蒙区

内蒙区位居我国北方内陆温带草原地带，东起大兴安岭北段的西坡和大兴安岭南段东坡的西辽河流域，西至贺兰山，中段为内蒙古高原南缘地形线，向西大致沿外长城穿过陕西北部，迄于黄河西岸腾格里沙漠边缘。在行政区划上包括内蒙古自治区的大部，辽宁、河北、陕西3个省的北部边缘，宁夏回族自治区的北部以及吉林省西北一角。该区可分为内蒙古东部亚区、内蒙古中部亚区、内蒙古西部亚区3个亚区。我们将内蒙古自治区作为内蒙区，该区共发生自然灾害141次。其中，旱灾36次，约占总数的25.53%；冷冻灾害36次，约占总数的25.53%；水灾21次，约占总数的14.89%；蝗灾、虫灾12次，约占总数的8.51%；雹灾12次，约占总数的8.51%；地震7次，约占总数的4.96%；风灾6次，约占总数的4.26%；疫灾4次，约占总数的2.84%；火灾4次，约占总数的2.84%；沙尘灾害2次，约占总数的1.42%；山崩、地陷灾害1次，约占总数的0.71%。可见，旱灾与冷冻灾害是该区最严重的自然灾害。

内蒙古各亚区之间的主要灾害类型各异。内蒙古东部灾害区包括呼伦贝尔草原、锡林郭勒草原、浑善达克沙地和大兴安岭南段，是内蒙古最重要的牧业区，东南部一带为农牧交错区。以牧为主的农牧交错区，水是关键。一般草场产鲜草量与年降水量呈正比，即每100毫米降水量，鲜草产量为750公斤/公顷。春季是牧草和农作物需水的季节，但本区春季降水量仅为全年的12.3%，且季节变率较大（70%~80%），故常出现春旱。这对牲畜夏季抓膘不利，也限制了春小麦的生长。本区锡林郭勒、呼伦贝尔等地的大部分地区年大风日数70天以上。当风力6~8级时，常卷起大量沙尘，形成沙暴。这不仅加重了沙漠化进程，也使牧草被刮断，大量牲畜失散，损失严重。同时，本区冬春草场不足，当冬、春季节出现雪埋草场的情况时，常造成牲畜瘦弱掉膘，死亡率增高，发生白灾。

内蒙古西部灾害区，包括内蒙古自治区的乌兰察布高原、阴山、贺兰山、巴彦淖尔高原、鄂尔多斯高原大部和阿拉善高原、河套平原、宁夏中部和北部，以及甘肃省的河西走廊。本区以干旱、干热风、沙漠化等多种干旱性灾害类型组合为主要特征。在山麓地带，地震灾害则较为频繁。贺兰山、河西走廊等地是我国多地震区域之一。

第三节　历史时期中国自然灾害的特点

我国历史时期自然灾害种类多样，灾害频发，分布极广，危害极大。多种灾害的频发，给中华民族带来了深重的灾难，有目的、有意识、有组织地预防、应对自然灾害和改造大自然成为人们面临的永恒主题。然而，要更好地改造自然、应对自然灾害，首先要认清自然灾害发生的时空规律，掌握常见自然灾害的基本特征。只有这样，才能提高救灾意识，因地制宜地采取有效的防灾减灾措施。历史时期，我国自然灾害的特点主要如下：

一、我国自然灾害种类多、频率高、分布广、成灾背景复杂

我国处于欧亚板块、太平洋板块、印度洋板块的交界处，处于世界两大地震带之间，地壳运动强烈，新构造运动活跃，地震活动频繁，是世界上大陆地震最多的国家。地势西高东低，且呈阶梯状下降；地貌类型复杂多样，尤其是风沙、黄土、岩溶地貌分布地区，成为各种地质、地貌灾害多发地区。我国处于副热带高压与极地高压、西风带与季风带、大陆性气候与海洋性气候交汇的地带，加之地貌类型多，下垫面性质差异大，天气系统的变化极其复杂，降水分布极不均匀，洪涝、台风、暴雨、寒潮等灾害频发，平均每年遭受热带风暴侵袭次数达6～7次，寒潮入侵3～4次。复杂的自然环境和气候条件，加之人为因素的影响，使得我国自然灾害多样。有洪涝、干旱、台风、冰雹、霜冻、雪灾等气象灾害；地震、滑坡、泥石流、地面沉降、地裂缝等地质地貌灾害；蝗灾、虫灾、疫灾、病虫害等生物灾害；水土流失、沙漠化、盐渍化、草场退化等环境灾害；此外，还有海水侵蚀，环境污染，森林、草场火灾等。

我国自然灾害分布极广，各省、自治区、直辖市均不同程度地受到灾害影响。70%以上的城市、50%以上的人口分布在气象、地震、地质、海洋等自然灾害严重的地区，2/3以上的国土面积受到洪涝灾害威胁，东部、南部沿海地区以及部分内陆省份经常遭受热带气旋的侵袭，华北、东北、西北等地区旱灾频发，西南、华南等地的严重旱灾时有发生，各省、自治区、直辖市均发生过5级以上的破坏性地震，约占国土面积69%的山地、高原地区因地质构造复杂而致使滑坡、泥石流、山体崩塌等地质灾害频繁发生。①

我国自然灾害频度高、强度大。从1951—1990年的40年间，我国每年平均出现较大的气象灾害24.5次，其中旱灾7.5次，洪涝5.8次，冷冻灾害2.8次，台风6.9次；此外还有干热风、冰雹、龙卷风等灾害。我国也是有史以来地震频发的国家，32.5%的国土和45%的大中城市均位于地震高烈度区（大于7度），地震烈度大、频率高。20世纪以来，全球共发生7级以上大地震1 200余次，其中1/10发生在我国。20世纪我国大陆地震占全球大陆地震的29.5%，3次8.5级特大地震，有2次在我国。过去的2 151年中（前206—1945年）发生大旱灾1 000多次，大水灾600多次，几乎年年遭受不同程度的水、旱灾害。每年大小崩塌、滑坡数以百万计，有泥石流沟1万多条，现在全国受泥石流威胁的城市有70多个。此外，包括天津、上海、宁波、常州、嘉兴、西安、太原、北京等在

① 邹铭主编：《减灾救灾》，北京：中国社会出版社，2009年，第1页。

内的 20 多个城市都发生了不同程度的地面沉降，沉降速度最大（塘沽）可达 188mm/a，有 200 个县、市发现了地裂缝。干旱威胁着我国大部分地区，现在我国已有 236 个城市缺水，今后全国缺水可能超过 300 亿方，部分农村饮用水也将面临危机。①

二、我国自然灾害的时空差异明显

自然灾害的时空分布具有非稳定性，许多自然灾害常常在某一时间段或某一地区相对集中出现，一年中灾害的出现也是不均匀的。据统计，7、8、9 月份是我国台风、暴雨、洪涝、巨浪、滑坡、地震、风暴潮、泥石流、农作物病虫害、森林病虫害和西部地区森林火灾最集中的季节，而冬、春之交则是寒潮、大风、海冰、凌汛等气象灾害多发的季节。

在空间上，自然灾害的分布不均匀，具有明显的区域性。以黑河—腾冲一线为界，此线东南部自然灾害不仅种类多而且面积广；而西北部自然灾害种类少，且分布稀疏。区域效应制约了致灾因素，也影响了社会经济条件，使自然灾害具有区域的差异性。我国灾害地理构造可分为沿海、沿江、山前三大灾害带。沿海灾害带包括辽宁、天津、山东、江苏、上海、浙江、福建、广东、广西、海南和台湾等省区市。据 1990 年统计，该区拥有全国土地总面积的 1/7，集中全国 42% 人口、58% 的工农业生产总值和 70% 以上的大城市。这里是我国境内岩石圈、水圈、大气圈、生物圈 4 大圈层交互作用最密切的地带，集中了各圈层的资源和能量，给人类的生存和发展提供了优厚的条件。同时，也是各圈层致灾原因汇聚之地，灾害种类多、频率高、强度大，有台风、风暴潮、暴雨、洪涝、干旱、海水入侵、地震等等灾害。据不完全统计，此地带平均每年因灾害死亡 3 000 ~ 4 000 人，经济损失 200 亿元左右，分别占全国灾害死亡人数和经济损失的一半左右。

沿江灾害带主要是川西山地以东的沿长江流域的省区。东端的江苏、上海与沿海灾害带复合。如果包括江苏、上海及陕西、河南部分在内，则本灾害带集中了全国人口和工农业总产值的各 1/3 以上。自然灾害以洪涝灾害为主，其次是暴雨、干旱、水土流失、滑坡、泥石流。其中，四川盆地、两湖平原和下游的江淮流域是新中国成立以后重大洪水及旱灾发生之地。

我国山前灾害带指横断山脉、川西山地、秦巴山区、太行山、大兴安岭的山区与平原或高原交界处有一定宽幅的地带，大体呈北东向斜贯我国中部，包括云南、四川、陕西、河南、山西、河北、北京、辽宁西部、吉林、黑龙江等省市。该灾害带与沿江灾害带交汇于四川，与沿海灾害带交汇于河北。这是一条地质灾

① 中国灾害防御协会等：《中国减灾重大问题研究》，北京：地震出版社，1992 年，第 7 ~ 24 页。

害带，地震、滑坡、泥石流、冰雹等灾害频发，唐山大地震、汶川地震均出现在本区内。该灾害带与沿海或沿江灾害带的复合地段，灾害程度较重，而其他地段因山区人口密度较低，居民点分散，灾情则相对较轻。①

三、我国自然灾害的群发性、连发性强

自然灾害的发生往往不是孤立的，它们常常在某一时间段或某一地区相对集中出现，形成众灾丛生的局面，这一现象称为灾害的时空群发性或链发性。重大自然灾害在几十年或一两百年连续发生，称为自然灾害群发期；在自然灾害群发期中，还有一二十年内灾害相对集中发生的时段，称为灾害群发幕；在灾害群发幕内还有两三年内集中的灾害群发，称为灾害群发节；几个月内灾害群发，称为灾害群发丛。我国历史时期存在着“夏禹洪水期”、“两汉宇宙期”、“明清宇宙期”等灾异群发期。而1920—1931年为一灾害群发幕，其间我国发生了4次8~8.5级地震；1922年广东汕头因风暴潮死亡7万人；9年中因涝灾死亡559 300人；1923—1925年云南东部因寒饥死亡30万人；1920年山西、河北、山东、河南、陕西大旱死亡50万人；1925年四川巴中因疫灾死亡10万人；这12年因灾死亡人数占1900—1951年间因灾死亡总数的50%。② 从我国和世界的许多地区的历史记载中可以发现，某些重大灾害，往往在几十年或一两百年内连续发生，间隔数百年或千年之后，又出现一段重灾连发的时段，这也是灾害周期性的一种表现。

许多自然灾害，尤其是范围广、强度大的自然灾害，在其发生、发展过程中，往往诱发出一系列的次生灾害和衍生灾害，形成多种形式的灾害群发和灾害链。在众多灾害链中，最主要的是暴雨灾害链、干旱灾害链、地震灾害链、台风灾害链和寒潮灾害链。我国的暴雨，一部分与台风有关，另一部分则出现在副高压的边缘冷热空气交绥地带。暴雨可以引起洪涝，诱发滑坡和泥石流。由于湿度增加，也有可能引起某些生物灾害的流行。如1982年7月16—29日，四川万县地区连降暴雨，洪涝成灾，云阳县与忠县发生滑坡、泥石流5万多处，使大量良田被毁。而干旱灾害不仅造成农作物歉收，也可引发某些病虫害，使潜水面下降，引起土地沙化、盐碱化和地面沉降、地裂缝。

地震也往往诱发一系列次生灾害，如水灾、滑坡、泥石流、火灾、海啸、疾病等，形成地震灾害链。如1976年7月28日唐山大地震，在唐山发生大火5起；形成了总长大于8公里、总宽约30米的地裂缝；引起砂基液化，地面下沉，喷砂冒水；周围山上岩土崩塌和海平面变化。2008年“5·12”汶川大地震是新

---

① 韩渊丰等主编：《中国灾害地理》，西安：陕西师范大学出版社，1993年，第30、31页。

② 中国灾害防御协会等：《中国减灾重大问题研究》，北京：地震出版社，1992年，第47页。

中国成立以来最大规模的一次地震，给人民的生命财产造成了巨大损失，近 9 万人遇难或失踪，损坏房屋 346 万间，2 万余公里道路受损，仅四川交通基础设施损失就达 478 亿元，交通、电力、通信、供水等系统大面积瘫痪。所触发的各类滑坡、崩塌至少在 5 万余处以上，其中对城镇、乡村带来直接危害和间接威胁的有 4000 多处，大型、特大型滑坡达数百处。大量崩塌、滑坡主要沿主发地震断裂带和河流、沟谷成带状分布，有些阻塞河道形成堰塞湖。如唐家山堰塞湖，位于涧河上游，距北川县城约 6 公里处，是北川灾区面积最大、危险最大的一个堰塞湖。坝体顺河长约 803.4 米，横河最大宽约 611.8 米，与原河床高程相比，堰塞坝高 83 ~ 124 米不等，截至 2008 年 6 月 10 日，堰塞湖蓄水已达 2.5 亿立方米，严重威胁下游的绵阳市及其他村镇的安全。①

此外，寒潮、台风也容易引起灾害连发。一次大的寒潮往往在同一天气过程中，在 5 ~ 6 天内从北到南、从西到东相继发生多种气象灾害。例如，1983 年 4 月 25—30 日，由于受强冷空气袭击，全国大部分地区相继出现暴雨、大风、冰雹、冻灾、龙卷风等气象灾害。其中，仅 25 日 15—20 时，湖南、湖北、江西、江苏和山东等省共发生 6 起龙卷风；25—30 日之间，我国大陆除南岭以南两广地区外，都出现了大风降温天气，渤海、黄海和东海都出现了风灾。山东省共有 679 条船翻沉；北方大部分地区遭受霜冻灾；吉林、黑龙江两省西部都出现了暴风雪和冰雨灾害。② 2008 年 1 月中旬至 2 月上旬的低温雨雪冰冻灾害，影响范围之广、持续时间之长、强度之大、影响之严重为历史罕见。这次灾害先后使 20 个省（自治区、市）不同程度受灾，受灾人口达 1 亿多，紧急转移安置 166 万人，死亡 129 人；农作物受灾面积 1 446.6 万 hm^2，绝收面积 205 万 hm^2；森林受灾面积达 2 266.7 万 hm^2，种苗受灾 16.2 万 hm^2，损失 67 亿株；受灾严重的国有林场 1 781 个、苗圃 1 200 个；冻死冻伤国家重点保护野生动物 3 万只（头），林业直接经济损失达 573 亿元；倒塌房屋 48.5 万间，损坏房屋 168.6 万间；直接损失 1 516.5 亿元。同时灾害还给电力、交通运输及基础设施带来了极大破坏，电网和交通线大面积瘫痪，照明、通信、取暖等居民基本生活条件均受到不同程度影响，某些重灾区甚至面临断粮危险，人民群众生命财产和工农业生产遭受重大损失。③ 台风也可能诱发巨浪、风暴潮、暴雨、滑坡、泥石流等一系列灾害，形成台风灾害链。

---

① 李乔等著：《汶川大地震工程震害分析》，成都：西南交通大学出版社，2008 年，第 281、282 页。

② 中国灾害防御协会等：《中国减灾重大问题研究》，北京：地震出版社，1992 年，第 45 页。

③ 国家气候中心编著：《2008 年初我国南方低温雨雪冰冻灾害及气候分析》，北京：气象出版社，2008 年，第 122 ~ 125 页。

四、我国自然灾害造成的后果严重、危害大

我国是世界上自然灾害最严重的少数国家之一，不但灾害类型多、频度高、强度大，而且对人类生命和身心健康、经济发展、工农业生产、森林、牧业、渔业、基础设施建设、自然环境、社会稳定等均造成不同程度的危害。据1983—2008年的灾情统计资料，在这26年间，全国每年平均有3.54亿人次受灾，其中1991年、1994年、1997年、2000年、2003年、2005年、2006年、2008年8个年度的受灾人口超过4亿人次。中国受自然灾害影响人口比例（1994—2003年）平均是美国、德国、英国、意大利和瑞典的100多倍，是日本、加拿大、韩国和墨西哥的40多倍，大大高于发达国家和世界平均水平。这26年间，各种自然灾害共造成约8 631.232万间房屋倒塌，平均每年约332万间；因灾死亡人口总计达21.7万，平均每年超过8 000人。仅1989—2008年间，自然灾害造成的直接损失就达45 630.05亿元，平均每年2281.50亿元，[①] 给社会生产造成了严重影响。另据不完全统计，1991—2007年底，我国大陆境内共发生5.9级以上成灾地震41次，伤亡人数61 816人，房屋破坏造成的直接经济损失高达数百亿元。[②]

在农业方面，现在全国约有耕地16亿亩，每年平均有6亿~7亿亩蒙受水、旱、雹、风、冻、雪、霜等气象灾害的危害，少收粮食200亿公斤。每年约有10亿亩庄稼发生病虫草害，约损失粮食200亿公斤。有老鼠30亿只，每年损失粮食150亿公斤。滑坡、地震、泥石流、水土流失、土地沙化及盐碱化，也经常对农业生产造成破坏。据不完全统计，1949—1990年至少有130万亩耕地被山地地质灾害毁掉。2008年初南方雪灾天气造成农业和林业重创。其中，农作物受灾面积2.17亿亩，绝收3 076万亩；秋冬种油菜、蔬菜受灾面积分别占全国的57.8%和36.8%，良种繁育体系受到破坏；森林受灾面积3.4亿亩，种苗受灾243万亩，损失67亿株。[③]

几乎所有的自然灾害对森林都有一定的破坏作用，其中尤以森林火灾与病虫害危害最大。目前我国森林病虫害有6 500多种，每年的发生面积都在1亿亩以上，枯死500万亩，减少木材生长量1 000万立方米，年经济损失约10亿元。在1.15亿公顷的森林中，每年约发生火灾4 660次，年均火烧林面积100万公顷，每年因火灾损失约10亿元。此外，滑坡、泥石流、洪水、大风等自然灾害也对森

---

① 邹铭等著：《自然灾害风险管理与预警体系》，北京：科学出版社，2010年，第15~20页。

② 中国建筑科学研究院主编：《2008年汶川地震建筑震害图片集》，北京：中国建筑工业出版社，2008年，第2页。

③ 张乃平、夏东海编著：《自然灾害应急管理》，北京：中国经济出版社，2009年，第13~14页。

林有一定的破坏作用。2008 年初南方冰雪灾害对南方林业造成了巨大损失，其中湿地松几乎全部倒伏，桉树几乎全部折断和冻死，70% 以上的楠竹爆裂折断，大面积的杉木和马尾松断梢、折断。全国有几千万林农受灾，林业直接经济损失达 573 亿元人民币，损坏毛竹 10 246 万亩、林木 17 429 万亩，苗木 203 万亩。

自然灾害的发生对畜牧业、渔业也有严重危害。我国可利用的草原面积约 33.65 亿亩，每年约退化 2 000 万亩。牧区一般年份每年因气象灾害牲畜死亡 5%，灾年可达 24% 左右。如 1989 年青海雪灾使全省死亡成畜 70 多万头（只），仔畜死亡 96 万头（只），直接经济损失达 1.7 亿元；1990 年春西藏雪灾，损失 6 亿元；2008 年汶川地震，损失畜禽 3 383 万头（只），畜牧业直接经济损失 221.62 亿元。渔业生产方面，我国大于 1 平方公里的湖泊约有 2 600 个，现在 1/3以上已干涸。特别是水质污染，对渔业构成了灭绝性的灾害。2008 年夏季全国各地连降暴雨，使江苏、安徽、湖北、重庆、山东、广东等省市的渔业生产均受到不同程度的影响，全国直接渔业经济损失近百亿元。

自然灾害的发生对基础设施的危害也较大。我国蒙受地质灾害的铁路总长度达 9 980 公里，每年因此而中断交通 100 多次。2008 年汶川地震造成四川交通基础设施直接损失 560 亿元，其中 7 条高速公路部分路段路基、桥梁、隧道等机构物受损严重；5 条国道和 10 条省道严重受损；18 264 万公里农村公路严重毁坏。台风、巨浪、暴雨等灾害对海上交通及航空造成一定影响。① 此外，除直接灾害外，大的自然灾害，尤其是突发性强的自然灾害，还可能造成间接灾害或衍生灾害，对社会功能、城市秩序、环境与资源造成破坏；对人民生活、生产、社会活动及社会安定等方面造成影响；还会引起人们恐惧、慌乱、悲观、绝望甚至心理变态，对人们的社会心理及社会政治、文化造成冲击。②

---

① 张乃平、夏东海编著：《自然灾害应急管理》，北京：中国经济出版社，2009 年，第 14 ~ 15 页。

② 刘波等著：《灾害管理学》，长沙：湖南人民出版社，1998 年，第 4 页。

第七章　灾害发生的自然环境与社会因素

中国历史上灾害频发，灾害类型多样，用多灾多难评价不算过分。如此灾害频发、受灾面广、灾情深重，与其发生的自然环境与人文环境有关。

第一节　灾害发生的自然环境

由于地球上岩石圈、大气圈、水圈等不停地运动，生活在地球上生物圈的人类不可避免地受到地球、太阳、月亮等宇宙物质本身运动变化而带来一些诸如地震、火山喷发、陆沉、海侵、台风、暴雨、冰雹等地球内外力运动带来的破坏，这种自然的灾害是不可避免的。我国独特的地理位置、复杂的地理构造，加上地势起伏较大，西高东低，以及地域辽阔、自然因素复杂，历史时期气候多变，多种自然因素造成了我国历史时期自然灾害频发。

一、我国独特的地理位置与地质结构是造成我国地震等地质灾害频发的重要因素

我国位居世界上最大的大陆（亚欧大陆）和世界上最大的海洋（太平洋）的结合部，居亚欧大陆的东部，太平洋的西岸。据美国宾夕法尼亚州大学社会学教授埃恩蒂斯的《社会发展趋势》一书用定量方法对世界上120个国家和地区当时（1983年）社会发展水平的综合分析，其中，中国地理指标（包括可耕地面积、自然灾害发生率、灾害导致死亡人数等）仅为－3.3分（世界最高分23分）。① 虽然这仅是反映20世纪80年代的中国地理指标，但独特的地理位置是中国自然灾害频发的诱因。

由于我国位于亚欧板块、太平洋板块、印度洋板块的交汇处，世界上两大地震带——环太平洋地震带与欧亚地震带（也称地中海—喜马拉雅地震带）在我国都有分布，受几大板块的挤压，地质构造运动剧烈而频繁。历史上，中国地震

① 转引自罗祖德、徐长乐：《灾害与我们》，上海：上海科技教育出版社，1995年，第42页。

活动频度高、强度大、震源浅、分布广、震灾严重。前述中国历史上造成死亡人数最多的一次地震是嘉靖三十四年（1555），今陕西、河南、山西等省地震，震源在华州、渭南、朝邑附近，死亡人口 83 万多。

我国地震活动，32.5%的国土和 45%的大中城市均位于地震高烈度区（大于 7 度），地震裂度大、频率高、分布面积广，地震活动主要分布在 5 个地区的 23 条地震带上。我国台湾省位于环太平洋地震带上，西藏、新疆、云南、四川、青海等省区位于地中海—喜马拉雅地震带上，其他省区处于相关地震带上。具体 5 个地区是：①台湾省及其附近海域；②西南地区，主要是西藏、四川西部和云南中西部；③西北地区，主要在甘肃河西走廊、青海、宁夏、天山南北麓；④华北地区，主要在太行山两侧、汾渭河谷、阴山—燕山一带、山东中部和渤海湾；⑤东南沿海的广东、福建等地。我国历史时期至今，发生的裂度较大的地震，都与我国所处地理位置的板块活动挤压有关。

除地震外，滑坡、泥石流、崩塌等地质灾害，也多与地质构造相关。同时，也与地形条件有关。一般山地、高原、丘陵地区极易发生滑坡、泥石流、崩塌等灾害。我国独特的地理位置不仅是地质灾害发生的重要因素，也是气象灾害频发的重要原因。

二、我国独特的地理位置与西高东低的地势是造成我国气象灾害的重要因素

由于我国独特的地理位置，加上东西、南北跨度都在 5 000 公里以上，形成了世界上独特的、具有鲜明季节变化的季风气候。这种气候类型，季节和年际变化大，容易造成气象灾害。如果夏季风势力强，将极峰北推，华中地区由单一气团控制，就会出现华中旱、华北多雨，即南旱北涝，如 1932 年、1959 年、1961 年等就发生了这种气象灾害。反之，夏季风势力弱，华中处于极峰区，华北则由单一气团控制，就会出现华中多雨、华北旱，即北旱南涝，如 1931 年、1954 年、1980 年等。这些气象灾害，与极峰停留有关。而极峰的停留，与太平洋副热带高压的强弱、青藏高压建立的早迟与弱强、鄂霍次克海高压阻塞势力的强弱有关。

如果太平洋副热带高压强，高压脊北伸西进快，楔端很快逼近我国海岸，东南季风势力强且来得早，在江淮停滞时间短，很快北上到黄河流域，形成南旱北涝；反之，如果东南季风势力弱且来得晚，则形成南涝北旱。同时，青藏高压建立的早迟、势力强弱、范围大小和中心位置的偏移，也直接影响到西风急流轴的跳跃，间接影响到东南季风的西进北伸以及极峰的北跃。而鄂霍次克海高压阻塞势

力的强弱，也对极峰二次跳跃起着一定的阻塞作用。这三大势力直接影响极峰的活动。

同样，由于我国地势起伏大，西高东低，呈明显的三级阶梯：第一阶梯是海拔4 000米以上的青藏高原，高原气候孕育了山岳冰川；第二阶梯是海拔1 000～2 000米的高原和盆地，主要有内蒙古高原、黄土高原、云贵高原，以及准噶尔盆地、塔里木盆地和四川盆地；第三阶梯是海拔在500米以下的平原丘陵，主要有东北平原、华北平原和长江中下游平原，以及辽东丘陵、山东丘陵和东南丘陵等。这种三级阶梯的地势，虽然有利于季风深入内陆，但大部分河流向东流，也使我国内陆地区与大江大河流域易遭受海洋气象灾害、水土流失，造成洪涝灾害。由于降水从东南沿海向西北内陆递减，东南沿海洪涝多，西北内陆干旱多。而且，由于降水年内分配不均衡，一般夏季雨最多，冬季雨最少；南方雨季长，北方雨季短；降水年际变化一般北方大于南方，内陆大于沿海。多种因素叠加，使我国气象灾害变化愈趋复杂。而地表径流地区分布不均匀，年内分配不平衡，夏秋洪水季节，各河同时涨水，宣泄不及，各河中下游易造成水灾。再加上水土流失，泥沙含量高，易使下游河道改道，造成重大损失。历史上黄河以“善淤、善决、善徙”著称，在有史记载的约3 000年间，黄河下游泛滥约有1 500余次，较大的改道有二三十次，其中有6次重大改道。这种气象灾害基础上叠加的径流因素，使黄河成为中国历史上造成洪涝以及水灾最严重的河流。

同时，太平洋和南海每年都形成台风，每年平均在我国登陆的台风约有18次，以7、8、9这3个月最多，主要影响北起辽宁，南至两广、海南。其中广东占1/3，台湾占1/5，海南、福建各占3/20以上。台风登陆，带来狂风暴雨，不仅造成房屋倒塌，庄稼失收，而且危及人畜生命，给民众的生命和财产以及生活带来重大损失。

由于我国北部地区冬季常发生极地大陆气团与变性大陆气团的交锋，交锋的界面称作寒潮冷锋，在内蒙古、东北、华北、西北等地，往往引起强烈的降温和大风，在东北还会引起雨雪天气。特别是每当乌拉尔阻塞高压崩溃时，阻高下游的冷空气，在西北气流引导下，迅速南侵，遂暴发一次寒潮天气过程。入侵我国的寒潮分三路：西路从新疆入境，势力最强，范围最广，影响最大，波及整个北方甚或南下至华南，其危害也最大；西北路（中路）从蒙古高原入侵我国，由于离源地近，发生次数多，且势力强，降温大，危害较大；东路（北路）势力较弱，次数少，从内蒙古、黑龙江入境，主要影响东北三省，因路经海洋，寒温不强。寒潮主要是带来降温、大风和雨雪等，使草原人畜冷冻灾害，许多地方降雪，出现白灾，危害人畜生命。

三、我国地域辽阔，自然因素复杂，也是造成我国灾难种类繁多的重要原因

世界上几乎所有的灾害类型在我国都有，这与我国地域辽阔有很大的关系。我国国土面积占全球陆地面积的1/15，占亚洲陆地面积的1/4，与欧洲面积相当，居世界第三位。南北纵跨50纬度，相距5 500公里，包括热带、亚热带、暖温带、寒温带等四大气候带。东西横跨61个经度，相距5 200公里，在如此广袤的土地上，有海洋性、季风性、大陆性等气候类型。东部近海，多平原与丘陵；西部深居内陆，多内流盆地和高山高原；南部高温多雨，地表破碎，物种丰富；北部寒冷干燥，地表坦荡，物种少而群结性强；加上中部破碎的高原和盆地，使我国灾害类型多样化，时空组合复杂化，常出现同一区域并发、连发不同的灾害。如台风、暴雨、风暴潮、洪涝并发，地震、滑坡、洪涝连发等。

海洋性灾害除上述的台风外，还有强烈气旋低压引起潮位异常升高的风暴潮，常使我国沿海城市受灾严重。明朝永乐十二年（1414）十月，“崇明潮暴至，漂庐舍五千八百余家”①，而风暴潮灾常因台风而起。同样，波高大于6米的破坏性波浪，也与热带气旋有关。而海面上升和海水入侵，也造成局地土壤盐碱化，民众的生命财产受到损害。

由于我国气候类型复杂多样，多样的温度带与干湿地区，特殊的青藏高原气候以及山地气候的垂直变化，气压带与风带随季节变化而南北推移，干旱、洪涝是我国最常见和分布最广泛的致灾原因。据不完全统计，公元前206—1949年的2155年间，我国发生洪涝事件1 029次，平均两年一遇；而发生旱灾1 056次，也是平均两年发生一次。② 干旱一年四季发生，北方广大地区和华南沿海、西南地区易发生春旱，北方亦多出现夏旱，长江中下游的湖北、湖南、江西、安徽等省多发生秋旱，而华南和黄河流域亦多冬旱发生。而干旱以季节连旱或连年干旱为多，还引起水资源减少、湖面收缩、冰川后退、土地沙漠化以及饥荒等灾害，造成更大的破坏。

当然，由于冬季蒙古高压极地大陆气团的强大，北方以及其他地区还常出现冻灾、雪灾、霜灾等，引起植物体冰冻或人畜冻病死亡、冬小麦减产或绝收，果树枯死。低温冷寒使南方双季稻区春季烂秧，秋季晚稻花期难以受粉，造成庄稼减产。霜灾也使南北方作物、果树受殃。

其他气象灾害如雷电、雹灾、风灾等，也常损伤人畜和田产，引发火灾，造

---

① （清）张廷玉等：《明史》卷28《五行志》，北京：中华书局，1974年，第446页。

② 韩渊丰等主编：《中国灾害地理》，西安：陕西师范大学出版社，1993年，第16～18页。

成建筑物以及森林、草原火灾等。这些天气现象是由不同气团运动以及地面下垫面等因素造成的，而沙尘灾害也是冬春季北方强大风力与地面松散的沙尘等因素共同形成的。气候、地质、地形地貌、植被、土壤、生物等因素都是导致灾害发生的重要原因。黄河等河患的发生除与夏季多暴雨有关外，还与上中游黄土土质疏松、植被稀疏、水土极易被冲刷有关。

至于蝗灾、虫灾、疫病、畜疫等生物灾害，也是自然界多种因素共同作用的结果。蝗灾的发生与旱涝有关，特别是在干旱或先涝后旱后易发生。我国蝗灾分布广泛但以黄淮海地区最为集中。特别是群居型飞蝗与气流、大面积河漫滩等地形、气温、植被、土壤等因素有关。而疫病等亦与生物种群、气候等因素有关。

四、历史时期我国气候波动，也是灾害发生的自然因素之一

除以上自然环境是造成我国自然灾害的基本因素外，历史时期气候的冷暖变化也直接诱发和影响旱灾、洪涝灾、虫蝗、霜雹、风雪霜灾以及频繁严重的群发性灾害的出现。

竺可桢先生在20世纪70年代发表了《中国近五千年来气候变迁的初步研究》一文，认为中国近5 000年来的气候，经历了4个温暖期和4个寒冷期演变过程：

第一个温暖期：从仰韶文化到殷商文化，即近5 000年的最初2 000年，大部分时间的年平均温度比现在高2℃左右，一月温度大致比现在高3℃~5℃。

第一个寒冷期：从西周前中期到西周后期结束，大致持续了近2个世纪，公元前1000年至公元前800年左右。西周初年气候仍比较温暖，而从西周前中期开始渐趋寒冷。

第二个温暖期：从春秋开始，经战国、秦一直到西汉末年。公元前770年至公元初年，我国气候从寒冷逐渐变为温暖，这种温暖气候持续数百年之久。

第二个寒冷期：这个寒冷期经东汉和魏晋南北朝，历时600年，即从公元初年到公元600年。

第三个温暖期：这个时期包括隋、唐、五代到北宋初年，即从公元600年到公元1000年。

第三个寒冷期：从北宋中后期到南宋中期以前，即从公元1000年到公元1200年。

第四个温暖期：这个温暖期包括南宋中期至元代中期，历时较短，即从公元1200年至公元1300年。

第四个寒冷期：包括元朝后期和明清两代，即从公元1400年至公元1900年

前后，持续了500余年。[①]

进入20世纪以后，我国气候虽仍属从1400年开始的第四寒冷期，但其中仍有冷暖变化。以1940年为界，1900—1940年为气候增暖时期，1941年以后，中国气温变化的总趋势是下降的。而以公元1000年为界线，近两千年来我国东南地区干湿状况是逐渐变干。最长的湿期在唐代中叶至北宋中叶，持续约240年（811—1050），接着就是最长的干期，出现在北宋中叶到南宋末年，持续220年（1051—1270）。公元1000年以前，近两千年前期的一千年，干旱时期和湿润时期分别为350年、650年，而后期的一千年，干旱和湿润时期分别是580年、320年。从中可以看出，前期干旱时间短，湿润时间长，而后期则相反，干旱时间长，湿润时间短，干湿程度逐渐变干。特别是近500年的旱灾多于涝灾，以南涝北旱较为常见。有3个旱灾持续时期分别是：15世纪后半叶到16世纪前半叶（明代中叶）、17世纪（明后期到清前期）和18世纪后半叶到19世纪前半叶（清代中叶）。而进入20世纪，又进入干旱时期，而且干旱发生频次北方高于南方。

虽然有关我国历史时期气候变迁今天仍有争论，但历史时期气候的波动确实存在。我国距今4 000年前后的大禹洪水期是自然灾害异常期。而两汉时期，地震、渤海海侵、冰川推进、火山、山崩地裂、江水逆流、干旱、蝗灾、风灾、疟疾、寒灾等频发，这种自然灾害群发现象与天象存在某种联系，高建国等称作"两汉宇宙期"[②]；同样，16—17世纪的明清也存在自然灾害群发期，且这一群发期比两汉灾害群发期更为严重。许多学者也称作"明清宇宙期"，主要表现在天象、气象、水象、地质象、地震象、海洋象、动物象、植物象、人体象等方面。[③]

由岩石圈、水圈、大气圈、生物圈组成复杂而统一的地球系统，又受到宇宙环境的制约和影响。宇宙环境复杂系统中某种因子发生大变化，从而影响到系统其他较多因子的异变，出现自然灾异群发性及其群发期。天象异常来自于宇宙本身，而非地球。因此，探求自然灾害群发期的成因，除从地球本身探求原因外，还需从地球外的宇宙中寻找原因。任振球等学者认为，自然灾异群发性和群发期，有5种原因：其一，地球自转；其二，自然灾害群发期和九大星地心会聚；其三，第四纪冰河期和地球轨道参数；其四，2亿年来地球异常期和太阳往返银

---

① 竺可桢：《中国近五千年来气候变迁的初步研究》，载《考古学报》，1972年第1期，第15～38页。

② 宋正海、高建国等：《中国古代自然灾异群发期》，合肥：安徽教育出版社，2002年，第41～87页。

③ 宋正海、高建国等：《中国古代自然灾异群发期》，合肥：安徽教育出版社，2002年，第88～116页。

道面运动；其五，6 亿年来地球系统重大变异和银河年等。① 太阳活动异常自然会影响天气等变化，进而影响各种因子成灾。九星地心会聚力矩效应和宇宙线作用也会强烈而明显地影响自然灾异群发性。而有关地球深部流体运动即新构造运动，也会造成自然灾害群发现象，诸如地震、地光、火球、闪电、地热异常、毒气、地下气体爆炸、电磁异常、气候异常（长期干旱、酷暑、严冬、极强暴雨）、泥火山、森林火灾、厄尔尼诺、黑潮异常、海底风暴等，这种系统因其中一个或多个因子异常，都会给地球制造灾难。

总之，自然灾害的发生，是多种自然因子相互作用的结果。从大的自然环境来说，包括地球系统和宇宙系统各因子相互作用；从小的自然环境来说，包括成灾地区的局部自然因素，等等。各种因子和因素相互作用，使地球上不断地发生灾害。我国独特的自然环境，不可避免地会发生各种自然灾害。

第二节　灾害发生的历史社会因素

自然灾害的发生，既有自然因素的“天灾”，又有社会因素的“人祸”。由于人类不当的社会经济活动造成了自然环境的恶化，从而引发或加重了自然灾害，出现了人为活动破坏环境而引发的灾祸。历史上人口增多，农林开发，滥垦草原，破坏植被，破坏山区生态环境，造成了各种类型的灾害。本节从自然灾害发生的历史社会因素加以分析。

一、历史上我国人口不断增多，向自然界掠夺各种资源，破坏了生态环境，加速和加重了灾害的发生

虽然历史时期自然灾害、政治动乱、战争等因素使人口大量减少，但随着采取一系列恢复和发展经济的措施，人口一般都会得到一定的恢复。一般在社会比较安定，经济得到恢复和发展，自然灾害不太严重的情况下，较长时期内人口平均增长率可以达到 5‰～7‰，较短时间内可以达到 10‰～12‰，更短时间内可接近 20‰。而当人口基数突破 1 亿后，较长时间内年平均增长率已呈下降趋势，很难再突破 5‰。从西汉末年的公元 2 年 6 000 多万人口到东汉后期 6 000 多万人口，经过三国、晋、十六国、南北朝的长期动乱，到 400 年后的隋朝恢复接近

① 转引自宋正海、高建国等：《中国古代自然灾异群发期》，合肥：安徽教育出版社，2002 年，第 119～123 页。

6 000 万。隋末战乱使人口剧减，唐初实际人口估计不足原来的一半，天宝时人口数量为 52 919 309 人。从安史之乱开始，人口下降，到五代时大幅度下降，北宋建立时人口不足盛唐一半。南宋和金人口合计超过 1.4 亿，元朝最多不超过 9 000 万，[①] 明初人口只有 7 000 多万。以年平均增长率 5‰来统计，到万历二十八年（1600），中国人口应有 1.93 亿，接近 2 亿人。[②] 明清之际人口减少，到 1850 年，中国人口已达 4.3 亿。

虽然先秦至唐代，我国人口维持在 6 000 多万（史载的人口数字往往比实际人口少），但由于地区分布不均衡，这一时期主要集中在黄河中下游地区的黄土高原（包括汾渭平原、伊洛河河谷平原）、黄淮海平原等地。人们除开发平原、精耕细作，还向附近的丘陵、山地掠夺资源，破坏生态环境。宋代以后，人口急剧膨胀，南宋与金人口突破 1.4 亿，长江中下游地区被开发出来，太湖平原、宁绍平原、江汉平原、鄱阳湖平原、洞庭湖平原、四川盆地等，人口密度较大。就是闽浙丘陵、两广丘陵、湘赣丘陵等，人口密度都较前代大大增加。平原和低地开垦开发殆尽，人们就开始向附近山地索取自然资源。由于土壤承载力有限，人口压力增加，加上不合理开发，势必加重自然灾害的发生频率和危害程度。

虽然现代马尔萨斯主义把环境污染、能源危机、资源消耗加快、自然灾害频发等问题统统归纳为人口爆炸是不全面的，但人口爆炸确实带来了生态环境恶化、自然灾害加重和频发。罗马俱乐部前主席贝切伊认为，人对生物圈的压力主要来自人口数量的增长和个人消费品的增长。人口的增加和消费需求的增长，使得人类对自然系统的压力直线上升。20 世纪，人对生物圈的压力增加 10 倍，如果考虑到现代人寿命是祖先的 2 倍，那么本世纪初，现代人对自然资源的消费，每年比祖先要多 9 倍。[③] 如此近乎疯狂地向自然界索取资源，只会破坏生态，造成生态环境失衡，加速和加重自然灾害的发生。

我国历史时期黄河频繁的改道和泛滥，固然与气候、土壤侵蚀、地形等因素有关，但黄河中上游，秦汉、隋唐人口压力过大，人们盲目开发自然，变牧为农，河套平原、鄂尔多斯草原自然生态都遭破坏。原来十六国时期的赫连勃勃建立的大夏国都城统万城（今陕西靖边白城子），曾是草木茂盛、水草肥美的草原，今已变成沙漠肆虐、无人居住的荒废之地。乾隆、嘉庆时期，陕南、蜀北、鄂西北的秦巴山地，大量棚民入居山林，破坏自然环境，也加剧了日后汉江水灾，导致沿江居民生命和生产、生活受到重大损害。这些无不与人口膨胀有关。

---

① 葛剑雄：《中国人口史》（第一卷），上海：复旦大学出版社，2005 年，第 191 ~ 192 页。

② 葛剑雄：《中国人口发展史》，福州：福建人民出版社，1991 年，第 241 页。

③ 郑吉林：《人与自然》，上海：中国纺织大学出版社，1993 年，第 242 页。

二、人类不合理的生产和生活活动造成灾害不断发生

人类不合理的社会生产和生活活动，农林开发，围湖造田，占用河道，加之在近现代城市化过程中不合理地扩大规模，导致城市排水不畅，出现内涝等水灾。甚或影响下游河道的排涝，使黄河、长江，以及洪泽湖、鄱阳湖、洞庭湖等水患灾害不断发生。

人类不合理的生产和生活活动，尤以破坏森林对自然灾害的危害性为大，而历代的屯田无疑使原本生态脆弱之地环境更加恶化。历史上汉晋在罗布泊附近大规模屯田，严重改变了这里的生态环境，不仅使楼兰古国消失，也使这里原来水草肥美之地成为无法立锥的沙漠。其他如尼雅、克里雅古城亦是如此。塔里木盆地绿洲文明的衰落固然与气候有关，但人类不合理的开发，是导致环境恶化的重要原因。河西走廊的石羊河绿洲、黑水河绿洲、北大河绿洲、疏河党河绿洲，也处于我国干旱或半干旱地带，历史上这里屯田开发较早，现今却是沙漠化最为严重的地区。可见，人类对西北绿洲文明不合理的开发，特别是对河水的利用不善，导致了绿洲文明消失或面积缩小，影响和破坏了生态环境，造成了灾害的不断发生。

历史上曾有名的垦区，现今大都为沙漠占据，除西北地区干旱荒漠地区外，还有我国北方中部和东北草原地区。诸如呼伦贝尔沙地、科尔沁沙地、毛乌素沙地、乌兰布和沙地等，这里历史上的牧区农垦化加剧了沙漠化过程，促使草原荒化，牧区面积退缩。西拉木伦河与西辽河上游的科尔沁沙地，曾是辽国的京畿所在，辽的国都上京临潢府就设在潢河（西拉木伦河）以北的临潢县（今内蒙古巴林左旗），这里“地沃宜耕植，水草便畜”，“平地松林”[①]，建都砍伐林木，大规模屯垦，修建宫殿和陵墓，造成了环境破坏。金灭辽后，这里仅是“行宫”，已出现沙化。金代继续向这里移民，但“土瘠樵绝”，“所徙之民姑逐水草以居”，[②] 已出现荒凉景象，“平地松林”破坏殆尽。清中叶以后，为解决财政困难并抵御沙俄势力南侵，“移民实边”，鼓励汉人进入内蒙古垦荒，官府设立“押荒局”、“垦务局”，奸商、贵族等设立“蒙旗垦务公司”等，使大量草原被开荒大军进占。由于放垦荒地两三年后肥力减退，人们又去寻求新的垦区，必然出现大面积的撂荒，而撂荒土地上的沙质沉积物随风吹扬，就会形成流动沙丘，使原来的草原变成沙漠。科尔沁、毛乌素、乌兰布和、呼伦贝尔等地就是在人类一步步开荒过程中逐渐变成沙地的。人类不合理的垦殖带来的恶果可见一斑。

---

① （元）脱脱等：《辽史》卷37《地理志》，北京：中华书局，1974年，第440页。

② （元）脱脱等：《金史》卷24《地理志》，北京：中华书局，1975年，第563页。

不仅是内蒙古地区，就是全国其他地区，政府组织的屯田和招垦历代都未停息。汉代西北屯田十分有名，汉武帝从内地向西北移民达200多万，在西域轮台、渠犁等绿洲，河西走廊，黄土高原等地大规模屯田。唐代西北屯田达584屯。宋代为抵御西夏，在陇东、陕北屯田，甚或在陕南、陇南、天水等地垦荒。元代在陕西、甘肃、西域等都设有专门的屯田管理机构，管理西北各地的屯田。明清更是如此。沿长城的九边，几乎是无地不垦，甚至连沟壑都不放过。这些举措无疑大大加速了沿长城一线的土壤侵蚀，使黄河干支流及华北平原各河流水患灾害加剧，沿长城一线环境更加恶化。

北方如此，南方的畬田，烧荒垦种，同样加速了土壤侵蚀过程。南方屯田还向湖泊、河谷发展，扩大耕地面积。随着长江中下游地区人口的增长和外来游民的增多，地势平坦、湖泊众多之地成为民众追逐的目标。由于乾隆初政府鼓励开垦零星边角土地，且新开土地一律免征赋税，湖广地区出现了大量“民围”，围湖造田浪潮一浪高过一浪。许多所谓的“滨湖积水荒地”被开发出来，垸田、围堤被大量修建，大大改变了湖泊水环境。由于清代中叶以后，随着官围私垦和夺湖为田地不断盛行，江淮湖区生态环境丧失了对流经湖泊河流的调蓄功能，加快了湖泊沼泽化的过程。随之而来的是湖泊湮废，水旱灾害发生频率与严重程度增加，江河大堤不断溃决，洪水灾害日益频繁。乾隆十三年（1748）湖北巡抚彭树葵一针见血曰：“荆襄一带，江湖袤延千余里，……小民趋利者，因于岸脚湖心，以致水与人争地为殃”①，洞庭湖等地的水患也日益严重。

三、破坏森林是造成自然灾害频发的重要原因

历史时期黄土高原是森林和草地广布之地。西周时，黄河中游还郁郁葱葱，河谷平原的农田被淹没在绿色的海洋之中。到战国时，平原多被开垦，所生森林不多，林区显著减少。秦汉到北朝，平原地区的森林基本被砍伐殆尽，没有成片的林木。唐宋时期，由于营建都城和陵墓，砍伐面积不断扩大，山地森林已受到严重破坏。中唐时修建长安城的良材巨木竟取自岚（今山西岚县）、胜（治今内蒙古准格尔旗十二连城），宋代开封城的木材也远取自于岐陇以西的渭河上游。明清时期，黄河中游地区的森林遭到毁灭性破坏，与当时大规模砍伐森林、垦荒有关。②黄河中游森林的破坏，不仅加剧了黄土高原的侵蚀切割，也加重了黄河携带大量泥沙在下游的堆积，致使下游河患和洪水频繁发生，带来的恶果难以想象。

---

① 赵尔巽等：《清史稿》卷129《河渠志四》，北京：中华书局，1976年，第3829页。

② 《历史时期黄河中游的森林》，见史念海：《河山集·二集》，北京：生活·读书·新知三联书店，1981年，第232~302页。

长江流域的山地森林大面积破坏，是开始于明代，加剧于清代，继续于近现代。2 世纪前，稻作农业在平原（台地、谷地）森林的缓慢消失过程中起着决定性作用；3—14 世纪，旱作农业导致丘陵（部分低山）森林逐渐枯竭；15—20 世纪，玉米等美洲作物在中高山地森林的急剧萎缩过程中扮演着极重要角色。其中，农业活动是造成长江流域森林破坏的主导因素。其他诸如矿冶烧煮、建造修缮、日常薪柴、手工副业、商业采伐以及战争、气候、虫害等，也在一定程度上破坏长江流域的森林。① 明清两朝修建宫殿、陵墓、园林，大量从南方地区采办大木，形成历史上有名的"皇木采办"，这些采办的木材以巨大楠木、杉木为主，规格（高度、直径、挺直等）严格，采办地区包括四川、贵州、湖南、湖北、江西、浙江以及福建，甚至广东、广西地区，采伐林木次数之多，使这些地区的楠木、杉木受到了致命的摧残。频繁的皇木采办和流民涌入长江流域乃至以南山地开垦，导致了森林植被消失殆尽，水土流失加剧，各种自然灾害的发生频率和危害程度也进一步增高。

东北地区的森林在历史时期分布地域广大，大兴安岭号称"平地松林"或"千里松林"，森林变迁经历了由南向北和从平原到山地的演变过程。清代弛禁以后，大批失掉土地的农民"闯关东"，从辽河逐步向松花江、黑龙江流域推进，平原地区森林的破坏与农垦的发展亦步亦趋，几乎同时进行。日俄帝国主义势力侵入后，沿中东铁路、南满铁路掠夺森林资源，大兴安岭北段、小兴安岭和长白山区森林受到摧残，造成东北森林面积缩小。此举加剧了这一地区水旱灾害的发生。

森林和绿色植被既可调节气候，抵御风沙灾害，又可蓄水保墒，抗旱防涝，是保护自然环境免遭破坏的天然屏障。一般林地涵养水源的能力比裸露地高 7 倍，黄土高原地区林木覆盖对减少水土流失的作用更为显著。据对子午岭区 6 个植被各异的小流域测定，植被度为 21% 的小流域侵蚀量减少 56.8%，植被度为 65% 的小流域侵蚀量减少 79.6%，植被度为 80% 的小流域侵蚀量减少 91%，植被度覆盖越大，侵蚀量减得越多。森林等覆盖地表，减少水土流失的作用是显而易见的。② 正是森林有拦截、吸收、蓄积降水的功能，对防止土壤沙化、减轻旱涝灾害起着重要作用。故森林的破坏打破了原有的生态平衡，不仅影响到森林动植物环境也影响到气候、水文、植被、地貌等自然因素，更影响到人类的农业生态环境以及生产生活。正如恩格斯曾指出的："我们不要过分陶醉于我们对自然

---

① 《长江流域森林变迁的历史考察》，见周宏伟：《长江流域森林变迁与水土流失》，长沙：湖南教育出版社，2006 年，第 9 ~ 34 页。

② 蔡庆、唐克丽：《植被对土壤侵蚀影响动态分析》，载《水土保持学报》，1992 年第 2 期。

界的胜利，对于每一次这样的胜利，自然界都对我们进行报复。每一次胜利，起初确实取得了我们预期的结果，但在往后和再往后却发生完全不同的，出乎预料的影响，常常把最初的结果又消除了。美索不达米亚、希腊、小亚细亚以及其他各地的居民，为了得到耕地，毁灭了森林，但是他们做梦也想不到，这些地方今天竟因此成为不毛之地。因为他们使这些地方失去了森林，也就失去了水分的集聚中心和贮藏库。”[①] 我国著名的经济学家傅筑夫先生也认为，中国历史上自然灾害频发的原因，显然不完全是天象等自然因素造成的，而与人为活动密切相关。“是人祸，不是天灾，是自然生态平衡被破坏的结果。即森林被砍伐，荆棘榛莽被铲除，荒草原野被开垦，造成植被覆盖率迅速减少，大地裸露日益严重，水土日益流失和日益沙漠化，于是旱则赤地千里，黄沙滚滚；潦则洪水横流，浊浪滔天。这才是灾害频仍、饥馑荐臻的根本原因。”[②] 傅先生在这里虽然有夸大人为作用之嫌，但历史时期人类的不当生产活动，确实大大地加强了自然灾害发生的频率和程度。

四、战争等人为的社会劫难，大大加重了自然灾害

中国历代战乱不断，战争不仅使参战双方消耗了大量的人力和财力，造成了土地荒废和农业生产的重大损失，而且，灾荒和瘟疫往往伴随着战争而来，加之政府无力救灾以及灾民无法抵御自然灾害，导致雪上加霜，大大增加了自然灾害的破坏力度。

历代王朝更替，战争不可避免。而分裂时期，战争更加频繁。据《春秋》记载，仅春秋 242 年间，列国进行的战争就有 448 次。而战国时期，诸侯割据，大规模战争也有 200 多次。而一次战争，死亡达数万或数十万不等。历史上著名的长平之战，秦杀赵军 40 余万人。军士被杀，人民流离失所，家破人亡，土地荒废，水利失修，疾疠盛行。东汉末年的军阀混战，造成“千里无人烟”，“名都空而不居，百里绝而无民者，不可胜数”[③]，黄河流域出现数百里无鸡鸣的现象。西晋的“八王之乱”及永嘉之乱，“雍州以东，人多饥乏，更相鬻卖，奔迸流移，不可胜数。幽、并、司、冀、秦、雍六州大蝗，草木及牛马毛皆尽。又大疾疫，兼以饥馑，百姓又为寇贼所杀，流尸满河，白骨蔽野……人多相食，饥疫

---

① ［德］恩格斯：《自然辩证法》，见中共中央马克思恩格斯列宁斯大林著作编译局编：《马克思恩格斯选集》（第四卷），北京：人民出版社，1995 年，第 383 页。

② 傅筑夫：《中国经济史论丛·续集》，北京：人民出版社，1988 年，第 80、81 页。

③ （宋）范晔撰，（唐）李贤等注：《后汉书》卷 49《仲长统传》引《理乱篇》，北京：中华书局，1965 年，第 1649 页。

总至，百官流亡者十八九”①。天灾人祸，惨绝人寰。十六国时期，黄河流域战乱不断，石赵时“青、雍、幽、荆州徙户及诸氐、羌、胡、蛮百余万，各还本土，道路交错，互相杀掠，且饥疫死亡，其能达者十之有二三。诸夏纷乱，无复农者”②。魏晋南北朝的400年间，发生战争千余次，每年平均发生两三次战争，为中国历史上之最，降低了人民抵抗自然灾害的能力，甚或丧失了基本的生存条件。唐代安史之乱以及后期藩镇割据，造成了北方社会动荡和灾害频发。

战争导致大量军民死亡，如果不及时填埋尸体，加上水灾肆虐，就会导致传染疾病的流播，死亡更多人口。大兵之后必有大疫。同时，战争还对生态环境造成破坏，间接影响到水旱灾害。这其中修筑工事和城墙、桥梁等建筑，制造弓箭以及棍棒等武器，搭营安寨，修灶烧柴做饭，修建船舰等，都需要消费大量的木材。特别是战术上的火攻，更是大面积地毁坏森林。历史上燕攻齐的火牛阵，火烧博望战役，东吴陆逊于夷陵火烧刘备连营七百里，孙刘联军于赤壁火烧曹营，莫不如此。这些火攻战术，或烧毁战舰，或烧毁森林，造成了生态环境的破坏。

当然，以水当兵，统治阶级人为地扒开大堤或人为地对黄河泛滥无所作为，都会造成黄河下游不断泛滥，水患灾害频仍。历史上秦灭魏，水灌魏都大梁（今开封）即是例证。公元11年（王莽始建国三年），黄河在魏郡元城（今河北大名东）以上决口，河水一直泛滥到清河郡以东数郡，造成历史上黄河第二次大的改道。当时执政的王莽出于个人原因，认为河决东流，可使他在元城的祖坟不受威胁，不主张堵口，听任水灾延续了近60年。五代后梁为阻止李存勖南下，在今山东东阿县和河南延津县两次掘开黄河堤防，造成河南、山东大水灾。1128年宋决开黄河以阻金兵南下；1232年蒙古军攻金朝归德（今河南商丘县南），人为决河于归德，造成河水夺淮入泗；崇祯十五年（1642），河南巡抚高名衡、开封府推官黄澍等为阻止李自成率领农民军的进攻，亦挖开开封府附近黄河大堤，给开封城内百姓造成了灭顶之灾，死亡人数达数十万之多。1938年，国民党军队为阻止日军的进攻，炸开河南花园口附近的黄河大堤，使豫东、皖北、苏北大部分地方沦为泽园，民众流离失所，死亡众多。

由于清代战争频仍，许多地区的生态资源遭到严重的损失。嘉庆时期，秦巴山地的白莲教起义，遭到清军镇压，许多林木绿地毁于战火。随后的历时14年、席卷18个省的太平天国农民运动，疾疫也多有伴随。咸丰、同治年间，衢州兵

---

① （唐）房玄龄：《晋书》卷26《食货志》，北京：中华书局，1974年，第791页。

② （唐）房玄龄：《晋书》卷107《石季龙载纪附冉闵传》，北京：中华书局，1974年，第2795页。

灾瘟疫横行，“粤匪窜扰吾衢，大兵之后，继以凶年，沿衢阖境，尽患瘟疫”①。在太平天国后期的主要战场苏、浙、皖地区，暴发了一场持续时间长达四五年之久规模罕见的大瘟疫，其间因瘟疫而死亡的人口总数高达70%，远远超出了30%的战争人口死亡总数。② 同时期，杜文秀在云南抗清，云南府发生鼠疫，死亡人口估计67.4万，如果再加上其他地区，整个云南7个府厅的鼠疫死亡人口总数高达160余万。兵疫危害之巨可见一斑。

五、吏治腐败，救灾不力，加重灾害损伤和频发，灾害相随而生

纵观历史相关记载，灾害和饥荒的出现，大多与统治阶级的剥削和苛政不无关系。由于中国封建社会是中央集权的官僚政体，农民防灾抗灾能力弱小，几乎没有什么御灾能力，只有寄希望于官府的救灾。只有政治清明，经济实力雄厚，救灾救荒的措施得以顺利贯彻，灾害和饥馑对民众的损失才会大大降低。反之，吏治腐败，经济凋敝，救灾救荒不力，只会加重灾荒发生的频率和严害程度。

清代中叶以后，吏治日趋腐败，国家经济实力下降，荒政的效力日渐降低。晚清时期，对内对外战争连绵不断，荒政渐废，国家无力承受自然灾害的打击。加之大量经费用于战争消耗，国家根本无暇顾及民生疾苦。就是有限的救济资源也被各级贪官侵吞，很难惠及灾民。这一切无疑增加了灾荒发生的频率和严重程度。而1840—1911年，又是中国历史上第四大灾害群发期，天灾人祸叠加，官吏腐败，灾荒更加频繁，灾情更为严重。道光二十一年（1841）黄河连续三年大决，泛滥千里，河南、安徽、江苏惨遭水灾。道光二十二年（1842）至三十年（1850），豫、苏、皖、鄂、浙、赣、湘七省连续大水灾，死亡数万人。光绪三年（1877）、四年（1878），惨绝人寰的“丁戊奇荒”，山西、直隶饥民五六百万，赤地千里，饿殍遍野，死亡相枕。宣统二年（1910）夏秋，东北鼠疫盛行，死亡五六万人。③ 这些水旱、蝗鼠及瘟疫灾害频发，大灾荒之多，破坏程度之大，为史上罕见。这其中与政府荒政效力下降，吏治腐败，置民众生命不顾，救灾不力，甚或贪污救灾款粮无不相关。

同时，晚清政府将财政收入的1/3用于河工，而吏治腐败，河工靡费，各级河官挥霍浪费，贪污侵吞。光绪十三年（1887），黄河在河南郑州决口，因银粮短缺，民众束手无策。官吏层层瞒报，使豫、皖、苏3个省数十州县的数百万灾

---

① 雷丰：《时病论》附论《瘟疫不同论》，见于伯编：《伤寒金匮温病名著集成》，北京：华夏出版社，1998年，第1076页。

② 李玉尚、曹树基：《18—19世纪的鼠疫流行与云南社会变迁》，见复旦大学历史地理研究中心主编：《自然灾害与中国社会历史结构》，上海：复旦大学出版社，2001年，第168~210页。

③ 赫治清：《中国古代自然灾害与对策研究》，北京：中国社会科学出版社，2007年，第19~20页。

民无家可归。[①] 官吏腐败无疑加重了河患的发生和危害程度。

正是吏治腐败，财力亏空，贪污成风，防灾救灾能力下降，导致灾荒接连不断发生。孙中山先生明确指出："中国人民遭到四种巨大的长久的苦难，饥荒、水患、疫病、生命和财产的毫无保障"，"所有一切的灾难只有一个原因，那就是普遍的又是系统的贪污。这种贪污是产生饥荒、水灾、疫病的主要原因"，"官吏贪污和疫病，粮食缺乏、洪水横流等等自然灾害间的关系，可能不是明显的，但是它很实在，确有因果关系。这些事情绝不是中国的自然状况或气候性质的产物，也不是群众懒惰和无知的后果。……这些事情主要是官吏贪污的结果"[②]。

---

① 袁祖亮主编，朱凤祥著：《中国灾害通史 · 清代卷》，郑州：郑州大学出版社，2009 年，第 289 页。

② 孙中山：《孙中山全集》卷 1，北京：中华书局，1981 年，第 89 页。

第八章　自然灾害的后果及影响

第一节　自然灾害与生态环境

生态系统是一个多成分、多层次、具有耗散结构的开放系统。生态系统的稳定性是与系统内的多样性和复杂性相联系的。生态环境是指生物群落及其周围地理环境，而海陆表面上下具有一定厚度范围的地球表层人类社会及其周围的各种事物，构成了具有独特地理结构和形式的地理环境。地球表层或地理圈是由大气圈、岩石圈的一部分及水圈、生物圈和土壤层构成，通过水循环、大气循环、生物循环和地质循环等彼此进行着复杂的能量转化和物质交换，维持着环境的平衡。人类是生态环境中具有相当数量和高度智能的群体，一方面，受制于其他圈层和群落的影响，另一方面，人类干扰和控制着生态环境系统，使许多地区的天然环境背景变为人为环境。历史经验表明，人类的活动如果遵循自然界的客观规律，那么人类就受益于自然界，人与自然环境的关系就比较和谐，一些自然资源就可得到不断的更新；相反，资源就会受到破坏，环境质量就会下降，生态就会失调，人类必将受到自然界的惩罚，各种自然灾害就会接踵而至。

中国在历史上是一个多民族统一中央集权的国家，人口众多，灾害频发，水、旱、蝗、震等灾情不断，瘟疫、寒冻、滑坡、泥石流、海洋灾害等灾害也时有侵扰。频繁严重的自然灾害，不仅破坏森林、草原等植被，造成大面积水土流失，导致生态环境恶化，还使土地沙漠化、盐碱化等次生灾害愈益严重，又进一步加剧灾害的频发和危害程度。自然灾害与生态环境相互作用，相互制约。

地震等地质灾害不仅可以改变地貌形态，还使河流决堤，滑坡和泥石流屡现，出现堰塞湖等威胁下游的隐生灾害。若北方恰处冬季，如政府救灾不力，屋坏房塌，民众还会受到寒冻袭扰。嘉靖三十四年（1555）十二月十二日的华州大地震，陕、豫、晋等省就死亡 83 万余人，应是地震及次生灾害带来的恶果。而旱蝗并发、水灾与瘟疫相接而生，以及雷电烧毁林草，飓风携带大量暴雨，潮涌海侵，还有各种自然灾害后出现的饥荒，都会使灾民雪上加霜，叫苦不迭。

以历史上黄河泛滥为例，黄河泛滥不仅把上游黄土高原表层肥沃的土壤带走，使上游地貌由原变梁变峁，地形趋向破碎，还使河道中的泥沙增多，易发生河患，而大量的泥沙堆积在华北平原上，不仅增加了华北平原的高度，而且在一定程度上造成了华北平原大平小不平的地貌，加重了河北地区土地的盐碱化，使这一地区的旱涝灾害更趋严重。

北方地区历史上的森林、草原变成现今的肆虐沙漠、濯濯童山，使这些原来水草肥美的地方竟无法立足。南方的围湖造田，也使湖区生态环境进一步恶化、灾害频发。黄河、长江、珠江等上游地区，砍林毁草，烧山垦荒，造成大量水土流失，使中下游河患不断，水利工程难以调节维持，水旱灾害屡现。以下以黄土高原中最大的两个塬洛川塬和董志塬为例，探求历史时期这两个塬所在的泾洛流域生态环境恶化、水土流失加剧后带来的恶果。

历史时期泾洛流域的塬面不断破碎，沟壑不断增加。从关中北山诸塬北上，随着地势的增高，塬面亦变得破碎而狭小，沟壑也在逐渐增多，梁、峁等在今陇东马莲河和陕北洛水的黄土高原丘陵沟壑区屡见不鲜。从塬到梁，从梁到峁，黄土高原侵蚀切割有一定的纬度分布特点，即泾洛流域中游多塬，上游多梁峁。愈向北，侵蚀速度愈加速。洛川塬与董志塬为黄土高原上最大的两块塬，两块塬今已被切割得斑痕累累。比较历史时期陇东塬、梁、峁的变化不难发现，由于庆阳以北为黄土高原丘陵沟壑区，故这里的塬面破碎，梁峁多有展布，连其间交通道路也是蜿蜒在川谷之中，塬、梁、峁之上已不适宜作为交通要道。这种变化至少在唐时已经开始。而庆阳以南，塬的地形就稍为完整，不管是泾水、蒲水、黑河左右，还是马莲河东西，不仅塬的数量多，而且塬面大，但这里的侵蚀切割仍有发展。昔日的彭塬、青石塬、良塬等面积都十分广大，而今仅以董志塬为大。各塬间沟壑常常相向展布，土梁、嵝岘地形屡见不鲜。今平凉镇塬间的五指塬、灵台与长武间的鸡爪塬、董志塬东的四块条形塬，都是沟壑侵蚀切割形成的。马莲以东的各塬也多呈条状分布，其间各河对塬的侵蚀仍在加剧。与庆阳以北不同，这里的道路多走塬上，这是因为塬上地形较为完整的缘故。这里的塬可以说是黄土高原分布较为集中的地区，其侵蚀切割的速度虽较北部沟壑区弱，但沟壑任其发展下去，下一步发展的结果就和现在北部的地形一样。从塬面的完整性和沟壑的密度多少来看，黄土高原地区侵蚀存在着纬度差异的特点。即沟壑区以残塬、梁峁等破碎地形较多，丘陵塬区以地形较完整的塬分布较多。历史时期乃至今天，沟壑都在一直发育，毛沟、冲沟、支沟等，沟壑在不断地延长、增大。今天陇东黄土塬已不太完整，沟壑纵横，应是历史时期发展的必然结果。① 相对来说，洛川塬更为零碎。这里的洛川塬并非只是指今洛川县境狭义的塬，而应是指

① 王元林：《泾洛流域自然环境变迁研究》，北京：中华书局，2005 年，第 29 ~ 46 页。

今富县、洛川、黄陵间的洛河周围的塬，洛川“周围平原数百里之间，盖沿边诸州邑如环滁之皆山”①。这些高平的塬，“望之无甚险巇，履之殊少坦途”，“随处皆有要险深沟”。② 无论是昔日的长城塬还是鄜城塬等，塬面愈来愈破碎，在这里行路要绕很长的距离。多数塬已变成条块形状，就是清初的广陵塬，今也已变成四块小塬，其侵蚀至今仍在持续。今洛川塬至少已变成数十个破碎的塬了，在这里要寻找一个与董志塬一样较宽广的大塬是很难的。③ 泾洛流域生态环境日趋恶化，水土流失加剧，大塬消失，小的塬以及梁、峁，成为今天黄土高原的主要地貌和地形。这些地形与地貌的出现，是历史时期水土流失的结果。

第二节　自然灾害与区域社会

自然灾害的发生与人类社会同存共在，灾害的对象是人类社会，人类社会在同灾害的斗争中不断发展。自然灾害对生活在不同地域的人类社会造成了巨大影响，古代中国也不例外。自然灾害不仅造成中国历史上人员伤亡和流徙，财产遭受损失，粮食减产乃至绝收，而且使经济发展遭到破坏，经济格局改变，社会稳定受到威胁，甚至引发动乱或农民起义，影响到政治决策和政治格局，牵一发而动全身，影响到区域社会的各个层面。

一、自然灾害与人口变化

灾害和战争是历史上影响我国人口变化的两大主要因素。在冷兵器时代，灾害对人口的影响有时超过战争。战争造成人畜死亡而未及时处理，往往会导致瘟疫流行，两者相互关联，在一定历史时期使我国人口减少，还导致人口流徙。

不同灾害造成人口死亡的情况不同。地震、泥石流、滑坡、山崩等地质灾害虽然是今天造成人口死亡的主要灾害之一，但历史上，由于大多数建筑都是使用土坯、草、竹、木等材料，而少使用砖瓦，而且因这些灾害一般发生在人口稀疏或无人区，故而造成的人口伤亡并不如今天这样多。但也有特殊情况发生，上述目前世界上所知死亡人数最多的就是嘉靖三十四年（1555）华州地震死亡83万

---

① （清）刘毓秀修：嘉庆《洛川县志》卷19《艺文》，南京：凤凰出版社，2007年。
② （清）刘毓秀修：嘉庆《洛川县志》卷20《拾遗》，南京：凤凰出版社，2007年。
③ 王元林：《泾洛流域自然环境变迁》，北京：中华书局，2005年，第47～73页。

人。从公元前231年至公元1971年，华北及渤海地区共发生6.0级以上大地震69次，67次有旱震对应关系。[①] 这种震前1~3年时间内，往往有大面积或持久性大旱存在，灾害叠加，更使民众难以生存。成化二十三年（1487）七月，关中地震，死亡人口近2 000余人；弘治十四年（1501）陕西朝邑县（今陕西大荔朝邑）地震，死亡160余人；隆庆二年（1568），西安府东北地震，死伤人口众多；天启二年（1622），宁夏固原北地震，塌死12 000多人，等等，都造成人口的一定减少。[②]

水灾对人口的直接影响是灾害本身造成的死亡。山洪暴发，河湖泛滥，造成人员被淹，被冲走而伤亡，不计其数。这种灾害具有突发性，在交通和通信不发达的古代，造成人口死伤超过现代。水灾后的瘟疫又加重了灾害的危害程度，特别是黄河下游历史上1 000多次的泛滥，给下游民众带来了损失巨大，这种使数万人乃至数十万人丧生的洪水例子不胜枚举。东汉永兴元年（153）七月，“郡国三十二，蝗；河水溢，百姓饥穷，流冗道路，至有数十万户，冀州尤甚”[③]。这仅是逃亡人数，死亡人数无法统计。宋金元明，黄河在豫、鲁、皖、苏的泛滥更造成了这一地区千疮百孔，死亡惨重。1931年江淮流域大洪水，殃及鲁、豫、苏、浙、皖、湘、赣八省，受灾5 300多万，有42万人被夺去生命，每千人中离村者平均有125人，占灾区总人口40%。[④]

旱灾虽不如水灾发生具有突发性，但长时间、大面积的旱灾，会造成人们饮水困难，加之旱灾后往往出现蝗灾，粮食几乎绝收，出现饥荒，再加上传染病易发，导致死亡人口甚或超过水灾，明末陕北旱灾即是如此。光绪丁丑（1877）、戊寅（1878）大旱奇荒（“丁戊奇荒”），以直隶、山西、河南、山东为主，北至辽宁，西至甘陕，南达苏皖，东至大海，旱灾地域广大。饥荒出现，饿死民众不计其数，随后又是瘟疫，造成大批人口死亡。据统计，受灾人数约在1.6亿~2亿，约占当时全国总人口的一半，直接死于饥饿和瘟疫的人口约有1 000万左右。[⑤] 1928—1930年，西北大旱引起饥荒，陕西省赈务委员会调查统计，其中37个县在三年灾荒中，逃难妇女共达100余万（被贩卖者达30余万，迁逃者70余万），再加上男子，离村逃难人口当在200万左右，占全省人口的1/6。而据陕西省官方统计，1930年全省大灾荒后较1928年，除西安、榆林略有增加外，

---

① 耿庆国：《中国旱震关系研究》，北京：海洋出版社，1985年，第1页。

② 王元林：《泾洛流域自然环境变迁》，北京：中华书局，2005年，第404、405页。

③ （宋）范晔撰，（唐）李贤等注：《后汉书》卷7《桓帝纪》，北京：中华书局，1965年，第298页。

④ 邓云特：《中国救荒史》，北京：商务印书馆，1993年，第131页。

⑤ 李文海等：《中国近代十大灾荒》，上海：上海人民出版社，1994年，第98页。

全省58个县共减少944 719人。[①] 死亡、流徙之重可见一斑。

其他飓风引起洪灾和潮灾，鼠灾等动物灾害引起瘟疫、严寒冻死以及霜雹等引起粮食减产或绝收而致荒灾，亦造成人口死亡。有学者曾对中国历史上死亡万人以上的重大气候灾害，包括旱、涝、飓风、严寒、饥馑、疫灾等进行统计，仅西汉初年至鸦片战争前就有144次。如果加上死亡万人以上的地震灾害，至少在160次以上。其中导致十万、数十万乃至上百万人死亡的大灾荒有20次以上。而对明清时期死亡千人以上灾害所作统计，旱、涝、风雹、冻寒、潮灾、山崩、地震等灾害，明代共370次，死亡共627.450 2万人；清代413次，死亡共5 135.154 7万人；合计明清两代死亡千人以上灾害共783次，死亡共5 762.6万余人。[②] 灾害危害之重超过人们的想象。

二、自然灾害与经济凋敝

各种自然灾害不仅造成人口流亡，也使民众的财产受到巨大损失，粮食减产或绝收，社会经济凋敝，甚或影响区域经济格局。

史籍中有关各种灾害毁屋坏房、伤禾害稼的记载不绝于书，无论是水旱还是雹飓，无论是霜雪还是地震，无论是蝗等虫灾还是鼠灾，都会造成田园损伤。“伤稼”、“坏田”、“禾稼尽损”、“田庐尽淹”、“民居财货漂流几尽”、“坏官私庐舍无算”等，使民众粮食和财产受到损失。（唐）房玄龄：《晋书》卷27《五行志》载，太和六年（371）六月，“京都大水，平地数尺，浸及太庙。朱雀大航缆断，三艘流入大江。丹阳、晋陵、吴郡、吴兴、临海五郡又大水，稻稼荡没，黎庶饥馑”[③]。前秦皇始五年（355），“蝗虫大起，自华泽至陇山，食百草无遗，牛马相噉毛，猛兽及狼食人，行路断绝”[④]。在诸灾害中，水旱灾害成为威胁农业生产的主要灾害，水灾和地震等地质灾害、火灾等成为毁坏房屋的主要灾害。

水旱灾害威胁农业生产，造成粮食和经济作物减产或绝收，而蝗灾等虫灾也使庄稼减产或绝收。低温霜雪雹风等，也会影响庄稼生长。不适时宜的气候因子都会使粮食产量减少。在以农为本、自给自足的封建社会里，这些“天灾”无疑给民众生存带来极大的挑战，重创了民众的生活。而毁坏庐舍，民众需要重新修盖家园，自然增加了民众的负担。明洪武二十二年（1389）四月，河南“自

---

① 转引自邓云特：《中国救荒史》，北京：商务印书馆，1993年，第131页。

② 陈玉琼、高建国：《中国历史上死亡一万人以上的重大气候灾害的时间特征》，载《大自然探索》，1984年第4期。

③ （唐）房玄龄：《晋书》卷27《五行志上》，北京：中华书局，1974年，第816页。

④ （唐）房玄龄：《晋书》卷112《苻健载纪》，北京：中华书局，1974年，第2871页。

开封永城至彰德，春夏旱旸，麦苗疏薄，今年夏税宜减半征收”①。减税在一定程度上缓和了民众的负担，但这样的灾荒确实不时发生。这对处在下层的民众无疑是要不断与自然环境抗争，以求得生存。万历四十三年（1615），山东省六郡“自正月至六月不雨，田禾枯槁，千里如焚，耘叟、贩夫蜂起抢夺，相率而求一饱”②。这些接踵而至的自然灾害会影响到地方经济，连续不断的灾害使地方经济凋敝，民众生活痛苦不堪。

自然灾害不仅摧毁了官民庐舍、粮仓、盐场等经济设施，造成了粮食和经济作物歉收与绝收，粮价飞涨，饥荒流行；也给林牧副渔业造成损失，耕牛死亡，船只损毁，林地毁坏，家庭饲养业重创，农业生产资料和农田水利基本设施被破坏，大大延缓了政府和民众救灾的进度，使地方经济恢复步履维艰。历史时期黄河的泛、决、徙，对下游平原农业造成无法弥补的损害。原来的豫东、鲁西南、皖北、苏北曾是两汉时比较富庶、人口稠密的地区，至唐代仍是如此，但自南宋金代黄河南泛后，历元明清前期，至1855年黄河铜瓦厢改道前，黄河在这一地区肆虐700多年，造成这一带沙荒、盐碱、内涝不断，劳动力较少，土地荒芜，经济凋敝。中国经济中心在唐后期南移东南地区，固然有人为原因，但自然环境恶劣，灾害不断，农业发展停滞，水利工程失修，应是主要的症结所在。失去农业发展的良好的自然环境，就失去了以往的富庶农业地区的光环。

宋代以后，南方人口增多，围湖造田，山地梯田开发，虽然增加了粮食，解决了民众的生计，但由于过度开垦湖泊和山地，造成山区土壤侵蚀加剧，下游湖区蓄水面积缩小，东南地区水旱灾害加剧，也在一定程度上束缚了我国东南地区农业发展的步伐。而在北方，农业发展滞缓，灾害连连，每次灾后重建都使民众生活更加困苦。近代，大量流民“闯关东”、“走西口”、“下南洋”，开发边疆和去国外谋生，对当地的经济发展起到了重要作用，但随之而来的一系列土壤侵蚀和盐碱化、水旱灾害屡有显现，也制约了边地经济发展的进程。

三、自然灾害与战争等社会动荡

战争是造成灾荒的人为条件之一，封建统治者残酷的剥削，苛政酷刑也在一定程度上加重了灾荒的发生。同时，灾荒也在一定程度上更加重了社会矛盾，民众甚或为了生存，铤而走险，抢掠造反，引起社会动乱，政府派兵镇压，发生战

① 《明太祖实录》卷196“洪武二十二年四月戊午”，台北：中央研究院历史语言研究所，1962年，第2949页。

② 《明神宗实录》卷534“万历四十三年七月癸亥”，台北：中央研究院历史语言研究所，1962年，第10113页。

争，出现大规模的社会动荡。

由于灾与荒相互联系，有灾必有荒。受到饥饿与死亡威胁的灾民，不仅“草根树皮吃尽”，“饿殍遍野”，“人相食”，甚或出现饥民抢米分粮的情形。明邱浚在《大学衍义补》说得十分明白：“劫禾之举，此盗贼之端、祸乱之萌也。……小人乏食，计出无聊，谓饥死与杀死等死耳，与其饥而死，不如杀而死。况又未必杀耶，……闻粟所在，群趋而赴，哀告求贷，苟有不从，即肆劫夺，且曰：‘我非盗也，迫于饥寒不得已耳。……窃弄锄挺以扞游徼之吏，不幸而伤一人，势不容已，遂至变乱矣。”[①] 从因饥求贷，无贷“劫夺”，抢米抢粮，遂至发生民变。唐长庆二年（822），和州（今安徽和县）饥荒，乌江县（今安徽和县北）“百姓杀县令，以取官米”[②]。小规模民变屡生，抢夺粮仓等事屡见不鲜。雍正九年（1731）五月，福建因旱，政府“发粜仓谷，因是人情大安”。但罗源县高墩铺陈至陛家“有粜剩谷五百余石，为多人开仓抢去”，该县护国铺“有无数人众将居民游允奇仓揭开，抢去谷百余石”[③]，如此之事，不胜枚举。隋末，翟让、李密起义军袭兴洛仓，“开仓，恣人所取，老弱襁负，道路不绝，众至数十万”[④]，农民起义军开仓放粮，救治民众。这从另一方面说明了饥荒的严重程度。

饥民抢米分粮，引起局部地方动乱。而大范围、长时期的饥荒，民众被迫背井离乡，流落四方，出现数万乃至数十万的流民潮，极易引发社会动荡，甚或民众揭竿而起，爆发农民起义。中国历史上大大小小的农民起义，大都与严重的自然灾害和饥荒有关。周代因灾荒而引起骚乱，从厉王二十一年（前858）至二十六年（前853）连续6年之大旱灾暴发后，西周领土内，即普遍出现饥饿农奴的叛乱；西汉之灾荒至新莽末年而大暴发，饥民遍全国，“盗贼”乃随之而起，《汉书·王莽传》谓：“连年久旱，百姓饥穷，故为盗贼”；东汉自安帝永初以后100年间，水旱饥馑交相煎迫，民生益蹙，各州郡流民叛乱，遂复相继蜂起，从安帝永初三年（109）至献帝建安十四年（209）的前后100年间，以流民为基础之叛乱，较大者达42次之多；魏晋纷争割据，旷日持久，政治废弛，天灾屡发，饥民为寇者尤重；三国魏、蜀、吴就有14次之多，西晋也有10次；隋代自大业三年（607）以后连岁水旱，至大业六年（610），民间流亡者多纷起为寇，

① （明）邱浚：《大学衍义补》卷16《治国平天下之要·恒民之患》，北京：京华出版社，1999年，第165页。

② （后晋）刘昫等：《旧唐书》卷16《穆宗纪》，北京：中华书局，1975年，第501页。

③ （清）允禄、鄂尔泰等编：《清世宗宪皇帝朱批谕旨》卷83“福建陆路提督张起云奏折”，北京：北京图书馆出版社，2008年，第295页。

④ （后晋）刘昫等：《旧唐书》卷53《李密传》，北京：中华书局，1975年，第2211页。

攻陷州郡，其后寇乱多达14次之多；唐后期僖宗乾符年间，因长期水旱饥馑之侵迫，积累为患，民苦不堪，叛乱遂亦继起，较大有王仙芝等人曹州、濮州暴动等13次；宋代灾荒超过前代，叛乱也多，太宗淳化时王小波起义，真宗时赵延顺起义，仁宗时王则一起义，神宗、哲宗时四方饥馑，山东、江苏等地，民众啸聚，至徽宗时益甚，梁山泊起义等13次；元代因饥荒而发动的骚乱多达300余起，其中较大者是山东起义、徐寿辉的红巾军、刘福通河南起义、张士诚泰州起义等；明代灾荒严重，李自成、张献忠起义前就有因连年荒灾若干地区的骚乱，诸如天启时四川永宁、贵州水西，崇祯初陕北起义、山西起义等，崇祯末华北、西北六省大旱灾，李自成领导明末农民起义军，推翻明朝统治；清朝也有6次因饥荒而致民众起义。[①] 灾荒出现时，一些教门或宗教组织头目，大肆活动，插足其间，农民、流民成为起义的主要力量。1851年的太平天国起义，就是号召和率领大量饥饿民众起义的。近代的秘密教门或邪教组织，往往利用灾害制造恐惧言论，把自己打扮成拯救灾民的救世主，诈骗钱财，招揽徒众，聚集力量，发动反叛，试图建立神权与政权的王朝，鱼目混杂，促使地方动乱的发生。

当然，灾害的发生，也使北方少数民族的游牧生活受到影响，特别是蝗灾和暴风雪灾、冻害等灾害的发生，对依赖草原生存的牲畜和民众造成极大伤害。为了生存，他们也时常南下掠夺粮食和牲畜，使北方边地出现动荡。西汉时，匈奴不断南下侵扰，一部分原因是雪灾寒冷。东汉时，南北匈奴分裂，南匈奴南迁，改善与汉朝关系，南迁除政治原因外，还与气候的寒冷致使雪灾、白灾不断出现有关。西晋末，北方草原连续大旱，氐、匈奴、鲜卑、羌、羯等游牧民族内迁，出现了历史上“五胡乱华”的局面。历史上大到诸多北方边地民族内徙，小到某一年冬春的寒冻，寒冻灾害导致荒灾而使北方游牧民族无法生存，南下求存就不可避免。中国封建社会后期，这种现象也时有发生。

而自然灾害还可具体影响到政治等重大事件。一般来说，“以农为本”，荒政自然引起统治者的重视，祈雨禳灾，释放囚徒，甚或下“罪己诏”，以求“天人感应”，而这往往成为政治家利用灾害对施政加以干涉，建言献策，推行变革或宫廷斗争，甚或决定国家大事的借口。清初天花流行，有人认为顺治就是因天花而亡，而康熙因出过天花才得以继承皇位，灾害对政治的影响可见一斑。

同样，自然灾害还影响战争的进程和战争的结局。黄初三年（222）九月，魏、吴在江陵大战，魏军围城两月，时恰逢江陵城外大旱疫灾，魏文帝曹丕被迫因“大疫”而班兵撤退。[②] 南朝齐中兴元年（501），郢城（今湖北武汉）暴发

---

① 邓云特：《中国救荒史》，北京：商务印书馆，1993年，第148～168页。

② （晋）陈寿撰：《三国志·魏志》卷9《夏侯尚传》，北京：中华书局，1982年，第294页。

大疫，守城的 10 万多军民十之七八因疫而亡[①]，对齐、梁政权更替产生重大影响。

总之，灾荒引起民众生存困难，流民抢粮斗米用以活口，而大量流民引发起义，战争不可避免。战争又加重了灾荒，造成人口减少，田地荒芜，社会动乱。历史上大大小小的农民起义，大都与自然灾害的“天灾”、统治阶级的苛政“人祸”有关，而自然灾害又往往影响权力争夺、战争成败，其影响不可小视。

第三节　自然灾害与思想文化

自然灾害给人类社会带来了巨大损失，各国民众面对自然灾害，形成了各自特色的思想文化。中国民众面对灾害形成了顽强抗争、同舟共济的传统和精神，创作了敬畏与驱灾的信仰习俗，创作了大量以灾荒为素材的文学作品，撰写了许多防灾救灾的韬略和工程著作，歌颂防灾救灾中的英雄人物，形成了中国历史灾荒中可歌可泣的民族精神文化。

著名的幼发拉底和底格里斯河滋育出的古巴比伦，从公元前 19 世纪到公元前 7 世纪，其繁荣持续了 1 000 多年，其衰落虽然从表面上看是内部的阶级矛盾和斗争以及外族入侵等原因造成的，但古巴比伦从人类文明发源地变成今日不毛之地的沙漠，其自然灾害不可不深入探求。不管是人们开垦森林与草原，植被减少，风沙出现，还是古巴比伦人只灌不排，引起土壤盐碱化，民众被迫迁徙，但最终结果都是自然灾害促使环境恶化，人类失去生存的自然条件。同样，公元前 2500 至 1500 年，印度河流域的今塔尔沙漠还是一个以农业发达而著称的地方，哈巴拉—摩亨佐达罗文明十分发达，但由于人类耕垦，草原植被破坏，风沙侵袭，其最终陨落。古尼罗河文明消失也与过度放牧与垦殖以及外族入侵等原因有关。四大文明古国中，只有中国的文明一直长久不衰，未曾中断，这其中与我国面积广大、自然条件与环境优越有关外，还与我国人民在屡遭自然灾害袭击时，在长期的灾害面前，不低头屈服、不屈不挠、积极面对，经受住灾害的考验有关，而且在同灾害的抗争中，增强了民族凝聚力和向心力，培养出勤劳勇敢、艰苦奋斗的民族精神，磨炼出中华民族吃苦耐劳、积极向上、坚忍不拔、英勇奋斗、团结互助、同舟共济的品德和传统。这些优良的品德与传统，支持一代又一代的中华民族与灾害相斗争、相抗衡，并在斗争中不断地发展。不屈不挠，成为中华民族生存和发展的基石。

---

① （唐）姚思廉：《梁书》卷 12《韦叡传》，北京：中华书局，1973 年，第 221 页。

灾害在思想文化方面，一方面培养和激发了民族精神与传统，另一方面，也使广大民众对灾害产生了不安、恐惧的心理。由于封建社会中，单个家庭和民众防御与抵抗灾害的能力微乎其微，民众在心理层面对灾荒既畏惧又惶恐，反映在信仰、文化、习俗上，既有敬畏又有无法达到满足时的抗争。全国各地普遍建有大量的龙王庙，这种信仰的形成，与雨泽不时的旱涝及水灾相关联。旱时，人们祈求龙王降甘霖，涝时人们祈求龙王止淫雨。当龙王无法满足人们的需要时，有些地方还出现鞭笞龙王、抬龙王晾晒等习俗。全国其他地方的水神亦受民众祭祀，作用与龙王相仿。而全国各地普遍建立的祭蝗虫的八腊庙和驱蝗的刘猛将军庙，显然与蝗蝻灾害有关。江浙与福建的五帝信仰，也与这些地区流行瘟疫有关。广东信奉的北帝、洪圣王（南海王）、龙母、伏波将军等，也与广东易发水旱灾害有关。① 黄河中下游信仰的“金龙大王”、“黄大王”等，都与黄河泛滥有关。而萧公、晏公以及洞庭湖等湖神信仰，也与长江中下游地区易患河湖水灾有关。此类信仰，不胜枚举。

除信仰外，民间的许多小说、戏剧也多是以灾荒为主题来描写的，“三言”、“二拍”等市井小说中也有反映。同样，民间逃荒习俗中，也有反映灾荒的。在皖北、苏北、鲁西、豫东等黄河的主要泛滥地区，尤以凤阳花鼓（花鼓小锣、花鼓灯、花鼓戏）、打莲响、莲花落、黄梅调等民间说唱最有名。这些民间文艺，多是因灾荒连年，人们逃荒生存，在外以耍猴（“猢猴撮把戏”）、打花鼓等卖艺行乞演变发展的。有人称明清近代河南是中国的“吉普赛人”，天灾人祸，灾害频繁，河南人逃亡中国其他地区，形成了这一地区独特的逃荒文化。

同样，灾荒也影响到中国人积谷以备灾歉的习俗。由于灾荒频繁发生，民众遇到收成较好的年份，稍有积蓄，便把粮食等贮藏起来，以备荒时之需。每年四五月青黄不接或遇荒年，民间的义仓、社仓便发挥作用，使灾民直接受惠。“备荒”的思想已深入人心，民众勤俭节约，家中一般都用瓮、缸、垛、囷、囤等来盛装粮食，这些习俗在一定程度上反映了民众防灾的心理。

当然，统治阶级为了禳灾，也在文化上采取帝王自责、祈祷、厌胜等制度来与自然博弈。汉代，君主在灾害发生后下自谴诏共计有30次，西汉16次（其中文帝1次、武帝1次、宣帝2次、元帝7次、成帝2次、哀帝2次、新莽1次），东汉14次（光武帝2次、章帝1次、和帝3次、安帝3次、顺帝4次、桓帝1次）。② 而当宫殿、宗庙等有火灾、地震时，皇帝一般会素服避正殿。而祈祷是

① 王元林：《国家祭祀与海上丝路遗迹：广州南海神庙研究》，北京：中华书局，2006年，第243～436页。

② 陈业新：《灾害与两汉社会研究》，上海：上海人民出版社，2004年，第198页。

人与自然界神灵沟通的方式，商王就曾多次祈雨，秦代设奉常、汉代景帝中元六年（前144）改称太常，专门主管祭祀。以后各代大都遵循，除定时祭祀外，灾害来临时也有祈祷。雩是古代祈雨的主要祭祀，中央也会祭天下名山大川、岳镇海渎等，而地方上则祭本地的名山大川以及风雨雷电师坛等与云雨相关的神灵。汉代五行学说流行，阳气太盛易致旱灾，需要闭阳而纵阴；阴气太盛导致阴雨，需闭阴而纵阳。这种通过阴阳五气来祛除灾害的做法叫“厌胜”。汉代旱灾，曾禁女巫及丈夫入市，不得举火，及时埋葬死者等；压制火灾，起大屋，举防火礼仪等，甚至在建筑的顶棚上制造藻井，雕刻或绘制荷花、菱角等水性植物，以压火。[①] 这些禳灾是官方的政治文化行为，其目的亦是为消除灾害，维护正常的统治秩序。

① 段伟：《禳灾与减灾：秦汉社会自然灾害应对制度的形成》，上海：复旦大学出版社，2008 年，第 79 ~81 页。

第九章 历代防灾救灾特征与评价

第一节 历代防灾减灾特征

中国封建社会的防灾、救灾主要以政府这主导，这种防灾、救灾由于受到当时交通条件及奏报的限制，决策及救灾往往效率低、受益慢，使灾害的影响进一步扩大。因此，平时的防灾减灾措施对灾荒的作用就显得十分重要。这些措施中，工程技术措施（整治河流、修堤防潮、水利灌溉等）直接与水旱及潮灾灾害息息相关；农田防灾措施、备荒仓储措施（中央地方乃至民间各级仓储建立）预防荒灾及其他措施等都多少对防灾减灾起到一定的作用。

一、工程技术措施

工程技术措施主要是防洪治河、水利灌溉、堤防潮等，兴利除弊，造福民众。早期先民择丘陵居高地避洪，没有工程防护。随着人口增多，农田开垦，小规模堤防保护民众生命和防护农田的作用就体现了出来。这种限洪到春秋战国时期，黄河下游两岸齐、魏、赵就开始筑有较多堤防，防御黄河洪水漫流决徙，使河水在河槽中安流。从限洪到防洪以至后来的调洪、用洪，我国历代政府都重视包括黄河在内的河流下游治理，而且，往往是兴利与除弊相辅相成的，一方面减少洪水灾害，另一方面又变害为利，用水灌溉。

先秦的农田水利，西周时用渭河支流滮池水灌溉今陕西西安西南沣镐附近的稻田，楚国引期思陂（今史灌河）、芍陂（今安徽寿县安丰塘），晋国智伯引晋水灌田、李悝引漳十二渠等，秦的都江堰、郑国渠、灵渠等，都是当时有名的水利工程。两汉时，治黄提上议事日程。西汉黄河决堤溢大半在今河南省北部一带，泛滥至山东省西部、北部和河北省南部，有两次向南决口由泗入淮，淹及江苏省北部。从汉文帝十二年（前 168）河决酸枣（今河南延津西南）至王莽始建国三年（11）河决魏郡元城（今河北大名，一说河南濮阳）的 179 年，有 12 次决溢，西汉治河实际上是堵口修堤，被动地防御黄河泛滥。在今河南浚县、滑县、濮阳附近，修有多道堤防来阻河。塞瓠子（今河南濮阳西南）决口，于贝丘（今山东临清南）截弯取直等，塞决口与修堤等临时应急成为当时治理黄河的主旋律。东汉初年，王景治河，“河汴分流”，治河筑堤，治汴立水门，沿河设置“河堤员吏”，加强管理，河行新道，向东偏北流入渤海，此后七八百年黄河决溢减少，王景治河工程起到一定作用。

而西汉在关中修六辅渠、白渠、龙首渠、成固渠等水利工程，在宁夏平原修汉渠、汉延渠，在河西走廊修千金渠，在河套、湟水谷地也修渠灌溉，在西域轮台（今新疆轮台）、渠犁（今新疆库尔勒）等修水渠，还用坎儿井灌溉屯田，这些兴修水利灌溉工程，对黄河上中游地区抵御干旱、保证农业的灌溉用水起到了一定保障作用。而西汉在南阳修六门堨，东汉在汉水中游又引淯水（今白河）、湍水、泚水（今唐河）发展灌溉，王莽时，文益在滇池筑陂池，东汉扬州也有陂塘水利工程，鉴湖（镜湖）筑塘300多里灌田9 000余顷，淮河流域和北方农田水利工程也修建起来，这些工程大大增强了传统农业耕作区抵抗洪水的能力。

曹魏在颍汝两岸兴修水利，汴、睢、泗等水沿岸亦兴修水利。西晋时，淮河流域水灾不断，杜预拆除兖、豫两州东界（今豫东、皖北、鲁西南）的大量陂塘排水。六朝对江南，特别是对长江、钱塘江下游重点开发水利，筑塘、垦湖、修海塘及太湖排水，调节蓄排，合理利用湖沼，以及防御潮汐。

唐代，治黄工程仍未停歇。武后久视元年（700），在黄河下游北岸的德州、棣州开马颊河（又名新河），分洪泄流。开元十一年（723），博、棣二州黄河决口，河北道按察使萧嵩与博州刺史等堵口筑堤。开元十四年（726），黄河下游多处决口，济州等州刺史率民堵筑决河。而河北的黄河、漳、卫、滹沱河下游，积水多处，永徽初开长芦、衡、漳等三河分泄涝水，而开无棣河，通航排水兼顾。唐朝后期至五代黄河决徙频繁，从乾元二年（759）至显德六年（959），黄河下游共有47决溢，集中在24个年份。后唐同光二年（924）七月，修酸枣县黄河堤，失败，次年又再堵，修遥堤堵水口，再次年春，差夫1.5万修北岸卫州黄河堤。后唐长兴元年（930），加宽黄河南岸酸枣至濮州河堤；后周广顺三年（953），修郑、滑等处决口，次年除堵决口外，还派6万人筑郓州至张秋口堤防①，丞相亲自监修，可见政府重视程度。

北宋前期，河道北流以前即960—1048年，黄河决口83次，其中涉及36个年份，这一时期除一般防堵外，治黄还复筑古遥堤及开水减河，尤以开分水河为多，多在滑、澶、卫、相等诸州。北宋防河堵口多民、兵并用，多至数十万，少至数万，规模宏大。北宋后期（1048—1127），黄河北流和东流期间，黄河灾期最重，治河最频，用力亦勤，但治理多收效小。而从隋至唐前期，黄河中上游和

---

① 姚汉源：《中国水利发展史》，上海：上海人民出版社，2005年，第157～177页。

西北边疆水利发展与两汉相类似，有效地支撑了隋与唐前期的繁荣。唐后期至五代北宋，北方水利灌溉工程不如前期，虽然在宋神宗熙宁时也有北方高含沙量河流放淤肥田和利用山洪灌溉，十年间淤地5万顷以上，但北方水利与南方相较，已呈衰落趋势，而南方水利持续发展，在淮河北岸、江淮之间，长江流域、岷江上游都江堰、长江下游南岸地江南地区都修建大量灌区，浙西塘堰、浙东福建沿海地御咸蓄淡等渠塘工程等，都大量发展起来。

从南宋至明嘉靖末，黄河南流夺淮，洪水灾害等遍及黄淮海平原，但治理无术。元世祖至元时，贾鲁治河，修筑北流堤防，使黄河复故道自彭城入泗入淮。虽此后水灾稍减轻，但十余年后黄河大决北徙，效果也有限。明后期万恭、潘季驯治黄，提出堵决口、整理堤防、以水攻沙等方法，但收效不大。清康熙时靳辅治河，大治黄堤、运堤，大修洪泽湖，治河取得一定成效。而从南宋开始，多扩建整修江、浙、闽、广渠塘之利，以及两湖、皖、赣沿江滨湖的圩垸，南方水利灌溉排减工程持续发展。元代则把农田水利与屯田结合。明代，江南水利开发向珠江流域扩展，浙、闽、两广之利超过北方。清代前期，农田水利更趋地方化和小型化，大型工程只在西北地区多些。清中期以后，农田水利衰落，民间自发修建成一亮点。清末，西方技术陆续引入新水利工程，但工程不多。由此可以看出，历史时期水利工程除防洪防灾外，灌溉排涝也起到了兴利保障农业发展的作用。“水利者，农之本也”，水利是农业命脉，历代重视河工、兴利除弊、排灌结合，注重农田水利，大大减轻了灾害的影响。

二、兴修仓库，储粮备荒

汉初，晁错提出保国安民，必须“务于农桑，薄赋敛，广蓄积，以实仓廪，备水旱，故民可得而有也”①。地方官吏和民众勤于农桑，统治阶级轻徭役，薄赋税，大大减轻民众负担，使民众将粮食和财富贮积起来，国家和地方仓储充盈，有利于救荒。历代统治者都十分重视储粮对备荒的作用。《礼制·王制》中提出：“国无九年之蓄曰不足，无六年之蓄曰急，无三年之蓄曰国非其国也。三年耕，必有一年之食，九年耕，必有三年之食，以三十年之通。虽有凶旱水溢，民无菜色。然后天子食日，举以乐天。”“耕三余一”，国家每年储存1/3的粮食，三年就可存一年口粮，九年可存三年之粮，即使遇到大的水旱灾害，人民也不致受饥馑之苦，这种做法成为后来中国古代社会粮食储备的基本准则。

仓储被视为“天下之大命”，历朝各代都十分重视。夏代始，仓储制度正式成为国家的一项重要财政制度。从周代开始，国家中央粮储外，地方上兴仓储

① （汉）班固：《汉书》卷24上《食货上》，北京：中华书局，1962年，第1131页。

粮。汉代时，仓储制度渐趋成熟，仓储规模不断扩大。汉高祖七年（前200），营建长安时就建国家粮仓——太仓。除太仓外，中央管理的粮仓还有甘泉宫所在的甘泉仓，华县的华仓以及京师附近的细柳仓、嘉仓等，而地方郡、县两级以及侯国另有常设之仓。汉宣帝时，耿寿昌建议立常平仓，调控粮价。每当青黄不接、灾荒或战乱引起市场谷价等粮食价格上涨时，政府以常平仓所存之谷平价粜卖于市，以不致"谷贵伤民"；而当谷物等粮食丰收，谷价下跌时，政府又动用库帑平价出购"籴粮"，以不致"谷贱伤农"。从而稳定和调节市场，这种常平仓制度成为后世封建王朝沿用的主要仓储制度。

西晋泰始四年（268），设常平仓，"丰则籴，贱则粜，以利百姓"。晋武帝时，杜预积极推行常平仓。咸宁二年（276），又"起太仓于城东，常平仓于东、西市"①。鼓励百姓官员捐钱捐粮，政府奖励，以搜集粮食布帛，备荒年急用。魏晋仓储制度在秦汉基础上进一步完善，京师仓、太仓、常平仓、敖仓等外，地方上还有仓储。东晋时，京师之外的豫章仓（今江西南昌）、钓矶仓（今江西都仓）、钱塘仓（今浙江杭州）都储有大量粮食以备凶荒，北方的石赵等也是如此。

隋代起，在国家官仓之外，民间自置粮仓，出现专供当地备荒赈恤之用的义仓。义仓由各州军民共同设置，自愿"劝课"。"随其所得"的粟麦，平均每户出粟一石以下，按"贫富差等"法交纳，仓窖造于当地村社，委托社司管理，用于饥荒赈给。这种义仓制度成为封建仓储赈灾救荒的重要手段之一。唐代，常平仓和义仓制度进一步完善，州郡县的地方粮仓正仓，成为地方主要救济粮食的来源之一。正所谓"每岁水旱，皆以正仓出给"。宋代，仓廪制度进一步细化。官仓正仓的粮食来源主要是皇粮国赋；各州县的义仓主要是官收春秋二税中，每石另收一斗储仓；常平仓储谷来源于每年夏、秋两季，以略高于市价收购的粮食；广惠仓的仓米来源于官府对无人耕种的绝户田募人耕种收获的租谷；社仓主要靠官府及向富民劝捐劝借提供谷本收"息米"。宋代地方上的仓种有十几种之多，除上述社仓外，还有平籴仓、平止仓、永利仓、平济仓等。元代，腹里官仓、常平仓、义仓都起到救济的作用。

明代除了常平仓、义仓、社仓外，还增加了备荒的预备仓和济农仓。明洪武初，预备仓设立，由官府出仓本，设置于居民丛集之处，由当地德高望重之人管理，目的是备赈御灾，其仓粮主要来源于内帑发钞、地方财政支出和社会捐输、罪犯罚赎等。由此看来，预备仓综合了常平仓、义仓、社仓的功能。宣德时，江南巡抚周忱创立济农仓，其目的一方面是调节地方经费，另一方面是备荒济民。

---

①（唐）房玄龄：《晋书》卷3《武帝纪》，北京：中华书局，1974年，第66页。

其粮食主要来源于地方政府征收税粮支付解运及其他开支之后的余粮，其余来源于平籴和劝分的粮食。但这一粮仓制度推行时间短，且只在江南重税局部地区实行。清代仓储制度继承前代，在备荒中发挥最大功用的是常平仓，常作赈灾、借贷、平粜之用，并加强仓官任用及职责划分、仓谷的存贮及散放使用、日常管理等方面的监督监察。而社仓除来源于官府调拨外，与义仓一样，也来源于民间捐输。这些粮仓加上其他的京通仓、营仓、旗仓、水次仓、内仓，管理更加规范化、制度化。修建于光绪九年（1883）今陕西大荔县朝邑粮站内的丰图义仓，储粮五六千吨，曾在光绪二十七年（1901）赈灾中发挥过巨大作用，至今仍作为粮仓使用。

三、农田防灾技术

由于自然灾害对农业危害大且频发，易致饥荒，因此，古代劳动人民在同自然灾害斗争的过程中注意改良种植技术和方法，种植抗灾性强的作物，提高作物单产面积和产量，大力垦荒，发展农业，提高农业生产抵御自然灾害的能力。

早在先秦时期，我国先民已用多种生产工具来从事农业生产。诸如翻土之"耒"、一刃而碎土之"耜"、整地之"钱"、摩田之"耰"、掘土之"臿"、迫地去莠之"镈"、获禾刈草之"铚"和"艾"、脱粟之"枷支"等。战国时代，铁器和牛耕广泛使用，农具种类愈多且使用方便。"深耕易耨"，大大增强了土壤的保墒能力，加之施肥和灌溉技术日趋成熟，大大提高了粮食的单产。汉武帝时，赵过推行代田法，即在宽 6 尺、长 1 440 尺（汉尺一尺相当于今 0. 693 市尺，0. 231 米）的土地上，用牛耕出三条一尺宽、一尺深的甽（行间行沟），甽中犁起来的土堆成垅，垅宽一尺，甽、垅相间，交替轮换，增加了肥力和土壤保墒，使作物一亩产谷一石，提高了土壤生产力。同时，推广耦犁，采用二牛抬杠式，装有不同形式的犁铧和犁壁，开荒深翻，中耕培土。这种精耕细作的方式和抗旱高产的区田法在关中等地区得到推广，大大提高了作物的产量。而汉代的董仲舒主张关中多种"宿麦"，亦是从抗旱备荒来考虑的。汉代人们已开始"种谷必杂五种，以备灾害"。

魏晋时期，继续沿用汉代的代田法、区种法等抗旱耕作方法。代田法推行于耕地面积广阔之地，轮流耕作，恢复地力，耐风旱；区种法适用于小面积耕地，通过精耕细作提高抗灾能力和粮食产量。三国时邓艾和前秦苻坚都推广区种法。同时，进一步发展垄作法、墒种法、耩种法，抗旱保墒，还出现了耙田工具"铁齿镂楱"，形成耕、耙、耱一套完整的生产工具。农业灌溉用翻车提水，并使用田间红花草、豆科植物等做绿肥，还使用粪便作肥料，用拉绳物理方法防冻，大大提高了北方干旱地区发展农业生产的能力。而在南方，人们注意到利用红树蚁（黄猄蚁）来防治柑橘害虫，减少果树的虫害。这一时期，随着大量北人的南迁，六朝政府在江东推广种麦，特别是东晋时大力推行。麦、菽、粟、豆等耐旱作物在南方种植面积逐步发展。大豆、小麦成为救荒备灾的重要粮食品种。遇有荒歉年景，芋、稆、稗等杂粮和野生植物也成为荒不择食的充饥食物。

唐宋时期，南方水田耕作技术非常发达，生产工具也很先进。晚唐陆龟蒙的《耒耜经》是中国最早的关于农具的专著，记载的“江东犁”已有多个部件，与现今南方水田中使用水牛的犁已几无差别。而在灌溉技术方面，北方用“以水桶相连，汲于井中”的水车灌田，南方主要利用水流冲击竹筒旋转的筒车，把水由低处提到高处进行灌溉。宋代，南方水田整地技术形成，使用平整田面的“耖”。同时，还出现专门为拔秧而设计的秧马。唐宋以后，稻作生产普遍采用了移栽技术，与之相适应的育秧技术也已形成。加之，宋代耘田使用耘爪除草改善稻田环境，使水稻产量大大提高，南方宜稻之地大规模种植水稻，水稻也成为我国主要的粮食品种。而宋代长江下游的太湖流域出现了大规模的圩田，南方的山区丘陵闽、江、淮、浙、蜀等地还出现梯田（山田），有水种稻，无水种粟麦等旱地作物。作物种植面积扩大，江东精耕细作，“苏湖熟，天下足”。宋代还在梯田等高田选择耐旱水稻品种“高田早稻”，仅灌溉五六次就可保丰收。宋真宗时，还从福建引种原产越南的“占城稻”到江淮两浙地区，这种占城稻早熟又耐旱，其引进和种植推广大大增强了梯田的收成。

元代，为了预防水旱，出现了多种土地开发方式。王祯的《农书》除了总结了井田、区田、圃田外，还归纳了圩田、架田、柜田、梯田、涂田、沙田等六大类。其时圩田已在江淮、太湖、浙江等地广泛分布，而柜田为四周筑土围护的低洼地。架田（葑田）在湖边水面上以木缚为田，取葑泥为泥土，减少水旱，增加土地使用面积。涂田是开海潮所淤沙为田，改良滩涂地，在浙东沿海多有。而江淮以南的河流湖泊沙淤而成的耕地（沙田、淤田），也扩大了土地使用方式和面积。除开发多种土地耕作方式以增加粮食产量外，元代有用药物、雪水、蚕便以及羊便加马骨头水拌种防旱防虫的做法，还有用酢酱拌麦种、桑树下堆粪肥等抗旱防灾方法。总之，从种子处理、耕地耙地到田间管理，再到粮食储藏，都形成了一套防灾措施。而对蝗虫，元代人多在春夏和秋天天气晴热时，在蝗虫虫卵集中地，烧荒烧死地表害虫，然后深耕将虫卵从地下翻出让太阳晒死。这在《农桑辑要》、《农书》等中都有记载。而防止霜寒，则用火烧烟熏等方式。这些都在一定程度上减少了农业灾害的发生。

明代，军屯、民屯等大力垦殖荒地，通过增加土地面积，从而获得更多粮食以备灾年。洪武二十六年（1393），全国垦田数达8 507 000余顷①，为中国古代历朝屯田面积最多。同时，农业防灾技术不断完善。水田地区，水旱作物轮作，改善土壤结构和营养，提高作物产量。例如，“种棉二年，翻稻一年”，棉稻轮作；豆类与谷类的轮作复种、粮棉与绿肥作物的轮作复种，这种轮作复种制度，大大提高了土地的使用效率。《农政全书》可以说是当时农业生产经验和防灾技术的总结，其中对二年三作制的耕作技术与江南水田耕作、南方麦地和棉田排水都介绍得相当精细，而对肥料分类更趋细化，有自然绿肥（野生藻类的苔华）、种植绿肥（苜蓿、梅豆、胡麻、绿豆等）、饼肥（脂麻籽饼、萝卜饼等七种）等。对土温低而含水多的酸性土壤，施用磷肥（飞禽走兽骨灰），改良土壤。明代在江南常熟地区出现洼地掘池养鱼，高地作围种粮，塍上种植果树，畦地种蔬菜，汙泽处种水生植物，池上架梁养鸡豕，农林牧副渔综合经营；珠江三角洲出现“蔗桑基鱼塘”和“果桑基鱼塘”的经营方式；浙江嘉兴和湖州还出现以粮桑为主，鱼畜相结合的生产方式，立体经营为农业发展拓展空间。明代，美洲的甘薯传入中国，由于其适应性强，南北都可种，产量大，甜美可口，很快推广开来。而玉米、马铃薯产量高，适应性强，同样在明代开始大规模种植。这三种抗灾性强的农作物种植大大提高了人们的抗灾能力。加上其他耐旱、耐寒、耐瘠的作物，如千穗谷、扫帚菜；耐旱、耐涝的作物，如薏苡、稗、䅟等，以及救荒的其他作物品种，如苜蓿、沙蒿、水稻、豆类、谷子、高粱等，还有桑、枣、柿、粟、胡桃等果类，使人们的备荒品种日臻完善。

总之，历代统治者兴修水利，兴利除弊，防洪防汛，兴修黄河等河流工程，排灌结合，发展农田水利，以及建立较完善的仓廪制度，救灾救荒；提高农田耕作技术，扩大种植作物和面积，采取多种措施提高农业产量，开垦荒地增加粮食生产。同时，都采取了一系列的防灾措施，完善了相关的考察和监督制度，减少了灾害对民众和国家的损害。这些制度和措施，在一定程度上起到了预防和减少灾害的作用，是值得肯定和赞许的。

第二节 历代救灾政策的特征

防灾减灾常备性政策之外，发生灾荒后，历代政府在救灾应急方面采取了多项措施，参与应急管理的相关政府部门的设置日臻细化，相关救灾措施日臻完善。从报灾、勘灾到蠲缓、赈济、调粟、借贷、安辑流民，救灾程序和过程基本

① （清）张廷玉等：《明史》卷77《食货志一》，北京：中华书局，1974年，第1883页。

完善，民间参与救灾的能力和水平不断提高，成为政府救灾的强有力的补充。

一、历代政府相关救灾机构日臻细化

洪荒年代，水患是最大灾害。冥为少康的水正，负责治理水患，水正成为中国最早救灾的职官之一。商代，商王祈祷等礼仪之后，散金“铸币赈民”，直接参与救灾。而西周时，遇灾荒，周王召集三冢卿、三老、三吏、大夫、百执事等，朝议政令得失与“水患之灾”。从勘灾到报灾以及其后的救济，形成了较完善的救灾系统。“司土”掌事有“司廪”一项。“廪人”掌一年谷物贮藏及荒年的救济，“仓人”掌粮食的保管及余粮贮存，“遗人”掌管其余部分粮仓及救灾恤患，“乡师”掌巡查而调集粮食，分工明确，各司其职。春秋战国，灾荒发生时救灾赈民活动已十分普遍。诸如齐宣王发棠邑之仓以赈贫民；梁惠王发蓬忌之薮以赐民，令河内之民（今河南西北部黄河以北的地区，包括济源、焦作大部）至河东（今山西南部）就食；楚王令地方官员为农民提供农贷等，勘灾与救济措施已初具雏形。

秦汉时期与救灾相关的官员和机构设置进一步细化。九卿中的治粟内史，汉初仅掌农业及仓廪，大内掌管国家财政。汉武帝时改治粟内史为大司农，掌管国家谷帛租赋，大内为其属官，称都内，主管财贷等国家金库。而“掌丞天子，助理万机”的丞相，也参与救灾。汉武帝时，瓠子河决，“令群臣、从官自将军以下皆负薪，卒填决河”。皇帝亲临河决之地，丞相自然会参与其中。成帝河平三年（前26），黄河溃决，朝廷派王延世与丞相史杨焉、将作大臣许商、谏大夫乘马延年同时修河。[①] 将作大臣等与河等相关的工程官员也应是救灾的主要官员。此前成帝建始四年（前29），河决东郡金堤，豫东、鲁西四郡三十二县受灾，“遣大司农非调，调均钱谷河决所灌之郡，谒者二人发河南以东漕船五百艘，徙民避水居丘陵九万七千余口”[②]。谒者等参与应急救灾，加上地方行政官员的配合，救灾才会有一定的成效。地方官员与中央相关的财政、农业、交通、工程、军事等部门配合，才能完成塞河等重大工程，抵御灾难。

三国两晋南北朝沿袭了汉朝机制，救灾官员与机构职责明确。魏时尚书台移至外朝，尚书台主持日常政务，分五曹治事。西晋时，尚书台作为执行机构，组织完备且分工细密，时尚书台设吏部、客曹、驾部、屯田、度支等六大曹。至东晋改设吏部、祠部、五兵、左民、度支五大曹，每曹各设尚书为其长官。各大曹下又置小曹30余，设尚书郎20余人，分曹主事，虽其间有省并，但基本职责不

---

① （汉）班固：《汉书》卷29《沟洫志》，北京：中华书局，1962年，第1689页。

② （汉）班固：《汉书》卷29《沟洫志》，北京：中华书局，1962年，第1688页。

变。南朝将尚书台称作尚书省。尚书台（省）下辖的机构部门，在灾害发生时，其职责多与灾难救济有关。这些机构和职责，为隋朝的三省六部制奠定了基础。而监察官员亦监察“自皇太子以下，无所不纠”，扩大监察范围和职能，救灾也纳入其范围之内。

隋唐时，救灾机构职能划分更加明确。一般地方里正向县政府汇报，县令确定受灾“分数”后再向州上报灾害损失情况。州核实后申报尚书省，尚书省将灾情经由中书省奏闻皇帝，经宰相商议，确定灾害的赈济，上奏程序完成。遇到严重灾情，中央派使臣巡覆灾情，参与地方救灾。为了减少奏报的往返，唐玄宗时规定每年秋收后中央派遣使臣，与地方官员共同巡察地方的丰歉状况。到玄宗开元后期，又把灾害赈给权利下放到地方采访使和州县长官。唐后期，改变原来使用常平仓粮食赈济必奏后放的规定，在文宗大和九年（835），允许地方使用常平仓先给后奏，提高了救灾效率。为了杜绝地方政府在灾害中的舞弊现象，御史、监察使臣、救灾使臣、宦官、巡抚、巡院等多种方式巡覆监察，而救灾使职名目较多，以宣抚使和宣慰使常见。

辽宋金时期，继承唐代的相关救灾机构与官员的旧体，仍然分上奏、核覆、救济三大程序来完成救灾过程。相关的救灾机构由中央官僚与地方官僚体制相结合而成。宋朝负责救灾的常设机构有常平、转运、提刑三司，其所派遣地方的为“部使者”。转运司主管地方一路的财赋大权，设转运使、副使、判官等。救灾所需之钱粮等物，大都要靠转运司筹措转运。常平司（亦称提举常平司，简称仓司、庾司），主管常平仓、义仓、广惠仓及各路役钱、水利、盐茶等，救灾亦是其职权范围。其官员为提举常平官（常平使者，简称提仓），主管平衡物价。提刑司（提点刑司或宪司）长官为提点刑狱公事或同提点刑狱，负责一路司法刑狱与治安巡查，也参与地方救灾。临时负责救灾的有安抚使和廉政使。安抚使为中央派出的临时性官员，临时负责赈济诸路灾伤及用兵的特权，全权处理赈灾救荒事宜。廉政使也是中央派出的临时性官员，即走马承受公事，多以三班使臣或宦官担任，负责一路吏治查访，往往监察地方上的赈灾救荒事宜，连带负责某时期的赈灾。而地方上的州、府、县各级长官，是救灾中不可或缺的实际组织者和执行者。

元代，不论是中央还是地方，参与救灾的机构都较多。中央有中书省、户部、督水监、工部、御史台和大司农司，地方有行省州县管民官、劝农官、行司农司、都水庸田使司、河渠司、行御史台、按察司或廉访司。针对瘟疫等病害，元朝还设立有完善的医疗救灾体制。中央有太医院，地方设有医学提举司和惠民局，预防和治疗疾病。从奏报到覆核，从救济到监察，四成以上的灾害损失，中央才救治地方，而常平仓、义仓是赈济粮食的主要仓库，在救灾中作用重大。

明代时，中央负责救灾的机构由户部负责。户部在中央财政与地方财政衔接过程中起着重要作用，在财税、仓储、漕运等方面以及救灾中作用重大。其下辖的十三清吏司，分别管理各地的收支和报销。地方上由各省布政司主管民政和财政，救灾亦是其职责所系。而按察司虽主管司法与监察，也参与地方重大决策和监督地方官吏以及地方的救灾。而巡抚与巡抚御史是中央特遣到地方的巡视官员，在灾害发生时亦有义务在地方进行奏闻与救治。而省以下的府、州、县则直接管理地方事务，在救灾中的作用不容低估。

清代仍然延续前代的报灾、勘灾与审户、发赈等程序救济。相关的管理机构与前代差别不大，但从中国古代救灾制度的发展历程来看，其立法完备、措施全面、执行严格、效果显著。从中央的户部到地方的府州县，各级官僚体制和官员任职明确，有效地保障了救灾的实行。随着嘉（庆）、道（光）时奢靡与贪污成风，吏治全面败坏，大大影响了清代的救灾实效。加上财政拮据，社会危机四伏，政府救灾力不从心，而相应的民间救灾和各种慈善组织日益完善，大大弥补了政府救灾的遗憾和遗失，成为中国救灾制度上又一个亮点。

总之，历代救灾制度不断完善，从报灾、勘验到救济，程序细化，相关官员责任明确，法律制度也对官员的失职和渎职作出了规定，监察机构有力地监督和审查救灾过程中的官员失职，保障了救灾的实施和成效，起到了救济灾民的作用。不可否认的是，由于中国古代是封建君主专制的中央集权的国家，政策和条令虽然规定中央部门与地方机构在救灾中担当重要角色，但由于人为的各种原因，这些政策和条令在执行过程中往往掺杂着其他因素，影响了政策和条令的落实，使救灾或多或少存在问题，一定程度上影响了救灾的成效。

二、历代救灾的措施日臻细化

救济是救灾措施实施的重要环节，也是体现救灾成效的重要步骤。历代救济，从中央相关部门到地方府州县，形成了一个完整的救济实施体系，其发展历程足见历代政府的重视。

先秦时期的国家救济，《周礼》12《荒政》所列救荒，就有“散利”（国家手中掌握金钱物资等，赊贷或开仓赈济等）、“薄征”（灾年减免赋税）、“弛力”（征调力役方面实行减、免、缓等措施）、“去几”（灾年国家取消关梁的征税）等名目。同时，还平抑物价，招诱商人从事贩运；征召饥民，糊口度日，加强城防，一举两得。

秦汉时，国家救济灾民多以无偿给予钱物的方式赈济。赈济灾民的钱物包括谷食、帛絮等物以及钱币。同时，还将山林川泽等作为赈济代替物向灾民开放，“以助蔬食”，救民饥饿。赈济之外，国家还有条件地向灾民假贷粮种、食品、生产工具乃至田地等廪贷，帮助灾民恢复生产。同时，减蠲租税（包括土地税、户口税、徭役、兵役及杂税等），倡导节约，严禁侈靡，使荒政制度化和法律化，救灾措施程序化，大大提高了救灾的实效。虽然偶有吏治腐败，会在一定程度上影响救灾，但无碍两汉救灾的大局。

魏晋时期，在继承前代基础上又有发展。常平仓设置兴废无常，比秦汉有退步。减缓租税赋役，汉代重于轻敛，魏晋重于免租，十六国北朝重于蠲免田租调役。而两晋时针对疾疫，实行隔离治疗的措施。“永和末，多疾疫。旧制，朝臣家有时疾，染疫三人以上者，身虽无病，百日不得入宫。”① 对官员如此，其他民众亦同理。赈济、廪贷、施粥给药、瘗埋死者等，具体救灾救荒措施已约定俗成。

隋唐五代，中央与地方救灾的具体措施进一步完善。唐代中央因灾蠲免、赈救、令民逐粮就食、调粮救民、灾后抚恤、生产自救等，形式多样，内容丰富，切实可行，成效显著。在京畿、都畿地区的灾害赈济中，长安的太仓、洛阳的含嘉仓起到了维护政权稳定的重要作用。而各地的义仓、常平仓也在地方救灾上功不可没。唐前期救灾主要由中央统一决策、指挥，地方贯彻执行，起到辅助作用。唐后期转变为中央与地方协作救灾，地方的主动性增强，作用加大。唐后期地方救灾经费多样化，地方救灾积极性增加，无论是在赋税的缓缴、蠲免和灾害赈济方面，地方上都非常主动。由于地方财政的支持，除了惯常的常平仓赈济外，地方财政中羡余之钱、杂用钱、军资粮储等都参与了地方救灾，地方救灾手段灵活多样。唐后期，雇用灾民修造地方各种公共工程的工赈，已成为地方荒年救灾的一种形式。② 这些具体措施无疑增强了唐代救灾的力度和实效。

辽宋金时期，救灾程序仍是“检灾”和“赈济”两个阶段。虽然宋代的赈灾措施中有市场调节手段和民间力量，但仍以官方为主导，包括赈给、赈贷、赈粜、施粥、居养、移民就粟、荒年募兵、倚阁（缓期缴纳租税和其他杂税）、蠲免、免役、宽禁捕等，而罢官籴、弛禁榷、招商（减商税）、以工代赈、禁遏籴等，也对减灾起到一定的作用。由众多的救灾措施不难看出，宋代不但首创了许多救灾措施，而且大大发展了前代救灾措施的内容。

元朝在继承前代救荒救灾的基础上，施行有蠲免、赈济、调粟、节省粮食、安辑、抚恤等措施。蠲免包括减免税粮、丝料、包银、上供牲畜、商税、杂役等范围。赈贷的方式和物资来源都很丰富，而遭遇疫灾时，给药请医治疗，各地普设惠民局，设医救治。耶律楚材用大黄给士兵治疗，元宪宗也请医生为遇疫士兵

---

① （唐）房玄龄：《晋书》卷76《王廙传附彬子彪之传》，北京：中华书局，1974年，第2009页。

② 阎守诚主编：《危机与应对：自然灾害与唐代社会》，北京：人民出版社，2008年，第299~360页。

治疗等，这些都大大提高了民众抵御疫灾的能力。

明代时，救灾措施已达到非常完善的程度。蠲免、赈济、折输缓征、带征及停征、以工代赈、劝分、安辑流民、调粟、养恤、弛禁、施粥、除盗、宽刑、纳粟贡士、赐度僧牒、荒年纳兵等，几乎涉及各个方面。蠲免不仅包括赋税和徭役的蠲免，还包括各种加派及杂税等项的蠲免。赈济包括赈物与赈粮以及赈贷等。折输是将民户应上缴的税粮折银或其他物品，是减轻灾民赋税的一项措施。缓征是在灾荒来临时暂时停止即将征收或正在征收的税粮。带征是把缓征的税粮分作几份、分几年征收，而停征即灾年停止征收税粮或一些不急用的物品。劝分是国家在灾年劝谕富人无偿赈济贫民或减价出粜粮食以惠贫民。而养恤包括收养遗弃、抚恤鳏寡孤独、施药、掩埋尸体、赎还贫困家庭妻儿等。这些措施有力地保障了明代的救灾。

清代，在报灾、勘灾与查赈的基础上开展救灾，蠲免、赈济、工赈、调粟、借贷、安辑、抚恤、除疫、灭蝗等方式，与明代相差无几。不过，相关的措施与明代还是有所不同的。以赈济为例，清代前期的顺治、康熙两朝，赈米赈银及赈期并无定制，视灾情而定。从乾隆四年（1739）始，正式规定，日赈米数大口五合，小口半之，赈济米谷不足，折银钱给之，谓之折赈。乾隆七年（1742），又规定了赈济期限和赈济类别。凡遇水旱即行抚恤 1 个月，谓之正赈。勘灾审户后，依灾等级延长赈济月数，谓之大赈。大赈完毕，生计艰难或至次年青黄不接，临时奏请再加赈济 1 ~ 3 月，称之为展赈。乾隆时又对贫寒生员也一体给赈，嘉庆时还有摘赈（老弱病残或生命垂危，非急赈无以生存者的赈济）、煮赈等赈济形式。因此，清代对灾民的赈济名目繁多，让灾民都得实惠，赈济钱粮数目也非常大，超过前代。

三、民间社会救济成为政府救灾的有力补充

中国古代救灾主要依靠政府，但小范围的救灾或是政府无暇顾及的范围及地方，民间力量担当了重要角色。《逸周书·大聚解》就有"以国为邑，以邑为乡，以乡为闾，祸灾相恤"。邻里相救，共御灾祸。秦汉时，政府号令社会赈灾，一些官吏富人解囊相助。《后汉书·黄香传》和《后汉书·盖勋传》分别记载了延平元年（106）和中平元年（184）两年灾荒，富民和官员出义谷救活民众的史实。《后汉书·朱晖传》也有朱晖"散其家资"救饥民的记载。《后汉书·赵温传》、《后汉书·梁商传》中也有类似记载。《四民月令》在言及地主庄园的族权活动中，也提到"赈赡贫乏"之举。可见，汉代时，官员带头，富民积极参与，在一定程度上为部分地区的民众解了燃眉之急。

魏晋南北朝时期，个体小农大多聚族而居，代表民间宗族势力的地主豪强利用地方基层行政制度暂时出现的空白，在灾荒中发挥自己的救助作用。仅以《晋书》所载为例，《刘寔传》、《羊祜传》、《吴隐之传》、《王导子荟传》、《隐逸传·汜腾》、《郗鉴传》、《李庠载记》、《孔坦传》、《范晷传》、《祖逖传》、《裴楷传》等都记载了这些豪绅大族救济民众的史实。救济的民众除本族宗族外，还应包括邻里。这种民间散发私财救济灾民的措施一直延续了下来。北魏延昌元年（512）五月，“诏天下有粟之家，供年之外，悉贷饥民”①。北齐武平七年（576）正月，“诏去秋已来，水潦人饥不自立者，所在付大寺及诸富户济其性命”②。富民、寺院僧侣，成为民间救济的重要力量。

隋唐五代，民间救济仍有所发展，但还不成熟。主要是民间救助的数量和规模还比较小，政府也缺乏有效的管理制度，只是灾荒临时引导和鼓励，社会各阶层参加救灾救荒，成效不大。唐前期，在地方官吏的参与和劝导下，民间救灾活动偶有开展。安史之乱后，中央统治岌岌可危，一些地方富户自发承担起救恤责任，而中央通过赐官、减赋税等政策，鼓励民间参与救济。唐肃宗、德宗时，都下诏令对“救恤者”“以官秩”。同时，要求地方高贾、寺院将粮食出粜或贷借给灾民，参与地方救灾。而随着寺院经济的发展，政府要求佛教寺院设立病坊，收容贫民和灾民。五台山清凉寺设粥院，灾年救济民众；天台山国清寺施粮舍药。而许多僧侣还组织施粥活动，僧人、道士还利用擅长的医术来救治灾民。这些活动或自发或由政府引导，而灵活、及时的民间救助，弥补了政府在救灾中的物力和财力的不足，成为官方救灾有力的补充，有利于灾区社会的稳定和经济的恢复。

宋代时，政府引导下的民间救助日臻完善。政府出台鼓励富户出粜与赈济的一套相应的褒奖制度，民间踊跃参与救灾，救灾的社会福利性和民间慈善活动奠定了元、明、清三代的基本格局。政府在城市设立福田院、居养院、安济坊、养济院、漏泽园、慈幼局等官办机构，而在广大农村，富民广泛参与灾荒救济，从救灾物资的提供、调剂和物价的平抑，到灾民的安置以及政府救灾物资的收储发放，都发挥了重要作用，富民成为民间慈善救济活动的核心力量。同时，民间也自救与互济，刘黼曾建济民庄，“济士民之急”。宗族救助发放米粟钱物、煮粥以及备棺助葬等，覆盖各个方面。民间救助形式和内容的完善，为后代的民间救济奠定了坚实的基础。

明代时，民间救灾活动如火如荼地发展起来。与官方救灾相对应，民间亦有

① （北齐）魏收：《魏书》卷8《世宗纪》，北京：中华书局，1974年，第212页。
② （唐）李百药：《北齐书》卷8《后主纪》，北京：中华书局，1972年，第109页。

捐赈、平粜、借贷、施粥、施药及埋尸等方式。民间捐米与捐金，平抑物价，贷种或贷牛，农村富民自发施粥救灾，施药救疾疫，掩埋尸体，等等，民间救灾已发展到较高水平，远远超越中国古代早期的劝分，完全是一种自发的行为。明代民间救灾，是在商品经济不断发展、地方大族经济势力影响越来越大的情况下出现的，成为官方救灾系统有益的、必要的补充，在救灾救荒中发挥着日益重要的作用。

清代时，民间救灾更趋完善成熟。宗族力量与商人等社团互济日益凸显出来。据光绪《婺源县志》统计，从清初到咸丰朝的218年间，婺源县共有235位族绅对46次灾荒进行了救济，救济手段有平粜、赈济、施粥、借贷、补还积谷等，其中赈济和施粥均为无偿施予，使众多族人临灾受惠。① 族田、义庄、义田等成为宗族救灾的重要钱财来源，宗族赈济、邻里互援成为地方社会民间救助的重要形式。同时，清代还出现不少官督民办性质的社会慈善机构，如普济堂、养济院、育婴堂、工艺局等，养恤贫苦孤残；栖留所专门收养逃荒乞食的流民。商人积极参与民间救济与慈善事务，淮商、晋商、徽商、闽商、粤商等都组织善会、善堂，进行义赈，尤以江南地区的善会、善堂最具代表性。除商人外，地方富民也向灾民施以援助，或贷粮米，或以贷为赈，平抑物价，收养外来流民，成为民间赈济的重要形式。

总之，历代政府面对灾荒，采取了一系列的具体救灾措施，从报灾到勘验以及救济，相关的救灾程序日益完善，相关的法律和监察机构约束官员的救灾行为，具体救灾内容不断完善，在一定程度上使政府的救灾制度化、规范化，各项救灾措施也得以贯彻执行，这些都为救灾成果的取得奠定了良好的基础。而民间救济组织和形式也日益成熟完善，成为政府救灾的有益补充形式。

第三节　历代政府应对灾害的评价

我国历来是世界上自然灾害最严重的国家之一，历代自然灾害具有分布地域广、灾害种类多、发生频率高和造成损失大的特点。面对各种不同类型和损失程度不一的灾害，历代的救灾形成以政府为主导、辅以民间义赈的方式，形成了中国古代颇具特色的救灾机制。评价历代政府的救灾制度与措施以及救灾的实效，从中吸取经验教训，以史为鉴，对完善我国现代的救灾制度有重大的作用。

---

① 李自华：《清代婺源的水旱灾害与地方社会自救》，载《农业考古》，2003年第1期。

一、经过历代王朝的不断发展完善，形成了多种类型并存、以政府为主导的救灾机制

由于古人驾驭自然的能力有限，面对大的自然灾害，历代统治者为了维护统治的需要，都把政府面对灾荒作为施政的重要内容，历代灾荒史在一定程度上就是一部中国政治史。灾荒与政治联系起来，历代王朝都不断在荒政中总结得失，不断完善相关的救灾程序、救灾机构、救灾政策与措施、灾前预防与防护、灾后的救济等方面的内容，形成了多民族中央集权统一的国家体制下颇具特色、行之有效的救灾机制。其间虽然有诸侯割据、南北分裂，但不同地域的政权都把救灾作为政权执政的重要指标，而且都体现了政府主导的救灾机制。

先秦时期，救灾机制尚不健全，但赈济已经有国家救济和私人救济两种形式，而以国家赈济为主要。《左传·僖公二十一年》记载鲁国大旱，臧文仲提出"修城郭、贮食、省用、务穑、劝分，此其务也"。劝分是让储积较多的人开仓放粮，与政府一起赈济，结果"是岁也，饥而不害"。由于私人储粮远不能与诸侯国相比，所以其救济作用有限。其他还有宋公子鲍、卫大夫公叔文子都分别施粟借货、施粥，帮助民众渡过灾荒。而齐名相晏婴也是先拿出自己家粮食赈济灾民，然后劝说齐景公开仓放粮。这些措施灵活方便，及时便利，在救灾中初见成效。但民间救灾因财力和地域有限，国家仍是救灾的主要力量。

秦汉时期，官方救灾制度日益成熟，民间救济仍是官方救灾的有益补充。政府引导民众遇灾赈济，当然也有部分吏民自愿赈救宗族或乡邻。政府还提倡入粟拜爵；向王侯吏民借贷，以助灾民；灾荒时，百姓输粮不需用传（管理百姓流动的凭证）。多种鼓励和引导民间救济的方式，与政府具体的救灾措施一起，发挥着救灾作用。

魏晋时期，官方赈济、调粟、蠲免赋役、廪贷等举措，减轻了灾民负担，作用重大；民间的宗族救荒、邻里互助、抗灾自救，补充了官方救灾的不足，尤以田庄主对宗族成员的救恤较为重要。隋唐时期，官方劝导和参与民间救灾，富民、商人、僧侣等都成为主要的民间救灾力量，但仍以官方的救灾措施为主要，民间的救灾仍然数量少、规模小。

宋元明清时期，商品经济的发展和民间经济势力的日益增强，为民间更多自发地参与救灾提供了条件。随着国家官方的救灾日益程序化、制度化、法律化，民间救灾在救灾中的作用越来越重要，捐赈、平粜、借贷、施粥、施药、掩埋尸体等，形式多样，方便灵活。宋代规定犯人因其义赈可折赎罪行；明清入粟补官，鼓励民间救灾，这些都起到政府在救灾中难以起到的作用，成为政府救灾的有益补充。

近代中国救灾主体日益多元化，从政府主导向政府、社会多元参与转变。中央将救灾权限下移，并向社会开放，传统的民间社会救灾赈济不断强化，西方传教士的洋赈、工商业行商的义赈等形式出现，弥补了官方救灾的不足，促进了各方共同合作，提高了救灾效率。

二、历代政府的救灾多僵化，临时应急特征明显

历代政府的救灾程序固定化，相关制度僵硬化，机构多样化，监察法制化，虽然较有效地发挥作用，但不够灵活；缺乏专职的救灾机构或官员，救灾措施多临时性按惯例进行。

中国历代救灾一般分为灾前预防、灾中救助和灾后救济三个阶段。政府非常重视灾前预防，从兴修水利、发展农业，到储备粮食、厉行节约，应对可能发生的风险，提高整个社会抵御与防范风险的能力。灾前预防主要集中在：其一，采取一系列措施，包括兴修水利、兴利除弊、兴修黄河等河流工程，防洪防汛，排灌结合，提高农田耕作技术，扩大耕种面积，提高粮食产量，防御水旱等灾难以及“粮荒”，同时，采用加强气象监测，建立粮价呈报制度，防灾减灾；其二，建立国家和民间的粮食仓储制度，包括官方设立常平仓、广惠仓、平籴仓、惠民仓等，以及民间自发集资设立义仓（社仓），增加社会调控，以备不时之需。义仓（社仓）对灾民的救济更为普通和直接。

灾中救助是官方所采取的一系列应急救助措施，如建立严格的报灾与勘验制度。与此相关的地方政府与中央尚书省的户部、工部以及中书省等机构，参与救灾。为保证有效的管理与监督，政府以立法或监察形式，考核官员，问责检查。报灾是政府救灾的第一步，地方官吏逐级上报，使政府能及时、准确地了解地方灾情。为了提高效率，历代政府还规定了明确的成灾标准，规定报灾期限和程序。一般把灾害受损程度定为十级，四级以上就被认定为成灾。历代虽不完全一样，但相差无几。地方官员或中央御史勘察核实受灾程度和成灾分数后，为以后发放救灾物资和减免赋税提供依据。同时，核实灾民户口和受灾等级，为以后赈济和灾民领赈做好准备。

而灾后救助是救灾的重要环节和核心部分。蠲免、减征、缓征、抚恤等，减免赋税，无偿救助，贷粮食、钱款、种子、农具、耕牛等放贷性救助，以及“移民就食”、以工代赈，还有派医疗特使往灾区就诊，发放药物以及设立医疗机构为灾民看病等。诸多措施，多方参与，虽然没有专门机构和官员负责，但至少说明，历来救灾是各级政府的基本工作之一。而从西周开始，历代政府设立了包括救灾在内的政府管理机构和官员，还对各级官员的救灾业绩进行考核和监督，以定其高下优劣，奖罚分明。相关的法律制度和条令也日益完善化，有力增

强了救灾的保障力。

虽然历朝政府已经把救灾程序化，参与的相关官僚机构多样化，制度保障与监察明确化，但由于相关的条令和制度僵化，不利于救灾取得实效。如救灾过程中，报灾与勘验时间过长；开仓赈济与动用救灾款项，层层审批，贻误救灾最好时机；有时一些官吏为了及时救灾，先行挪钱粮赈济，往往被认为违例甚至受到免官处罚，等等，都在很大程度上影响了政府的救灾效果。

由于古代救灾措施多临时性按惯例进行，没有专门的救灾机构和官员，没有制定专门的救灾制度，救灾机制不够规范化。虽然近代政府注意完善相应的救灾机构和制度，进一步规范救灾工作，但成效仍是不够理想。1929 年，作为全国救灾常设机构和全国性专门机构的赈灾委员会成立，并在各省、市、县设立分支机构。另外，近代凡遇重大灾情还临时设立专门救灾机构，如 1933 年因黄河水灾而设立黄河水灾救济委员会，遇灾即设，灾去即废。同时，制定和公布了《勘报灾歉章程》、《灾赈查放办法》、《救灾准备金法》、《办理赈务人员奖恤章程》、《各省赈务会赈款管理规则》等相关制度和法规，说明近代中国救灾正向规范化、制度化发展。

三、历代政府救灾的滞后性

在肯定古代和近代救灾机制的同时，受生产力、交通条件以及传播媒介等的限制，古代政府救灾有一定的滞后性。随着交通与通信条件改善，近代救灾的效率和速度大大提高。

至少从秦代开始，报灾制度已经形成，但由于当时的交通与通信条件较差，一般在一个半月内才上报到朝廷，大大影响了救灾的过程和速度。虽然遇到特大灾害，地方官员可以采取特殊措施，如开仓放赈，先开始赈灾，同时向上级汇报，但一般官员不愿冒丢官的危险，常常墨守成规，按照救灾程序和相关规定来执行，大大影响了救灾政策的实效性，特别是遇到地震、洪灾等破坏性较大的灾害，常常贻误最佳救灾时机。

近代科技的不断发展，从传统的天象预警到科技预警，大大提高了灾前的预报和准备水平，防灾、减灾成效凸显。而且，改变了原来单靠人力救灾的旧窠臼，转变成使用机械与人力相结合的救灾方式和手段，救灾愈加灵活。特别是随着近代传播媒介如电报、电话以及报纸等的出现，有效地发挥了在信息传导、组织民众等方面的功能，大大提高了救灾效率。随着新科技的不断发展，救灾的区域由传统的一地自救、异地购粮转变为跨多省救灾，国内救灾也有华侨华人的参与。

四、救灾元素影响政府救灾的实效

官吏贪廉、财力多寡等救灾元素，大大影响政府救灾的实效，特别是地方官吏参与救灾的全过程，其清廉与贪腐大大影响政府救灾的实效。

在古代、近代的救灾史中，虽然涌现出许多不顾个人安危为民请命的良吏，但同时也出现个别渎职官员。更有甚者，借机侵吞灾款、灾粮，中饱私囊，鱼肉百姓。由于地方官吏从报灾、勘验到赈济等救灾的各个环节都有参与，这些无疑会增加地方官吏徇私舞弊的几率。除个别官员匿灾不报、漠视民灾、救灾不力外，大部分参与救灾的地方官员，或从中贪污受贿，分配救灾物资和钱粮给官吏与富商，使民众不得实惠；或谎报灾情，从中渔利，有时政府已蠲免粮税，但地方官吏却仍旧追缴；地方官吏在利益的驱使下，在救灾中存在瞒报、虚报的问题，大大影响了政府的救灾效果。唐后期，一些地方官吏在救灾方面态度消极，不积极贮粮备荒，希望中央财政支持地方救灾，大大影响了后期的救灾实效。

虽然中央制定了一系列考核和防止官员舞弊的制度，但到各个王朝的后期，官制腐败，防弊措施流于形式，官官相护，官员贪污成风，救灾成效很难有效地体现出来。一般来说，救灾中地方官员的素质对救灾过程的成效起着很大的作用。如果吏治清明，救灾成效就好；反之，吏治腐败，政府救灾不力，就会弊端丛生。清代嘉庆道光时期，吏治腐败，政府救灾不力，虽然也有林则徐、陶澍等正直官吏组织救灾，但大多数官员对救灾消极应对，平时不注意备荒，灾时又不及时救助，玩忽职守，苟且度日，甚或借机中饱私囊，导致了政府救灾不力。

当然，财力多寡等救灾因素也影响到救灾的实效。一般到了每个王朝的后期，财力凋敝，官员腐败，统治危机，再遇上灾荒，民众起义，直接威胁到王朝的更替，明后期就是如此。事实上，一般中央财政艰难，就无法救济民众。唐后期就是如此情形，加上地方藩镇割据，大大影响了政府的救灾力度。近代，救灾的经费来源渠道更加多样化，除了政府拨款、社会募捐等传统方式外，政府还采取了发行公债、举借外债等措施来募集经费，同时还设立商业保险等新兴筹款方式，多渠道开辟救灾经费来源，大大提高了救灾的实效。救灾的粮款是救灾活动开展的源头，历代王朝的救灾力度和实效与此息息相关。

五、从古至今，救灾机制一脉相承，以史为鉴，完善我国现今的救灾制度

传统古代救灾以政府为主导，救灾逐步程序化、制度化、法律化，救灾管理也有许多可供借鉴之处，如监察机制、考核机制等。救灾管理机构和人员专门

化，但各部门又与地方合作，完成一次救灾过程。当然，由于古代救灾缺乏专业性分工，各部门负责人和地方长官同时兼管救灾，古代救灾效率总体上是低下的。从历代政府救灾中不难发现，中央各部门与地方合作，是政府救灾成败的关键。以史为鉴，今天我国救灾体制中，完善专门的救灾管理机构和体系的设置，各机构职责与分工明确，专业化救灾机构相配合，这些都显得十分重要。

同时，在古代和近代形成较为成熟的救灾抗灾机制上，将原来惯例性、临时性的一些救灾措施逐渐用必要的、规范化的制度确定下来。虽然新中国成立后，我们公布了《防震减灾法》、《防洪法》、《消防法》等法规，但仍缺乏一部综合性的国家救灾法，救灾的法律体系和制度体系应逐步建立起来。

从古代、近代救灾过程来看，官吏的清廉与贪腐直接影响救灾实效。因此，将治吏与救灾结合，一方面加强立法建设，明确救灾机构和官员的法律责任；另一方面完善救灾钱款物资的监管，加强执法力度，惩治救灾中的腐败分子，使救灾工作确实取得实效。

救灾是一项系统工程，需要全民配合、全民参与。从古代不管是政府引导还是民间自发的救灾，直到近代慈善公益观念的形成与发展及慈善机构的出现等，救灾日益社会化。全民动员，凝聚共识，政府主导，调动社会力量救灾，是古今救灾形成的通识规律。这对今天我们的救灾体制形成多元化有指导意义。同时，从古代《救灾活民书》、《康济录》、《筹济篇》到近代防地震及防洪等知识普及，使民众必备一些救灾知识，提高和加强救灾抗灾的意识与能力，也会对抗灾救灾起到一定的作用。全民动员、政府主导、法规保障、官员作为，才能保证现今的救灾制度日益完善。

参考文献

一、史籍

[1]（汉）司马迁：《史记》，北京：中华书局，1959 年。

[2]（汉）班固：《汉书》，北京：中华书局，1962 年。

[3]（宋）范晔撰，（唐）李贤等注：《后汉书》，北京：中华书局，1965 年。

[4]（晋）陈寿撰，陈乃乾校点：《三国志》，北京：中华书局，1959 年。

[5]（唐）房玄龄：《晋书》，北京：中华书局，1974 年。

[6]（梁）沈约：《宋书》，北京：中华书局，1974 年。

[7]（梁）萧子显：《南齐书》，北京：中华书局，1972 年。

[8]（唐）姚思廉：《梁书》，北京：中华书局，1973 年。

[9]（北齐）魏收：《魏书》，北京：中华书局，1974 年。

[10]（唐）李百药：《北齐书》，北京：中华书局，1972 年。

[11]（唐）魏征等：《隋书》，北京：中华书局，1973 年。

[12]（唐）李延寿：《南史》，北京：中华书局，1975 年。

[13]（唐）李延寿：《北史》，北京：中华书局，1974 年。

[14]（后晋）刘昫等：《旧唐书》，北京：中华书局，1975 年。

[15]（宋）欧阳修、宋祁：《新唐书》，北京：中华书局，1975 年。

[16]（宋）薛居正等：《旧五代史》，北京：中华书局，1976 年。

[17]（宋）欧阳修撰，（宋）徐无党注：《新五代史》，北京：中华书局，1974 年。

[18]（元）脱脱等：《宋史》，北京：中华书局，1977 年。

[19]（元）脱脱等：《辽史》，北京：中华书局，1974 年。

[20]（元）脱脱等：《金史》，北京：中华书局，1975 年。

[21]（明）宋濂等：《元史》，北京：中华书局，1976 年。

[22]（清）张廷玉等：《明史》，北京：中华书局，1974 年。

[23] 赵尔巽等：《清史稿》，北京：中华书局，1976 到 1977 年出版。

[24] 顾颉刚、刘起釪：《尚书校释译论》，北京：中华书局，2005 年。

［25］（战国）墨翟等：《墨子》，北京：中华书局，1985 年。

［26］杨伯峻注：《春秋左传注》，北京：中华书局，1981 年。

［27］《十三经注疏》整理委员会整理，李学勤主编：《十三经注疏·周礼注疏》，北京：北京大学出版社，1999 年。

［28］徐元诰撰，王树民、沈长云点校：《国语集解》，北京：中华书局，2002 年。

［29］（战国）荀况著，王天海校释：《荀子校释》，上海：上海古籍出版社，2005 年。

［30］吴则虞：《新编诸子集成·第 1 辑·晏子春秋集释》，北京：中华书局，1982 年。

［31］张觉：《韩非子校疏》，上海：上海古籍出版社，2010 年。

［32］陈奇猷校释：《吕氏春秋校释》，上海：学林出版社，1984 年。

［33］何宁：《淮南子集释》，北京：中华书局，1998 年。

［34］（汉）郑玄：《易纬稽览图》，文津阁四库（17），北京：商务印书馆，2005 年。

［35］（汉）高诱注：《吕氏春秋》，上海：上海书店出版社，1986 年。

［36］王利器校注：《盐铁论校注》，北京：中华书局，1992 年。

［37］（汉）刘歆撰，（晋）葛洪集，向新阳、刘克任校注：《西京杂记校注》，上海：上海古籍出版社，1991 年。

［38］（魏）王弼注：《老子道德经》，上海：上海书店出版社，1984 年。

［39］（后魏）郦道元注，（清末）杨守敬、熊会贞疏，段熙仲点校，陈桥驿复校：《水经注疏》，南京：江苏古籍出版社，1989 年。

［40］（唐）柳宗元：《柳宗元集》，北京：中华书局，1979 年。

［41］（唐）李肇：《唐国史补》，上海：上海古籍出版社，1979 年。

［42］（唐）李林甫等：《唐六典》，北京：中华书局，1992 年。

［43］（宋）李昉等编：《文苑英华》，北京：中华书局，1966 年。

［44］（北宋）王钦若等编：《册府元龟》，北京：中华书局，1960 年。

［45］（宋）李昉等：《太平御览》，北京：中华书局，1960 年。

［46］（宋）司马光编著，（元）胡三省音注，“标点资治通鉴小组”校点：《资治通鉴》，北京：中华书局，1956 年。

［47］（宋）宋敏求：《长安志》，台北：成文出版社，1970 年。

［48］（宋）乐史：《太平寰宇记》，北京：中华书局，2007 年。

［49］（宋）李光：《庄简集》，文津阁四库（377），北京：商务印书馆，2005 年。

[50]（宋）李焘：《续资治通鉴长编》，北京：中华书局，2004 年。

[51]（宋）范成大：《范成大笔记六种》，北京：中华书局，2002 年。

[52]（宋）范纯仁：《范忠宣集》，文津阁四库（369），北京：商务印书馆，2005 年。

[53]（宋）赵彦卫：《云麓漫钞》，北京：中华书局，1996 年。

[54]（宋）庄绰：《鸡肋编》，北京：中华书局，1983 年。

[55]（宋）沈括：《梦溪笔谈》，南京：江苏古籍出版社，1999 年。

[56]（宋）欧阳修：《文忠集》，文津阁四库（368），北京：商务印书馆，2005 年。

[57]（宋）王栐：《燕翼诒谋录》，北京：中华书局，1997 年。

[58]（宋）李心传：《建炎以来朝野杂记》，北京：中华书局，2000 年。

[59]（宋）蔡襄：《端明集》，文津阁四库（364），北京：商务印书馆，2005 年。

[60]（宋）叶隆礼：《契丹国志》，上海：上海古籍出版社，1985 年。

[61]（元）苏天爵：《滋溪文稿》，文津阁四库（405），北京：商务印书馆，2005 年。

[62]（元）王结：《善俗要义》，见杨讷点校：《吏学指南（外三种）》，杭州：浙江古籍出版社，1988 年。

[63] 黄时鉴点校：《通制条格》，杭州：浙江古籍出版社，1986 年。

[64]（元）王祯：《农书》，北京：中华书局，1956 年。

[65]（明）陈子龙选辑：《明经世文编》，北京：中华书局，1962 年。

[66]（明）邱浚：《大学衍义补》，北京：京华出版社，1999 年。

[67]（明）姚文灏：《浙西水利书》，文津阁四库（191），北京：商务印书馆，2005 年。

[68]（明）叶子奇：《草木子》，文津阁四库（287），北京：商务印书馆，2005 年。

[69]（明）谭迁：《国榷》，北京：中华书局，1958 年。

[70]（明）徐光启：《农政全书》，长沙：岳麓书社，2002 年。

[71]（明）张萱：《西园闻见录》，续四库全书（1169），上海：上海古籍出版社，2002 年。

[72]（清）徐松辑：《宋会要辑稿》，北京：中华书局，1957 年。

[73]（清）乾隆官修：《续文献通考》，杭州：浙江古籍出版社，2000 年。

[74]（清）乾隆官修：《清文献通考》，杭州：浙江古籍出版社，2000 年。

[75]（清）陈梦雷编：《古今图书集成》，成都：巴蜀书社，1988 年。

[76]（清）董诰等编：《全唐文》，北京：中华书局，1983 年。

[77]（清）江永：《礼书纲目》，文津阁四库，北京：商务印书馆，2005 年。

[78]（清）韩善征：《疟疾论》，见《中国医学大成》（卷四），北京：中医古籍出版社，1995 年。

[79]（清）姚雨芗辑：《大清律例会通新纂》，台北：文海出版社，1964 年。

[80]（清）席裕福编：《清政典类纂》，台北：文海出版社，1983 年。

[81]（清）允禄、鄂尔泰等编：《清世宗宪皇帝朱批谕旨》，北京：北京图书馆出版社，2008 年。

[82]（清）刘毓秀修：嘉庆《洛川县志》，南京：凤凰出版社，2007 年。

[83]（清）孙诒让撰，王文锦、陈玉霞点校：《周礼正义》，北京：中华书局，1987 年。

[84]（清）欧阳昱：《见闻琐录》，长沙：岳麓书社，1986 年。

[85]（清）顾炎武著，陈垣校注：《日知录校注》，合肥：安徽大学出版社，2007 年。

[86]（清）刘坤一著，中科院历史研究所校点：《刘坤一遗集》，北京：中华书局，1959 年。

[87]（清）陆曾禹：《钦定康济录》，文渊阁四库全书（663），台北：台湾商务印书馆，1986 年。

[88]（清）俞昌烈：《楚北水利堤防纪要》，武汉：湖北人民出版社，1999 年。

[89]《明宣宗实录》，台北：中央研究院历史语言研究所，1962 年。

[90]《明英宗实录》，台北：中央研究院历史语言研究所，1962 年。

[91]《明孝宗实录》，台北：中央研究院历史语言研究所，1962 年。

[92]《明神宗实录》，台北：中央研究院历史语言研究所，1962 年。

[93]《明太祖实录》，台北：中央研究院历史语言研究所，1962 年。

[94]《明熹宗实录》，台北：中央研究院历史语言研究所，1962 年。

[95]《明世宗实录》，台北：中央研究院历史语言研究所，1962 年。

[96]《明武宗实录》，台北：中央研究院历史语言研究所，1962 年。

[97]《明宪宗实录》，台北：中央研究院历史语言研究所，1962 年。

[98]《明太宗实录》，台北：中央研究院历史语言研究所，1962 年。

[99]《清圣祖实录》，北京：中华书局，1985 年。

[100]《清世祖实录》，北京：中华书局，1985 年。

[101]《清高宗实录》，北京：中华书局，1985 年。

[102]《清世宗实录》，北京：中华书局，1985 年。

二、报纸

[1]《申报》

[2]《新华日报》

[3]《大公报》

[4]《新新闻报》

[5]《解放日报》

[6]《顺天时报》

三、今人著作、译著

[1] 龚胜生：《隋唐五代时期疫灾地理研究》，见《暨南史学》（第三辑），广州：暨南大学出版社，2004 年。

[2] 王元林：《历史时期陇东黄土高原塬面的变迁》，见朱士光、吴宏岐主编：《西北地区农村产业结构调整与小城镇发展》，西安：西安地图出版社，2003 年。

[3] 黄鸿寿编：《清史纪事本末》，北京：北京图书馆出版社，2003 年。

[4] 王武科：《中国之农赈》，上海：商务印书馆，1936 年。

[5] 方诗铭、王修龄：《古本竹书纪年辑证》，上海：上海古籍出版社，1981 年。

[6] 冯和法编：《中国农村经济资料》，上海：上海黎明书局，1933 年。

[7] 王梨树：《关于荔枝龙眼的研究》，北京：科学出版社，1956 年。

[8] 章有义主编：《中国近代农业史资料》（第三辑），北京：生活·读书·新知三联书店，1957 年。

[9] 马世骏：《中国东亚飞蝗蝗区的研究》，北京：科学出版社，1965 年。

[10] 中国科学院地质研究所：《中国地震地质概论》，北京：科学出版社，1977 年。

[11] 王仲荦：《魏晋南北朝史》，上海：上海人民出版社，1979 年。

[12] 竺可桢：《竺可桢文集》，北京：科学出版社，1979 年。

[13] 史念海：《河山集·二集》，北京：生活·读书·新知三联书店，1981 年。

[14] 傅筑夫：《中国封建社会经济史》（第二卷），北京：人民出版社，

1982 年。

［15］蒙文通：《蒙文通文集》，成都：巴蜀书社，1983 年。

［16］傅筑夫：《中国封建社会经济史》（第三卷），北京：人民出版社，1984 年。

［17］陆人骥编：《中国历代灾害性海潮史料》，北京：海洋出版社，1984 年。

［18］杨荫溥：《民国财政史》，北京：中国财政经济出版社，1985 年。

［19］耿庆国：《中国旱震关系研究》，北京：海洋出版社，1985 年。

［20］张家诚主编：《地学基本数据手册》，北京：海洋出版社，1986 年。

［21］张弓：《唐朝仓廪制度初探》，北京：中华书局，1986 年。

［22］王育民：《中国历史地理概论》，北京：人民教育出版社，1987 年。

［23］傅筑夫：《中国经济史论丛・续集》，北京：人民出版社，1988 年。

［24］水利水电科学研究院：《中国水利史稿》，北京：水利电力出版社，1989 年。

［25］王鸿祯主编：《中国地质事业早期史》，北京：北京大学出版社，1990 年。

［26］石方：《中国人口迁移史稿》，哈尔滨：黑龙江人民出版社，1990 年。

［27］李文海、周源：《灾荒与饥馑》，北京：高等教育出版社，1991 年。

［28］葛剑雄：《中国人口发展史》，福州：福建人民出版社，1991 年。

［29］张养才等编著：《中国农业气象灾害概论》，北京：气象出版社，1991 年。

［30］中国灾害防御协会等：《中国减灾重大问题研究》，北京：地震出版社，1992 年。

［31］韩渊丰等主编：《中国灾害地理》，西安：陕西师范大学出版社，1993 年。

［32］曹幸穗等：《民国时期的农业》，南京：《江苏文史资料》编辑部，1993 年。

［33］郑吉林：《人与自然》，上海：中国纺织大学出版社，1993 年。

［34］李文海等：《中国近代十大灾荒》，上海：上海人民出版社，1994 年。

［35］袁林：《西北灾荒史》，兰州：甘肃人民出版社，1994 年。

［36］王子今：《秦汉交通史稿》，北京：中央党校出版社，1994 年。

［37］李向军：《清代荒政研究》，北京：中国农业出版社，1995 年。

［38］向南编：《辽代石刻文编》，石家庄：河北教育出版社，1995 年。

［39］罗祖德、徐长乐：《灾害与我们》，上海：上海科技教育出版社，

1995 年。

［40］朱汉国主编：《中国社会通史》，太原：山西教育出版社，1996 年。

［41］顾浩主编：《中国治水史鉴》，北京：中国水利水电出版社，1997 年。

［42］高文学：《中国自然灾害史》，北京：地震出版社，1997 年。

［43］张建民等：《灾害历史学》，长沙：湖南人民出版社，1998 年。

［44］马宗晋等：《灾害学导论》，长沙：湖南人民出版社，1998 年。

［45］刘波等著：《灾害管理学》，长沙：湖南人民出版社，1998 年。

［46］葛志毅等：《先秦两汉的制度与文化》，哈尔滨：黑龙江教育出版社，1998 年。

［47］于伯编：《伤寒金匮温病名著集成》，北京：华夏出版社，1998 年。

［48］邓拓：《中国救荒史》，北京：北京出版社，1998 年。

［49］漆侠：《中国经济通史·宋代经济卷》（上册），北京：经济日报出版社，1999 年。

［50］孟昭华编著：《中国灾荒史记》，北京：中国社会出版社，1999 年。

［51］魏光兴、孙昭民：《山东省自然灾害史》，北京：地震出版社，2000 年。

［52］夏明方：《民国时期自然灾害与乡村社会》，北京：中华书局，2000 年。

［53］复旦大学历史地理研究中心主编：《自然灾害与中国社会历史结构》，上海：复旦大学出版社，2001 年。

［54］宋正海、高建国等：《中国古代自然灾异群发期》，合肥：安徽教育出版社，2002 年。

［55］陈来：《古代思想文化的世界》，北京：生活·读书·新知三联书店，2002 年。

［56］杜金鹏：《偃师商城初探》，北京：中国社会科学出版社，2003 年。

［57］陈智勇：《中国古代社会治安管理史》，郑州：郑州大学出版社，2003 年。

［58］蔡勤禹：《国家社会与弱势群体：民国时期的社会救济（1927—1949）》，天津：天津人民出版社，2003 年。

［59］李文海、夏明方主编：《中国荒政全书》，北京：北京古籍出版社，2003 年。

［60］陈业新：《灾害与两汉社会研究》，上海：上海人民出版社，2004 年。

［61］任美锷主编：《中国自然地理纲要》，北京：商务印书馆，2004 年。

［62］葛剑雄：《中国人口史》（第一卷），上海：复旦大学出版社，

2005 年。

［63］刘引鸽：《气象气候灾害与对策》，北京：中国环境科学出版社，2005 年。

［64］王元林：《泾洛流域自然环境变迁研究》，北京：中华书局，2005 年。

［65］姚汉源：《中国水利发展史》，上海：上海人民出版社，2005 年。

［66］周宏伟：《长江流域森林变迁与水土流失》，长沙：湖南教育出版社，2006 年。

［67］王元林：《国家祭祀与海上丝路遗迹：广州南海神庙研究》，北京：中华书局，2006 年。

［68］赫治清：《中国古代自然灾害与对策研究》，北京：中国社会科学出版社，2007 年。

［69］陈永林编著：《中国主要蝗虫及蝗灾的生态学治理》，北京：科学出版社，2007 年。

［70］章义和：《中国蝗灾史》，合肥：安徽人民出版社，2008 年。

［71］李乔等著：《汶川大地震工程震害分析》，成都：西南交通大学出版社，2008 年。

［72］阎守诚主编：《危机与应对：自然灾害与唐代社会》，北京：人民出版社，2008 年。

［73］段伟：《禳灾与减灾：秦汉社会自然灾害应对制度的形成》，上海：复旦大学出版社，2008 年。

［74］国家气候中心编著：《2008 年初我国南方低温雨雪冰冻灾害及气候分析》，北京：气象出版社，2008 年。

［75］中国建筑科学研究院主编：《2008 年汶川地震建筑震害图片集》，北京：中国建筑工业出版社，2008 年。

［76］袁祖亮主编，刘继刚著：《中国灾害通史·先秦卷》，郑州：郑州大学出版社，2008 年。

［77］袁祖亮主编，焦培民等著：《中国灾害通史·秦汉卷》，郑州：郑州大学出版社，2009 年。

［78］袁祖亮主编，张美莉等著：《中国灾害通史·魏晋南北朝卷》，郑州：郑州大学出版社，2009 年。

［79］袁祖亮主编，闵祥鹏著：《中国灾害通史·隋唐五代卷》，郑州：郑州大学出版社，2009 年。

［80］袁祖亮主编，邱云飞著：《中国灾害通史·宋代卷》，郑州：郑州大学出版社，2009 年。

[81] 袁祖亮主编，和付强著：《中国灾害通史·元代卷》，郑州：郑州大学出版社，2009 年。

[82] 袁祖亮主编，邱云飞等著：《中国灾害通史·明代卷》，郑州：郑州大学出版社，2009 年。

[83] 袁祖亮主编，朱凤祥著：《中国灾害通史·清代卷》，郑州：郑州大学出版社，2009 年。

[84] 邹铭主编：《减灾救灾》，北京：中国社会出版社，2009 年。

[85] 杨琪：《民国时期的减灾研究（1912—1937）》，济南：齐鲁书社，2009 年。

[86] 张乃平、夏东海编著：《自然灾害应急管理》，北京：中国经济出版社，2009 年。

[87] 石涛：《北宋时期自然灾害与政府管理体系研究》，北京：社会科学文献出版社，2010 年。

[88] 王培华：《元代北方灾荒与救济》，北京：北京师范大学出版社，2010 年。

[89] 周琼、高建国主编：《中国西南地区灾荒与社会变迁》，昆明：云南大学出版社，2010 年。

[90] 赵艳萍：《民国时期蝗灾与社会应对》，广州：世界图书出版公司，2010 年。

[91] 邹铭等著：《自然灾害风险管理与预警体系》，北京：科学出版社，2010 年。

[92]《中国火灾大典》编辑委员会编：《中国火灾大典》，上海：上海科学技术出版社，1997 年。

[93] [英] 汤恩比著，曹未风等译：《历史研究》，上海：上海人民出版社，1959 年。

[94] [美] 斯诺编，王恩光等译：《斯诺眼中的中国》，北京：中国学术出版社，1982 年。

[95] [英] 贝思飞著，徐有威等译，卜文等校：《民国时期的土匪》，上海：上海人民出版社，2010 年。

[96] [德] 恩格斯：《自然辩证法》，见中共中央马克思恩格斯列宁斯大林著作编译局编：《马克思恩格斯选集》（第四卷），北京：人民出版社，1995 年。

四、今人论文

[1] 何廉：《东三省之内地移民研究》，载《经济统计季刊》，1932 年第 1 卷第 2 期。

[2] 竺可桢：《中国近五千年气候变迁的初步研究》，载《考古学报》，1972 年第 1 期。

[3] 王毓瑚：《我国自古以来的重要农作物》，载《农业考古》，1981 年第 1 期。

[4] 袁长极等：《清代山东水旱自然灾害》，载《山东史志资料》，1982 年第 2 辑。

[5] 余扶危、叶万松：《我国古代地下储粮之研究》（上），载《农业考古》，1982 年第 2 期。

[6] 任振球：《公元前 2000 年左右发生的一次自然灾害异常期》，载《大自然探索》，1984 年第 4 期。

[7] 陈玉琼、高建国：《中国历史上死亡一万人以上的重大气候灾害的时间特征》，载《大自然探索》，1984 年第 4 期。

[8] 黎虎：《东晋南朝时期北方旱田作物的南移》，载《北京师范大学学报》，1988 年第 2 期。

[9] 张芳：《中国古代的井灌》，载《中国农史》，1989 年第 3 期。

[10] 满志敏：《唐代气候冷暖分期及各时期气候冷暖特征》，载《历史地理》，1990 年第 8 辑。

[11] 陈关龙、高帆：《明代农业自然灾害之透视》，载《中国农史》，1991 年第 4 期。

[12] 蔡庆、唐克丽：《植被对土壤侵蚀影响动态分析》，载《水土保持学报》，1992 年第 2 期。

[13] 吴德华：《试论民国时期的灾荒》，载《武汉大学学报（社会科学版）》，1992 年第 3 期。

[14] 张善余：《全球变化和中国历史发展》，载《华东师范大学学报（哲学社会科学版）》，1992 年第 5 期。

[15] 潘孝伟：《唐代救荒措施总体特征》，载《安庆师范学院学报》，1993 年第 3 期。

[16] 杨俭等：《我国秦至清末的疫病灾害研究》，载《灾害学》，1994 年第 3 期。

[17] 蓝勇：《明清时期的皇木采办》，载《历史研究》，1994 年第 6 期。

[18] 王双怀:《盛唐时期的水利建设》, 载《陕西师范大学学报(哲学社会科学版)》, 1995 年第 3 期。

[19] 刘五书:《论民国时期的以工代赈救荒》, 载《史学月刊》, 1997 年第 2 期。

[20] 曹树基:《鼠疫流行与华北社会的变迁(1500—1644)》, 载《历史研究》, 1997 年第 1 期。

[21] 王元林:《唐代关中的"雨土"》, 载《中国历史地理论丛》, 1997 年第 1 期。

[22] 朱士光、王元林、呼林贵:《历史时期关中地区气候变化的初步研究》, 载《第四纪研究》, 1998 年第 1 期。

[23] 杨钰侠:《试论南北朝时期的赈灾之政》, 载《中国农史》, 2000 年第 2 期。

[24] 周秋光:《民国北京政府时期中国红十字会的慈善救护与赈济活动》, 载《近代史研究》, 2000 年第 6 期。

[25] 吴滔:《清代江南地区社区赈济发展简况》, 载《中国农史》, 2001 年第 1 期

[26] 吴滔:《清代江南社区赈济与地方社会》, 载《中国社会科学》, 2001 年第 4 期。

[27] 吕天佑:《浅议明代中后期治理黄河的"两难"》, 载《历史教学》, 2001 年第 12 期。

[28] 童圣江:《唐代地震灾害时空分布初探》, 载《中国历史地理论丛》, 2002 年第 4 期。

[29] 倪玉平:《水旱灾害与清代政府行为》, 载《南京社会科学》, 2002 年第 6 期。

[30] 倪玉平:《试论清代的荒政》, 载《东方论丛》, 2002 年第 4 期。

[31] 张明爱、蔡勤禹:《民国时期政府救灾制度论析》, 载《东方论坛》, 2003 年第 2 期。

[32] 李自华:《清代婺源的水旱灾害与地方社会自救》, 载《农业考古》, 2003 年第 1 期。

[33] 王兴玉:《中国古代疫情年表(二)》, 载《天津中医学院学报》, 2003 年第 4 期。

[34] 张文华:《汉代蝗灾论略》, 载《唐都学刊》, 2003 年第 1 期。

[35] 蓝勇等:《气候变迁与中国历史》, 载《中国历史地理论丛》, 2003 年第 2 期。

[36] 谭徐明：《近500年我国特大旱灾的研究》，载《防灾减灾工程学报》，2003年第2期。

[37] 张喜顺等：《民国时期灾荒探析》，载《贵州文史丛刊》，2004年第1期。

[38] 陈桦：《清代防灾减灾的政策与措施》，载《清史研究》，2004年第3期。

[39] 李辉：《试论两汉时期自然灾害的主要特点》，载《社会科学战线》，2004年第4期。

[40] 姚世鸿：《贵州蝗虫的危害与防治》，载《贵州科学》，2005年第1期。

[41] 王子今：《中国古代的海啸灾害》，载《光明日报》，2005年1月18日。

[42] 王子今：《汉代“海溢”灾害》，载《史学月刊》，2005年第7期。

[43] 谭书龙、李曼曼：《六朝火灾论略》，载《河南科技大学学报》，2005年第4期。

[44] 孙语圣：《民国时期的疫灾与防治述论》，载《民国档案》，2005年第2期。

[45] 王元林：《唐至元时黄土高原腹地植被变迁》，载《宁夏社会科学》，2006年第2期。

[46] 勾利军、彭展：《唐代黄河中下游地区蝗灾分布研究》，载《中州学刊》，2006年第3期。

[47] 许秀文、阎荣素：《论宋代义仓》，载《河北学刊》，2006年第5期。

[48] 刘洋：《唐、五代时期水患与蝗灾的关系》，载《中国水利》，2006年第18期。

[49] 岳宗福：《民国时期的灾荒救济立法》，载《山东工商学院学报》，2006年第3期。

[50] 杨程鹏：《清朝前期（1644—1839）湖南灾荒频仍的社会原因探析》，载《西北农林科技大学学报（社会科学版）》，2007年第2期。

[51] 韩毅：《宋代的牲畜疫病及政府的应对》，载《中国科技史杂志》，2007年第2期。

[52] 龚胜生、叶护平：《魏晋南北朝时期疫灾时空分布规律研究》，载《中国历史地理论丛》，2007年第3期。

[53] 阎秋凤：《民国时期河南自然灾害原因探析》，载《河南理工大学学报（社会科学版）》，2007年第3期。

[54] 孔祥成等：《试论民国时期的战争与灾荒》，载《延安大学学报（社会科学版）》，2007 年第 5 期。

[55] 卜风贤等：《明清时期减灾政策与救灾制度》，载《中国减灾》，2007 年第 11 期。

[56] 潘春燕：《宋代火灾与消防述论》，载《乐山师范学院学报》，2008 年第 1 期。

[57] 刘颖：《略论民国时期青海社会救济》，载《和田师范专科学校学报》，2009 年第 6 期。

[58] 蔡定益：《魏晋南北朝时期的蝗灾探析》，载《农业考古》，2009 年第 4 期。

[59] 龚胜生等：《先秦两汉时期疫灾地理研究》，载《中国历史地理论丛》，2010 年第 3 期。

[60] 刘玉梅：《民国时期河北水灾频发的原因探析》，载《河北工程大学学报（社会科学版）》，2010 年第 2 期。

[61] 李铁松等：《两宋时期瘟疫灾害时空分布规律初探》，载《防灾科技学院学报》，2010 年第 3 期。

[62] 孔祥成：《民国时期救灾组织的自律机制研究——以 1931 年江淮大水为例》，载《齐鲁学刊》，2010 年第 4 期。

[63] 钟启顺：《民国时期湖南救灾及其成效》，载《湖南工程学院学报》，2010 年第 3 期。

[64] 贾惠珍：《略论民国时期甘肃民间社会对灾荒的救济》，载《齐齐哈尔师范高等专科学校学报》，2010 年第 5 期。

[65] 迟子华：《近代灾荒赈济的几个侧面》，载《广州大学学报（社会科学版），2010 年第 11 期。

[66] 孔祥成：《民国时期政府救灾的粮食调控政策及措施——以 1931 年江淮大水为例》，载《中国社会经济史研究》，2011 年第 2 期。

[67] 王元林、孟昭锋：《先秦两汉时期地质灾害的时空分布及政府应对》，载《陕西师范大学学报（哲学社会科学版）》，2011 年第 3 期。